JOE KANE

Krieger des Jaguars

Buch

Der Stamm der Huaorani lebt in einem der abgelegensten Winkel des zu Ecuador gehörenden Amazonas-Gebiets. Durch sein aggressives, kriegerisches Verhalten war es den Stammesangehörigen bislang gelungen, diejenigen, die in ihr Territorium vordringen wollten, zu vertreiben. Doch eines Tages wird Öl in dem Gebiet gefunden, und damit beginnt der Konflikt zwischen den Ureinwohnern und den Vertretern der westlichen Welt – Ölfirmen, Missionare und Umweltschützer.
Ein Brief, der in einem unfrankierten Umschlag bei RAN (Rainforest Action Network) in San Francisco auftaucht, gibt Joe Kane den Anstoß, der Sache genauer nachzugehen. Während seiner Recherche ist es dem engagierten Reporter gelungen, direkten Kontakt zu den Huaorani aufzunehmen und bald auch ihre Freundschaft zu gewinnen. Sein authentischer Bericht beschreibt das Leben und Denken dieser Menschen und erzählt auf packende Weise vom Kampf der Amazonas-Indianer gegen die Vernichtung des Regenwaldes.

Autor

Joe Kane nahm teil an der Expedition, die erstmals den ganzen Amazonaslauf erforschte. Sein daraus entstandener Reisebericht wurde ein Bestseller in den USA. Auch für weitere Reportagen aus dem Amazonasgebiet erhielt er zahlreiche Auszeichnungen. Der Autor lebt mit seiner Familie in Oakland, Kalifornien.

JOE KANE

Krieger des Jaguars

Ein Indianerstamm verteidigt den Regenwald

Aus dem Amerikanischen
von Einar Schlereth

GOLDMANN

Die Originalausgabe erschien
unter dem Titel »Savages«
bei Alfred A. Knopf, Inc., New York.

Deutsche Erstausgabe

Umwelthinweis:
Alle bedruckten Materialien dieses Taschenbuches
sind chlorfrei und umweltschonend.

Der Goldmann Verlag
ist ein Unternehmen der Verlagsgruppe Bertelsmann

Deutsche Erstausgabe Juli 1998

mit Fotos von Zbigniew Bzdak
und einer Karte von David Lindroth
Umschlaggestaltung: Design Team München
unter Verwendung eines Fotos von Richard Avedon
Druck: Presse-Druck Augsburg
Verlagsnummer: 12745
Redaktion: Renate Weinberger
KF · Herstellung/DTP: Martin Strohkendl
Made in Germany
ISBN 3-442-12745-9

1 3 5 7 9 10 8 6 4 2

Inhalt

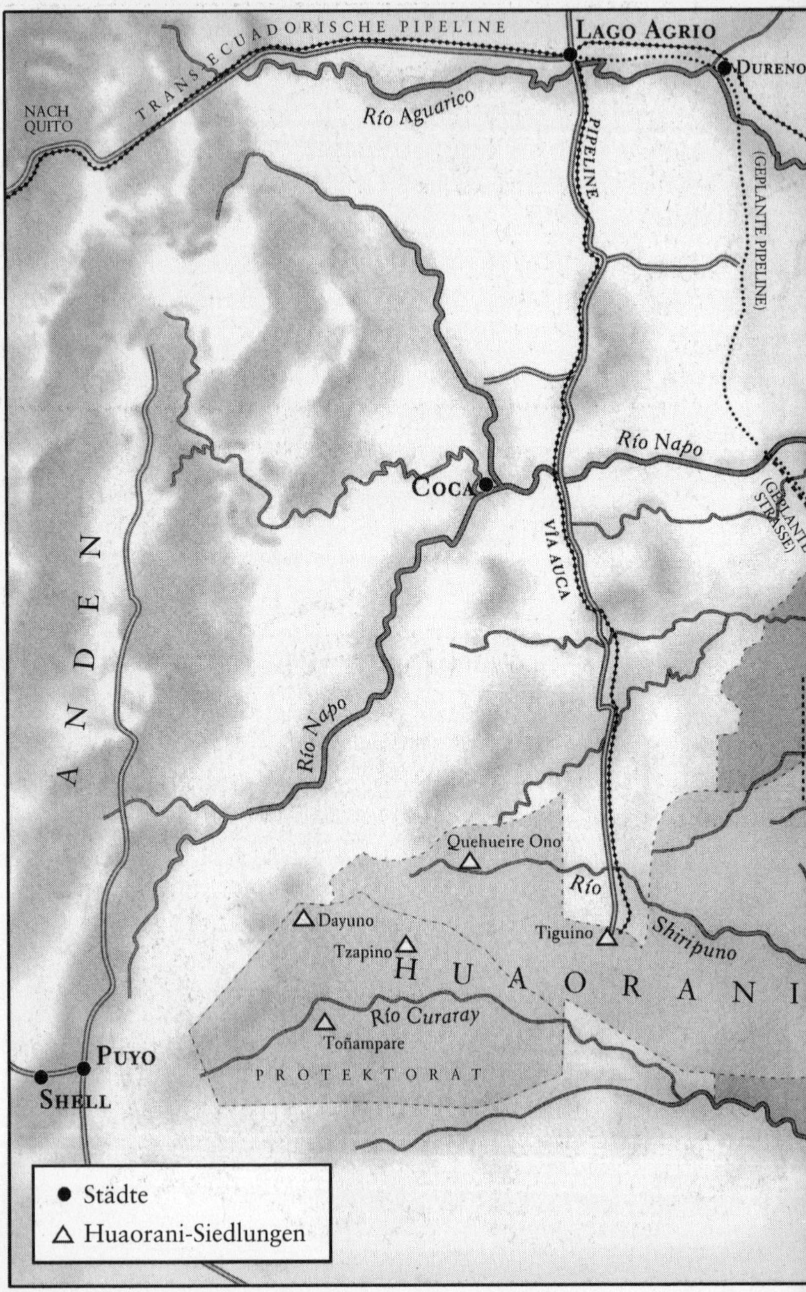

TRANS-ECUADORISCHE PIPELINE
LAGO AGRIO
DURENO
NACH QUITO
Río Aguarico
PIPELINE
(GEPLANTE PIPELINE)
Río Napo
COCA
(GEPLANTE STRASSE)
VÍA AUCA
ANDEN
Río Napo
Quehueire Ono
Río
Shiripuno
Tiguino
Dayuno
Tzapino
HUAORANI
Río Curaray
Toñampare
PROTEKTORAT
PUYO
SHELL
Städte
Huaorani-Siedlungen

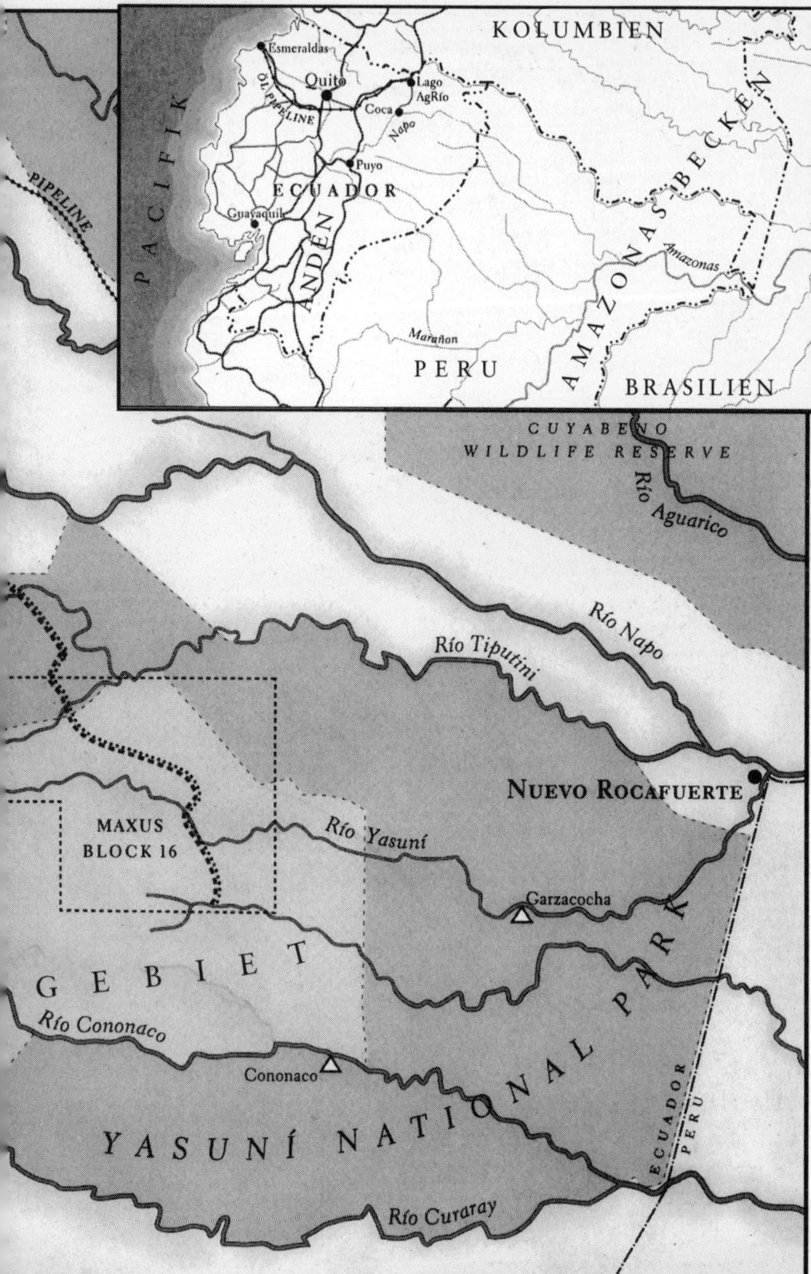

KOLUMBIEN
Esmeraldas
Quito
Lago AgRío
Coca
Napo
ÖLPIPELINE
PAZIFIK
Puyo
ECUADOR
Guayaquil
ANDEN
AMAZONAS-BECKEN
Amazonas
Marañon
PERU
BRASILIEN
PIPELINE
CUYABENO WILDLIFE RESERVE
Río Aguarico
Río Napo
Río Tiputini
NUEVO ROCAFUERTE
MAXUS BLOCK 16
Río Yasuní
Garzacocha
GEBIET
Río Cononaco
Cononaco
YASUNÍ NATIONAL PARK
ECUADOR
PERU
Río Curaray

Prolog

Moi war in Washington. Dorthin hatte ihn ein Anwaltsteam des Sierra Club Legal Defense Fund (SCLDF = Fonds für juristischen Beistand) gebracht, der zugunsten der Huaorani eine Petition vor der Interamerikanischen Kommission für Menschenrechte bei der Organisation Amerikanischer Staaten eingebracht hatte. Seit 1967 produzierte die amerikanische Ölindustrie im Oriente – so heißt das Amazonas-Gebiet Ecuadors –, ohne irgendwelche Vorschriften berücksichtigen zu müssen. Täglich kippte diese Industrie Millionen Liter Giftstoffe in das Flußsystem des Amazonas, das sich über fast 130 000 Quadratkilometer Regenwald ausbreitet. Sie hatte außerdem das Gebiet unkontrolliert und in solch einem rasanten Tempo erschlossen, daß es zu Beginn des nächsten Jahrhunderts fast vollständig entwaldet sein wird. Die durch die Ölindustrie verursachten Schäden im Oriente bestritt niemand – man debattierte um das Ausmaß. Die ecuadorianische Regierung schätzte die Kosten für die Beseitigung des Drecks und der Verseuchung, die Texaco und Petroecuador (die staatliche Ölgesellschaft) hinterlassen hatten, auf fünf Milliarden Dollar. Texaco, deren Pipeline allein im Oriente mehr als die anderthalbfache Menge Öl vergossen hatte als der Tanker *Exxon Valdez* vor der Küste Alaskas, hatte ein Sanierungsangebot über zwölf Millionen Dollar gemacht. Unter den Folgen der Industrieansiedlungen jedenfalls haben die 150 000 eingeborenen Bewohner des Oriente am schwersten zu leiden. Und was den Huaorani drohte, konnten sie am besten 150 Kilometer nördlich ihres Territoriums, in der Heimat der Cofane-Indianer beobachten. Die Cofane waren eine kleine, aber wohlhabende Nation, bevor Texaco 1972 das erste Erdöl auf ihrem Land förderte. 20 Jahre später war ihre Kultur so gut wie verschwunden.

Moi kam wenige Monate, bevor die Ölproduktion im Huaorani-Territorium aufgenommen werden sollte, nach Washington. Die SCLDF bat die Interamerikanische Kommission für Menschenrechte um eine Untersuchung und argumentierte in ihrer Petition, daß die Niederlassung der Ölindustrie zum Ethnozid führen würde. Um den Ölbedarf der USA für gerade mal 13 Tage zu decken, sollte die Lebensweise der Huaorani zerstört werden. Die Kommission hat keine exekutive Gewalt, aber ihre moralische Autorität ist enorm, und eine Untersuchung böte den Huaorani vielleicht eine Chance, der Vernichtung zu entgehen. Die Anwälte hofften, daß Mois Aussage die Kommission zum Handeln bewegen würde.

Aber die amerikanische Botschaft in Quito arbeitet traditionell mit der Ölindustrie zusammen, so daß sie wenige Tage vor dem geplanten Aussagetermin Moi das Einreisevisum in die USA verweigerte. Als Begründung gab die Botschaft an, Moi könnte als illegaler Einwanderer in den USA verschwinden, weil er in Ecuador keinen greifbaren Besitz hätte. Jedoch genau das Gegenteil traf zu, denn Mois Besitz war umfassender als der von sonst jemandem in Ecuador, da die Huaorani Besitzrechte auf ein ziemlich großes Stück des Territoriums besaßen, das sie seit eh und je besiedelt hatten. Aber diese Besitzrechte hatten sie gemeinsam, und die Botschaft behauptete, diese Regelung mache Moi zu einem landlosen Bauern.

Dabei blieb sie, bis auf dem richtigen Tisch im Außenministerium die Frage landete: »Warum wird einem Kläger in einer Menschenrechtsfrage ein Visum verweigert?« Als ich Moi in Washington traf, zeigte er mir als erstes seinen brandneuen Paß mit dem Visum. »Die Botschaft hat ihre Meinung geändert«, sagte er. »Sie hat mich eingeladen, dein Land für fünf Jahre zu besuchen.«

Nach Mois Ansicht befand er sich in einem Krieg, und die Huaorani standen bereit, diesen Krieg mit Speeren zu führen, die aus dem härtesten Holz im Urwald gemacht waren. »Speere, die 15 Menschen töten können, ohne zu zerbrechen«, wie Moi sagte. Obwohl es wahrscheinlich nie mehr Huaorani als heute gegeben hat – etwa 1300 –, haben sie seit Menschengedenken ein Territorium von der Größe Massachusetts durchstreift und alle Eindringlinge ferngehalten: die Inkas, die spanischen Konquistadoren, die Gummibarone, die Armeen Ecuadors und Perus, die modernen Kolonisten sowie die Goldsucher und – schon immer – die landhungrigen Nachbarn, die Quichua und die Shuar, deren Anzahl die der Huaorani um mehr als das Hundertfache übertrifft.

Aber der Kampf gegen die Company – wie die Huaorani jeden mit Rechten auf das Petroleum in ihrem Boden nennen – ist noch einmal etwas anderes. Nach ecuadorianischem Recht haben die Huaorani keine Kontrolle über die Ölproduktion und keinen Anteil an den Einnahmen. Die Company plante, mehr als 200 Millionen Barrel (1 Barrel = 159 Liter, Anmerk. d. Übers.) Rohöl aus dem Huaorani-Territorium zu pumpen, und bei ihrem Bemühen, dieses Öl auszubeuten, entpuppte sie sich als ein weitaus mächtigerer Feind, als ihn die Huaorani jemals gekannt hatten. Ein Feind, wie Moi es sah, der die Quelle allen Lebens zerstörte, nämlich den Urwald selbst.

Die seltsame Reise, die mich mit Moi und Moi mit den Vereinigten Staaten zusammenbrachte, hatte zweieinhalb Jahre zuvor begonnen, im März 1991. Damals tauchte plötzlich ein merkwürdiger, verwirrender Brief im Hauptquartier des Rainforest Action Network (Regenwaldaktionsnetzwerk) in San Francisco auf. Der Brief steckte in einem unfrankierten Umschlag. Niemand wußte, wann er eingetroffen war oder wie er in den Papierstapel auf dem Schreibtisch des RAN-Direktors Randall Hayes gelangte. Mit dem auf spanisch verfaßten Brief konnte Hayes erst einmal nichts anfangen, da er diese Sprache nicht beherrscht. Die Autoren des Briefes behaupteten, die gewählten Vertreter der Huaorani zu sein, und über die gab es nur wenige Informationen.

Ich arbeitete Teilzeit im RAN-Büro und half Hayes, seine Publikationen herauszugeben. Er bat mich, den Brief zu übersetzen und zu versuchen herauszufinden, ob er echt wäre. Die Absender hatten den Brief auf der Schreibmaschine auf ein weißes Blatt Papier getippt. Die Adresse lautete einfach: »General Manager, DuPont-Conoco Company, United States of America.« »Conoco-Company diskutiert das Leben der Huaorani auf Versammlungen, bei denen die Huaorani nicht anwesend sind«, hieß es in dem Brief. Die Huaorani würden auf ihrem eigenen Land behandelt, »als ob wir die Gäste wären«. Der Brief brachte eine absolute Ablehnung der Ölgewinnung im Huaorani-Territorium zum Ausdruck, und er warnte: »Die Huaorani kennen die Probleme der ganzen Welt ... und wir werden unser Land verteidigen.« Er trug die schnörkeligen Unterschriften des Vorstands der Organisation der Huaorani-Nation des Ecuadorianischen Amazonas. In einer Notiz auf dem Umschlag wurde Hayes gebeten, den Brief an Edgar S. Woolard weiterzuleiten, den Vorsitzenden von DuPont, der Muttergesellschaft von Conoco, der die Ölrechte im Huaorani-Land gehörten. Man riet Hayes außerdem, vorsichtig zu sein, weil »die Company viele Spione hat«.

Conoco hatte geplant, mit dem Bau von Straßen und Pipelines im Huaorani-Territorium innerhalb weniger Monate zu beginnen, aber der Brief schien geeignet, dem Projekt ernste Hindernisse in den Weg zu legen. Conoco hatte zu diesem Zeitpunkt bereits 90 Millionen Dollar investiert, um das Huaorani-Land zu erschließen. Das Unternehmen prognostizierte Einnahmen von zwei Milliarden Dollar. Doch diese Summen müßte DuPont gegen die Kosten abwägen, die entstünden, wenn man die Firma als Unternehmen brandmarken würde, das die Rechte von Regenwaldbewohnern mißachtet und das Leben dieser Menschen möglicherweise zerstört.

Aber war der Brief echt?

Viele Umwelt- und Menschenrechtsgruppen behaupteten, für die Huaorani oder deren Land zu arbeiten. Briefe, Kampagnen, Boykotts, Prozesse, Darlehen und Stiftungen wurden von weit mehr als einem Dutzend Gruppen angeleiert, zu denen auch die RAN gehörte. Bei den Kosten und Einnahmen ging es um erhebliche Summen – Dutzende Millionen Dollar –, und die Verteilungskämpfe gestalteten sich heftig. Die von den Gruppen abgesteckten Positionen umfaßten die ganze »Tonleiter« – von absoluter Conoco-Gegnerschaft bis zur direkten Unterstützung. Letzteres mit dem Argument, daß die Entwicklung der Ölindustrie im Huaorani-Land unausweichlich sei und Conoco die beste aller Alternativen wäre. In den verschiedenen Büros, mit denen ich mich in Verbindung setzte, konnte niemand überzeugend für oder gegen den Brief argumentieren. Noch nicht einmal, wie man mit den Huaorani Kontakt aufnehmen könnte, ließ sich in Erfahrung bringen. In alldem Hickhack stand nur eines fest: Wer immer die Huaorani auch sein mochten, amerikanische Ölfirmen beanspruchten ihr Land, amerikanische Missionare liebäugelten mit ihren Seelen, und amerikanische Umweltschützer begehrten ihre Stimmen. Aber niemand wußte, was die Huaorani wollten. Niemand wußte wirklich, wer die Huaorani waren.

Hayes und ich beschlossen, den mysteriösen Brief an Edgar Woolard zu schicken und den Text in dem vierteljährlich erscheinenden Nachrichtenblatt von RAN zu veröffentlichen, auch wenn RAN nicht über die Zeit und die Mittel verfügte, um den Briefinhalt so gründlich zu untersuchen, wie er es erfordert hätte. Falls das Schreiben tatsächlich eine Fälschung war, würde Conoco oder einer der Nutznießer der Conoco-Pläne einen Weg finden, es als solche zu entlarven. Wenn es sich jedoch um einen echten, verzweifelten Hilferuf ins dunkle handelte – so wie es zu sein schien –, dann war es eine Stimme, die gehört werden mußte. Woolards Entscheidung, der Conoco die Fortführung der Produktionsentwicklung zu erlauben oder zu untersagen, wurde innerhalb von Monaten erwartet.

So gesehen schien unsere Rolle klar zu sein. Aber für mich gestaltete sich das Ganze etwas komplizierter.

Nach der Veröffentlichung des Briefes kamen von der Conoco und ihren Unterstützern heftige Reaktionen: Die Huaorani seien Analphabeten und könnten den Brief gar nicht geschrieben haben, oder die Huaorani hätten ihn geschrieben, aber unter dem Druck von »Außenstehenden«, oder die Huaorani, die ihn geschrieben hatten, würden nicht alle Huaorani vertreten. Gleichwohl lieferte niemand schlüssige Beweise für diese Behauptungen, und Edgar Woolard nahm keine Stellung. Die Situation beunruhigte mich in vielfacher Hinsicht. Ich hatte einige Zeit im Amazonas-Gebiet von Peru und Brasilien verbracht und ich wollte, wie viele andere Leute auch, etwas tun, um den Regenwald zu retten. Und so hatte ich mich nach einem Jahrzehnt Arbeit als Journalist entschieden, selbst aktiv zu werden. Aber sehr schnell fand ich den Umweltaktivismus anstrengend und verwirrend, eine Höllenfahrt von einer Krise zur nächsten. Niemals schien es genug Geld zu geben, genug Zeit oder genug Informationen, um die Arbeit zu tun, die getan werden mußte. Das Huaorani-Mysterium trieb alles auf die Spitze. Ob echt oder Fälschung, mich ließ die Frage nicht los: »Wer hatte den Brief geschrieben?«

Ich entschloß mich, RAN zu verlassen und zurück nach Südamerika zu gehen, um nach Antworten zu suchen. Auf dem Huaorani-Brief stand »Coca«. Das schien mir ein so guter Ausgangsort wie jeder andere auch zu sein.

I

Osten

1

Der Hafen von Coca liegt am Nordufer des breiten, braunen Río Napo im Herzen des Oriente, des vielleicht reichsten Biotops auf Erden. Als ich mich aber der Stadt zum ersten Mal näherte, hin und her geschüttelt auf der Ladefläche eines Lieferwagens, roch ich vor allem Erdöl. Coca ist von Bohrtürmen umgeben, und alle paar Tage werden die Straßen mit Rohölresten besprengt. Öliger Schlamm bespritzte meine Kleider und mein Gepäck. Die ganze Straße entlang sah man nur ölbesudelte Tiere und Menschen, ob Hühner, Maultiere, Schweine, barfüßige Schulkinder oder die auf klapprigen Fahrrädern balancierenden Bauern. Das Öl spritzte auch die brandneuen Allradlaster, die hin und wieder mit halsbrecherischem Tempo die Straße hinunterjagten, von oben bis unten voll.

Einige dieser Laster trugen die Aufschrift der staatlichen Ölgesellschaft, Petroecuador, aber die meisten fuhren für amerikanische Firmen: Texaco, Occidental Petroleum, ARCO, Unocal, Conoco, Maxus Energy, Mobil, Oryx Energy. Sie alle haben oder hatten Ölförderungsrechte in der Dschungelwildnis, die Coca auf endlosen Quadratkilometern umgibt. Obwohl Coca klein ist, mit einer Bevölkerung von weniger als 5000 Menschen, hielten sich dort ständig Amerikaner auf.

Der Lieferwagen setzte mich vor einem Restaurant ab, das El Buho hieß. Auf dem Speisezettel standen Tapir, Capybara (südamerikanisches Wasserschwein), Kaiman, Hochwild, Pekari (Nabelschwein, südamerikanisches Wildschwein), Paka, aber man konnte auch einen Cheeseburger und Fritten bekommen, was denn auch die vier weißen Männer bestellten, die verstreut im Lokal saßen – in unmißverständlichem Südstaatenakzent. The Mission, das einzige Hotel Cocas mit warmem Wasser, war ständig von Managern der Occidental Petroleum aus den USA ausgebucht. Im Morgengrauen des folgenden Tages, als eine Abteilung ecuadorianischer Soldaten die Hauptstraße in geschlossener Formation hinunterjoggte, fiel mein Auge auf die blonden Haare und die blauen Augen des Anführers in einem Meer von Braun der Latinos. Seine Uniform identifizierte ihn als einen Offizier der US-Armee.

Wenn Öl das erste Auffällige war, was man in Coca bemerkte, so waren die Hinweise auf die Aucas das zweite. Das Volk der Aucas bewohnt den weiten und fast unerforschten Streifen von Oriente, der jenseits des Napo beginnt und sich über 150 Kilometer südlich und östlich bis zur peruanischen Grenze erstreckt. Schmuckläden verkauften Auca-Blasrohre und -Speere, es wurden Flußfahrten mit Führungen in die Auca-Heimat angeboten, um »nackte Wilde« zu sehen. An den Wänden des Hotel Auca im Stadtzentrum hingen Schwarzweißfotografien von Aucas, die lediglich Hüftbänder und Ohrringe trugen, deren kurze, mit starken Muskeln bepackte Körper bemalt und tätowiert und deren Ohrläppchen durchbohrt und enorm geweitet waren. Erwähnte man zufällig, daß man auf dem Weg ins Auca-Land wäre, wurde einem bestimmt erzählt, daß die Aucas regelmäßig Reisende, andere Indianer und ihre eigenen Leute töteten, und sie würden einen nicht nur töten, sondern auch aufessen. Unweigerlich bekam man auch die Geschichte des Kapuzinermönchs Alejandro Labaca zu hören.

Ende der 70er Jahre überquerte Labaca, damals Bischof von Coca, den Napo und stellte den ersten dauerhaften Kontakt mit verschiedenen Auca-Gruppen her, die tief im Urwald lebten. Die Aucas plünderten ihn bis aufs Hemd aus. Sie leben hauptsächlich von der Jagd und dem Sammeln von Waldfrüchten. Labacas Besitz betrachteten sie genauso wie reife Kokonüsse. Aber der Mönch kam dennoch immer wieder, und im Verlauf der

Jahre fühlte er sich bei seinen neuen Freunden wohl. 1984 dann tötete eine Erdölmannschaft Taga, den berüchtigten Führer der Tagaeri, des zurückgezogensten aller Auca-Völker. Die übrigen Tagaeri konnten tiefer in den Urwald fliehen. 1987 jedoch entdeckte ein Ölerschließungsteam beim Erforschen des Auca-Territoriums aus der Luft eine Lichtung, die sie für die neue Heimat dieses Volkes hielten. Labaca befürchtete, daß die Ölgesellschaft die Tagaeris aufspüren und töten könnte, weshalb er die Erlaubnis einholte, zuerst einen freundschaftlichen Kontakt mit ihnen herzustellen. Ein Helikopter setzte ihn auf der Lichtung ab. Die Leute kehrten einige Tage später zurück und fanden ihn in gespreizter Stellung auf den Boden gespießt, von 17 Palmenspeeren durchbohrt, jeder etwa drei Meter lang, die aus Hals, Brust, Armen und Hüften wie bei einem Stachelschwein herausragten. Sein Körper war an 89 Stellen durchbohrt.

Ich hörte die Labaca-Geschichte im Hotel Auca in einer diesigen Nacht in einem halmüberdachten Innenhof, wo sich ein halbes Dutzend australischer und israelischer Studenten zusammengefunden hatte, um Bier zu trinken. Eine einzige Kerze erhellte den Patio, aber in ihrem trüben Licht konnte man wirklich nicht sagen, ob die vier dunkelbraunen, jungen Leute, die zufällig auf der Grasmatte wenige Schritte entfernt saßen, nicht geborene Latinos (die spanischsprechende Bevölkerung, wie Weiße, Mestizen und Hochlandindios, im Unterschied zu den Amazonas-Indianern, Anmerk. d. Übers.) waren. Die Touristen beachteten sie nicht, und sie selbst würden sich niemals als Aucas bezeichnen. Sie würden sich Huaorani – das Volk – nennen. In der Sprache ihrer traditionellen Feinde, der Quichua-Indianer heißt auca »wild«, was die Huaorani als grobe Beleidigung empfinden.

Die vier Huaorani ähnelten kaum den finsteren Fotos im Hotel. Sie trugen makellose Baumwolljeans, auf Hochglanz polierte Plastikschuhe und gebleichte weiße Baumwollhemden. Der mir am nächsten sitzende Mann hörte manchmal auf den

Namen Eugenio, denn er fand es angemessen, einen Latino-Namen zu benutzen, wenn er ein fremdes Land besuchte, was Ecuador für ihn offensichtlich war. Aber schaute man genau hin, wenn er lachte, konnte man im Widerschein des Kerzenlichts auf dem linken Schneidezahn eine Überkronung aus Gold in Form eines A erkennen. Dieses stand für Amo, seinen Huaorani-Name.

Der Mann neben ihm, Enqueri, hatte kaum noch Zähne und trug Kopfhörer, deren Enden in seiner rechten Gesäßtasche steckten. Als ich ihn fragte, was er hörte, antwortete er in einem so feierlichen Ton, daß ich sicher war, ernsthaft gegen die Huaorani-Etikette verstoßen zu haben.

»Ich höre«, sagte er, »meine Hosen.« Er ließ das eine Weile so im Raum stehen, bevor er und Amo in Gelächter ausbrachen, sich auf dem Boden rollten und haltlos kicherten.

»Deine Hosen!« japste Amo. »Was haben sie gesagt?«

»Sie sagen ›Wasch mich, du Idiot‹!«

Die beiden anderen Männer, die Nanto und Moi hießen, hielten ihre Arme gegenseitig um ihre Schultern geschlungen. Nanto erzählte mir, daß sie, um nach Coca zu kommen, drei Tage lang zu Fuß, mit dem Kanu und einem Lastwagen unterwegs gewesen seien. Seit ihrer Ankunft in der Stadt vor fünf Tagen hätten sie nichts gegessen. Sie seien nach Coca gekommen, um die Company zu finden. Die Company beabsichtige auf dem Huaorani-Gebiet nach Öl zu bohren und Straßen zu bauen, doch das lehnten die Huaorani ab. Nanto wollte der Company sagen, sie solle wegbleiben. Er hätte den Auftrag dazu, sagte er, weil er ein Präsident der Huaorani-Föderation sei, und die hieße – hier verdrehte er seine Augen nach oben und suchte nach dem Namen.

»Die Organisation der Huaorani-Nation des Ecuadorianischen Amazonas«, sagte Moi. (Das Akronym, ONHAE, ist gleichzeitig das Huaorani-Wort für »Blume«.) Er sprach, wie die beiden anderen, recht gut Spanisch. Im Unterschied zu ihnen trug er eine Krone aus Tukanfedern, und er lachte nicht. Moi, Amo und Enqueri waren der Vizepräsident beziehungsweise der Sekretär und Schatzmeister. Als Alter gaben sie Mitte Zwanzig an. Ihr Volk hatte sie gewählt, um zu den *cowode* zu sprechen – den Kannibalen, zu denen die Missionare, die Company, ich und alle anderen auf Erden gehörten.

Dieses Vorgehen bedeutete für die Huaorani einen außerordentlichen Schritt, da sie noch bis Mitte unseres Jahrhunderts fast vollständig isoliert von jener Welt, die außerhalb ihres Gebietes lag, lebten. Doch heute sah ihre Welt ganz anders aus. Im Herzen der Heimat der Huaorani hatte die Company Ölreserven von schätzungsweise 216 Millionen Barrel gefunden. Sie baute gerade eine Zugangsstraße von 100 Kilometer und Nebenstraßen von 200 Kilometer Länge sowie eine Pipeline, und sie bohrte 120 Brunnen. Von den geschätzten zwei Milliarden Dollar an Gewinnen bekämen die Huaorani keinen Cent, weil der ecuadorianische Staat die Rechte für alle Minerale unter Tage besitzt. Nach Meinung der Huaorani spielte Geld nicht die entscheidende Rolle. Der springende Punkt war das Überleben. Auf dem Staatshaushalt Ecuadors lastete ein gewaltiger Berg an internationalen Schulden von mehr als zwölf Milliarden Dollar, was dem jährlichen Bruttosozialprodukt des Landes entsprach. Und fast die Hälfte seiner Einkünfte stand in engem Zusammenhang mit der Erdölproduktion. Die Regierung hatte jeden Versuch der Huaorani, die Company zu behindern, für ungesetzlich erklärt. Nach dem, was ich herausbekam, hatte die ONHAE weder ein Büro noch Telefon und auch kein Geld.

»Was«, fragte ich, »würden die Huaorani vorschlagen?«

Moi antwortete sanft, aber ohne zu zögern: »Wir werden die Company finden und mit ihr sprechen. Wenn sie nicht auf uns hört, werden wir sie von allen Seiten mit Speeren angreifen.«

Die Huaorani waren in Coca nicht schwer zu entdecken, wenn man erst einmal wußte, wonach man Ausschau halten mußte.

Da sie es haßten, allein zu reisen – es ist gefährlich und langweilig –, bewegten sie sich meist in kleinen Gruppen, oft die Arme umeinandergelegt. Huaorani sind scheu, aber sie beobachten scharf. Stundenlang konnten sie vor der Kamikaze-Disco oder dem Hotel Auca oder dem schmierigen Schuppen Rosita's stehen und das Geschehen so intensiv studieren, wie sie das Blätterdach im Urwald nach Affen absuchen. Huaorani, die ihre erste Reise in die Stadt machten, konnte man beobachten, wie sie völlig hypnotisiert von dem Anblick der Autos und Lichter an einer Straßenecke standen. Ähnlich fasziniert starrten sie auf ihre eigenen Füße, wenn ihnen jemand Schuhe gegeben hatte. Ein barfüßiger Huao aus dem weit entfernten Hinterland, ein richtiger Baumkletterer, war besonders leicht auszumachen: Seine großen Zehen standen im rechten Winkel ab wie gegenständige Daumen. Manchmal konnte man einen Huao durch die Stadt laufen sehen, der ganz gelassen ein Blasrohr von der Länge einer Bazooka bei sich trug, was die Passanten in Schrecken versetzte. Ab und zu kam ein junger Huao zu etwas Geld, indem er ein Blasrohr, einen Speer, einen Adler oder ein Jaguarjunges verkaufte. Oder er arbeitete für einen Sklavenlohn als Bootsmann auf Reiseführungen oder auch als Hilfsarbeiter für die Company. Dann nahm er seine gesamte Begleitung mit zu Rosita's und haute seinen ganzen Verdienst auf den Kopf, indem er seinen Freunden gebratene Hähnchen und Limonaden spendierte. Das galt nicht als verwerflich. Das Ideal der Huaorani war und ist es, unabhängig und selbständig zu sein, und sie unternehmen jede Anstrengung, um zumindest den Anschein zu erwecken, daß man in völliger Übereinstimmung mit dem Überfluß des Urwaldes lebt und keine Angst vor Mangel hat. (Im Alter von zehn Jahren wird von einem Huao erwartet, daß er in der Lage ist, auf sich selbst gestellt zu überleben.) Es gibt keine bessere Manifestation dieses Idealzustandes als unterschiedslose Großzügigkeit und keine großzügigere Handlung, als Nahrung zu verschenken.

Oft konnte man Huaorani am östlichen Stadtrand von Coca beim sogenannten Hotel Huaorani finden – einer Hütte aus Hohlziegeln, welche die Kapuziner-Mission ihnen als Schlafhaus überließ. Dorthin verwiesen mich die Kapuziner gleich nach meiner Ankunft in Coca, als ich bei ihnen vorsprach. Eines Morgens lagen ein Dutzend Huaorani kreuz und quer auf den vier Betten der Hütte, alle übereinander, lachend und tobend. T-Shirts, einige Hosen und eine Decke hingen draußen auf einer Schnur – zum Trocknen, wie sie mir erklärten, obwohl es in Strömen regnete, so daß man keine drei Meter weit sehen konnte.

»Moi, wie spät ist es?« rief Enqueri unter einem Haufen brauner Leiber hervor.

Moi, der in einer Ecke saß, schaute auf sein Handgelenk. »In Japan ist es neun Uhr, in Europa zehn, in Ecuador elf und in Amerika ist es zwölf.«

»Zwölf Uhr!« sagte Enqueri. »Es ist Zeit für die *cowode*, hungrig zu sein!«

Enqueri, der erste Huao, den ich gut kennenlernte, war mit seiner Größe von 170 Zentimetern groß für einen Huao. Er besaß – wie alle Huaorani – die kräftigen Oberschenkel der Waldläufer, was auf einer Straße in der Stadt einen beinahe O-beinigen Gang verursachte. Seine Schultern allerdings waren untypisch schmal. Lachte er, dann wippten sie wild auf und ab, wobei sie fast seine Ohren berührten. Im Beisein von den *cowode* versuchte er, beim Lachen den Mund geschlossen zu halten, weil er gelernt hatte, sich wegen seiner schlechten Zähne zu schämen. Doch lange gelang ihm das nie. Unausweichlich brach eine Lachsalve aus ihm heraus, die in einem gleichmäßigen »Ha-ha-ha-ha-ha« verlief. Die anderen Huaorani nannten ihn Condorito, nach einer beliebten südamerikanischen, vogelähnlichen Comicfigur – eine ständig geistesabwesende Mischung aus Woody Woodpecker und Elmer Fudd. »Enqueri ist wie Condorito, weil in seinem Kopf zu viele Ideen stecken«, sagte mir Amo. »An einem Tag möchte er Schullehrer werden, am nächsten will er sein Leben dem Volk weihen, dann wiederum will er für die Company arbeiten. Einen Tag später beschließt er, die Company umzubringen, und am folgenden Tag will er Krankenschwester sein. Am darauffolgenden Tag will er zum Himmel aufsteigen und bei Gott sein.«

Enqueri hatte allen Grund, verwirrt zu sein, schließlich muß ein Mann, der erzwungenermaßen aus der Steinzeit in das Erdölzeitalter springt, über einiges nachdenken. Er war vielleicht der Gebildetste unter den Huaorani, denn er konnte Spanisch recht gut lesen und schreiben. Diese Fähigkeit verdankte er einem Tag im Jahr 1956, an dem sein Vater beim Töten von fünf evangelikalen Missionaren half, die ins Huaorani-Gebiet kamen, um die »Aucas« aus ihrer heidnischen Existenz zu befreien. Die »Aucas« galten als »ein Risiko für Forscher, eine Belastung für die Republik Ecuador und eine Herausforderung für die Missionare des Heils«, schrieb einer der Missionare, Nate Saint, in sein Tagebuch. In diesem Tagebuch hielt er auch fest, wie er mit dem nackten, braunen Wilden, den er George nannte, das Essen teilte. Seine Eintragungen endeten in dem Moment, als Georges Freunde ihn mit einem Speer durchbohrten. Als Nates ältere Schwester Rachel, die ihn wie einen Sohn großgezogen hatte, von dem Massaker erfuhr, suchte sie die Wilden auf. Fest entschlossen, eine heilige Rache auszuüben, gelang es ihr, innerhalb weniger Jahre durch die einschüchternde Magie von Flugzeugen und Lautsprechern, den verführerischen Luxus von Salz, weißem Reis und Alumiumtöpfen einen christlichen Brückenkopf im Huaorani-Gebiet zu errichten. Er lag nur wenige Kilometer von der Stelle entfernt, an der ihr Bruder sein Leben lassen mußte.

Unterstützt von der Regierung Ecuadors und zahlreichen Gläubigen in ihrer Heimat baute Rachel sowohl eine Kapelle als auch eine Grundschule. Und sie war dabei, einen ganz neuen Huao zu schaffen: einen, der Spanisch sprach, die Fahne grüßte, den Wert des Dollars begriff (oder zumindest den Wert eines ecuadorianischen Sucre) und solch heidnische Praktiken wie den

Schamanismus, Nomadismus, Nacktheit und die »freie Liebe« verwarf. Condorito glänzte in seinen Studien und durfte eine evangelikale höhere Schule außerhalb des Huaorani-Gebiets besuchen. In dem neuen Umfeld geriet er unter den Einfluß eher weltlicher und erfahrener Indianer, die damals anfingen, ihr Volk in Verbänden mit entschieden linker Neigung zu organisieren. Als er sich mit Nanto und Moi zusammentat, um die ONHAE zu gründen, bezeichnete Rachel ihn als Kommunisten, und seine Familie wendete sich von ihm ab – ein Verstoßen in einer Clan-Gesellschaft kann gleichbedeutend mit einem Todesurteil sein.

Ich bat Enqueri, den Begriff Kommunist zu definieren. Er dachte eine Weile nach, dann meinte er: »Jemand von Kuba.«

»Wo liegt Kuba?«

»In Frankreich«, antwortete er, und fügte hinzu, daß ein Kommunist, wenn er stirbt, nicht in den Himmel kommen könne.

Ich fragte die Huaorani über den Brief aus, der beim Rainforest Action Network (Regenwaldaktionsnetzwerk) aufgetaucht war. Nanto bestätigte, er sei von der ONHAE. Würde irgend jemand dies bezweifeln? Der Brief sei eine offizielle Mitteilung, unterschrieben vom Präsidenten, dem Vizepräsidenten und dem Sekretär der Organisation. Und er fragte mich, was ich von dem ONHAE-Siegel halte. Er griff in eine Plastiktüte, wühlte zwischen Hemden und Hosen und holte eine glänzende Brieftasche aus Plastik hervor, deren einziger Inhalt aus einem Stempelkissen und einem Stempel bestand. Der Stempel zeigte eine Harpyie, einen Greifvogel, in einem Kreis mit dem Namen der Organisation. »Ist er nicht schön?« fragte er.

Wie war der Brief in die Vereinigten Staaten gelangt?

Nanto zuckte die Schultern und meinte: »Wir gaben ihn einem *cowode* mit, den wir hier in Coca trafen.«

Ich fragte die Huaorani, was sie von verschiedenen Vorschlägen hielten, die in ihrem Namen oder für ihr Land von den Umwelt- und Menschenrechtsgruppen in den Vereinigten Staaten und Europa gemacht worden waren. Es stellte sich heraus, daß alle Gruppen eines gemeinsam hatten: Keine wurde von den Huaorani anerkannt.

»Wie können diese Leute für uns sprechen?« fragte mich Nanto. »Wenn wir sie niemals getroffen haben?«

Edgar Woolard von DuPont hatte wissen lassen, daß er der Conoco nicht eher Startzeichen für ihr Oriente-Projekt gäbe, bis die Erdölgesellschaft nicht irgendeine Art von »grünem« Segen beigebracht hätte – irgendein Einverständnis einer nichtstaatlichen Organisation. In geheimen Verhandlungen, deren Inhalte versehentlich zwei Wochen bevor ich die Vereinigten Staaten verließ, an die Öffentlichkeit gelangten, hatte der Natural Resources Defense Council (NRDC = Rat zur Verteidigung natürlicher Ressourcen), eine in New York ansässige Umweltgruppe, der Conoco zu verstehen gegeben, daß er bereit wäre, dem Unternehmen eine solche Einwilligung zu geben. Als Gegenleistung forderte der Rat von der Conoco, eine Stiftung mit Geldern auszustatten, die den Indianern im Oriente zugute kommen sollten. Niemand wußte, um wieviel Geld es sich handelte, aber die in den Verhandlungen genannten Zahlen bewegten sich zwischen zehn und mehr als 200 Millionen Dollar.

Ich versuchte, den Huaorani zu erklären, was derlei Zahlen bedeuteten. Doch sie verstanden mich wohl kaum, denn sie gehörten zu jenen Leuten, die in den seltenen Fällen, in denen sie arbeiteten, einen Dollar pro Tag verdienten, und deren Väter »eins, zwei, eins und zwei« zählten. Dennoch verwarf Moi die Idee einer Stiftung spontan. »Ihr könnt keinen Preis für unser Land festlegen«, meinte er.

Ich fragte, ob die mir gegenüber gemachte Aussage der Conoco und der NRDC stimme, daß nur zehn Huaorani in Block 16 lebten, in jenem Gebiet, das als erstes für die Erschließung freigegeben werden sollte.

Als Moi dies hörte, explodierte er beinahe. »Nein!« rief er.

»Das will die Company die Leute glauben machen, aber es ist keineswegs wahr. Es leben dort mindestens fünf Clans.«

»Bist du sicher?«

»Ja«, erwiderte er. »Manche leben innerhalb und manche außerhalb, aber alle jagen und reisen durch das Gebiet.«

»Kann ich es sehen?«

»Warum willst du es sehen?«

»Ich würde gern die Huaorani sehen, von denen du gesprochen hast, und darüber schreiben, was ich gesehen habe.«

»Du willst einen Brief an die Vereinigten Staaten von Nordamerika schreiben?«

»Ich will so etwas wie einen Brief schreiben.«

Er dachte darüber nach und nach einer Weile sagte er: »Viele Leute sprechen über die Huaorani. Aber sie kommen nicht, um zu schauen.«

Nanto schlug eine Übereinkunft vor: Wenn ich die Kosten für die Reise und einen Betrag für Enqueris Zeit zahlen würde, könnte Enqueri mich zum Block 16 bringen. Er würde eine Volkszählung in dem Gebiet durchführen, und ich sollte Zeuge sein. Unsere optimale Reiseroute würde ziemlich kreisrund sein. In Coca könnten wir – ich – einen kleinen Lieferwagen mieten, der uns 70 Kilometer nach Süden bringen würde, auf einer Straße der Erdölgesellschaft, die Vía Auca hieße. So kämen wir bis an den Fluß Shiripuno, den man ostwärts mit dem Kanu bis zum Cononaco-Fluß befahren könne. Dort lebe Amos Großvater Quemperi mit seinem Clan. Vom Cononaco-Fluß könnten wir dann 90 Kilometer nördlich bis zum Yasuni-Fluß durch das Gebiet von Block 16 ziehen. Mit Glück würde uns einer der Huaorani-Clans, die dort an dem Fluß lebten, mit dem Kanu den Yasuni hinunterfahren und zurück den Napo hinauf, westlich von Coca.

Als Enqueri den Plan hörte, sagte er: »Die Reise wird zwei Wochen oder vier Wochen oder sechs Wochen dauern.«

»Sie könnte sogar einen Monat dauern«, meinte Amo.

Ich ging zur Militärkommandantur. Nach ecuadorianischem Gesetz kann ein Ausländer das Huaorani-Gebiet zwar legal, ohne Erlaubnis der Huaorani betreten, aber nicht ohne Erlaubnis des Militärs. Damit gab es keine Probleme, sofern man Angestellter der Company oder ein Missionar war oder einen der etwa zwölf zugelassenen Touristenführer in Coca anheuern wollte. Das traf alles nicht auf mich zu.

Die durch den Tourismus eingeschleppten Krankheiten hatten für die Huaorani brutale Folgen gehabt; der Wettkampf um Tourismusartikel brachte oft einen Clan gegen den anderen auf, und trotz der deftigen Gebühren, die von den professionellen Touristenführern erhoben wurden, erhielten die Huaorani nicht einen Cent. Nur wenn ein Huao als Bootsmann anheuerte, was selten vorkam, erhielt er etwas Geld, allerdings höchstens den Gegenwert von einem halben Dollar pro Tag.

Das Huaorani-Gebiet einfach als Freund der Huaorani zu betreten war schlichtweg unmöglich. Offiziell deshalb, weil kein Huaorani als Touristenführer zugelassen war. Nur wenige von ihnen konnten gut genug Spanisch lesen, um den erforderlichen Kurs zu absolvieren. Außerdem betrug die Zulassungsgebühr weit mehr, als selbst der ehrgeizigste Huao in einem Jahr harter Arbeit verdienen konnte. Aber der eigentliche Grund dafür, daß die Huaorani keine Außenstehenden in ihr Territorium bringen durften, war politischer Art. Das Militär kontrolliert den größten Teil des erdölproduzierenden Gebiets, und es betrachtet Ausländer mit Mißtrauen. Der Hauptmann des Militärpostens drückte dies so aus: »Sie bringen nur eine Menge schlechter Ideen mit.« »Einflüsse von außen« führte man immer dann an, wenn die Huaorani oder sonst eine Gruppe von Indianern im Oriente begannen, gegen die Erdölförderung zu agitieren. Die wenigen Menschenrechtler, die es im Oriente gab, wurden oft bedroht und manchmal eingesperrt.

Der Hauptmann gehörte zu den Tigern – Ecuadors Elite-Dschungeltruppe –, die in den Vereinigten Staaten ausgebildet werden. »Ihr Kerle versteht es wirklich, einem Schmerzen zuzufügen«, knurrte er mich im Ton grimmiger Wertschätzung an. Dann meinte er grinsend, daß ich es bereuen würde, wenn ich überhaupt nur daran dächte, das Huaorani-Territorium zu betreten.

Ich traf Nanto und seine Frau Alicia vor dem Huaorani-Hotel, wo sie bis zu den Knöcheln in dem öligen Schlamm standen. Nanto hielt ihr einjähriges Töchterchen in den Armen. Sie schwiegen und hatten, soweit ich bemerken konnte, nichts vor. Ich erzählte Nanto von dem Problem mit dem Militär.

»Der Präsident von Ecuador ist niemals in meinem Haus gewesen«, sagte er, »aber er sagt mir, wen ich dorthin mitnehmen kann.« Er schaute die Straße hinauf und hinunter. Er blickte zum Himmel. Nach einer Weile meinte er: »Es gibt Probleme auf allen Seiten.« Er bat mich, Enqueri zu suchen und ihm etwas Geld zu geben. »Sei bereit für die Reise«, meinte er. »Und sei vorsichtig, solange du in Coca bist. Untersuche die Wände deines Hotelzimmers. Wenn du da Wörter auf Quichua findest, zieh in ein anderes Zimmer. Eine Quichua-Hexe könnte aus der Wand kommen und dich töten. Du mußt dich schützen, bis du im Urwald bist, wo es sicher ist.«

Dann bat er mich, ihm die Geschichte von Schneewittchen und den sieben Zwergen zu erzählen. Er unterbrach mich nur einmal, damit ich ihm »Schnee« erkläre, sonst hörte er die ganze Zeit mit steinernem Gesicht zu. Als ich geendet hatte, sagte ich auf Wiedersehen. Nanto erwiderte nichts. Als ich die Straßenbiegung erreichte, schaute ich zurück. Er und seine Familie standen immer noch genauso im Schlamm, wie ich sie angetroffen hatte.

Es war kurz vor Morgengrauen eines heißen, sonnigen Tages, als ein kleiner Lieferwagen vor meinem Hotel hielt. Auf der Ladefläche saß Enqueri, umgeben von einem 250-Liter-Benzinfaß, zehn Liter Öl, einem 50-Kilogramm-Sack mit Reis, einem weiteren mit Zucker und einem Plastiksack, angefüllt mit Bratöl, Patronen, Keksen, Angelhaken, Thunfischdosen, fünf Paar Gummistiefeln, drei Paar Unterhosen und was weiß ich noch alles. Er gab mir eine Handvoll Geld und ein Stück Papier. »Dein Wechselgeld und deine Quittung«, sagte er.

Als wir durch die Straßen von Coca rollten, trat ein Huao nach dem anderen aus dem Schatten der Häuser – Männer, Frauen und Kinder. Als wir den großen braunen Napo erreichten, saßen mindestens 15 Menschen auf der Ladefläche oder hingen an den Seiten des Lieferwagens. Sie schrien vor Freude, wenn der Wagen um eine Ecke sauste und sie kopfüber auf die Straße zu werfen drohte. Als wir uns dem Militärposten an der Brücke näherten, zog mich Enqueri an den Schultern und drückte mich zu Boden. Körper, die nach Erde und Rauch rochen, deckten mich zu. Der Wagen fuhr langsamer und hielt an. Ich hörte einen Wortwechsel auf spanisch – eine der Stimmen gehörte Enqueri. Dann beschleunigten wir. Eine Viertelstunde später zog mich Enqueri hoch. Vor uns lag die ölgetränkte Erdstraße, die Vía Auca, die sich zwischen niedrigen Hügeln durchschlängelte. Weit in der Ferne verlor sie sich zwischen einem Baumteppich, der aus Milliarden von Grünschattierungen zu bestehen schien.

»Abundancia – Überfluß«, sagte Enqueri.

2

Als die Morgensonne über der Urwaldwand stand, befanden sich Enqueri, ich und die Wagenladung mit Huaorani gut 25 Kilometer von Coca entfernt. Wir holperten über die Vía Auca dem Territorium entgegen. Der Schweiß strömte uns aus jeder Pore. Auf der mit dickem Ölschlamm bedeckten Vía Auca reihte sich ein Schlagloch ans andere, aber die Schönheit der umliegenden Landschaft nahm einem geradezu den Atem. In diesem hügeligen Gelände, in dem das Amazonasbecken in die Anden übergeht, tauchten Vulkanberge über nebelverhangenen Hügeln auf. Genau in dieser Gegend, in der zwei unterschiedliche Klimazonen aufeinanderstoßen, ist der Oriente mit den Schätzen der Natur am reichsten gesegnet. Vor 30 Millionen Jahren war der Oriente eine Ausbuchtung des Pazifiks. Vor viereinhalb Millionen Jahren stießen die Anden aus der Erdkruste empor, wodurch deutlich unterschiedene Lebensräume geschaffen wurden. Selbst auf kurze Entfernungen herrscht in jedem der tiefen, durch hohe Bergrücken getrennte Täler ein eigenes, individuell ausgeprägtes Kleinklima. Pflanzen und Insekten, Vögel und andere Lebewesen, die sich mit den Tälern entwickelten, waren voneinander isoliert. So entstanden im Oriente unzählige Endemiten (Tier- bzw. Pflanzengruppen, die in einem begrenzten Lebensraum vorkommen), wie sie sonst nirgends existieren. Mit dem Artenreichtum des Oriente kann wohl kein Gebiet der Welt konkurrieren. Obwohl der Oriente nur die Größe Alabamas (etwas größer als Griechenland, Anmerk. d. Übers.) hat, gibt es dort schätzungsweise 8000 bis 12000 Pflanzenarten oder etwa 5 Prozent aller Pflanzenarten der Welt. Auf einer einzigen Forschungsstation am Napo-Fluß konnten Ornithologen 491 Vogelarten nachweisen, was zwei Dritteln aller Arten entspricht, die in den gesamten Vereinigten Staaten gefunden wurden. 473 Baumarten – mehr, als in Westeuropa heimisch sind – fand man auf einem Waldstück von der Größe zweier Fußballfelder.

Übereinstimmenden Berichten zufolge liegt der reichste Sektor dieses Gebiets auf dem Land mit seinen Flüssen, das von den Huaorani seit Jahrhunderten bewohnt wird. Die traditionelle Heimat der Huaorani hat eine ungefähre Ausdehnung von 200 Kilometer in Ostwestrichtung und von 120 bis 160 Kilometer in Nordsüdrichtung. Die Wildheit, mit der die Huaorani sich verteidigen, ist unter ihren einheimischen Nachbarn legendär. Zu ihnen gehören nicht nur Nationen von beträchtlicher Größe – die Siona, Secoya und die Reste der Cofane –, sondern auch die bedeutende Gruppe der untereinander verwandten Völker an ihrer Südostflanke, wie die Shuar, Achuar und die Shiwiar, die etwa 50 000 Menschen zählen. Und im Norden, Westen und Süden leben die außerordentlich fruchtbaren Quichua, deren Zahl sich jetzt den 100 000 nähert. Von allen einheimischen Völkern des Oriente, ob klein oder groß, betrachten nur die Huaorani sich selbst als niemals unterworfen.

Wenn es einen krassen Widerspruch zum Verständnis der Huaorani von Souveränität gibt, dann ist es die Vía Auca. Von Coca führt die Straße genau südwärts in ihr Territorium, und sie spaltet es etwa bis zur Mitte. Und sechs Kilometer zu beiden Seiten der Straße wurden für die Kolonisierung reserviert. Diese Zone ist ein Vermächtnis der symbiotischen Beziehung zwischen den evangelikalen Missionaren und der Company. In den 60er und 70er Jahren haben, in Absprache mit der Regierung und Texaco, Rachel Saint und andere mit dem Summer Institute of Linguistics (SIL = eine weltweite protestantische Organisation mit Sitz in Texas, die sich der Übersetzung der Bibel in indigene Sprachen widmet) verbundene nordamerikanische Missionare ein Pazifizierungsprogramm durchgeführt. Dieses lockte mit Hilfe von Magie und Ränken und Flitter (u. a. mit Flugzeugen, Spiegeln und Salz) die meisten Huaorani in ein kleines Protektorat in der westlichsten Ecke ihres traditionellen Territoriums. Dieser Schachzug half der Texaco, die Route für die Vía Auca abzufackeln, wodurch das Huaorani-Territorium nicht nur für die weitere Nutzung durch die Ölindustrie, sondern auch, zum ersten Mal, für eine groß angelegte Kolonisierung geöffnet wurde.

Die Vía Auca ist nur knapp 100 Kilometer lang, aber sie stellt die vorderste Schlachtlinie dar. Sie ist der tiefste Straßeneinschnitt, der irgendwo im oberen Amazonas-Stromgebiet gemacht wurde.

Fast über vier Stunden, die man für die Strecke der Vía Auca braucht, verläuft eine rostige stählerne Pipeline entlang der Straße. Manchmal liegt die Pipeline direkt auf dem Boden, an manchen Stellen ruht sie auf Stelzen. Männer binden ihre Pferde daran fest, Frauen breiten ihre Wäsche zum Trocknen darauf aus, Kinder spielen auf ihr. An klaren Tagen nimmt das Metall so viel Sonnenhitze auf, daß es ungemein heiß wird, und wenn man die Hand darauf legt, spürt man das Erdöl hindurchfließen. Alle paar Kilometer passiert die Röhre eine Separatorstation, wo eine haushohe Flamme aus einem Metallrohr schießt, wodurch das Naturgas abgefackelt wird. Die Flammen sind meilenweit zu sehen. Sie brennen Tag und Nacht, wobei eine solche Hitze entsteht, daß die Kolonisten ihre Kaffeernte darunter zum Trocknen ausbreiten.

Öl und auslaufendes Erdöl sind alltäglich an der Auca. Lastwagen rammen die Pipeline, Bäume fallen darauf, und an manchen Stellen ist sie beinahe durchgerostet. Sie besitzt keine Absperrventile, und wenn sie bricht, kann sie tagelang auslaufen, bis endlich irgend jemand weit am Ende der Leitung einen Abfall der Produktion feststellt. Zuweilen ist das Auslaufen auch gewollt. Etwa 60 Kilometer weiter, am Shiripuno, gibt es ein Texaco-Ölbohrloch, das von Petroecuador übernommen wurde. »Die Company grub einen Kanal von dem ungenutzten Bohrloch zum Fluß«, sagte Enqueri, »und der Kanal mündete direkt oberhalb eines Huaorani-Dorfes in den Fluß. Kinder schwammen im Fluß. Als sie aus dem Wasser kamen, waren ihre ganzen Körper schwarz. Sie fragten: ›Was ist das?‹ Nanto ging zur Company, aber die sagte, daß es kein Auslaufen gegeben hätte. Wir konnten nichts tun.«

Von Anfang bis Ende wird die Vía Auca von den baufälligen, einzeln oder in Gruppen stehenden Holzhütten der Siedler gesäumt. Die Zuwanderer kommen aus dem Süden Ecuadors, von der Küste oder aus dem Oriente selbst. Viele von ihnen sind Shuar. Die Siedler züchten Vieh und bauen Kaffee an – beides eignet sich nicht sonderlich gut für die armen Böden jener Gegend. Aber am häufigsten arbeiten sie für die Company, indem sie Straßen bauen, Bohrungen niederbringen oder Essen kochen. Die Siedler leiden Not, und ihre Kinder sind häufig hungrig und krank. Dennoch sagen sie, daß das Leben an der Auca besser sei als jenes, das sie hinter sich ließen. Dem Gesetz nach konnte das Land einfach in Besitz genommen werden, kostenlos für jeden, der sich bereit erklärte, die Bäume zu fällen und den Boden zu bearbeiten. In Ecuador betrachtet man Land, gleichgültig wie unergiebig, schon immer als einen Maßstab für Reichtum.

Entlang der gesamten Straße spürte man deutlich eine gespannte Stimmung. Des Flitters und der Magie überdrüssig, mit denen man die Huaorani in das Protektorat gelockt hatte, waren mehrere ihrer Clans wieder zur Auca gezogen. Seither kam es fast täglich zu gewaltsamen Zusammenstößen mit den Siedlern. Enqueri hatte in Coca gehört, daß ein Huao am Shiripuno-Fluß getötet worden wäre. Und als wir an der Brücke anlangten, lieferten sich zwei Dutzend Siedler und eine Handvoll Huaorani mitten auf der Straße ein hitziges Wortgefecht. Ihr Zorn wurde nur durch eine Gruppe nervöser Soldaten in Schach gehalten, die zu beschäftigt waren, um mich zu bemerken. Es gab weder Tote noch Verletzte, aber man hatte Schüsse abgefeuert und Häuser abgebrannt. Enqueri entschärfte die Situation, indem er den Huaorani den größten Teil unserer Lebensmittel und unseres Benzins schenkte und sie flußabwärts schickte. Er meinte jedoch, dies sei bestenfalls eine zeitweilige Lösung.

Ein Stück weiter unten an der Straße zeigte Enqueri mir ein Prospektions-Camp, das die Unocal von 1989 bis 1991 betrieben hatte. Als das Camp aufgegeben wurde, zerstörten es die Huaorani, um zu verhindern, daß das Militär es übernahm. Dann bauten sie Hütten auf den alten Zementfundamenten. Alles, was sie nicht zerstört hatten, verwendeten sie wieder. In einer Hütte brannte ein Feuer auf dem Linoleumboden, darüber hing der Kopf eines Wildschweins zum Räuchern an einem elektrischen Kabel von der Decke herab. In einer anderen Hütte gärte gekauter Maniok in einer rostfreien Spüle. Kräftige Plastikfolie verwandelte man in Hängematten, und Trinkwasser wurde in alten Benzinkanistern aufbewahrt. In der letzten Hütte, die wir besuchten, fand ich ein Bord voller Medikamente: Erythromycin, Codein, Penicillin und ein halbes Dutzend andere Mittel. Daneben lag ein schmutziger Löffel. Der Mann des Hauses sagte, daß die Company ihm die Medizin gegeben hätte und seine Familie sie gegen Husten einnähme.

»Welches nimmst du gegen Husten?« fragte ich.

»Die sind alle gleich«, antwortete er.

Hinter dem Camp lief die Vía Auca in eine schmale Schlammspur aus, die zu Probebohrlöchern führte, die von der Petro-Canada von 1989 bis 1990 niedergebracht worden waren. Innerhalb weniger Wochen nach Beginn der Produktion besetzten drei Huaorani-Clans das Gelände, um sich Plünderungsrechte zu sichern. Einer der Clans wurde von Babae angeführt, dessen Vater und Großvater in der Gegend gejagt hatten, die durch die Vía Auca bezähmt worden war. Der Company gelang es, Babaes

Clan vom Bohrgelände zu vertreiben, indem sie für ihn zwölf kleine Hütten an der Vía Auca baute. Nach dem Einzug hielt man ein Festgelage ab. Keine anderen Huaorani kamen, wohl aber die Company, die Missionare und die Militärs. Babae trank auf diesem Fest seinen ersten starken Schnaps. Es dauerte nicht lange, da machte er eine von der Mission organisierte Entziehungskur mit. Die Frauen arbeiteten bald für die Company als Prostituierte. Und viele Huaorani bekamen *cowode*-Krankheiten. Im folgenden Jahr kehrten die Siedler, die man von dem Land vertrieben hatte, um darauf die Hütten bauen zu können, zurück und brannten sie nieder.

Um Babae bei Laune zu halten, baute ihm die Company ein neues Haus. Enqueri führte mich dorthin. Babae saß auf der Eingangsstufe und schlürfte an einer Rumflasche. Mit seinem mächtigen Brustkorb und den breiten Schultern strahlte er eine enorme physische Kraft aus. Es hieß, daß er jähzornig sei, was überall entlang der Vía Auca Schrecken verbreitete, sowohl bei Huaorani als auch bei den Siedlern. Glücklicherweise hatte Enqueri Angelhaken und Reis mitgebracht. Darüber freute er sich mächtig und entblößte eine Reihe glänzender Zähne – die Zahnprothesen der Company.

Babae war stolz auf sein neues Haus, obwohl es aus Planken statt aus traditionellem Rohr bestand. Da es noch nicht einmal Fenster besaß, herrschte darin die Dunkelheit einer Höhle. Und es war so heiß in den Räumen, daß man darin hätte Brot backen können. In einem Zimmer lag eine von Ratten zerfressene Schaumgummimatratze. Darauf würden die Touristen schlafen, erklärte Babae. Die Familie kochte in dem nächsten Raum auf einer Sandschicht, die man einfach auf den Holzboden geschüttet hatte. Im dritten Raum, dem Schlafzimmer der Bewohner, stapelte sich von Wand zu Wand das Treibgut der Company: Bonbonpapiere, leere Thunfischbüchsen, Patronenhülsen, ein Paar Autoreifen, ein kaputtes Radio, mehrere leere Rumflaschen, Zigarettenkartons, ein leerer Benzinkanister, alte Zeitungen und Zeitschriften. Babae zeigte auf die Stromleitungen und die Steckdosen. Natürlich verfügte das Haus nicht über elektrischen Strom. Die Company, erklärte er, hatte ihm einen Generator gegeben, den hätte aber jemand eines Nachts gestohlen.

Wir blieben nicht lange. Enqueri meinte, man wüßte nie, wann Babae explodiere. Wir verließen ihn auf seiner Treppe sitzend, den Arm um die Schultern seines Sohnes gelegt. Der Junge sah noch kräftiger aus als sein Vater, bis er aufstand und sein verwelktes linkes Bein zeigte, verkrüppelt durch Kinderlähmung.

Enqueri und ich machten uns auf den Weg zum Shiripuno, wo die ONHAE ein altes Kanu besaß. Es war aus einem Baumstamm geschnitten, etwa 7 Meter lang und 60 Zentimeter breit und mit Blechstücken, Stoff- und Lederfetzen geflickt. Über einen langen Riß im Boden hatte man eine aufgeschnittene, dann platt geklopfte große Colaflasche aus Plastik genagelt.

Der grüne Shiripuno fließt langsam östlich in den lehmbraunen Cononaco, der seinerseits nahe der peruanischen Grenze in den Curaray fließt. Selbst auf den besten Karten von Südamerika ist dieses 160 Kilometer breite Flußsystem nicht eingezeichnet. Ein Kanu, das mit der Strömung flußabwärts treibt, braucht drei Tage, um die Lichtung zu erreichen, wo Quemperi und sein Clan wohnten. Die Fahrt führt durch einen faszinierenden Urwald mit Papageien, Tauben, Kaimanen, Affen und Reihern, und wenn man Glück hat, erblickt man den goldenen Blitz eines Jaguars. Die Strecke ist etwa so weit, wie man überhaupt in der bekannten Huaorani-Welt reisen kann. Dabei streift man die Nordgrenze des Territoriums der Tagaeri, jenes Clans, der Alejandro Labaca tötete. Gelegentlich gab es Gerüchte, daß Tagaeri gesichtet worden wären. Obwohl es mit ihnen keinen dokumentierten Kontakt gegeben hatte, wird weithin angenommen, daß sie alles beobachten, was auf dem Cononaco passiert.

Weiter flußabwärts, auf den etwa 100 Kilometern zwischen Quemperis Clan und der peruanischen Grenze, sollen drei weitere Clans leben. 1992 traf ein Team der Company zum ersten Mal auf eine Menschengruppe, die man für die Taromenga hielt. Die ONHAE behauptete, es sei dabei zu einem gewaltsamen Zusammenstoß gekommen, aber die Company dementierte dies. Auf jeden Fall wurden die Taromenga seither nicht mehr gesehen. Die anderen Gruppen, die Oñamenane und die Huiñatare, hat bisher keiner zu Gesicht bekommen; über ihre Existenz berichten nur die Geschichten der Huaorani-Ältesten.

Entlang des Flusses tauchten aus dem Urwald hier und da Huaorani zu zweit oder dritt auf, die Kinder, Gewehre und Töpfe mit Bananensaft trugen. Sie betrachteten mich eine Weile, zupften an meinen Brusthaaren oder strichen über meine Bartstoppeln, hielten einen Moment inne, um dann unter lautem Gelächter in das Boot zu klettern. Obwohl es bald überfüllt war, wurde niemand zurückgewiesen. Ein langohriger, alter Mann, der im Bug saß, schoß mit ohrenbetäubendem Knallen ein paar wollige Affen und mehrere Truthähne ab. Die Beute wurde eingeholt und gereinigt. Das Blut floß durch das Kanu und umspülte meine bloßen Füße. Bei jeder dieser blutigen Angelegenheiten schrien und hüpften die anderen Huaorani so enthusiastisch, daß das Boot beinahe umkippte.

Enqueri ließ das Ruder nur einmal während des ganzen Tages los. Er verschlang seine Hände über dem Kopf. »Wenn ein Huao ein Mädchen sieht, das ihm gefällt«, sagte er, »läßt er eine Hand fallen, so etwa. Das bedeutet, treff mich dort drüben. Oder er kann auch diskret mit dem Zeigefinger die Richtung angeben. Und wenn man glaubt, daß eine Frau mit einem Liebe machen möchte, dann blinzelt man mit dem rechten Auge, um ja zu sagen, oder mit dem linken Auge, um nein zu sagen.« Er blinzelte mit dem linken Auge. »Aber Enqueri kann nicht sein linkes Lid schließen!« Er versuchte es, zog Grimassen vor Anstrengung, aber sein Lid bewegte sich nicht. »Siehst du?

Es geht nicht. Deswegen hat Enqueri es schwer, Frauen zu bekommen.«

Dabei begann er derart zu lachen, daß er sich den Bauch halten mußte. Das Kanu stieß auf einen Unterwasserfels, und im Boden öffnete sich mit einem Knall, der wie ein Gewehrschuß klang, ein eineinhalb Meter langer Riß. Wasser sprudelte ins Boot. Mit wildem Geheul griffen die Frauen unter ihre Hemden und rissen die Unterkleidung heraus. Die Männer holten kleine Steine aus dem Fluß. Alles wurde in den Riß gestopft, dann wurde eifrig geschöpft, und weiter ging es. Noch tagelang erzählten die Huaorani Geschichten über diesen Vorfall.

3

Daß wir Quemperis Siedlung erreicht hatten, erkannte ich einzig und allein an dem plötzlichen Auftauchen einer langen, schweigenden Reihe von Huaorani, die auf einer Lichtung in einer weiten Biegung des Cononaco-Flusses standen. Es mochten dreißig gewesen sein. Einige hielten Speere in der Hand, andere waren nackt. Weder winkten sie, noch sprachen sie; sie starrten einfach. Sie standen auf einer 5 Meter hohen Böschung, aber man hatte das Gefühl, als würden sie uns aus viel größerer Höhe beobachten.

Nachdem Enqueri und ich durch den Schlamm an Land gewatet waren, kam ein kleiner, rundbäuchiger, alter Mann mit einem einzigen Zahn in der Mitte des Oberkiefers auf mich zu, bedeutete mir, daß ich den Mund öffnen solle, und beklopfte meine Zähne einen nach dem anderen. Er sagte etwas auf Huaorani, und ein gewaltiges Gelächter brach los.

»Quemperi sagt willkommen«, erklärte Enqueri, »er möchte wissen, ob du ihm deine Zähne gibst.«

Auf ein Kopfnicken von Quemperi hin rutschte eine schnatternde Schar kleiner Jungen die Böschung hinunter und entlud unsere Sachen, die sie im Schatten am Rand eines unbewachsenen, von der Sonne verdorrten Landstückes, wenige Meter vom Fluß entfernt, niederlegten. Es war eine Landebahn oder *pista*, wie man sie nannte. Jahrelang streiften Quemperi und sein Clan weiträumig zwischen dem Cononaco und dem Yasuni im Norden umher. Alle paar Monate wechselten sie ihren Standort, wobei sie zwischen einem halben Dutzend Maniok-Gärten wählten. Ungefähr 1991 ließen sie sich an der *pista* nieder, um dort mehr oder weniger dauerhaft zu bleiben. Die Company hatte während ihrer seismischen Untersuchungen diese Landebahn als Provisorium gebaut und dann aufgegeben. Die Huaorani jedoch hielten sie auch weiterhin frei von Gestrüpp. Es war das einzige offene Landstück in weitem Umkreis. Ihrer Ansicht nach handelte es um eine Art Falle, in der sich von Zeit zu Zeit Missionare, Touristen oder die Company verfingen. Die *cowode* kamen nicht oft, aber wenn sie kamen, brachten sie immer Geschenke mit. Die meisten Huaorani hatten niemals ein Auto, ein Pferd oder ein Fahrrad gesehen, aber das Flugzeug ist ein ebenso integraler Bestandteil ihrer Welt geworden wie das Blasrohr, die Banane oder die Boa. Sie konnten die Marke einer ankommenden Maschine identifizieren, lange bevor ein Fremder überhaupt etwas hörte. »Cessna!« schrien sie und rannten zur Landebahn. Und wenn das Flugzeug aufdrehte, um abzuheben, stellten sich die jungen Männer am Schwanzende auf und entblößten ihre Brust, um sie dem Hagel von Steinen und Dreck auszusetzen, der von den Propellern aufgewirbelt wurde.

Enqueri und ich hielten uns elf Tage bei Quemperi auf. Die meiste Zeit verbrachten wir damit, in eines der zehn Häuser, die sich rund um die Landebahn aufreihten, hinein- und wieder herauszukriechen. Viele der Behausungen zeigten die traditionelle, halmgedeckte A-Form, bei der das Dach bis zum Boden reichte. Im Inneren war es kühl und angenehm. Wenn die Huaorani nicht gerade jagten oder auf den Feldern arbeiteten, verbrachten sie viele Stunden in ihren Hängematten. Auch wenn es regnete, was häufig der Fall war (der erste Satz auf Huaorani, den ich lernte, hieß: »Es ist naß hier herum.«), zogen sie sich dorthin zurück. Manchmal ruhten sie sich aus, aber in der Regel arbeiteten sie – schärften einen Speer, flochten Palmblätter zu Schnüren oder kauten Maniok, der dann zu einem Getränk, *chicha* genannt, vergoren wurde. Sie redeten dabei ununterbrochen. Materielle Güter besaßen sie wenige: In einem typischen Haushalt fanden sich nur ein paar Macheten, ein Gewehr, ein paar Speere und Blasrohre, zwei oder drei Kochtöpfe und mehrere Hängematten.

In den Hütten brannte fast den ganzen Tag über ein kleines Feuer, und es stand immer etwas Eßbares für Besucher bereit: *chicha*, Bananensaft, ein Stück gekochter Maniok oder ein geräucherter Affenarm. Manche der Männer, viele der Frauen und alle Kinder liefen nackt herum oder trugen ein dünnes Band um die Hüfte. Früher hatte der gesamte Clan gemeinsam in einem großen Haus geschlafen, aber jetzt schliefen die Mitglieder eines jeden Haushaltes rund um das eigene Feuer. Nachts wachten manchmal einige der Erwachsenen auf und sangen. Die Lieder mit eindringlicher Dreinotenskala endeten mit einem kurzen, kräftigen Jodler und handelten von Jagd, Reisen, der Geschichte des Clans, von Krieg und Liebe. Ein Kannibale mit haarigen Beinen wurde aufgefordert, auch seine Lieder zu singen.

Quemperi und sein Clan schienen, trotz der *pista*, so zu leben, wie die Huaorani seit Jahrhunderten lebten. Sie mochten nun den Bananensaft aus Aluminiumtöpfen trinken, aber sie tranken immer noch Bananensaft. Sie erlegten die wolligen Affen jetzt vielleicht mit Gewehren, aber sie jagten immer noch die wolligen Affen. Truthahn, Affen und Kaiman gab es reichlich, ebenso das Material für Speere, Blasrohre, Hängematten und Bastbeutel. Seit langem kannten sie Behandlungsmethoden für die dort vorkommenden Krankheiten. Zwar traten Krätze und Hautkrankheiten häufig auf, und schleimiger, tuberkulöser Husten störte oft die Nachtruhe. Da der Clan aber nur sporadischen Kontakt mit der Company hatte, blieben sie von vielen der Virusinfektionen verschont, die in den vergangenen 20 Jahren die Hauptursache für viele Todesfälle bei den Huaorani gewesen waren.

Dennoch war das Leben oft grausam. Mit 25 Jahren haben die Huaorani bereits ihr mittleres Lebensalter erreicht. Der Körper eines erwachsenen Huao wies in der Regel ein halbes Dutzend größerer Narben auf, verursacht durch Staph-Infektionen (Abkürzung für Staphylokokken, Bakterien, die eitrige

Abszesse und Allgemeininfektionen hervorrufen können, Anmerk. d. Übers.), Schüsse, Außenbordmotore, Stürze, Schlangen- oder andere Tierbisse. Vielen Huaorani fehlten Finger- und Zehenglieder sowie am Körper große Fleischstücke, und in der gesamten erwachsenen Bevölkerung gab es bestimmt kein einziges vollständiges Gebiß. Gleichwohl, wie Quemperi eifrig beteuerte, war das Leben am Cononaco besser als das Leben im Protektorat, in dem man beengt und seßhaft leben mußte. Und es war unendlich viel besser als das Leben mit Thunfischbüchsen und Coca-Cola an der Vía Auca – im besten Fall.

Quemperi besaß ein sanftes Gemüt und ein großzügiges Wesen. Auf die Jagd nahm er oft ein paar seiner Enkelkinder mit, um sie zu unterrichten. Er lachte immer stillvergnügt in sich hinein, wenn er so alltägliche Dinge verrichtete, wie Pfeile für das Blasrohr zu schnitzen, frische Blätter in sein Dach zu flechten oder Brennholz zu holen. Aber es wäre ein Fehler, Quemperi nicht für einen Krieger zu halten. Am Feuer erzählte er vom Töten: Man tötete ecuadorianische Soldaten wegen ihrer Macheten, peruanische Soldaten wegen ihrer Stiefel, Arbeiter wegen ihrer Nahrungsmittel und T-Shirts und Quichua, weil sie es wagten, den Napo zu überqueren und in das Huaorani-Land einzudringen. Lächelnd erzählte er auch die Geschichte von Toña, einem der ersten Huaorani, der von Rachel Saint bekehrt worden war. Toña reiste zum Cononaco, um Quemperi das Heil zu predigen, und brachte ein so starkes Unheil mit sich, daß ein Kind starb. Quemperi bat Toña, ihm beim Speeremachen zu helfen. Als die Speere fertig waren, erzählte Quemperi, stießen er und sieben andere Huaorani einer nach dem anderen den Speer in Toña. Quemperi war der letzte, und er benutzte einen Speer, den Toña selbst gemacht hatte.

Quemperi saß meist am Feuer, wenn er erzählte, aber als ich ihn nach seiner Meinung zur Conoco-Straße fragte, stand er auf und deklamierte laut und kraftvoll, wobei er manchmal zur Bekräftigung mit dem Fuß aufstampfte. Es war das einzige Mal, daß ich ihn böse werden sah – es war sogar das einzige Mal, daß ich überhaupt einen Huao böse werden sah. Die 150 Kilometer lange Straße, die Conoco bauen wollte und an der entlang sie alle ihre 120 Bohrlöcher in Betrieb nehmen wollte, würde im Herzen von Quemperis traditionellen Jagdgründen enden. Bis dorthin würde sie aber die Gebiete der fünf oder sechs Clans durchquert haben, die das Land nördlich von Quemperi bewohnten, und sie würde die Heimat der Tagaeri, der Taromenga und, falls sie existierten, der Oñamenane und der Huiñatare der Erdölförderung geöffnet haben. Und dies nicht nur für die Conoco selbst, sondern auch für die wachsende Anzahl der Gesellschaften, die bereits mit der von Conoco errichteten Infrastruktur rechneten. Die Gefahren, die von der Straße für die Huaorani ausgingen, waren natürlich komplex und ungeheuer – der Kontakt mit einem einfachen Schnupfen konnte zum Beispiel abgeschiedene Volksgruppen auslöschen. Quemperis Analyse jedoch umriß das Wesentliche sehr direkt. Eine Straße würde schlechte Jagd bedeuten. Das Wild würde sie nicht überqueren. Kolonisten würden kommen und den Wald abholzen und die Tiere töten. Eine Straße würde also Hunger mit sich bringen. Sie brächte das Ende des Überflusses und das Ende des Selbstvertrauens und der Unabhängigkeit, die von den Huaorani über alles geschätzt werden.

Enqueri ging mit Sorgfalt an seine Arbeit in Cononaco. Er hielt seine »Volkszählung« in einem kleinen Notizblock fest, mit einer sauberen Schuljungenschrift. Er besuchte jeden Haushalt und schrieb langsam und sorgfältig den Namen eines jeden Mitglieds auf sowie das genaue oder annähernde Geburtsdatum. »Zur Zeit der Palmfrüchte« war der Februar. Viele der jüngeren Leute, aber nur wenige der älteren wußten ihr Geburtsjahr, so daß Enqueri dann schätzen mußte. Quemperi fand diese Aufgabe erheiternd. »Ich bin achtzig!« meinte er zwischendurch, dann: »Ich bin vierzig!«, und noch später: »Ich bin sechs!« Was diese Zahlen eigentlich für Quemperi bedeuteten, konnte man nur erraten. Die einzige Zahl, die wirklich etwas bedeutete, hieß »genug«, was man entweder hatte oder nicht hatte. Die Welt, in der er groß geworden war, war so begrenzt, daß ein typischer Huao ein ganzes Leben leben konnte, ohne mehr als 70 oder 80 Menschen zu Gesicht bekommen zu haben, die er fast alle auch namentlich kannte.

Quemperis Clan zählte ungefähr 35 Leute. Das wußte ich nicht von Enqueris Zählung, sondern aus eigener Erfahrung. Wann immer Quemperi oder seine Tochter für mich das Essen zubereiteten, kamen nämlich fast alle Mitglieder des Clans zu seiner Hütte. Ich konnte sie über die *pista* rennen sehen, wobei sie sich stets etwas zuriefen. An der Tür der Hütte gab es dann Gedränge. Sie bahnten sich mit den Ellbogen den Weg hinein, stellten sich dann entlang der Wand auf, legten sich in die Hängematten oder kauerten auf dem Erdboden. Befanden sie sich erst einmal drinnen, verhielten sie sich mucksmäuschenstill. Die Kinder schmiegten sich an mich, und weil Geruch und Berührung für die Huaorani immer noch das wichtigste Mittel sind, um Informationen zu sammeln, fühlte ich ständig Finger über mein Hemd kriechen oder unter meine Arme und entlang meines Halses oder ab und zu auch unter das Gummiband meiner Shorts.

Mir wurde erlaubt, als erster zu essen, und ich benutzte die Finger, um das Essen aus einem kleinen Plastikgefäß zu schöpfen, das ich mitgebracht hatte. 35 Augenpaare folgten jeder meiner Bewegungen, denn es wurde erwartet, daß ich die Essensreste weiterreichte. Man erwartete auch, daß ich für jeden genug hatte. Ich lernte schnell, daß, wenn es etwas gibt, das ein Huao gut kann, es das Essen ist. Die Nahrungsaufnahme der Huaorani ging über die Erfordernisse des Hungers, ja, sogar über einfache Gier hinaus. Sie erreichte eine Dimension des Überessens, wie ich sie noch nie erlebt hatte. Diese Menschen aßen einfach alles, was sich in Reichweite befand. Nach dem Essen konnten sie dann nur in ihre Hütten watscheln und in aufgeblähtem Zustand zusammensacken.

Enqueri und ich hatten Vorräte mitgebracht, von denen wir glaubten, sie würden drei Wochen halten. Sie waren nach vier Tagen weg.

»Sollten wir nicht etwas für später aufheben?« fragte ich Enqueri, und er gab die Frage an Quemperi weiter.

»Später?« fragte Quemperi. »Was ist später?«

Glücklicherweise hatten wir einen Sack mit Notproviant vorbereitet – Reis, Schokoladenriegel, Thunfisch in Büchsen –, den Enqueri aufbewahrte, damit wir etwas für unsere lange Reise hätten. Aber als die Vorräte sich dem Ende zuneigten, wurde ich auf Huaorani-Diät gesetzt. Das bedeutete, daß ich drei Tage lang hungrig herumlief, bis ich lernte, daß ich um Essen bitten mußte. Dann gab es das Problem, das Essen hinunterzubekommen. Das Abstoßende an Affen zum Beispiel ist nicht der Geschmack, sondern der Geruch. Ein guter Speiseaffe wiegt 20 bis 30 Pfund und hat die Größe eines dreijährigen Kindes. Das Tier wird ganz auf das Feuer geworfen. Zuerst brennt das Haar ab, das genauso wie verbranntes Menschenhaar riecht. Dann verkohlt die Haut, und wenn sie auf dem Kopf schrumpft, zieht sie sich über die Zähne zurück. Wenn man müde und hungrig ist und sich nicht richtig in seinem Element fühlt, fällt es einem gar nicht so leicht zuzuschauen, wie ein häßlich grinsender Zwerg lebendig geröstet wird. Später wird ein Arm abgeschnitten, und man ißt ihn, indem man ihn am Gelenk hält und dabei die zarten, verschrumpelten Finger umfaßt.

Natürlich gibt es bei den Huaorani immer *chicha*, die von den Frauen gemacht wird. Sie kauen rohen Maniok, spucken ihn in einen Topf und lassen ihn gären. Später – einen Tag, zwei Tage oder, wenn die Zeit für eine Fiesta bevorsteht und ein stärkeres Getränk erforderlich ist, eine Woche und länger – wird es mit Wasser verdünnt und in langen Zügen aus einer Schüssel getrunken. Gleichgültig, wie sehr die *chicha* mit Wasser verdünnt wird, sie behält eine gewisse schleimige Konsistenz bei. Man stelle sich Maiskörner in rohen Eiern getränkt vor. *Chicha* soll sehr nahrhaft sein und ist auf Reisen von einer Woche oder länger oft die einzige Nahrung; sie wird feucht, aber unverdünnt mitgenommen und nur bei Bedarf mit Wasser vermischt. Zu Hause ist sie immer zur Hand. Man trinkt sie zu allen Mahlzeiten und bietet sie jedem Besucher an. Der Huaorani-Ausdruck für Fröhlichkeit heißt »beim zweiten Umgang von *chicha* lachen wir fröhlich«.

Selbst vollständig durchgegoren wirkt *chicha* niemals viel stärker als schwaches Bier. Den Huaorani, wie allen amerikanischen Indianern, fehlt jedoch ein entscheidendes Enzym zum Umwandeln von Alkohol, so daß eine typische hausgemachte *chicha* selbst einen starken, jungen Stutzer wie Enqueri in rosige gute Laune versetzen kann. Zurückgelehnt in eine Hängematte, ständig *chicha* aus einer tiefen Schale schlürfend und Geschichten erzählend von all seinen Erlebnissen jenseits des Napo, wo der Himmel die Erde berührt und die Welt zu Ende scheint, so hielt er die anderen Huaorani einen ganzen Abend lang in Stimmung. Spät in der Nacht konnte ich seine Stimme über die *pista* schweben hören, manchmal heftig, dann im Singsang, unterbrochen von schallendem Gelächter.

Eines Nachts, als Enqueri und ich am Feuer saßen und mit Quemperi sprachen, sagte ich: »Enqueri, frage bitte Quemperi, ob die Huaorani immer noch Menschen töten.«

Enqueri führte einen langen Dialog mit Quemperi, der seine Antwort mit Schreien und Fingerzeigen und tiefem Grunzen unterstrich. Dann wandte sich Enqueri zu mir: »Er sagt nein.«

»Wann hörten sie damit auf?«

Wieder ein langer Wortwechsel mit Schreien, Heulen und Füßestampfen.

»Er sagt, im September.«

»September welchen Jahres?«

»In diesem Jahr.«

Die Unterhaltung fand im Juli statt.

Ich lernte allmählich, daß die Huaorani große Verfechter der Gleichheit sind. Obwohl die Arbeit nach Geschlechtern aufgeteilt ist – Männer jagen, Frauen machen die Feldarbeit –, wird keine von beiden als wichtiger angesehen. Ich lernte auch, daß sie in ihrem Selbstvertrauen einen klarsichtigen Pragmatismus anwenden und daß sie familiäre Harmonie anstreben. Aber die Huaorani sind nicht um dieser Tugenden willen bekannt. Sie sind bekannt für ihr Töten.

Die Huaorani töten Fremde aus offensichtlichen Gründen: um sie fernzuhalten oder ihre Güter zu stehlen. Wenn es zum Töten ihrer eigenen Leute kommt, die sie – zumindest bis vor kurzem – ebenso häufig wie andere töten, folgen sie ziemlich strengen Regeln. Fast immer ist das Töten ein Akt der Rache, in der Regel für den Tod eines Kindes. Die Huaorani betrachten den Tod jedes Menschen als von anderen Menschen verursacht und verlangen, daß er gerächt wird. Ein Huao tötet nicht allein, er muß andere Männer seines Clans überreden, ihm beizustehen. Jeder Mann stellt ein halbes Dutzend oder mehr Speere her und macht sie durch Schnitzereien oder Federn zu Personen. Das Aufspießen geschieht in mondlosen Nächten; Regen betrachtet man als gutes Vorzeichen. Das Töten muß von Angesicht zu Angesicht geschehen, und hinterher dürfen die Tötenden mehrere Wochen lang nicht jagen, Fleisch essen oder im Haus schlafen.

Das Töten von Neugeborenen oder Alten aus Mitleid war in der Vergangenheit weit verbreitet und wird wahrscheinlich heute noch bei jenen Gruppen angewandt, die kaum mit den Missionaren in Berührung kommen. Weil wirtschaftliche Autarkie für die Huaorani eine so hohe Bedeutung besitzt, ist für sie die mit dem hohen Alter verbundene Abhängigkeit unerträglich. Die Alten baten oft selbst darum, getötet zu werden, um nicht ihren Nachkommen zur Last zu fallen. Die ganz jungen

Kinder sterbenskranker oder bei einem Überfall tödlich verwundeter Eltern wurden manchmal lebendig mit ihren Eltern begraben. Unerwünschte Kinder tötete man bei der Geburt, meist durch Ersticken. Der Clan konnte den Kindstod vorschlagen, aber die Entscheidung lag bei der Mutter. Ein anderes Clan-Mitglied konnte jedoch zur Rettung des Kindes eingreifen, indem er oder sie die Verantwortung für die Erziehung übernahm.

Obwohl selten heutzutage, wird das Töten mit Speeren immer noch praktiziert. Im Mai 1994 töteten die Huaorani einen Quichua und zwei Shuar mit Speeren, und sie verwundeten zwei weitere schwer bei einem Racheüberfall, der aufgrund des Todes eines Huaorani-Kindes erfolgte. Auf alle Fälle bleibt das Töten mit Speeren von zentraler Bedeutung für das Selbstverständnis der Huaorani. Viele Erwachsene tragen ihre Speernarben aus den Schlachten ihrer Jugend mit Stolz, und die Alten singen immer noch Lieder, in denen es um das Töten geht.

Du bist nicht von hier.
Du bist anders.
Ich werde dich jagen wie ein wildes Schwein.
Ich werde meinen Speer vielfach in deinen Körper senken.
Er wird nicht brechen.
Du wirst zu Boden gehen.
Du wirst nicht entkommen.
Du bist schnell wie ein Affe, der durch die Baumwipfel springt,
aber jetzt wirst du sterben …
Ich habe keine Angst.
Meine Feinde jagen mich.
Ihre Speere kommen vielleicht heute nacht oder morgen nacht.
Sie werden meinen Körper immer wieder durchbohren.
Wenn ich sterbe, werde ich keinen Laut von mir geben.
Ich bin wie der Jaguar.
Ich habe keine Angst.

Erfahrungen aus erster Hand im Töten mit Speeren besitzen junge Huaorani nur selten, aber es bleibt eine Quelle von Stolz und Angst. Enqueri fühlte sich deshalb nicht richtig wohl in Cononaco. Eines Tages sagte er mir, daß die Huaorani, die dort lebten, »unzivilisiert« seien.

»Was meinst du damit?« fragte ich.

»Sie haben kein Radio«, erwiderte er, »und sie spielen nicht Volleyball.«

Aber in Wirklichkeit meinte er, daß er Angst hatte. Condorito, der mit Radio und Volleyball und El Señor (dem christlichen Gott) aufgewachsen war, fand sich jetzt inmitten dessen, was die Missionare ihn als die dunkle und dämonische Seite der Huaorani-Kultur gelehrt hatten. So traditionsverbunden er auch zu sein schien, so gehörte Quemperis Clan noch zu dem am stärksten fremder Kultur ausgesetzten Flügel der »Bergrücken-Gruppe«, wie sie in der Missionarsliteratur genannt wird. Mit dieser Gruppe sind jene Huaorani gemeint, die nicht zahlreich, aber mit einem schrecklichen Ruf, weit unten am Fluß und fern vom evangelikalen Protektorat leben und die sich seinem Einfluß größtenteils entzogen hatten. »Bergrücken« bezieht sich auf eine Wasserscheide zwischen den Bassins des Conocaco und des Yasuni, die Enqueri und ich zu Fuß zu überqueren gedachten. Sie soll von drei Clans bewohnt sein. Es mochte wohl stimmen, daß kein Huaorani nicht wenigstens irgendeinem Einfluß durch die Missionare ausgesetzt gewesen ist – selbst bei sehr weit entfernt lebenden Clans kann man gelegentlich einen Büstenhalter entdecken. Doch mit der »Bergrücken-Gruppe« hatten die Missionare ganz gewiß nur minimalen Kontakt. Unsere geplante Reiseroute verursachte Enqueri daher keine geringe Angst (was auf Huaorani dasselbe Wort wie Töten ist). Besucherrechte werden bei den Huaorani durch ein komplexes System von Familienbanden bestimmt, und jeder, auch ein Huao, der keine hat, wird als Feind betrachtet.

Der erste Clan, dem wir wahrscheinlich begegnen würden, war der von Quemperis Cousin Menga. Es gab keine Möglichkeit einzuschätzen, wie Menga uns empfangen würde, und als Vorsichtsmaßnahme hatte Enqueri dafür gesorgt, daß Quemperis Schwiegersohn Miñiwa uns begleitete. Unter den jüngeren Cononaco-Männern hatte Miñiwa den wenigsten Kontakt mit der Außenwelt erfahren, weshalb er in Aussehen und Betragen den Älteren glich. Er besaß hängende, durchbohrte Ohrläppchen, lange, schwarze Haare, einen Meter breite Schultern. Weil er mindestens ebensoviel Zeit damit verbrachte, in den Baumwipfeln wie auf dem Boden herumzuturnen, hatte er zu Sicheln geformte Füße. Er lebte, um zu jagen. Selten erlebte ich Tage, an denen ich ihn nicht mit einem erlegten Affen auf dem Rücken über die *pista* gehen sah. Quemperi sagte, daß sie, als Miñiwa noch jung war, ein Militärcamp überfallen und fünf Soldaten wegen ihrer Äxte umgebracht hätten.

Miñiwa sprach nicht Spanisch, aber soweit ich das beurteilen konnte, fürchtete er sich vor nichts und niemandem. Sein Blick war so durchdringend, so intensiv, daß jedes Mal, wenn er auf mir ruhte, ich ein Gefühl hatte, als ob er beabsichtige, »dich zu jagen wie ein wildes Schwein«. Er durchwühlte mein Gepäck nach Belieben. Er nahm zwar nie etwas weg, experimentierte aber mit allem, indem er mich nachahmte. Selbst meine Zahnseide begutachtete er, fand dafür jedoch keinerlei Verwendung. Wenn ich in Quemperis Hütte saß und Aufzeichnungen machte, kniete Miñiwa oft rechts hinter mir und legte das Kinn auf meine Schulter. Eines Tages riß er mir den Stift aus der Hand, packte ihn wie einen Eispickel und zeichnete etwas auf das Papier. Er machte eine Reihe von Halbkreisen, jeweils einen mit der Öffnung nach der einen Seite, dann einen nach der entgegengesetzten Seite. Als er fertig war, zeigte er auf einen der Halbkreise und redete eine ganze Menge, wovon ich nur ein Wort verstand: Menga. Es vergingen Wochen, bevor ich verstand, daß Miñiwa eine Karte gezeichnet hatte. Die Halbkreise bedeuteten Wasserscheiden, mit Bächen und Flüssen in eine Richtung fließend, dann in eine andere. In der Mitte, auf der größten Wasserscheide, würden wir Menga treffen, noch auf dem Bergrücken und noch ohne jeden Außenkontakt.

4

Eines Tages, kurz nach Morgengrauen, tauchte Enqueri in Quemperis Hütte auf und erklärte, daß er nun bereit wäre loszumarschieren. Seine Bekleidung bestand lediglich aus einer Baseballkappe, einem unechten Yves-Saint-Laurent-Gürtel, Männerunterhosen und einem Paar Gummistiefel. Stolz trug er auch einen Rucksack, den ich ihm auf seine Bitte hin gekauft hatte. Aber er diente eher zur Zierde, denn wir besaßen fast nichts mehr zum Tragen. Der größte Teil unserer Notration war geplündert worden, zusammen mit meinem Schweizer Militärmesser, meinen langen Hosen, einer Rolle Streckbinde und meinen Extrasocken. Als ich das Enqueri erzählte, brach er in Gelächter aus. »Die Huaorani«, lachte er, »das sind die Schlimmsten.«

Immerhin würden wir mit Miñiwa reisen, was bedeutete, daß wir unterwegs Nahrung haben würden. So dachte ich zumindest. Wie er da in seinen Unterhosen stand, sagte Enqueri jedoch plötzlich, Miñiwa habe beschlossen, zu Hause zu bleiben. Statt dessen würden uns drei Jungen begleiten. Zwei waren Teenager, und einer war zwölf. Wir verfügten weder über ein Funkgerät, mit dem wir ein Flugzeug herbeirufen könnten, noch besaßen wir Benzin, um mit dem Boot flußaufwärts zur Vía Auca zu fahren. Der einzige Weg hinaus führte nordwärts zum Yasuni – zu Fuß –, 120 Kilometer quer durch eine dampfende, unerforschte Wildnis. Die Aussicht, diese Reise mit unerfahrenen Führern und Jägern zu machen, erschien mir mehr, als ich ertragen konnte, um es milde auszudrücken. »Wir brauchen Männer, keine Kinder!« schrie ich Enqueri an. »Was sollen wir essen? Wie werden wir den Weg finden?«

»Die Jungen kennen den Weg«, sagte er, aber er schaute mir nicht in die Augen. Dann fügte er entschieden hinzu: »Meine Leute können zehn Tage ohne Essen reisen.«

»Sie können es vielleicht«, sagte ich, »aber ich kann es nicht und du auch nicht.« Verglichen mit den muskulösen jungen Jägern in Quemperis Clan war Enqueri ein Stadtmensch, der ebensowenig einen Affen erlegen konnte wie ich.

Als ich jedoch in meinem Gepäck wühlte, fand ich fünf Schrotpatronen, und dieses Geschenk bewegte Miñiwa, uns zu begleiten. Mein Wutanfall hatte nicht lange gedauert, aber es reichte, um fast den gesamten Clan um uns zu versammeln. Niemand sprach. Ich hatte in der Öffentlichkeit bei den Huaorani selten Wut erlebt. Sicher schockierte sie mein Ausbruch, und das verwirrte mich.

Ich drehte mich um und lief so gelassen, wie ich konnte, zum Fluß und versuchte, keine Furcht zu zeigen. Als ich jedoch das hohe, matschige Ufer erreichte, stolperte ich und rutschte mit dem Gesicht voran hinunter ins Wasser, wo ich unter dem Kanu zu einem glitschigen Halt kam. Dreck spuckend schaute ich hoch und sah fast den ganzen Clan entlang des Steilufers stehen. Manche zeigten auf mich, einige machten meinen Sturz nach. Andere bogen sich derart vor Lachen, daß sie sich auf andere stützen mußten. Kichernd kniete eine von Quemperis Enkelinnen vorn im Kanu nieder und paddelte uns über den Cononaco. Einer nach dem anderen bestiegen wir das Nordufer und tauchten in den dunklen Urwald.

Wir schlugen einen kaum erkennbaren Jagdpfad ein und liefen den ganzen Tag im Gänsemarsch, wie es die Huaorani immer tun. Zum Mittagessen, das wir ja ohnehin nicht dabeihatten, hielten wir nicht an. Während wir zu ebener Erde nur durch dünnes Gestrüpp marschierten, befand sich über uns ein dichtes Blätterdach, das weder einen Sonnenstrahl hindurchließ, noch einen Blick in den Himmel gestattete. Im Urwald herrschte eine überraschende Stille, und wir liefen schweigend. Der zwölfjährige Yohue ging vorneweg, gefolgt von Enqueri, hinter dem ich ging. Die beiden Teenager Quimonca und Awa liefen wie Hirtenhunde hinter mir her. Miñiwa bildete mit seinem fünfjährigen Sohn, der mühelos Schritt hielt, die Nachhut.

Als wir so dahinliefen, fragte ich mich, ob in der plötzlichen Änderung der Pläne böser Wille der Huaorani steckte. Wollten sie, nachdem sie sich alles, was ich an Wertvollem dabeihatte, angeeignet hatten, mich jetzt einfach dem Urwald überlassen? Andererseits, dachte ich, konnte die Sache genauso einfach sein, wie sie schien: Niemand im Clan, außer den drei Jungen, hatte Lust auf einen Marsch gehabt. Für sie handelte es sich um ein Abenteuer, denn sie beabsichtigten, Enqueri bis zu seinem Haus am anderen Ende des Territoriums zu begleiten, eine Reise, die keiner von ihnen jemals zuvor gemacht hatte. Sie würden mindestens zwei Wochen brauchen, um dorthin zu gelangen, dennoch trugen sie nichts weiter am Leib als jeweils ein Hemd, eine kurze Hose und billige Gummistiefel. Der kleine Yohue besaß noch nicht einmal Stiefel. Sein linker Fuß war barfuß, und an seinem rechten hatte er nur eine Baumwollsocke, die auf dem matschigen Pfad eine biberschwanzähnliche Spur hinterließ.

Plötzlich blieb Yohue abrupt stehen; vor ihm lag quer auf dem Weg eine braunorangefarbene, knapp zwei Meter lange Schlange, so dick wie ein Männerarm.

»Boa«, flüsterte Enqueri. Ich konnte nicht mit Bestimmtheit sagen, was es war. Boa schien das einzige spanische Wort zu sein, das die Huaorani für Schlange kannten. Aus Angst blieb jeder von uns ganz still stehen. Die Todesrate durch Schlangenbisse liegt bei den Huaorani außerordentlich hoch. Die meisten Erwachsenen sind zumindest einmal gebissen worden, und viele haben mehrere Bisse erlitten. Tatsächlich stellen die Schlangen die bösartigste Kraft in der Huaorani-Kosmologie dar; vor der Magie eines *Boa-curandero* oder Zauberers, wie die Missionare sagen, fürchtet man sich besonders. Irgendeine Schlange zu töten, ob giftig oder nicht, unterliegt einem mächtigen Tabu.

Enqueri machte einen weiten Bogen um die Schlange, und wir schlichen so leise wie wir nur konnten an ihr vorbei. Ein paar Minuten später verkündete Miñiwa, sein Sohn hätte Malaria, er müßte ihn sofort zurück zur *pista* bringen, und er würde uns dann auf dem Weg einholen. Naiverweise glaubte ich ihm. Er verschwand – ich habe ihn nie wieder gesehen. Es dauerte eine ganze Weile, bis ich begriff, daß die Schlange für Miñiwa ein böses Omen bedeutete, das ihn von unserer Reise abschreckte.

Ab und zu war das Gekrächze von Papageien zu hören, die sich aber unseren Blicken entzogen. Zweimal scheuchten wir Truthähne auf, eine leichte Beute, die wir aber nicht erlegen konnten, weil uns die Waffen fehlten. Das sagte ich Enqueri.

Er blieb abrupt stehen, drehte sich um und schaute mich mit einem eiskalten Blick an.

»Gib mir deinen Rucksack«, forderte er.

Er warf ihn sich schnell über die Schulter, zusammen mit seinem, und übernahm die Führung. Mit seiner Machete hackte er wütend auf den Busch ein, aus Ärger und verwundetem Stolz, wie mir schien.

Mittlerweile hatte sich der Pfad in glitschigen Schlamm aus verrotteten Baumstümpfen, klumpigem Unterholz und dornigen Ranken aufgelöst. Trotz der Hindernisse lief Enqueri so schnell, daß ich joggen mußte, um mit ihm Schritt zu halten. Oft wiesen uns nur ein paar stumpfe Zweige, die vor langer Zeit abgehackt worden waren, den Weg. Mein ungeschultes Auge entdeckte diese Wegweiser nicht, sondern sah lediglich eine grüne Wand. Enqueri dagegen erspähte sie meist, ohne fehlzugehen.

Falls Enqueri einmal den Pfad verlor, fand ihn Yohue immer wieder, ohne zu zögern. »Dort«, sagte er, und dort ging der Weg auch tatsächlich weiter. Bald begriff ich, daß ich ihn schwer unterschätzt hatte. Und die beiden anderen Jungen ebenfalls. Awa – hübsch, dunkel und ungnädig – war der jüngere und impulsivere der beiden. Ihm gefiel es, einfach davonzusprinten und für eine Stunde im Urwald zu verschwinden. Quimonca war kräftiger und ruhiger. Obwohl er ebensowenig Spanisch wie Awa sprach, außer *sí*, rief ein an ihn gerichtetes Wort doch ein breites, scheues Lächeln hervor. Er weigerte sich, mich zu überholen, und einmal, als ich kopfüber von einer Knüppelbrücke aus jungen Bäumen – die Art Brücke, wie sie die Huaorani ohne einen Blick nach unten passieren – in einen Bach stürzte, kam er mir zu Hilfe gerannt. Er brach dabei in ein derart unkontrolliertes Lachen aus, daß wir uns beide eine Minute am Ufer hinsetzen mußten, um wieder normal zu werden.

Mitten am Nachmittag wurde es klar, daß ich unseren Marsch stärker behinderte, als Enqueri im vorhinein vermutet hatte. Und es stellte sich heraus, daß die Nacht hereinbrechen würde, lange bevor wir den Bergrücken erreicht haben würden, wo wir Menga mit seinem Clan in seinem Lager zu finden hofften. Enqueri sagte jedoch, daß in der Nähe eine andere Hütte stünde. Quemperis Clan hatte sie sechs Monate zuvor aufgegeben, als dort ein Mann und eine Frau an Malaria gestorben waren.

»Wer waren sie?« fragte ich.

»Es waren die Eltern von Quimonca und Awa.«

Falls Quimonca und Awa überhaupt unter dem Tod ihrer Eltern litten, so zeigten sie es nicht. Und tatsächlich stürmten beide gegen Abend los. Als wir anderen die Hütte erreichten, genossen sie schon das Zuckerrohr, das sie von den aufgegebenen Feldern geholt hatten. Die Hütte unterschied sich auffallend von denen an der *pista*. Sie war zehnmal größer; der ganze Clan hatte darin gelebt. Während die *pista* eben und offen und die Hütten ungeschützt waren, reichte hier der Urwald dicht heran, und die Hütte war beinahe unsichtbar. Ich sah sie erst, als ich einen Meter vor ihr stand. Es gab überhaupt kein freies

Gelände, sondern die Pflanzen wuchsen bis dicht an die Rohrwände.

Die Hütte stand auf dem Rücken eines hohen, schmalen Berges. Die Huaorani hatten immer so gelebt – versteckt, isoliert, geschützt –, bis vor wenigen Jahrzehnten, als die Company kam, und Huaorani Siedlungen an den Flüssen bauten, in Kanus reisten und die Ölcamps überfielen. Ich konnte in keine Richtung mehr als zwei Meter weit schauen, außer direkt am Eingang der Hütte, der sich genau über dem steilsten Hang des Berges befand. Von dort konnte ich meilenweit sehen, hinunter und über ein wogendes Meer aus Grün. Zweifellos war es der spektakulärste Blick in Amazonien, den ich je erlebt hatte.

In der Hütte sackte ich auf dem gestampften Erdboden einfach zusammen. Meiner Schätzung nach waren wir zwischen zwölf und vierzehn Stunden gelaufen. Wir sind vielleicht 8 Kilometer weit gekommen oder auch 30. Meine Kleider hingen in Fetzen herunter; Blut, Dreck, Schweiß und Schleim bedeckte mich von oben bis unten. Die Huaorani sahen so frisch aus wie in dem Moment, als wir den Fluß verließen. Selbst ihre Füße waren sauber.

Wir lutschten an Zuckerrohr, und Enqueri kochte die letzte Handvoll Reis, die wir noch besaßen. Jeder von uns bekam etwa eine Tasse voll. In der Nacht regnete es in Sturzbächen. Da das Dach leckte, weckte mich das Regenwasser hin und wieder. Einmal wurde ich von Awas tiefem, konstantem, trockenem Husten geweckt, sicherlich ein tuberkulöser Husten. Er war so heftig und unkontrolliert, daß es sich anhörte, als würde er seinen Verstand dort heraushusten, wo seine Eltern gestorben waren.

Am Morgen machten wir uns auf die Suche nach Menga und seinem Clan. Wir rechneten mit einer Mahlzeit, sobald wir sie gefunden haben würden. Nach einigen Stunden entdeckten wir ihre Hütte, aber sie war verlassen. Die wenigen zurückgelassenen Habseligkeiten hingen sorgfältig verpackt an den Dachsparren und waren mit jeder Menge elektrischer Kabel gesichert, die sie der Company stibitzt hatten. Mehrere Speere waren an den Wänden festgebunden zusammen mit Hemden und Decken. Ein Dutzend Alumiumtöpfe hing an Pfählen, die senkrecht in den Boden gerammt waren. In einem der Töpfe fand Yohue eine Plastiktube mit Palmölfett, das er gierig aufaß. Menga war weitergezogen, wie Enqueri sagte. Wohin oder wann er wiederkäme, könnte niemand mit Sicherheit sagen. Das könnte Tage dauern oder auch Monate. Menga und sein Clan hatten sich so sorgfältig versteckt, daß nicht einmal ihre Huaorani-Genossen sie finden konnten. Vielleicht beobachteten sie uns einen Steinwurf weit entfernt von den Bäumen aus; sie könnten aber auch in Peru sein. Sie waren einfach weg von hier, ausgeflogen, unabhängig, selbstgenügsam, unerklärlich und unerklärt ist es geblieben.

Wir plünderten ein Maniokfeld hinter dem Haus. Anschließend verkündete Enqueri, daß wir bis »fünf Minuten nach fünf« wandern würden. Darüber wunderte ich mich – er trug zwar eine Uhr, aber sie ging nicht. Jedenfalls liefen wir etwa zehn Stunden lang, wobei ich fiel, ausrutschte, stolperte und gestochen, gebissen und von Zweigen gepeitscht wurde. Als Enqueri endlich »jetzt ist fünf Minuten nach fünf« sagte, hatte ich keine Vorstellung von der Richtung oder Entfernung unserer Marschroute. Ich wußte nicht, wo wir uns befanden, geschweige denn, wohin wir eigentlich gegangen waren. Ich spürte nur meine Schmerzen, meine Müdigkeit und sackte direkt auf dem schlammigen Urwaldboden zusammen. Sofort marschierte eine Reihe von bissigen Ameisen mein linkes Bein hinauf, aber ich war zu erschöpft, um sie wegzuwischen. Als ich meine ledernen Wanderschuhe auszog, besser gesagt, das, was davon übrig war, blickte ich richtig erstaunt auf die abgebrochenen Nägel meiner großen Zehen.

Unterdessen baute Enqueri eine Hütte aus jungen Bäumen und Ranken. Yohue, Awa und Quimonca holten breite Palmblätter und woben sie zu einem Dach. Weitere Palmblätter legten sie auf den Boden, wo sie einen weichen, wasserdichten Untergrund bildeten. Die ganze Aktion dauerte vielleicht eine Viertelstunde.

Inzwischen hatte es begonnen zu regnen, und wir brauchten trockenes Brennholz – was machte das schon in der Lage? Enqueri fand dann aber noch eine Palme, deren Holz so hart ist, daß das Wasser nicht bis zum Kern dringen kann. Es gelang ihm, ein paar Zweige abzuhauen und zu spalten. Dann hielt er eine Kerze daran und machte Feuer. Die Jungs legten sich daneben, rollten sich zu einem Bündel zusammen und schliefen sofort ein. Mir gelang es, ein Moskitonetz aufzuhängen und mich in eine Decke zu wickeln. Enqueri schaute mir zu, ohne ein Wort zu sagen.

In der Nacht ging ein rasender Regen nieder. Ich war sicher, daß die Hütte einstürzen würde, aber es tropfte nicht einmal hinein. Einmal erwachte ich durch ein Rascheln am Feuer, und ich sah, wie Quimonca unser Küchenmesser nahm und an seiner linken Schulter eine Beule von der Größe eines Golfballes aufschnitt. Eiter und Blut schossen heraus, der Schmerz muß enorm gewesen sein, aber er verzog keine Miene.

Später wurde es sehr kalt. Trotz der Decke verbrachte ich den Rest der Nacht vor Kälte zitternd und zähneklappernd.

Wir erwachten in Stille und Dunkelheit. In jenem dichten Busch gibt es keine Morgendämmerung. Wir verspeisten unsere letzten Lebensmittel, eine dünne Reissuppe, Schokolade und Thunfisch. Die Huaorani froren genauso wie ich.

Als wir weitermarschierten, verkündete Enqueri allen Ernstes, daß wir in »einer Stunde und 42 Minuten« einen oberen Nebenfluß des Yasuni erreichen würden. Sechs, sieben oder acht Stunden später korrigierte er die Behauptung auf »eineinhalb Stunden«. Aber da schaute er schon so verwirrt, daß Yohue an ihm vorbeilief und wieder die Führung übernahm. Als einziges Geräusch im Urwald hörten wir dann nur noch das regelmäßige Klatschen seines Baumwollsockens. Noch später – da hatte ich schon jedes Zeitgefühl verloren – stießen wir tatsächlich auf das Ufer eines kleinen Flusses. Aber als ich Enqueri fragte, ob das der Nebenfluß des Yasuni sei, murmelte er nur ein »Na klar« – ohne jede Überzeugung. Aber es gab genug Licht, um ein erfrischendes Bad zu nehmen, in den Untiefen zu planschen und ein Seifenstück zu teilen. Elfenbein, um genau zu sein. »Es schwimmt«, stellte Enqueri fest. Immer wieder schwankte die kleine Stange flußabwärts wie ein wackliges Kanu, was die Huaorani zum Totlachen fanden.

Awa hatte auf dem Weg eine kleine Taube gefunden. Enqueri kochte sie. Die drei Jungen verputzten ihre mageren Portionen in einem rasanten Tempo, rollten sich dann wie die Hamster beim Winterschlaf ein und fielen in Sekundenschnelle in einen tiefen Schlaf.

Später, als ich Enqueri nochmals fragte, ob wir den richtigen Fluß erreicht hätten, stürzte er sich in einen langen, verwickelten Monolog, der damit begann, wie er in einer Bar in Coca mit drei Soldaten eine Schlägerei hatte, eine Schlacht, die er zu verlieren drohte, als er »Auszeit!« rief und eine Coca-Cola trank, woraufhin er gewann. Irgendwie ging dann die Geschichte in eine Story über, wie ein Jaguar und ein Adler sich paarten, um die Huaorani auszubrüten. Dann sagte Enqueri: »Vergangene Nacht hatte ich einen Traum. Wir saßen in einem Flugzeug, und es stürzte in den Urwald. Ich packte dich, bevor du hinausfielst.«

»Wirklich?«

»Ja, aber wir starben auf jeden Fall.«

»Das ist ein schrecklicher Traum!«

»Nein, das ist ein sehr guter Traum. Wenn du aus einem Flugzeug fällst, bedeutet das Glück.«

Es gab keinen anderen Weg aus dem Urwald hinaus als mit den Huaorani. Es gab keine Möglichkeit, um Hilfe zu rufen.

Mein Leben lag in Enqueris Händen. Ich schlief ein und dachte, daß ich ihn sehr mochte, ihm aber nicht im geringsten traute.

Am Morgen wateten wir durch den Fluß, versanken splitternackt bis zur Brust in der kühlen, langsam fließenden Strömung, zogen uns an und tauchten in den Urwald ein. Wir begaben uns auf die Suche nach einem aufgegebenen Bohrloch namens Amo Dos, es war eine der vielen Versuchsbohrungen, die Conoco im Block 16 durchgeführt hatte. Enqueri sagte, daß Amo Dos in der Nähe des Nebenflusses läge, den wir suchten. Fänden wir das Bohrloch, wären wir in der Lage, Kurs auf den Yasuni zu nehmen. Obwohl wir mehrere Stunden suchten, fanden wir keinerlei Anzeichen von Erdölarbeiten. Selbst Yohue schien verwirrt. Bedrückt gingen wir über den Fluß zurück. Diesmal, durchnäßt, hungrig, erschöpft und nicht in der Lage, den Himmel zu sehen, verzichtete ich darauf, meine Kleider auszuziehen, die so bald sowieso nicht trocknen würden, wenn überhaupt jemals. Enqueri wollte nicht zugeben, daß wir uns verirrt hatten. »Wo sind wir?« fragte ich. Worauf er mit absolut aufrichtiger Miene antwortete: »Wir sind im Dschungel.«

Ein paar Stunden später hielt Enqueri vor einem Kapokbaum, an dem ein rotes Blechschild befestigt war. CONOCO stand darauf, und Enqueri verkündete: »Block 16«.

»Grüne Mauer« ist ein Wort, das oft zur Beschreibung des Amazonas-Dschungels verwendet wird, aber auf all meinen Wanderungen in Amazonien hatte ich nie etwas annähernd so mauerähnliches gesehen wie das, was jetzt vor uns lag. Zwei oder drei Jahre zuvor waren große Stücke Urwald für seismische Untersuchungen und Helikopterlandebahnen abgeholzt worden. Das Unterholz war so dicht nachgewachsen, daß man es selbst mit Hilfe einer Machete nicht durchdringen konnte. Ich blickte auf die fatalen, weithin ignorierten Auswirkungen, die seismische Untersuchungen auf den Urwald haben können.

Für diese Untersuchungen werden in Intervallen von etwa zwei Kilometern drei Meter breite Schneisen durch ein Gebiet gehauen. In jeder Schneise wird alle 275 Meter Dynamit zur Explosion gebracht, was seismische Wellen hervorruft, die analysiert werden, um das geologische Profil unter dem Urwald festzustellen. In einer typischen Konzession werden 1200 Kilometer Schneisen gehauen sowie 1500 Helikopterlandeplätze angelegt. Dafür muß man etwa 800 Quadratkilometer Wald fällen. Der Lärm der Motorsägen, der fallenden Bäume und der Explosionen verjagt die meisten wilden Tiere, und das nachwuchernde Unterholz verhindert ihre Rückkehr. Fruchtfresser – Tukane, Affen, Truthähne – kommen nicht in abgeholzte Gebiete, und ihre Abwesenheit bedeutet nicht nur einen Verlust an Jagdwild, sondern auch eine reduzierte Regeneration des Urwalds, weil diese Spezies die Samen der großen Fruchtbäume verbreiten.

Enqueri und ich saßen vor dem Kapokbaum und tranken Wasser. Wenn wir auch nicht gerade gerettet waren – nichts deutete darauf hin, wo an der Grenze von Block 16 wir uns befanden –, so waren wir doch nicht so verloren, wie wir geglaubt hatten. Ich erwartete irgendeine Reaktion von Enqueri – Freude, Rechtfertigung, was auch immer –, aber er schien vollständig leer zu sein. Dann, nach einer Weile, begann er zu sprechen.

Wie viele Huaorani-Männer hatte er einmal mit einer seismischen Gruppe gearbeitet, sogar in einer Mannschaft, die Block 16 erforschte. Die seismischen Schneisen zu schlagen ist der härteste, dreckigste und am schlechtesten bezahlte Job im Erschließungsprozeß. Die Company heuert dafür in der Regel Indianer an. »Ich brauchte Geld«, sagte Enqueri. »Wenn wir krank sind, nehmen uns die *evangelistas* in ihr Krankenhaus auf. Sie lassen uns dafür bezahlen, und einmal, als ich auf Reisen war, mußte meine Schwester ins Hospital.« Als Enqueri nach Hause kam, erfuhr er, daß er dem Krankenhaus 180 Dollar schuldete, das entsprach etwa einem sechsmonatigen Arbeitslohn zum damaligen staatlich festgesetzten Mindestsatz. Er ging zur Company, um zu arbeiten. »Ich hatte einen Vertrag über 90 Tage«, erzählte er. »Ich arbeitete von sechs Uhr morgens bis sechs Uhr abends. Ich fällte sieben Tage in der Woche Bäume. Die Company gab uns eine Machete und Stiefel, und der Helikopter warf Reis und Bohnen ab. Nach der Arbeit machten wir uns einen Platz frei und errichteten eine Art Stoffzelt. Ich arbeitete mit anderen Huaorani, und wir schliefen alle zusammen. Malaria kam häufig vor, und irgend jemand war immer verletzt – schnitt sich einen Finger ab oder verletzte sich mit der Machete oder der Axt. Aber wer nicht arbeitete, wurde auch nicht bezahlt. Wenn wir bessere Behandlung verlangten, sagte die Company, daß wir die nicht verdienten, weil wir unzivilisiert wären.«

Schaute ich um mich, konnte ich die massiven, abgesägten Stämme von Mahagoni- und Kapokbäumen sowie Palmen sehen, die im Urwald herumlagen. Awa, Quimonca und Yohue saßen auf einem Baumstamm, der mindestens fünf Meter Durchmesser hatte. Sie unterhielten sich mit ungewöhnlichem Eifer, erbost, wie ich mir vorstellte, über die rücksichtslose Zerstörung ihres Landes.

»Was sagen sie?« fragte ich Enqueri.

»Sie sagen, wenn die Company noch hier wäre, würde sie uns etwas zu essen geben.«

Wir stapften bis mittags durch den Urwald, als Yohue schrie: »Amo Dos!« und davonschoß. Zehn Minuten später betrat ich das glatte Ufer eines breiten, braunen Flusses. Nach dreieinhalb Tagen unter dem Urwalddach verursachte die plötzliche Öffnung des Flusses – der weite Blick hinauf und hinunter, der weite graue Himmel darüber – eine Art Taumel. Ich fühlte mich schwindlig und weich in den Knien. Sekunden später öffnete der Himmel seine Schleusen mit einer Wut, wie ich sie im Oriente noch nicht erlebt hatte. Trotzdem wateten Enqueri und die Jungen durch den Fluß, um zu sehen, ob sie das Bohrloch fänden. Ich stand am Ufer. Der Regen trommelte auf mich ein.

Nach einigen Minuten durchzuckte es mich: »Wir sind noch nicht verloren!« In einem Anfall von Hoffnung aß ich die letzte Schokostange, die ich tief in meinem Rucksack versteckt hatte. Es ist unmöglich zu beschreiben, wie herrlich sie schmeckte. In den elf Tagen bei Quemperi hatte ich sehr wenig gegessen, und auf unserem schätzungsweise 110 Kilometer langen Marsch mußten gerade mal zwei volle Mahlzeiten ausreichen. Ich erinnere mich nicht, jemals hungriger gewesen zu sein. Es dämmerte mir, daß ich durchaus Hungers sterben könnte.

Ich saß etwa eine Stunde lang im Regen und starrte auf meine Füße, bis ich ein ominöses Dröhnen hörte. Ich schaute hoch und sah einen knapp 20 Meter hohen Balsabaum vom anderen Ufer her in den Fluß stürzen. Ein paar Minuten später erschien Yohue am Ufer und zog lange Lianenstränge hinter sich her. Ein zweiter Baum fiel um. Dann kletterten Awa und Quimonca aus dem Gestrüpp und zogen und zerrten die beiden Stämme ins Wasser. Enqueri kam nach ihnen aus dem Urwald gerannt und watete bis zu den Hüften in den Fluß. Er schlug wie wild die Äste ab, hackte die Stämme in etwa drei Meter lange Stücke, band sie mit den Ranken zu zwei Flößen zusammen, während ihm der Regen über den Körper floß. Dann hieb er ein paar junge Bäume zu Paddeln zurecht, setzte eine ernste Miene auf und manövrierte über den Fluß, um mich zu holen.

»Ich sah, wo das Bohrloch liegt«, erklärte er murmelnd. »Es ist sehr weit weg, deshalb versuchten wir nicht, es zu erreichen.« Dabei schaute er den Fluß hinauf und hinunter und überall hin, nur nicht zu mir, so daß ich ihm kein Wort glaubte.

Auf jeden Fall war unser nächster Schritt klar: Wir würden den Fluß hinuntertreiben. Wenn wir nicht den Yasuni erreichten, dann würden wir nach Peru kommen, und wir hätten keine Hoffnung, in den nächsten Wochen Hilfe zu bekommen. Ich glaubte nicht, daß ich so lange leben würde. Nachdem ich das

Floß betreten hatte, überkam mich eine derartige Panik, daß der simple Akt des Hinsetzens allen Willen erforderte, den ich noch aufbringen konnte.

Ich teilte das Floß mit Quimonca. Ich saß in der Mitte, ihm gegenüber, und er saß achtern und lenkte es mit seinem Paddel. Das wirklich einzig Gute an unserer schlimmen Lage war, daß wir nicht mehr zu Fuß gehen mußten. Im übrigen erwies es sich in jeder Hinsicht schwierig, das Floß als eine Verbesserung anzusehen. Es war langsam, trieb mit dem Fluß, ständig überschwemmt und unsagbar unbequem. Der schlecht befestigte mittlere Stamm schwang hin und her wie eine Schaukel und schlug mir bei jeder Schwingung gegen das Steißbein. Quimonca schaute immer wieder zu mir, um zu sehen, ob ich noch da wäre; dabei betrachtete er mich nicht mit größerem Interesse als, sagen wir, einen Truthahn.

Bis zu den Hüften im Wasser trieben Enqueri, Awa und Yohue vor uns her. Unter anderen Umständen hätte ich wahrscheinlich die Umgebung faszinierend gefunden. Wie die meisten der Amazonasnebenflüsse in Ecuador – mit Ausnahme des Napo und des Aguarico weiter nördlich – war dieser nicht breiter als zehn Meter. Moos und Lianen hingen wie eine Dekoration von den hohen Bäumen, die den Fluß umgaben. Die feuchte Luft schmeckte nach Moder und Schlamm. Abgesehen von dem gelegentlichen Pfeifen eines Vogels und dem sanften Plätschern der Strömung, herrschte Stille. Es war eine Welt der Dunkelheit und des Schattens, mehr verborgen als offen sichtbar. Kein Wunder, daß die Huaorani so lange verborgen geblieben waren. Der Regen hörte für ein paar Stunden auf, bis wir auf ein Hindernis unter Wasser stießen. Wir mußten ins Wasser steigen und die Flöße von Hand darüber hinweg heben. Dann fiel die Temperatur mindestens um fünf Grad, und Sekunden später ging ein Wolkenbruch nieder. Ganz plötzlich klapperte ich derartig vor Kälte, daß ich nicht mehr aufhören konnte – mitten im Amazonasgebiet, ein Breitengrad vom Äquator entfernt. Meine Zähne schlugen heftig aufeinander. Falls ich nicht bereits unterkühlt war, würde ich es jetzt schnell sein.

Enqueri, Quimonca, Awa und Yohue schienen nicht besser dran zu sein. Sie zitterten so vor Kälte, daß ihre Muskeln unter der Haut hüpften. Ich grub aus meinem Rucksack eine kleine Plastikplane, in die wir uns einhüllten. Während der nächsten halben Stunde standen wir am Ufer, bis endlich der Regen nachließ. Wir schlugen dort gleich unser Lager auf. Die Anstrengung, unsere Sachen von den Flößen zu holen und eine Schutzhütte zu bauen, beruhigte meine Nerven, aber nicht sehr. Die Huaorani sahen auch verloren und gequält aus. Enqueri gelang es immerhin, ein Feuer zu machen.

»Welcher Fluß ist das, Enqueri?« fragte ich.

»Ich weiß nicht.«

»Was heißt das?«

»Das heißt, daß wir uns verirrt haben.«

»Und was bedeutet das?«

»Das bedeutet, daß wir sterben können.«

Es war die einfache Feststellung einer Tatsache. In jener Nacht, obwohl ich zu ruhen versuchte, fuhr ich jedesmal, wenn ich eindöste, erschrocken aus dem Schlaf. Mein Hunger quälte mich wie ein physischer Schmerz, mein Magen brannte, und Krämpfe setzten ein. Das Ganze schien sich zu vertiefen, in etwas ganz anderes zu verwandeln, in ein bitteres Gemenge aus Frustration, Verzweiflung und Wut über meine eigene Blödheit. Mit glasklarer Sicherheit glaubte ich zu wissen, daß ich unweigerlich sterben würde. Ich würde eine schwangere Frau hinterlassen und – niemals mein Kind kennenlernen! Und es gab nicht das geringste, was ich daran ändern konnte.

Wir besaßen eine Machete. Wir könnten damit theoretisch Jagdspeere schnitzen. Sicher gab es im Urwalddach eine Menge eßbarer Nüsse und Früchte. Aber das Jagen und Sammeln ist nicht so einfach, wie es klingt. Zwischen Siedlungen zu reisen war eine Sache, sich auf das Sammeln von Nahrung zu konzentrieren eine ganz andere. Wir müßten dafür ein Basislager errichten, Material für Waffen finden, die Waffen herstellen und dann den mühsamen Prozeß beginnen, das Wild in dem nicht vertrauten Gelände anzuschleichen. Ein Speer zum Töten von Pekaris kann an einem Nachmittag gemacht werden, aber diese Wildschweine sind schnell und listig. Das Aufspüren und Töten kann mehrere Tage in Anspruch nehmen. Einen Affen kann man an einem Tag töten, aber dazu braucht man ein Blasrohr. Ein gutes Rohr herzustellen, gerade und luftdicht, dauert eine Woche. Dann muß man Pfeile herstellen sowie Gift für die Spitzen finden und präparieren. Affen leben meist hoch oben im Blätterdach, und man muß den Pfeil 35 Meter und mehr mit genügend Kraft hochschießen, damit er Haare und Haut durchdringt. Um diese Kraft zu erzielen, wickeln die Huaorani ihre Pfeile in eine Art Baumwolldichtung, durch die in dem Blasrohr mehr Druck erzeugt wird. Aber nur eine bestimmte Baumart enthält diese Faser, und sie ist nicht immer leicht zu finden. Genau wie die Palmenart – eine unter den etwa 150 Arten, die im Urwald wachsen –, die das richtige Holz für die Pfeile liefert.

Sind die Waffen dann endlich fertig, muß man natürlich los und jagen. Man braucht drei oder vier Pfeile, um einen Affen zu töten; selbst ein guter Jäger trifft bei fünf Schüssen nur einmal. Ist ein Affe verwundet, flieht er im Blätterdach um sein Leben, man muß ihn im Auge behalten und das drei Meter lange und fünf Pfund schwere Blasrohr irgendwie durch den mehr oder weniger undurchdringlichen Urwald schleifen. Gelingt es einem schließlich, den Affen zu töten, bleibt es einem meist nicht erspart hinaufzuklettern, um ihn zu bergen.

Kurz gesagt: Die Jagd ist eine äußerst harte Arbeit, die zudem Langzeitplanung erfordert, und das ist etwas, was den Huaorani nicht besonders liegt, wenn überhaupt. Ich könnte vorschlagen, was ich wollte, sie würden gar nicht daran denken zu jagen, wenn der Hungertod nicht unmittelbar bevorstünde – dies schien in unserer Situation aber noch lange nicht der Fall zu sein. Was sie über mein Problem dachten? Nun ja, es gibt ja genug *cowode* dort, wo ich hergekommen bin.

Weit besser als selbst zu jagen wäre, ein paar Freunde zu finden, die bereits gejagt hätten und die man um etwas zu essen angehen könnte. Diesen Gedanken bewegte wenigstens Enqueri in seinem Kopf.

Unterdessen nagte ich sterbenselend weiter am Hungertuch. Aber zumindest begann ich zu verstehen, daß Hunger für die Huaorani das Leben definiert. Entweder bist du hungrig oder nicht, alles andere geht davon aus. Unter diesem Gesichtspunkt konnte ich begreifen, warum die Huaorani das Auf-eigenen-Füßen-Stehen so schätzen und warum ihre Kultur sich um Nahrung dreht, um das rituelle Teilen, um Feste und Hunger. Wie illusorisch es zuweilen zu sein scheint, so ist der Begriff *abundancia* – der Urwald, der für einen sorgt und immer voller Früchte ist – absolut entscheidend für ihre Fähigkeit zu überleben. Ohne diesen Glauben würde man angesichts des Urwalds in Schrecken verfallen, in lähmenden Schrecken. Es war auch leicht zu begreifen, weshalb alles Geld der Welt sie nicht für die Zerstörung ihres Landes entschädigen konnte.

Die Helligkeit fiel sehr früh und hart auf das ungeschützte Ufer, über dem nun eine gierige Insektenbrut aufstieg. Die Luft summte, und die Moskitos attackierten in dichten Scharen. Der Fluß war einen Meter gestiegen und floß schneller – ein gutes Zeichen. Wenn wir in Richtung Yasuni fuhren, würden wir wahrscheinlich innerhalb weniger Tage ein Huaorani-Lager finden. Und wenn nicht? Ich versuchte, nicht daran zu denken.

Kurz nach unserer Abfahrt verwandelte sich der Himmel in ein wolliges Grau, und die Luft kühlte ganz plötzlich ab – ein Zeichen für bevorstehenden Regen. Das erschreckte mich, da ich glaubte, daß ein starker Regen mich gewiß umbringen würde. Ich war mir nicht sicher, ob meine verbliebenen Kräfte noch ausreichten, um einer gewöhnlichen Erkältung zu widerstehen.

Meine einzige Überlebensstrategie bestand darin, ein Loch in meine kleine Plastikplane zu reißen und sie als Poncho zu tragen. Ich saß quer zu dem stoischen Quimonca und sah wie ein lebendiges Zelt aus. Ab und zu begegneten sich unsere Augen – er lächelte, wandte seine Aufmerksamkeit aber sogleich wieder dem Fluß zu. Er war 19 Jahre alt. Seine Eltern waren tot. Er befand sich auf dem Weg in das Land der Kannibalen, bewaffnet allein mit einem T-Shirt, Shorts und Gummistiefeln. Was erwartete er, wenn er überhaupt etwas erwartete?

Der Morgen ging vorüber – immer noch kein Anzeichen dafür, auf welchem Fluß wir trieben. Der Himmel verdunkelte sich, aber der Regen blieb aus. Es war wohl mitten am Nachmittag, als ich ein Geräusch hörte, es klang, als ob ein Zweig knackte. Es kam zwar aus der Ferne, war aber dennoch deutlich. Erst als ich es ein zweites Mal vernahm, stieg langsam in mir das Gefühl auf, daß es vielleicht von Menschen verursacht worden war. Vielleicht ein Gewehrschuß? Yohue hörte es auch und sprang auf. Wenige Augenblicke später hörte man das dünne, leise Summen eines Außenbordmotors, dann schob sich um eine Biegung des Flusses der Bug eines Kanus.

Unser Retter stellte sich als ein grinsender junger Freund von Enqueri heraus. Er hieß Araba. Zwei Leute seines Clans, Bainca und Anaento, begleiteten ihn. Sie waren seit drei Tagen auf dem Fluß, und die Jagd war erfolgreich gewesen. Im Kanu lagen Bananen und Maniok hoch aufgeschichtet, unter einer Plane im Heck stapelten sich mehrere tote Truthähne, zwei Affen und ein großer Haufen gedörrtes Fleisch – Schinken, Haxen, Schnauzen und Hirn. Sie hatten vier Pekaris erlegt, soviel war klar, aber darüber hinaus erzählte jeder seine eigene Geschichte. Jede Version wurde in einer Weise dargestellt, die für meine Ohren absolut verrückt, nervös, manisch klang. Obwohl alle Zuhörer enthusiastisch jeder Version zustimmten, glich keine auch nur im Detail der anderen. Auf jeden Fall handelte es sich um eine große Beute, und bei jedem Bericht schrien alle Huaorani vor Freude.

Was mich anging, so bestieg ich Arabas Kanu vorsichtig, nicht so sehr aus Müdigkeit, obwohl das sicher auch ein Grund war, als vielmehr aus Ehrfurcht und Unglauben. Ich hatte mich selbst so fest davon überzeugt, daß ich sterben würde, daß es mir einen langen Augenblick mehr als schwer fiel, zweifelsfrei zu akzeptieren, daß Araba, seine Freunde, ihr Kanu und ihre Mengen an Essen tatsächlich existierten.

Jemand gab mir ein Stück gekochten Maniok. Ich knabberte daran, es schmeckte mild und äußerst erlesen. Das brach den Zauber, und dann ging es los. Wir fraßen Schweine wie die Schweine, bis wir das Jagdlager erreichten, wo Bainca Maniok kochte und Bananen und Truthahn und Affen und wir noch mehr aßen. Als es dämmerte, leerten wir das Kanu, wuschen das Blut heraus und legten es zurück ins Wasser. Der Abend war ungewöhnlich klar, und im Licht der untergehenden Sonne fuhr uns Bainca langsam flußabwärts. Enqueri lehnte sich gegen den Essensberg und erzählte, nicht zum ersten Mal, die Geschichte unserer Reise. In der einen Hand schwang er eine Schale mit *chicha*, in der anderen ein Fleischstück, damit deutete er auf mich und tat, als würde er aus dem Boot fallen, wobei es gewaltig schwankte. So demonstrierte er, wie ich von der Holzbrücke gefallen war. Die anderen Huaorani gerieten völlig aus dem Häuschen. Ich ärgerte mich nicht. Mein Bauch war voll, und ich war dankbar, am Leben zu sein. Ich lehnte mich gegen meinen Rucksack, streckte meine Beine aus und starrte einen Moment in den Himmel, was mir wie eine Ewigkeit vorkam, bis mein Träumen vom Lärm meines eigenen Gelächters unterbrochen wurde.

5

Die Ölindustrie kann sehr wohl die Huaorani vernichten, aber der Verbrennungsmotor hatte gerade mein Leben gerettet. Sein infernalisches Röhren klang wie eine schöne Melodie in meinen Ohren. Es ließ den ermatteten grünen Urwald, der zuvor drohend und unergründlich aufragte, mild und schützend erscheinen. Ich lehnte mich im Kanu zurück, legte meine Füße auf die Bootskante, nahm eine Bananenstaude auf meine Knie und teilte sie mit Yohue, der im Bug saß und ins Wasser starrte und bis aufs Schälen und Kauen keinen Muskel bewegte.

Bainca stand am Heck und bediente den Außenbordmotor. Er steckte von Kopf bis Fuß in einem Tarnanzug, das Käppi saß ihm keck auf dem Kopf. Er war in Coca erwischt worden, als das Militär eine ihrer periodischen Musterungskampagnen unternahm. In der einen Minute stand er an einer Straßenecke, in der nächsten trug er eine Uniform. Zuerst fand er das Armeeleben spannend, mit all den Gewehren und dem täglichen Essen. Sein Interesse hielt ein paar Wochen an. Dann fühlte er den Drang weiterzuziehen. In einer mondlosen Nacht verschwand er im Urwald, mit der Uniform und allem.

Bainca war der *motorista*, Araba der *commandante*. Er saß in der Mitte des Boots im Schutz eines Regenschirms, ein Krug *chicha* zu seinen Füßen. Auch als die Sonne in Purpur, Orange und Rot unterging und der Mond über dem tiefer werdenden Braun und Grün der Urwaldwand aufging, trug er weiter seine Sonnenbrille. Es war die einzige, die ich je bei den Huaorani gesehen hatte. Araba trug sie wie ein Rangabzeichen. Er saß steif wie eine Statue, nur ab und zu streckte er einen Finger in die

Luft und bewegte ihn in die eine oder andere Richtung, um Bainca an einer Sandbank oder einem Holzstau vorbeizu dirigieren. Diese Gesten wirkten ziemlich merkwürdig, so als würde er ein unsichtbares Orchester dirigieren.

Einmal, als wir auf einen großen, schwimmenden Baumstamm zusteuerten, drehte ich mich um und sah Araba und Bainca tief schlafen. Araba hielt den Kopf auf die Brust gesenkt. Bainca stand schwankend mit fest geschlossenen Augen am Ruder. Sekunden später rammten wir den Stamm und stürzten beinahe um. Da wachten sie auf. Araba lachte so heftig, daß seine Sonnenbrille herunterfiel, und bald lachten alle anderen auch. Warum nicht? Wir hatten mehr Nahrung, als wir essen konnten, und angesichts solcher *abundancia* hatte der Begriff Hunger – und Schmerz, Leiden, Gefahr und Tod – aufgehört zu existieren.

Es war stockdunkel, als wir in Aucayacu ankamen. Dort gab es nur drei Hütten. Sie gehörten Baincas Vater und Mutter, Camemo und Apa, sowie einem Onkel. In der Bauweise unterschieden sich die Hütten gewaltig von denen in Cononaco. Sie ruhten auf hölzernen Plattformen, besaßen Bretterwände und einen Boden aus Rinde.

»Enqueri«, fragte ich, »sind diese Häuser im Quichua-Stil gebaut?«

»Ja.«

»Wie unterscheiden sie sich von den Huaorani-Häusern?«

Er dachte eine Weile nach und sagte dann: »Sie unterscheiden sich.«

»Ja, aber wie?«

Er machte wieder eine nachdenkliche Pause. Nach einer Weile meinte er: »Es sind Quichua-Häuser.«

Damals wußte ich schon, daß es keinen Sinn hatte, solche Fragen weiter zu verfolgen. Fakten und Daten würden die Huaorani niemals erklären können. Derlei Erklärungen, die es ja durchaus gab, lagen außerhalb ihrer Welt – inmitten all der Schlangen, dem Hunger, dem Dreck und einem Urwald, so dicht, daß man selten den Himmel sah.

In Aucayacu aßen wir noch einmal gut bemessene Portionen Fleisch, Maniok und Bananen. Baincas Mutter war eine große Frau mit schmalem Gesicht, sein Vater war kurz und von der Statur eines Baumstammes. Bainca übersetzte, als seine Eltern mir von einer Zeit vieler Krankheiten erzählten. Nach der Zahl der verflossenen Chonta-Palm-Jahreszeiten muß das 1988 oder 1989 gewesen sein.

»Die Krankheit kam nach den schweren Regenfällen«, sagte Camemo, »im November oder Dezember. An einem Tag war der Fluß schwarz, dann rot, dann gelb. Am nächsten Tag schwammen tote Fische darauf.«

»Keine Tiere starben«, bestätigte Apa.

»Nein, keine Tiere starben«, pflichtete Camemo nochmals bei. »Aber der Maniok, die Bananen, manche Vögel und viele Kaimane.«

»Wir wurden sehr krank«, sagte Apa. »Wir hatten Probleme mit unserer Haut und mit Erbrechen. Einen Monat lang waren wir krank. Wir konnten nicht laufen, um Hilfe zu holen. Wir dachten, wir würden sterben.«

Obwohl die Quelle dieser Pest seine Eltern sprachlos machte, glaubte Bainca genau zu wissen, was geschehen war, weil er einmal für die Company gearbeitet hatte.

»Als die Conoco Amo Dos und die anderen Probebohrlöcher verschloß,« erklärte er, »gab sie die riesigen Erdbecken mit Abfallöl und Bohrschlämmen einfach auf, ließ sie offen und ungeschützt liegen. Am Ende und unausweichlich wurden die Becken in den Yasuni gespült.«

»Was machte die Company mit den Abfällen?«

»Nichts.«

Was dachten Apa und Camemo über die Straße, die gebaut werden sollte?

»Welche Straße?« fragte Apa.

Wäre die Straße erst einmal gebaut, würde Aucayacu natürlich – obwohl so entfernt, daß nicht einmal die Missionare dorthin kamen – sich ganz plötzlich im Bereich einer Kanufahrt von wenigen Stunden von der Company entfernt befinden, damit von jedem, der mit der Company in den Urwald käme.

Ich erklärte den Plan der Company. Sie erschraken.

»Alles wird sterben«, sagte Camemo.

»Ich möchte nicht noch einmal so krank werden«, sagte Apa.

Plötzlich machte sich Trübsinn breit. Ich wechselte das Thema. Bainca hatte mir erzählt, daß sein Vater ein Heiler wäre. Das hatte mir Hoffnung gemacht. Für die meisten *cowode* sind Hautprobleme ein beinahe unvermeidbares Risiko bei Urwaldreisen. Jeder, der in den Urwald für mehr als ein paar Tage geht, kommt übersät mit juckenden und offenen Wunden heraus. Die Behandlung solcher Probleme macht einen großen Teil des Gesprächsstoffes in den Bars von Coca aus. Jeder hat sein System. Ich versuchte eins, das mir ein Freund empfohlen hatte. Sich zweimal täglich mit antibakterieller Seife waschen, zum Schlafen andere Kleidung anziehen und, wann immer es geht, nackt gehen. Aber ich war drauf und dran, die Schlacht zu verlieren. Meine Haut juckte, Entzündungen breiteten sich auf meiner Brust, auf den Armen, um die Hüften und an den Beinen aus. Die Zehen an meinem rechten Fuß waren so geschwollen und überkrustet, daß sie wie eine Schwimmflosse aussahen.

Apa untersuchte meinen Fuß sorgfältig und sagte dann etwas zu Bainca.

»Er sagt, daß es dafür ein Heilmittel gibt«, erklärte Bainca.

»Wie komme ich an das Heilmittel?«

Nach einer zweiten Konsultation sagte Bainca feierlich: »Geh in eine Apotheke in Coca.«

Am Morgen tranken wir *chicha* und machten uns auf den Weg nach Garzacocha, zwei Stunden weiter flußabwärts.

Garza ist das spanische Wort für Reiher, und *cocha* ist das Quichua-Wort für See. Das Dorf Garzacocha liegt in einem weiten Bogen des Yasuni gegenüber einer schwarzen Lagune, die nicht nur reich an Reihern ist, sondern auch an Falken, Tukanen, Aras, Adlern, Kaimanen, Süßwasserdelphinen, Rundschwanzseekühen und ungezählten Fischarten. Mit seiner Lage auf einem hohen Ufer gleicht Garzacocha sehr Cononaco; es hat denselben guten Ausblick auf den Fluß und eine gute strategische Lage. Als die *cowode* in die Heimat der Huaorani einzudringen begannen, erwarteten die Huaorani sie in den großen Biegungen der Flüsse, wo die starken Strömungen die Kanus gegen das Ufer drückten, und deckten sie mit einem Hagel von Huaorani-Speeren ein.

»Kommen Touristen hierher?« fragte ich Araba.

»Nicht mehr!« erwiderte er und kicherte vor Freude. »Früher kamen viele Touristen hierher, aber sie brachten schlechte Dinge mit sich, Husten und Krankheiten, die uns krank machten. Ich sagte ihnen, daß sie uns bezahlen müßten, und dann sind sie nicht mehr gekommen.« Im vergangenen Jahr jedoch waren zwei Kanus mit *cowode* nach Garzacocha gekommen, ohne um seine Erlaubnis zu bitten. (Später erfuhr ich, daß es sich um amerikanische College-Studenten auf einer Auslandsstudienreise handelte.) »Sie waren schon einmal gekommen«, sagte Araba. »Wir sagten ihnen, sie sollten fortbleiben, aber sie kamen zurück. Also nahm ich ihre Boote und band sie fest. Dann nahm ich alles, was sie dabeihatten, und brachte es in mein Haus. Dann steckte ich alle *cowode* in eine Hütte, sperrte sie dort ein und hielt sie zwei Tage fest. Das war das letzte Mal, daß ein Tourist hierherkam!«

Dank der großen Jagdbeute, die Araba mit nach Hause gebracht hatte – und der ich mich irgendwie verbunden fühlte –, fand ich die Bewohner Garzacochas gastfreundlich und herzlich. Es gab etwa 50. In der Gegend von Garzacocha hatte der unglückliche Kapuzinermönch Alejandro Labaca seine größten

»Beutezüge« gemacht. Sein Vermächtnis ist ein Dorf, das viel gemütlicher ist als Cononaco. Ich bemerkte mehrere Obstbäume – Zitrone, Orange, Papaya – sowie eine Anzahl von Schweinen und Hühnern und, in ihrem Gefolge, einen Schwarm Gnitzen, jene winzigen, beißenden Fliegen, die am Amazonas als *pium* bekannt sind. Die Kapuziner ermutigten die Huaorani, bei der Company zu arbeiten, im Glauben, daß sie lernen müßten, mit Geld umzugehen. Sie liehen auch Araba das Geld, um den Außenbordmotor zu kaufen, der ihn mit 29 Jahren zum König von Garzacocha gemacht hatte. Sein Heim, das er mit zwei Frauen, sechs Kindern sowie mit Bainca und seiner Familie teilte, verfügte über einen materiellen Reichtum, der weit über der Huaorani-Norm lag: ein halbes Dutzend Flinten und Gewehre, eine zerfledderte ecuadorianische Flagge, einen Nike-Rucksack, vier Büstenhalter.

»Araba ist so reich, daß er zwei Frauen hat«, sagte Enqueri. Das war erlaubt, wenn die Frauen Schwestern waren. Aber es gab Probleme. Eine Frau wurde immer der anderen vorgezogen und arbeitete weniger. Aber um sie glücklich zu machen, gab es bestimmte Vorschriften, nach denen beide gleich behandelt werden mußten.

»Wie geht das?« fragte ich, und Enqueri machte mit einer Banane eine Hin-und Herbewegung.

Während wir in Garzacocha waren, hielt Araba eine Gemeindeversammlung ab, um die Pläne der Company zu diskutieren. Er war der einzige, der für die Conoco-Straße sprach. Er malte sich aus, wie er, wenn die Straße erst einmal da wäre, Schweine züchten und zum Markt treiben würde.

Alle anderen jedoch lehnten die Straße ab, und eine seiner Frauen schrie ihn nieder. Sie hielt ihren kleinen Sohn hoch und rief: »Eine Straße wird Krankheiten bringen. Sie wird unsere Kinder töten. Wir wollen sie nicht. Nein, nein, nein.«

Enqueri machte seine Volkszählung fertig. Am Morgen nach

der Versammlung verließen wir Garzacocha Richtung Nuevo Rocafuerte, einer Stadt am Zusammenfluß des Yasuni mit dem Napo, nahe der peruanischen Grenze. In zwei Kanus stopften wir 17 Huaorani-Erwachsene, zehn Kinder (einschließlich der drei Babys an der Brust), ein Gewehr, zwei Töpfe mit *chicha*, fast so breit wie die Boote, drei Bananenstauden und einen an eine Koppel gebundenen Affen. Garzacocha liegt im Yasuni-Nationalpark, den die Huaorani als ihre Heimat ansehen. Am späten Nachmittag überquerten wir die östliche Grenze des Parks, dabei fuhren wir an einem Schild vorbei, welches das Jagen, Fischen, Abholzen und Siedeln verbot. Neben dem Schild gab es ein Wachhaus, das in stolzen Buchstaben das Logo der Nature Conservancy (Naturforsterhaltung) trug. 1989 half die Nature Conservancy, mit Geld von Conoco, der ecuadorianischen Regierung, einen Organisationsplan für den Yasuni-Park zu erstellen. Der Plan sah die Hälfte des Parks für die industrielle Nutzung vor. Er wurde von den meisten Umwelt- und indigenen Gruppen Ecuadors verurteilt. Nur wenige Monate später jedoch beauftragte die U.S. Agency for International Development (Behörde für internationale Entwicklung) – mit diesem Plan als Grundlage – die Nature Conservancy, Wildlife Conservation International und CARE, ein 15-Millionen-Dollar-Programm für Parkmanagement, Tourismus und »erträgliche« Ressourcengewinnung in Yasuni und zwei ökologischen Reservaten zu verwalten.

(1990 verfügte das Gericht für Verfassungsgarantien Ecuadors, daß es illegal sei, in einem Nationalpark Öl zu fördern. Daraufhin drohten die ausländischen Ölgesellschaften, weitere Investitionen im Land einzufrieren, und das Gericht verfügte umgehend genau das Gegenteil.)

Trotz der Mittagszeit und des Höhepunktes der Touristensaison stand das Wachhäuschen leer, als unser Kanu die Parkgrenze erreichte. »Der Wächter ist in Urlaub«, erklärte Araba. »Er kommt nicht sehr häufig hierher.« Kannte Araba den

Namen auf dem Schild? »Ja«, sagte er, »das ist ein Teil der Company.«

Wir legten am Ufer an, und die Huaorani brachen in das Haus ein. Sie aßen alles, was sie finden konnten, tranken eine Flasche Rum und warfen die Abfälle in den Fluß. Dann liefen sie außen herum, rissen an den Brettern, um zu sehen, ob es sich lohnte, etwas mit nach Hause zu nehmen.

Die Markierung des Punktes, an dem der Yasuni in den Napo floß, war nicht großartig: rechter Hand ein halb vom Busch verdecktes Schild von der Größe einer Bierkiste, auf dem handgeschrieben in schwarzweiß PERU stand, linker Hand ein ähnliches Schild mit ECUADOR. Es war schwer zu verstehen, daß 1941 dort ein Krieg geführt wurde und daß die Grenze immer noch umstritten ist. (Zuletzt kämpften Anfang 1995 ecuadorianische und peruanische Truppen über eine Woche lang hart um ein Tal, das 320 Kilometer südwestlich liegt.) Nichts zu beiden Seiten der Grenzschilder deutete darauf hin, daß dieser Abschnitt des Napo sich seit 1542 verändert hatte, als Francisco de Orellana ungewollt der erste weiße Mann wurde, der dem Fluß in den Hauptnebenfluß des Amazonas und von dort weiter quer durch den Kontinent bis in den Atlantik folgte.
Den Konflikt von 1941 einen Krieg zu nennen heißt, den Fall ernsthaft zu übertreiben. Allen Berichten zufolge, außer den ecuadorianischen, aber auch viele von diesen, überrannten die Peruaner einfach die Grenze und nahmen soviel Land in Besitz, wie sie konnten, und das war damals die Hälfte vom Oriente. Schon damals wurde das Land für reich an Erdöl gehalten, aber bei der Invasion warfen die ecuadorianischen Soldaten ihre Waffen weg und flohen. Obwohl es niemand mit Sicherheit sagen kann, sind doch starke Argumente angeführt worden, daß das einzige, was die Peruaner hinderte, noch weiter vorzudringen, die Huaorani waren.

Jetzt, als ich über den Napo schaute, beobachtete ich, wie

weiße Schaumkronen auf dem Wasser hüpften und tanzten und der Regen das ferne Ufer peitschte, unter einem niedrigen und langsam sich verändernden grauschwarzen Himmel. Araba hielt einen Finger in die Luft. Die Kanus legten genau an der Mündung des Yasuni an. Die Huaorani-Männer zogen saubere Hemden an, die Frauen Hemden und Röcke. Bainca warf Arabas zerfledderte ecuadorianische Flagge in eine Holzkiste im Bug des Führungskanus. Dann fuhren wir in den Napo hinein. Wind und Regen peitschten die Kanus, daß sie auf dem Fluß-See kräftig hin und hergeschaukelt wurden. Die Huaorani saßen schweigend da und brüteten vor sich hin.

Wir fuhren stromaufwärts und kamen nach einer Weile zu einer hölzernen Pier, von der einige Bretter schon in den Fluß gefallen waren. Oberhalb der Pier stand ein kleines Holzhaus schief auf seinen Holzpfählen. Ein Offizier kam heraus, der Stiefel, Armeeanzug, eine Pistole und ein T-Shirt trug, auf dem »Eher Mord als ehrlos« stand. Er schnippte mit den Fingern. Ich zeigte ihm meinen Paß. Bainca überreichte ihm einen Ausweis, der ihn als *motorista* auswies. Die anderen Huaorani schauten über den Fluß, zum Himmel oder auf den Boden der Kanus. Ein Baby schrie, ihm wurde schnell eine Brust dargeboten.

Der Offizier nickte und gab die Papiere zurück.

Wir fuhren eine weitere Stunde flußaufwärts, während wir von dem sturmgepeitschten Napo gebeutelt wurden. Das Wasser stieg im Boot erst bis zu den Knöcheln, dann bis zum Schienbein, aber die Huaorani schöpften nicht, schützten und rührten sich auch nicht, bis auf einige, die vor Kälte zitterten.

Nuevo Rocafuerte bestand aus Lehmstraßen und einer Handvoll winziger Läden und Schenken mit jeweils einem Tisch. An dem einen Ende lag die Kapuziner-Mission, ein leeres Gebäude ohne Türen von der Größe einer kleinen Lagerhalle, wo die Huaorani ein und aus gingen, als gehörte es ihnen. Ein dünner, getrockneter Lehmfilm bedeckte den Holzboden. Die Huaorani setzten die *chicha*-Schalen und den Affen ab, zündeten Kerzen an und setzten sich auf den Boden. Manche verschwanden in anderen Zimmern, einige ritzten mit ihren Macheten etwas an die Wände. Das Kerzenlicht tanzte in der dunklen Leere wie in einer Höhle.

Araba sagte: »Willkommen in meinem Haus.«

»Wir haben keine Lebensmittel«, sagte Enqueri. »Was sollen wir essen?«

»Was habt ihr mitgebracht?« fragte ich.

»Nichts«, antwortete er. »*Chicha*, aber die ist jetzt alle.«

»Was habt ihr erwartet zu essen?«

»Was werden wir essen?« fragte er wieder.

In einer Hütte hinter dem Gebäude fand ich einen Priester. Er war Spanier, ruhig und lakonisch, der schon 21 Jahre in Nuevo Rocafuerte lebte. Er hatte Alejandro Labaca sehr gut gekannt. Er wollte an dem Abend nicht mehr herüberkommen, um den Huaorani hallo zu sagen, aber vielleicht am Morgen. »Es ist eine heikle Situation«, sagte er. »Bis vor wenigen Jahren kamen einige von ihnen hier in die Schule, aber sie stahlen Farbe, Lebensmittel und andere Dinge, so daß wir ihnen nicht mehr erlauben konnten, hierherzukommen. Sie kamen dennoch. Unsere Mission wurde so etwas wie ein Gartenlager, das sie auf ihren Wanderungen aufsuchen. Wir ließen sie das Gebäude benutzen, damit sie nicht in den Straßen schlafen müssen.« Die Kapuziner unterhielten das Gebäude nur minimal und halfen ansonsten nicht. »Wir füttern sie nicht, wir geben ihnen kein Benzin«, erklärte der Priester. »Es geht nicht anders. Sie müssen diese Welt kennenlernen. Die Lektion ist hart, muß aber gelernt werden. Wenn sie überleben wollen, müssen sie lernen zu planen, den Wert der Dinge in dieser Welt zu verstehen.«

»Warum?« fragte ich.

Er nahm seine Brille ab, säuberte sie bedächtig und setzte sie langsam wieder auf. »Weil die Erdölgesellschaften das Leben, wie sie es kennen, beenden werden«, antwortete er. »Daran besteht kein Zweifel. Die Companys sind bereits hier, und noch viel mehr werden kommen. Sie werden das Öl nehmen, und sie werden den Urwald zerstören. Das einzige, was wir tun können, ist, die Huaorani vorzubereiten. Vergangenes Jahr hatte eine Frau in Garzacocha Malaria und Schnupfen gleichzeitig, sie war so krank, daß ich sicher war, daß sie sterben würde. Es waren die *petroleros*, die ihr das eingebrockt hatten. Aber als die Company zu mir kam und mich bat, die Huaorani in Garzacocha zu impfen und sie für die Medizin und das Benzin bezahlte, da mußte ich das natürlich tun.«

Ich sagte gute Nacht und ging im Regen und Schlamm die Straße entlang, setzte mich unter das Vordach einer Schenke und bestellte Bohnen und Eier. Während ich auf das Essen wartete, schaute ich über die Straße. In der Dunkelheit des Sturmes sah ich ein paar glitzernde Augen und dann noch viele mehr, eine lange, schweigende Reihe von Huaorani, die im Regen und der Dunkelheit standen und darauf warteten, abgefüttert zu werden.

Wir ließen die Frauen und Kinder in Nuevo Rocafuerte zurück und fuhren in einem Kanu weiter. Zwei Tage lang saßen wir in dem Kanu, von morgens bis abends, in Sonne, Regen und Wind, und fuhren stromaufwärts, schwenkten hin und her zwischen Baumstämmen und Holzverhauen. Manchmal liefen wir auf Grund, mehr als einmal kippten wir seitwärts und verloren jede Kontrolle, aber irgendwie gingen wir nie richtig über Bord. In den langen Pausen zwischen diesen Vorfällen legte ich meinen Kopf zwischen die Beine und zog meinen Anorak über den Kopf und wurde langsam gefühllos, obwohl ich vor Kälte zitterte, wenn es regnete. Wenn der Himmel aufriß und die Äquatorsonne herabbrannte, dachte ich, ich würde blind werden. Von Zeit zu Zeit gab ich einem Impuls nach, sprang auf und schaute wild um mich. Die Huaorani schienen sich niemals zu bewegen, hielten Sonne, Wind, Wasser, Hunger, Hitze und Kälte wie Statuen stand.

Wir schlugen das Lager an einer verlassenen *chacra* auf, einem kleinen Gehöft am Nordufer. Ein Quichua-Mann entdeckte unser Feuer und lud uns in sein Haus ein. Er meinte, der Besitzer der *chacra* sei an Malaria gestorben und sein Geist würde immer noch sein Land heimsuchen. »Und ihr seid Huaorani«, sagte er nervös und richtete seine Taschenlampe auf Enqueri und Araba. Sie sagten nichts. »Ihr habt immer getötet.« Zu mir gewandt sagte er: »Einmal, als ich ein Kind war, kamen die Huaorani mit ihren Speeren und töteten alle in meiner Familie – die Männer, die Frauen und sogar die Kinder. Überall war Blut. Es war ein Gemetzel. Ich versteckte mich in einem Loch, und sie fanden mich nicht. Ich war der einzige, der überlebte.« Er wandte sich wieder an Enqueri. »Aber jetzt seid ihr zivilisiert.« Er streckte den Arm aus und klopfte Enqueri leicht auf den Arm, als wäre er eine Erscheinung. »Ihr seid zivilisiert, oder nicht?« Die Huaorani schwiegen.

Wir fanden ein Dutzend Quichua-Männer, einige Frauen und ein paar Kinder vor. Die Männer waren betrunken und trugen Lederschuhe. Das Haus auf hohen Pfählen war geräumig und trocken und Lichtjahre von dem entfernt, was die Huaorani zu bauen verstanden. Es war von Gärten mit Obst- und Nußbäumen und Feldern mit Kaffee und Maniok umgeben. Die Quichua besaßen ein Radio. Sie hörten die Stimme Amerikas. »Dort gibt es eine Bombe, die ganze Länder zerstören kann«, sagte ein alter Mann zu mir. »Sie könnte sogar den Napo zerstören.« Ein anderer sagte, daß er mit dem Anbau von Marihuana beginnen würde. Ein Kolumbianer hätte ihm Samen versprochen.

Die Quichua kochten Reis und gaben jedem von uns ein Stück gekochten Pekari und reichten eine Schüssel *chicha* herum. Trotz ihrer Welterfahrenheit bewegten sie sich zwischen den Huaorani so vorsichtig wie junge Hunde zwischen Hengsten. Die Huaorani saßen schweigend in einer Reihe. Sie beantworteten Fragen höflich, aber ohne überflüssige Worte und gaben selbst nichts zum besten. Was ihnen angeboten wurde, nahmen sie entgegen, als wäre es rechtmäßig ihres. Allein durch ihr Verhalten ließen sie die Quichua nicht als Leute des Urwaldes dastehen, sondern als farblose Schwindler.

Spät am Tag kamen wir in Coca an. Wir machten das Kanu an der Zementrampe neben der Brücke fest, die die Stadt mit der Vía Auca verbindet. Einer nach dem anderen stiegen die Huaorani die Rampe hoch. Am Strand schauten Mestizenfrauen von ihrer Wäsche hoch, und die Kinder hörten auf zu schwimmen.

Der junge Yohue folgte mir die Rampe hoch. Als ich auf der Straße stand, drehte ich mich um, um zu sehen, wie er der neuen Welt begegnen würde. Sein Gesicht zeigte weder Erschrecken noch Überraschung, noch Freude oder Furcht. Es war leer, das Gesicht eines Jägers, gefroren in Konzentration auf eine Beute oder ein Raubtier, das er erspäht hat. Als ich mich der Straße zuwandte, sah ich, was er sah: einen Lastwagen, einen uralten, verdreckten, gelben Lieferwagen, der auf uns mit einer Geschwindigkeit und Gewalt zuraste, die Yohue nach allem, was er in seinem Leben gesehen, erfahren und gelernt hatte, völlig unbegreiflich sein mußte. Unmöglich, die Kraft zu ermessen oder die Absicht oder die Konsequenz. Also wartete er, wie er im Urwald warten würde, reglos wie Stein, das Biest nach einer Schwachstelle absuchend, einem Signal, das ihm andeuten würde, wie er agieren müßte.

Ich machte einen Satz zur Straßenseite und stieß Yohue aus dem Weg. Der LKW donnerte vorbei und wirbelte Dreck und Öl auf.

Eine Militärpatrouille, vier Männer mit verspiegelten Sonnenbrillen, blockierte den Eingang zur Kapuziner-Mission. Sie lehnten gegen die Mauer und hielten ihre belgischen Gewehre wie Kleinkinder im Arm. Vater José Miguel Goldáraz kam zum Tor.

Er sagte, daß die Company und das Militär die Missionsschule requiriert hätten, um über die Río Napo Foundation (Napo-Fluß-Stiftung) zu diskutieren, wie das Projekt auf Vorschlag des Vorstandes der Natural Resources Defense und der Conoco genannt wurde. Während wir sprachen, trafen Repräsentanten von Militär, Conoco und Petroecuador, Nanto und Moi ein, außerdem Valerio Grefa, Quichua und Präsident der Indigenous People of the Ecuadorian Amazon (CONAIE = Konföderation der indigenen Völker Ecuadors), unter dessen Schirmherrschaft die Huaorani-Konföderation stand, zumindest theoretisch. Die Kapuziner hatten sich geweigert, an dem Treffen teilzunehmen. José Miguel glaubte, der Plan wäre sinnlos für die Huaorani. Er schlug vor, daß Araba teilnehme. »Schließlich«, sagte er, »ist es eure Heimat, die sie versuchen zu kaufen.«

Enqueri, Yohue, Awa, Quimonca und Bainca gingen zum Hotel Huaorani. Ich lief zum Hotel Auca und bekam ein Zimmer mit einem Einzelbett und einer nackten Lampe an der Decke. Als ich wieder auf die Straße trat, war es Nacht. Dem Auca gegenüber hatten sich die Huaorani unter einer Straßenlaterne versammelt, standen mit den Armen umeinander geschlungen und schauten mal straßauf, mal straßab. Sie schienen verändert. Sie waren frisch gewaschen, das stimmte, und sie trugen ihre Stadtkleidung – saubere Jeans und T-Shirts –, aber es war mehr als das. Jeder von ihnen hatte eine Art dummes Grinsen im Gesicht, das ergab das scheue, betäubte und ergebene Gesicht eines Schiffbrüchigen. Ihr Gesichtsausdruck voller Zuversicht und stoischem Selbstvertrauen, an den ich mich im Urwald so gewöhnt hatte, war gewichen oder überdeckt von einem Ausdruck, der um ein Ziel, um Unterweisung, um Hilfe bat. Ein Ausdruck, dessen war ich mir sicher, wie ich selbst ihn im Urwald tagtäglich gehabt hatte.

Ich lud sie ein, im Speiseraum des Hotels Platz zu nehmen. Bald zeigte sich ein weiteres Dutzend Huaorani unter der Laterne und kam zu uns herüber. Während sie aßen, gingen Enqueri und ich in mein Zimmer. Ich hatte abgemacht, daß ich ihm für die Zeit, die wir im Urwald verbringen würden, ein Gehalt zahlen würde – er war schließlich mein Führer gewesen. Als ich ihn fragte, was ich ihm schulde, nannte er eine außerordentliche Summe. Er begann mit einer komplizierten Erläuterung, in der die Arztrechnungen vorkamen, die er der Mission schuldete, sowie ein Flugticket für seine Schwester und die neuen Stiefel, die er für die Reise zurück nach Toñampare brauchen würde. Als er geendet hatte, zählte ich das geforderte Geld ab, legte es auf das Bett und legte meine Hand darauf.

»Du mußt mir eines versprechen«, sagte ich. »Du mußt Proviant und Fahrkarten für Quimonca und Yohue kaufen. Du mußt dafür sorgen, daß sie sicher in Toñampare ankommen.« Wenn ich das Geld den Jungen direkt gäbe, würden es die anderen Huaorani innerhalb weniger Minuten haben.

»Natürlich«, sagte er. »Wir werden den Bus bis zu einem Ort nehmen, wo wir den Napo überqueren und durch den Urwald heimkehren können.«

»Wann werdet ihr gehen?«

»Heute nacht oder morgen früh.«

»Das ist sehr gut.«

»Und wann wirst du nach Toñampare kommen?«

»Ich weiß nicht«, erwiderte ich. »In ein paar Monaten, falls ich irgendwie in das Territorium hineinkommen kann. Zuerst muß ich in die Vereinigten Staaten von Nordamerika fahren. Meine Frau bekommt ein Kind.«

»Es würde mich sehr freuen, wenn du unser Heim besuchtest.«

»Mit Freuden. Danke dir.«

Er überreichte mir ein Blatt Papier – seine Volkszählung, seinen Zensus, der dokumentierte, daß 141 Huaorani in oder um Block 16 lebten, ungefähr zehn Prozent der gesamten Huaorani-Bevölkerung. Er bat mich, es an mich zu nehmen, Kopien zu machen und ihm das Original mitzubringen, wenn ich nach

Toñampare käme. »Das wird den Leuten zeigen, daß ich hart für sie arbeite«, sagte er. Er meinte, ich solle der ganzen Welt erzählen, daß die Huaorani gut lebten und viele Huaorani dort lebten, wo die Company sage, sie würden nicht leben, und daß die Company nicht dorthin kommen solle. Dann sagte er: »Es war eine gute Reise. Und du dachtest, du würdest sterben!«

»Ja.«

»Aber der Kondor kennt den Urwald.«

»Ja, das tut er!«

Dann lachten wir – ha-ha-ha-ha-ha. Als ich seine knochigen Schultern auf und nieder hüpfen sah, dachte ich wieder, daß ich ihn sehr gern habe und ihm wenig traue. Doch wir waren hier in Coca, was ich zumindest eine lange Nacht hindurch nicht glaubte, daß es jemals wieder geschehen würde.

6

Nachdem ich Enqueri gute Nacht gesagt hatte, setzte ich mich in den Patio und trank eine Flasche Bier. Dann nahm ich meine erste Dusche seit einem Monat. Ich stand unter dem kalten Wasser und versuchte, nicht zu interpretieren, was ich gesehen hatte, aber ich war in einer düsteren und erschöpften Verfassung, und die Fragen drängten sich von selbst auf, wie Knochen, die das Moor ausspuckt.

Am Morgen ging ich zur Kapuziner-Mission zurück, um mit Vater José Miguel Goldáraz zu sprechen.

José Miguel führte mich zu einer Zementbank in einem kühlen, von einem hohen Zaun umgebenen Hof, einen Steinwurf vom Hotel Huaorani entfernt. Er brachte zwei Tassen Kaffee. Der große, schlanke Spanier trug eine Baskenmütze, ein Baumwoll-T-Shirt, Khakihosen, die an den Rändern ausgefranst waren, und billige Tennisschuhe. Er lebte seit mehr als zwanzig Jahren im Oriente – fast sein halbes erwachsenes Leben. Er fuhr nicht mehr im Urlaub nach Spanien, sondern zog es vor, in den Bergen oberhalb von Coca zu wandern. José Miguel hatte Alejandro Labaca auf vielen seiner Erkundungsbesuche in das Huaorani-Gebiet begleitet. Er besaß immer noch die 17 Speere, die damals in Labacas Körper steckten. Und er war recht weit auf einem risikoreichen Weg gegangen, den Labaca erst begonnen hatte zu erforschen: Indem er religiöse Bekehrung um des politischen Aktivismus willen vermied, wurde er ein stiller, aber unermüdlicher, oft einsamer Advokat jener, ob Siedler oder Indianer, die am meisten unter den Konsequenzen der Erdölförderung zu leiden hatten.

Edgar Woolard von DuPont mußte erst noch entscheiden, ob er der Conoco erlauben sollte, mit der Erschließung von Block 16 fortzufahren. Bei dem Treffen in der Kapuziner-Mission am Tag zuvor handelte es sich um einen weiteren Schachzug der Conoco, um die Zustimmung zu erhalten, die Woolard forderte. Ich fragte José Miguel, wie das Treffen ausgegangen wäre. Nach einem kurzen Zögern fragte er: »Wieviel weißt du von der ganzen Geschichte?«

Ich kannte genug, um zu wissen, daß die Zukunft der Huaorani in der Schwebe hing. Ich wußte dies:

1967 entdeckte Texaco förderungswürdiges Erdöl im Oriente. 1972 stellte sie eine 500 Kilometer lange Pipeline vom Oriente zur Pazifikküste Ecuadors fertig. In den folgenden 17 Jahren – bis Petroecuador die operative Kontrolle über die Pipeline übernahm – pumpte Texaco 1,4 Milliarden Barrel Erdöl über die Anden, was 88 Prozent der Erdölgewinnung im Oriente entsprach. Ecuador hatte keine Umweltvorschriften für die Ölförderung. Es wurde auch kaum ein Versuch unternommen, um die Auswirkungen auf die Umwelt abzuschätzen, bis 1989 die Amerikanerin Judith Kimerling ins Land kam und ihre Nase in bestimmte Dinge steckte. Sie reiste zu Fuß, mit Kanus und Lastwagen, schlief in den Häusern von Indianern und Siedlern, sie besuchte Förderstätten, Prospektierungsgebiete, seismische Schneisen. Sie durchkämmte Regierungsberichte. Als ehemalige Umweltjuristin im Büro der Generalstaatsanwaltschaft in New York erfuhr sie, daß die Texaco-Pipeline mindestens 27mal geborsten war, wobei 90 Millionen Liter Erdöl ausgelaufen waren, das meiste davon in das ökologisch empfindliche System von Flüssen, Bächen und Lagunen des Oriente. Wenig davon wurde beseitigt, und die abgenutzte Pipeline brach in immer kürzeren Abständen. Sie berechnete, daß die Erdölindustrie wöchentlich zusätzliche 45 500 Liter Öl aus Anschlußrohren auslaufen ließ und 19,5 Millionen Liter giftigen Abfall direkt in das Wassernetz einleitete.

Die Fehlernährung nahe den Erdölförderstätten lag bei 98 Prozent. Gesundheitsbeamte berichteten von außerordentlich hohen Raten von Fehlgeburten, neurologischen Erkrankungen, Geburtsfehlern und anderen Problemen, die auf Verseuchungsstoffe zurückgingen, und sagten Krebsepidemien voraus.

Nachdem Kimerling ihre ersten Entdeckungen niedergeschrieben hatte (sie erschienen in den USA als Buch mit dem Titel »Amazon Crude«), versuchte Petroecuador, sie ausweisen zu lassen. Die amerikanische Botschaft riet davon ab mit der Argumentation, daß man unnötige Aufmerksamkeit erregen würde, wenn man Kimerlings Untersuchung zu einem internationalen Zwischenfall machte. Das Militär verhaftete sie dennoch in Coca. Sie wurde erst freigelassen, nachdem José Miguel Goldáraz und die örtliche Quichua-Föderation intervenierten.

Ich hatte Kimerling in Coca getroffen. Sie ist eine gedrungene, starke Frau mit großen, grünen Augen, dickem, gelocktem schwarzem Haar und einer Stimme, die ihre Alabama-Herkunft nicht verbergen kann. Sie hatte ein Rechtshilfe-Pilotprogramm in mehreren indianischen Kommunen auf die Beine gestellt, und sie unterrichtete die Einwohner, wie sie die Verseuchung für einen Prozeß gegen die Texaco dokumentieren müßten. Sie hatte so viele Drohungen erhalten, daß sie nicht mehr ohne Eskorte im Oriente reiste. Auch von Krankheiten blieb sie nicht verschont. Eine seltene bakterielle Infektion, Shigellosis, die sie sich bei der Feldarbeit zugezogen hatte, fesselte sie wochenlang ans Bett. Für ihre Arbeit fand sie häufig so wenig Unterstützung, daß sie oft von der Hand in den Mund lebte, in einem der ärmsten Länder dieser Hemisphäre. Aber sie sagte, daß sie am meisten unter zwei Männern zu leiden gehabt hätte, die sie einmal als ihre Verbündeten angesehen hätte: Robert F. Kennedy Jr., Anwalt des Natural Resources Defense Council, und S. Jacob Scherr, Direktor des internationalen Programms der Organisation.

Im Juli 1990 baten Kennedy und Scherr Frau Kimerling, ihnen den Oriente zu zeigen, den keiner von ihnen zuvor gesehen hatte. Sie nahm die beiden auf eine Fünftagetour mit. Gemeinsam fuhren sie mit dem Kanu durch einen Ölteppich im Cuyabeno-Wildlife-Reserve (Cuabeno-Park) und flogen mit dem Helikopter über den Yasuni-Nationalpark. Bewegt und beeindruckt engagierten Kennedy und Scherr Frau Kimerling, im Hauptquartier der Organisation in Manhattan zu arbeiten. Im Oktober desselben Jahres gaben sie bekannt, daß sie aus Texaco 50 Millionen Dollar herauspressen wollten, um einen Fonds zur Sanierung des Oriente zu bilden. Gleichzeitig schrieben sie an Edgar Woolard und verurteilten die Conoco-Pläne. Conoco würde nicht nur die erste Gesellschaft sein, die innerhalb der rechtmäßigen Heimat der Huaorani Öl fördern würde, sondern es steckte eine noch größere Geschichte dahinter: Unter dem jungfräulichen Urwald, der von den Huaorani bewohnt wurde, hatte Conoco bedeutende Lager mit Schweröl gefunden, dessen Förderung erst kürzlich durch technische Neuerungen profitabel geworden war. Im ganzen Oriente gibt es dieses Öl im Überfluß. Die ecuadorianische Regierung setzte auf Conoco, um »die Ära des Schweröls« einzuleiten. Sie prognostizierte drei Milliarden Dollar ausländischer Investitionen bis zum Ende des Jahrhunderts und Dutzende Milliarden Dollar an Mehreinnahmen. Conoco bildete – mit anderen Worten – den Schlüssel für die Erschließung riesiger Gebiete im Oriente für die Erdölförderung.

Der NRDC stand in seiner Opposition zu Conoco keineswegs allein. Weil Conocos Konzession in den Yasuni-Nationalpark fiel, hatten der Sierra Club und sein ecuadorianischer Partner, eine gemeinnützige Anwaltssfirma, La Corporación de Defensa de la Vida (Vereinigung zur Verteidigung des Lebens) genannt, DuPont »Zoff« versprochen. Der Sierra Legal Defense Fund (Fonds für juristischen Beistand), der nicht zum Sierra Club gehört, hatte im Namen der Huaorani die OAS angerufen.

CONAIE, die Konföderation der Amazonas-Indianer, verlangte ein zehnjähriges Moratorium für die Erdölerschließung. In einer bahnbrechenden Allianz mit den Indianern hatten die Latinos-Umweltschützer das Moratorium gebilligt. Sie verliehen ihrer Forderung mit einer dreitägigen Besetzung von Conocos Büros in der Hauptstadt Quito Nachdruck. Mindestens zwei Dutzend Gruppen in den Vereinigten Staaten und Europa sympathisierten oder unterstützten formell das Moratorium. Ende 1990 sah sich Woolard mit ernsten Gerüchten über einen internationalen Boykott gegen DuPont konfrontiert.

Als der NRDC das Feld betrat, verlangte Conoco ein Treffen. Es fand im November 1990 im Manhattanbüro des NRDC statt. In einer abrupten Kehrtwende verließen Kennedy und Scherr die Versammlung in der Überzeugung, daß es ein Fehler wäre, wenn Conoco den Oriente verließe, und daß Conoco bessere Arbeit leisten würde als die Gesellschaften, die nach dem Auszug von Conoco den Platz einnehmen würden. Sie setzten ein zweites Treffen mit der Company fest, um zu einer Einigung zu kommen, welche die Fortsetzung der Arbeit erlauben würde. Kimerling war bestürzt: »Wenn ein Geschäft gemacht werden soll, dann müßte es in Ecuador gemacht werden.« Sie wurde gefeuert. Der NRDC hielt 8000 Dollar Abfindung zurück, als man versuchte, sie zur Unterzeichnung ihres Einverständnisses zu zwingen, Kennedy und Scherr nicht öffentlich zu kritisieren. Sie lehnte ab.

Kennedy und Scherr trafen sich abermals mit Conoco in New York unter dem Siegel der Verschwiegenheit. Conoco sagte ihnen, daß ohne die Absegnung durch die NRDC nicht einmal eine 50-zu-50-Chance bestünde, die Entwicklung voranzutreiben. Kennedy und Scherr schlugen Conoco vor, eine gemeinnützige Stiftung für den Oriente mit Geld auszustatten und dem NRDC zu erlauben, Vertreter in den Vorstand zu entsenden. Sie gaben Conoco eine strategische Analyse, wie die betroffenen Gruppen in der Region auf den Deal reagieren würden. Sie behaupteten zum Beispiel, daß weder die Nature Conservancy noch der World Wildlife Fund Probleme machen würden und daß dieses Übereinkommen die Petition des Sierra Club Legal Defense Fund vor der OAS erledigen würde. Conoco willigte ein, zehn Millionen Dollar einzuzahlen.

Im März kehrten Kennedy und Scherr nach Ecuador zurück, um den Deal mit Valerio Grefa und Angel Zamarenda zu diskutieren, den neugewählten Präsidenten beziehungsweise Vizepräsidenten der CONAIE, der Dachorganisation, der die politischen Führer der acht indigenen Nationen des Orientes angehören. Grefa ist ein Quichua und Zamarenda ein Shuar. Die Quichua und Shuar sind die größten Nationen des Oriente, die die westliche Kultur am stärksten angenommen haben, politisch und ökonomisch, und die seit ihrer Gründung 1980 die CONAIE kontrolliert haben. In der Vergangenheit hatten sie das im Geist gegenseitigen Einverständnisses gemacht. Die CONAIE hatte sogar den Huaorani geholfen, die offiziellen Besitztitel auf ihr traditionelles Territorium zu erhalten, und sie war auch entscheidend an der Gründung der ONHAE beteiligt.

Grefa und Zamarenda übten weniger als zwei Monate ihr Amt aus, als Kennedy und Scherr ankamen, und die beiden Amerikaner verstanden nicht, welche Folgen die Wahl dieser beiden Männer hatte. Grefa, in Amazonien als El Vaselino bekannt, hatte sich rücksichtslos darangemacht, die Jahrhunderte alte Feindschaft zwischen den Huaorani und den größeren Nationen wieder zu entfachen. (Unter anderem war er in ein zwielichtiges Geschäft verwickelt, bei dem seine Familie in Coca Land verkauft hatte, auf dem Bürogebäude für eine Company entstehen sollten, die Erdölprospektierungen im Huaorani-Territorium durchführte.) Die Shuar gingen unterdessen aggressiver als sonst jemand vor, um den Huaorani Land wegzunehmen – ein Bestreben, das die Entstehung der Conoco-Straße nur fördern konnte. Grefa und Zamarenda zeigten sich nur allzu bereit, in den Verkauf – darauf lief es hinaus – der Huaorani-Heimat einzuwilligen. Das einzige wirkliche Problem war der Preis: Sie forderten nicht zehn Millionen Dollar, sondern 211 Millionen oder einen Dollar pro Barrel (159 Liter) des gesamten Öls in Block 16.

Kennedy und Scherr flogen nach Hause und leiteten das Gegenangebot an Conoco weiter. Zu dem Zeitpunkt waren jedoch vertrauliche Unterlagen über ihr zweites Treffen mit Conoco jedem gemeinnützigen Verein mit Interesse am Oriente in der ganzen Welt in die Hände gelangt. Kennedy und Scherr gerieten unter scharfen Beschuß. Menschen, die Jahre geopfert hatten, um den Oriente zu retten, fühlten sich von jenen verraten, die sie für ihre Leute gehalten hatten. »Robert Kennedy und Jacob Scherr sind, wie wir es nennen, Umweltimperialisten«, hatte mir Esperanza Martínez, damals Koordinator einer Koalition von 13 ecuadorianischen Umweltgruppen, in Quito gesagt. »Sie kamen für fünf Tage nach Ecuador, dann fuhren sie nach Hause und setzten sich mit einer Erdölgesellschaft zusammen und beschlossen, sie wüßten, was für uns am besten wäre. Was, in aller Welt, gab ihnen das Recht dazu?«

Die Ecuadorianer waren empört über den doppelten Maßstab, wie sie es nannten. Wenn der NRDC gegen Erdölbohrungen in Nationalparks in den Vereinigten Staaten war, warum war er dann bereit, derlei Aktivitäten in Lateinamerika zu fördern? Und sie waren empört über die Gleichgültigkeit, mit der Kennedy und Scherr die eben flügge gewordene Allianz zwischen Ecuadors städtischen Umweltschützern und den Amazonas-Indianern zerstört hatten. Die Allianz hatte nur eine größere Tat vollbracht, nämlich einen gemeinsamen Brief an die Weltbank abzuschicken, der gegen das vorgeschlagene 100-Millionen-Dollar-Darlehen an Ecuador für die Erdölgewinnung Stellung bezog. Aber angesichts des enormen kulturellen Grabens, der schon immer zwischen den Latinos und den Indianern in Ecuador bestand, stellte dieser Brief einen bedeutenden Schritt nach vorn dar. Allerdings hatte keine Gruppe allein die Macht, die Company zu beeinflussen, aber zusammen bildeten sie eine Kraft, mit der gerechnet werden mußte. Diese Tatsache wurde dadurch unterstrichen, daß die Weltbank in der Folge das Darlehen ad acta legte. Als jedoch Kennedy und Scherr auftraten und Millionen Dollar auf den Tisch legten, wurden Latinos und Indianer wieder durch die alten Gefühle von Verdächtigungen und Mißtrauen getrennt, und die Allianz ging in die Brüche.

Unterdessen tauchte der mysteriöse Huaorani-Brief in San Francisco auf, scheinbar aus dem Nichts. Plötzlich war Conoco nicht mehr sicher, wer für die Huaorani sprach. Sie ging direkt zu Valerio Grefa und Angel Zamarenda. Was wäre, wenn Conoco ihren Gegenvorschlag annähme, würden die Huaorani dann den Deal billigen?

Daraufhin wurde die Versammlung in Coca organisiert. Valerio Grefa schwor, daß er, wenn Nanto und Moi den Deal blockieren würden, die ONHAE zerschlagen und seine eigene Huaorani-Organisation gründen würde.

»Ich glaube, die Huaorani haben nein gesagt«, meinte José Miguel, als ich ihn auf die Versammlung ansprach. »Doch bin ich nicht sicher, was die Company gehört hat.« Er lächelte, ein kleines Lächeln. Würde die Río Napo Foundation Wirklichkeit werden, sagte er, dann würde es für die Company viel leichter sein, das Huaorani-Territorium zu erschließen, und die Huaorani würden mit Sicherheit keinen wirklichen Gegenwert dafür erhalten. Die amerikanischen »Politiker«, die das Geschäft eingefädelt hätten, verstünden den Oriente nicht. Aber es wäre nicht richtig, einfach zu sagen, daß die CONAIE korrupt sei, man müsse auch die gewaltige Versuchung berücksichtigen, der die Führer ausgesetzt wären.

Das führte mich zu einer knallharten Frage, mit der ich mich selbst seit einiger Zeit mehr und mehr auseinandersetzte. Welches Recht hatten die Huaorani, vor der Veränderung beschützt zu werden?

José Miguel nippte an seinem Kaffee und dachte eine Weile nach, bevor er antwortete. »Der Urwald ist unbarmherzig«, sagte er. »Er zeigt keine Gnade. Wenn die Huaorani von den Regeln abweichen, die sie über Jahrhunderte entwickelt haben, werden sie zugrunde gehen. Aber haben Sie auf Ihren Reisen ihre Freude erlebt? Sie sind voller Freude in einer Weise, die vollständig ist, ohne daß sie sich dessen bewußt sind. Sie und ich sind verurteilt, unsere Freude zu leben und in jedem Moment der Freude zu wissen, daß sie enden muß, aber in dem Moment, in dem die Huaorani ihre Freude erleben, dauert sie für immer.«

Er schwieg wieder. Dann sagte er: »Veränderung ist unausweichlich. Die Huaorani können ihr nicht entgehen. Die eigentliche Frage lautet, unter welchen Bedingungen die Veränderung eintreten wird? Das Recht, das die Huaorani haben – ein elementares, moralisches Recht, das alle Völker haben –, ist, daß ihnen erlaubt wird, ihre eigenen kulturellen Instrumente für den Umgang mit der Veränderung zu entwickeln, statt ihnen diese Veränderung einfach aufzuzwingen.«

Er sagte auch, daß er Gewalt für wahrscheinlich halte, wenn die Conoco-Straße gebaut werde. »Man kann es schon an der Vía Auca sehen. Und die Huaorani, die im und um den Block 16 leben, sind viel traditioneller und eher bereit zum Töten.«

Er stellte mir eine Frage. »Wenn die Huaorani töten, dann liegt darin eine geistige Disziplin«, sagte er. »Amerikaner töten, ohne zu wissen, daß sie es tun. Ihr wollt nicht wissen, daß ihr es tut. Und dennoch seid ihr dabei, eine Lebensweise in ihrer Gesamtheit zu zerstören. Sagen Sie mir also: Wer sind die Wilden?«

Am Nachmittag traf ich Enqueri, als er durch die Straßen von Coca lief. Er besaß keinen Cent mehr von dem Geld, das er von mir erhalten hatte, alles ausgegeben. Ich ging mit ihm zur Busstation und bezahlte die Fahrkarten für ihn, Awa, Quimonca und Yohue. Dann kaufte ich noch etwas zu essen für unterwegs, gab ihm etwas Kleingeld und brachte ihn zum Hotel Huaorani.

»José, komm bald wieder!« rief er mir nach. Ich versprach es.

Auf dem Flug nach Kalifornien wachte ich hin und wieder auf, erschrocken und schwitzend, und als ich zu Hause war, quälten mich Träume voller Gewalt. Ich beschäftigte mich mit elementaren Aufgaben – Gärtnern und Zimmern. Zwei oder drei Tage lang verließ ich nicht das Haus, bis auf einsame Spaziergänge im Regen. Nach den drei Monaten meines Aufenthalts in Südamerika brauchte ich Zeit, mich wieder anzupassen. Aber es gab da noch etwas anderes. In einer Welt des Fernsehens und der Autobahnen hatte ich das Bedürfnis, Erde, Holz, Wasser hautnah zu spüren. Die direkte Erfahrung ist die Grundstruktur des Lebens der Huaorani, und ich meinte, daß es der einzige Weg wäre, mit dem, was ich gesehen hatte, in Verbindung zu bleiben.

Einen Monat nach meiner Heimkehr erklärte Conoco, daß man sich aus dem Oriente zurückziehen wolle. Man würde die unternehmerischen Energien so weit weg vom Amazonas wie möglich einsetzen – auf den Ölfeldern Sibiriens. Und die Anteile am Block-16-Konsortium würde Conoco an einen seiner Partner verkaufen, an die Maxus Energy aus Dallas. Über dieses Unternehmen war folgendes bekannt: Als es noch Diamond Shamrock Corporation hieß, war es einer der beiden Hauptproduzenten von Agent Orange und hatte so viel Dioxin in den Fluß Passaic in New Jersey geleitet, daß es 1983 zu einer der teuersten Sanierungsaktionen in der Geschichte des Staates, wenn nicht der ganzen Nation gezwungen wurde. Die Sanierung war so umfangreich, daß sie acht Jahre später immer noch nicht abgeschlossen war, als Maxus schon die Ärmel hochkrempelte, um sich im Huaorani-Territorium zu engagieren.

Ich flog nach New York, um mit Robert Kennedy über das Conoco-NRDC-Geschäft zu sprechen. Wir trafen uns in seinem Büro in der Pace-Universität. Er hat durchdringende, blaue Augen und ähnelt sehr seinem Vater, obwohl er größer und schlanker ist. Er teilte seine Zeit zwischen der Leitung einer Beratungsstelle für Umweltrecht an der Pace-Universität und der Tätigkeit für den NRDC. Bei letzterem mußte er 1984, als er wegen Heroinbesitzes, ein Kapitalverbrechen, verurteilt wurde, zwei Jahre lang einen »gemeinnützigen Zivildienst« ableisten. Der NRDC ist eine der reichsten Umweltgruppen des Landes, mit einem Stab von Rechtsanwälten und Wissenschaftlern der Ivy League in den höchsten Regierungsämtern und Machtzentren (Mit Ivy League sind acht Universitäten im Nordosten der USA gemeint: Cornell, Harvard, Yale, Princeton, Columbia, Brown, Dartmouth und die Universität von Pennsylvania, Anmerk. d. Übers.). Kennedy blieb bei dem NRDC als »Geldbeschaffer« und Jurist. »Der Wunsch, etwas Wesentliches zu tun«, sagte er, »hat mich zum Oriente gezogen.«

»Wissen Sie, was zehn Millionen Dollar dort unten bedeuten würden?« fragte Kennedy mich. »Wir sahen ein Krankenhaus im Oriente, das mit einem Budget von 3000 Dollar jährlich arbeitete. Wenn man das Geld hätte, und man es in einem Rahmen hätte, in dem die Indianer es nicht stehlen könnten, was in der Vergangenheit vorgekommen ist, könnte man damit viel bewirken. Und man hätte ein Modell. Die Indianer könnten dann zu jeder Erdölgesellschaft, die in den Oriente käme, gehen und sagen: ›Ihr müßt dies erfüllen.‹ Sie würden eine Möglichkeit erhalten, sich in die Mechanismen der Macht einzuklinken. Sie würden in die Lage versetzt werden, gegen die Militärs aufzutreten, und die Regierung hätte keine andere Wahl, als sich mit ihnen ins Benehmen zu setzen. Conoco war ideal, um diesen Prozeß in Gang zu setzen.«

Er war verwirrt, wenn nicht geschockt, als das Abkommen platzte. Er gab den amerikanischen Umweltschützern die Schuld. Er war von der Hingabe Valerio Grefas beeindruckt gewesen und noch mehr von Angel Zamarenda, der ihm als »hartnäckig, nicht unangenehm und sehr aggressiv« auffiel. Kennedy schien überrascht, als ich ihm den Konflikt zwischen den Huaorani und den beiden größeren Nationen schilderte. Er wies jedoch die Unterstellung, daß die Río Napo Foundation den Ausverkauf der Huaorani bedeutet hätte, zurück und auch, daß das Ganze nicht so sehr von den Umweltschützern als von den Huaorani selbst aufgehalten worden sei. »Ich habe keine Ahnung, was passiert ist oder was es für interne Streitigkeiten gab«, sagte er. »Wer sind denn die Huaorani?« Im Rückblick zog er den Schluß, daß es »beinahe eine anthropologische Frage« wäre, ob die Indianer im Oriente »die Fähigkeit hätten zu verhandeln«. Sie seien, meinte er, »im Grunde unfähig zu regieren«. Über die Gründe, die zu Judith Kimerlings Rauswurf führten, wollte er sich nicht äußern, aber er bestand darauf, daß es nichts mit ihrer Gegnerschaft zum Conoco-Geschäft zu tun gehabt hätte. Etwas gab es, was er anders machen würde: »Sicherzustellen, daß bei den Zusammenkünften, die wir mit Conoco hatten, niemand Aufzeichnungen macht.«

Was, fragte er, hätte ich an seiner Stelle getan?

Ich erwiderte, daß ich das wirklich nicht wüßte. Ich hätte das Gefühl, daß, solange die Erdölgesellschaften den Oriente beherrschten, Organisationen wie der NRDC eine legitime, sogar obligatorische Rolle dort zu spielen hätten. Aber der Oriente sei ein politisches Schlangennest. Es bestünden dort 100 Möglichkeiten, Fehler zu begehen, und wenn man sich nur 50 davon vorstellen könnte, wäre man schon ein Genie. Es gäbe keine einfachen Lösungen und keinen Ersatz dafür, Zeit vor Ort zu verbringen. Und ich glaubte, daß man, bevor man mit einer Ölgesellschaft über das Huaorani-Land verhandele, zuerst einmal die Huaorani selber kennenlernen sollte.

Während ich zu Hause war, sprach ich mit einer ganzen Reihe von Leuten, die die Sache der Huaorani oder deren Landes zu ihrer eigenen gemacht hatten. Aber niemand von ihnen hatte mehr als bloß eine oberflächliche Beziehung zu den Huaorani, denn die Arbeit mit den Huaorani war eine risikoreiche, wenig einträgliche Aufgabe. Die Reise in das Territorium kostete viel Geld und Zeit, sie barg erhebliche Gefahren in sich (und konnte oft nur illegal unternommen werden). Die Kommunikation war fast unmöglich, die kulturelle Kluft tat sich enorm weit auf, die Company erwies sich als allmächtig, und die Huaorani selbst waren äußerst unberechenbar. Daher schien es unvermeidlich, daß die internationale Koalition aus Umwelt- und Menschenrechtsgruppen, die das mächtige Unternehmen DuPont niedergezwungen hatte, am Vorabend des Sieges auseinanderbrach, verbraucht durch Betrug, magere Einkünfte, die Größe der Aufgabe. Obwohl die Leute weiterhin über die Huaorani diskutierten, wurde wenig getan, was Substanz besaß.

Wenn es irgendeinen Trost gab, dann den, daß die Huaorani diese Unterstützung nicht vermißten, weil sie gar nicht gewußt hatten, daß es sie gab. Wie sie es sahen, waren sie niemals erobert worden und würden es niemals werden, weil sie »die tapfersten Leute am Amazonas« sind.

II

Westen

7

Als meine Tochter drei Monate alt war, packte ich meine Familie zusammen, und wir zogen nach Ecuador. Auf meinen Reisen mit Enqueri hatte ich ziemlich viel von der fernen östlichen Hälfte des Huaorani-Territoriums gehört, in dem 80 Prozent der Huaorani lebten. Ich beschloß, zuerst nach Toñampare zu gehen, falls ich überhaupt in das Gebiet hineinkäme. Toñampare war das größte ihrer Dörfer. Und ich wollte den Condorito finden, denn ich hatte ihm versprochen wiederzukommen.

Mit der Zeit bekam ich genug Routine, um in das Huaorani-Territorium zu schlüpfen, aber bei meiner ersten Reise nach Toñampare stand mir das reinste Glück zur Seite. Ich flog vom Flughafen in Shell ab, der am östlichen Fuß der Anden liegt, 160 Kilometer südwestlich von Coca. Der größte Teil des Luftverkehrs mit kleinen Flugzeugen im Oriente geht vom Flughafen in Shell aus, wo auch ständig Huaorani herumhängen. Alas de Socorro (Flügel der Hilfe), eine Tochter der Missionary Aviation Fellowship (Fluggemeinschaft der Missionen) gibt ihnen Rabatt auf ihre Flüge. Natürlich ist »Rabatt« für die Huaorani ebenso abstrakt wie jedes Finanzkonzept, und manche von ihnen haben solche Schulden angehäuft, daß ihre Urenkel daran noch abbezahlen werden. Dennoch verlassen sie beharrlich das Territorium, wann immer es einen freien Platz auf einem Alas-Flug nach draußen gibt. Es macht einfach so viel Spaß. Später dann sammeln sie sich am Shell-Flughafen und warten auf einen Flug nach Hause oder sonstwohin auf der Erde.

Als ich zum Alas-Hangar kam, kletterten Huaorani auf den Tischen herum, lachten über die Piloten, stöberten in Taschen herum und schnappten sich die Sonnenbrille des Dienstleiters, eines Weißen mit geröteten Augen, der aussah, als wäre er gerade aus Kansas gekommen. Regen trommelte wie Hagel auf das Hangardach, das Radio jaulte, und ein Flugzeug nach dem anderen donnerte die Piste hinunter. Wie bei fast allen Zusammentreffen zwischen *cowoden* und Huaorani war das Chaos kolossal. Es war sogar so total, daß der gequälte Dienstleiter mich für einen Geistlichen hielt. Er schob mich zur Tür hinaus zu einem Sechssitzer, der gerade nach Toñampare abging. »Gelobt sei der Herr!« sagte er und winkte mich an Bord.

Der blauäugige junge Pilot Brian legte seine Hände auf den Steuerknüppel und beugte den Kopf.

»O Herr«, betete er, »leite mich in meinen Entscheidungen.«

»Amen«, sagte ich.

Dann manövrierte er uns durch Nebel und Dunst und hob uns durch das Grau hinauf in einen Himmel von leuchtendem Blau. Hopsend wie ein Schaukelpferd drehte er eine Kurve gen Osten. Bald folgten wir der kurvigen, kaffeebraunen Linie des Curaray-Flusses, derselben Linie, der Nate Saint 36 Jahre zuvor gefolgt war. Als eine Knochenkrankheit Nate vom Fliegen in der Luftwaffe ausschloß, entschied er sich, für den HERRN zu fliegen. Er öffnete das Huaorani-Territorium durch eine schlaue, aber gefährliche Technik, die Korbabsetzen genannt wurde. Von Hand ließ er einen Korb mit begehrten Dingen – Salz und einen Aluminiumtopf – so präzise und ohne Schwanken in die Grüne Hölle hinab, daß die Huaorani ihn leeren konnten: Kontakt!

Brian, der Pilot, war sieben Jahre alt, als er zum ersten Mal die Geschichte von Nate Saint hörte. »Seit jenem Tag«, sagte er, »war Missionspilot das einzige, was ich in meinem Leben werden wollte, um diesen Menschen die Gelegenheit zu geben, Jesus Christus kennenzulernen.« Das sagte er ruhig. Danach sprach er nicht mehr viel, wenn ich ihn nicht fragte. Er stammte aus Minnesota von einem Bauernhof und sah auch so aus. Er trug Bluejeans und ein blaues Baumwollarbeitshemd mit Schulterklappen. Es war gestärkt und sorgfältig gebügelt. Er lebte schon seit vier Jahren in Ecuador und hatte zwei Kinder von neun und fünf Jahren. Seine Familie wohnte in dem Missionarsviertel in Shell. Brian sagte, daß er die Huaorani »wie Kinder« empfände. Er reagierte unwillig, als ich nach seiner Meinung über die Ölindustrie fragte, aber nach einigem Nachdenken gab er zu, daß er »hörte, daß Ecuador eine ziemlich stabile Wirtschaft hatte, bevor die Erdölerschließung hier einsetzte«. Für ihn war das schon beinahe eine Rede, und es dauerte eine Weile, bis er wieder Luft bekam.

Das Flugzeug folgte dem Curaray eine halbe Stunde lang, bis sich ein Flecken Erde wie eine braune Wunde auf grüner Haut öffnete, und wir landeten schlitternd im Schlamm. An einer Ecke der Landebahn standen fünf Huaorani-Älteste. Sie trugen Tukan-Kronen, in ihren Ohrläppchen steckten leuchtend angemalte Holzpflöcke, Federn und Ringe schmückten ihre Arme und Beine. In der Hand hielten sie Speere. Als ich die Speere betrachtete, hielt ich den Atem an: Es waren die langen, harten, rot bemalten Speere, die zum Töten von Menschen benutzt wurden. Aber nicht für mich vorgesehen, wie sich herausstellte.

Die Kokainindustrie ist dazu übergegangen, ihre Produkte zu Posten in Ecuador zu fliegen. Viele der Flugzeuge überqueren das Huaorani-Territorium. Sie fliegen hauptsächlich nachts. Eines dieser Flugzeuge war abgestürzt. Die Huaorani fanden es und hielten das weiße Pulver für Salz – das sie schließlich als erstes kennengelernt hatten, als die Flugzeuge es vom Himmel abwarfen. Sie hatten es probiert, weil sie ja alles durch Berühren und Schmecken erfahren müssen. Enttäuscht (aber sicherlich angeturnt) übergaben sie dann das Flugzeug samt seinem Inhalt dem Militär. Im Gegenzug sollten sie dafür Geschenke erhalten. Nach einiger Zeit schickte das Militär eine Nachricht, die besagte, man hätte kein Geld für Geschenke, man wäre aber für die Hilfe sehr dankbar. Jetzt warteten die Huaroni-Krieger auf eine Fluggelegenheit zum Militärposten in Shell, um die Rechnung zu begleichen.

Toñampare läßt sich nicht mit den kleinen Clan-Siedlungen östlich der Vía Auca vergleichen. Es ist eher eine schäbige Vorstadt mit wellblechgedeckten Hütten, die sich um eine schlammige Lichtung direkt neben der riesigen Landepiste drängen. Man könnte sagen, daß Toñampare um die Stimme Gottes herum gebaut wurde. In der Mitte des Ortes hatte man einen Lautsprecher an einem hohen Baumstumpf in einer roh gezimmerten offenen Holzkiste festgebunden und mit Maschendraht umwickelt, damit die Huaorani ihn nicht stehlen konnten. Den Strom erhielt er von einer Solaranlage, die hoch oben in einem nahe stehenden Baum montiert war. Das Radio quakte den ganzen Tag über, ausgenommen wenn ein Kondor sich eine Weile auf der Anlage niederließ und die Kabel durcheinanderbrachte. Jeden Tag begann das Programm mit einer Bibelgeschichte. Die erbärmlichen Hütten von Toñampare schienen sich unter das Radio zu drängeln, als ob seine Magie irgendwie die heidnischen Übel des Urwalds abwehren könnte, als ob das Leben eine Wahl zwischen dem Urwald und Gott wäre.

Man könnte auch sagen, daß Toñampare um eine Toilette herum gebaut wurde. Neben dem Lautsprecher stand in einer winzigen Hütte eine klitzekleine Porzellanschüssel. Die Huaorani benutzten sie nie. Die einzige weitere Toilette mit Wasserspülung in dem gesamten 6 700 Quadratkilometer großen Territorium lag sieben Meter weiter, versteckt in einem von Maschendraht umgebenen Holzhaus, das aussah, als wäre es direkt aus dem Hinterland von Pennsylvania, dem Geburtsort seiner Bewohnerin Rachel Saint, hierher versetzt worden. Das Radio war natürlich Rachels Arbeit, ebenso wie die Toiletten und die Kapelle direkt neben ihrem Haus und die kleine Bronzeplatte neben der Kapelle. Die Platte war dem Gedächtnis ihres Bruders Nate gewidmet, der an den Ufern des Curaray getötet worden war, in Rufweite der einzigen wirklichen Heimat, die Rachel Saint seit 1968 gekannt hatte.

Ein junger Mann, Salomón genannt, lud mich ein, bei ihm zu

übernachten. Er sagte, Enqueri sei nicht hier. Er sei mit einem Mädchen durchgebrannt und in einem Kanu den Curaray flußabwärts gefahren. Seine Braut wäre dreizehn. Es wäre, sagte er, Enqueris fünfter Eheversuch.

Ich schlief auf dem Boden von Salomóns Bruchbude, die das Ambiente eines Hühnerhauses ausstrahlte, einschließlich Hühner. Unsere Mahlzeiten bereiteten wir in dem Haus seiner Mutter Dayuma, die erste Huaorani, die Rachel getroffen hatte, und die erste, die sie »gerettet« hatte. Rachel und Dayuma waren so eng befreundet, daß die Huaorani sie für Schwestern hielten. Dayuma war eine angenehme Frau, mit einem breiten, offenen Gesicht. Sie lächelte oft, und sie hatte die Art von verglastem Gesichtsausdruck, den die einen als glückselig und die anderen vielleicht als leer bezeichnen. Auf jeden Fall ist das christliche Leben für sie gut gewesen. Verglichen mit den anderen Huaorani lebte sie wie eine Königin. In ihrem Haus gab es elektrisches Licht, einen Holzfußboden und einen Propangasherd. An einer Wand hing das Poster eines Nachtclubs in Quito, der gehörte Samuel Caento Padilla, ihrem Sohn aus erster Ehe mit einem Quichua. Das Poster hing zwischen einer Fotografie, die einen schneebedeckten Berggipfel zeigte, und dem Foto, auf dem ein Huao nur den traditionellen Penisgurt trug. Die Leiste des Mannes war mit blauer Tinte übermalt. Es gab keine religiösen Plakate an den Wänden, und in mehreren Stunden, die ich mit Dayuma verbrachte, erwähnte sie nicht einmal Jesus. Eigentlich sagte sie überhaupt nicht viel. Salomón bestritt weitgehend die Unterhaltung. Meistens sprach er über Sex, Sex mit Frauen, Sex mit Hühnern, Sex mit Felsen.

Ich wohnte nur einen Katzensprung von Rachel Saints Haus entfernt, aber es dauerte drei Tage, bis ich sie endlich sah. Jeden Tag jedoch hörte ich ihre Stimme über das Radio mitten im Dorf, und täglich schickte sie mir durch einen Huaorani-Läufer einen Zettel. Einer steckte in einem Stück Wild: »Die Aucas haben dies für Sie erlegt. Es tut mir leid, daß Sie es auf deren

Weise essen müssen. Ich bevorzuge es gebraten.« »Ihre Weise« bedeutete gekocht.

Schließlich, eines späten Nachmittags, schaute ich über den Platz im Zentrum des Dorfes und sah eine ungeheure und ungeheuer weiße Figur, die in meine Richtung starrte. Rachel Saint, eine große Frau, war größer als irgendein Huaorani, von ihren 79 Jahren keineswegs gebeugt, und nicht nur groß, sondern auch breit. Ihre Größe war sicher ein Vorteil in einer Kultur, die physischen Mut so schätzte, und sie wirkte noch größer durch die weichen Linien der pastellfarbenen Blusen und Röcke, die sie bevorzugte. Ihr weißes Haar war zu einem festen Knoten zurückgebunden, und sie blickte durch ihre Brille mit Augen, die so blaßblau aussahen wie Eis. Für die Huaorani müssen sie gewiß ebenso merkwürdig ausgesehen haben.

Unsere Augen trafen sich kurz. Ihre zeigten keine Regung. Dann drehte sie sich langsam um, ging gemächlich die Treppe hoch ins Haus und schloß die Türe.

Ich ging hinüber und klopfte.

»Möchten Sie gern etwas Maniok-Pudding?« fragte sie.

Rachel Saint kam 1955 nach Ecuador. Sie war mit 15 Jahren »gerettet« worden, ging auf das Bibelcollege und arbeitete zwölf Jahre mit Alkoholikern in New Jersey und weitere fünf Jahre an der Übersetzung der Worte Gottes für die Piro- und Shapra-Indianer in Peru. Mit 42 Jahren folgte sie dem Ruf zu den Aucas, durch Dayuma, die Rachel entdeckte, als sie »wie ein Sklave« auf einer Plantage im Oriente lebte. Andere Huaorani hatten den größten Teil von Dayumas Clan abgeschlachtet. Dayuma gelang es, aus dem Territorium zu fliehen. In ihrem Kummer über den Verlust ihrer Lieben fanden die beiden Frauen eine Gemeinsamkeit. Dayuma lehrte Rachel Huaorani; Rachel lehrte Dayuma das Wort Gottes. 1957 brachte sie Dayuma in die Vereinigten Staaten. Dort standen sie gemeinsam mit Billy Graham auf der Bühne. Sie traten in »This is Your

Life« (Dies ist dein Leben) auf und sammelten jede Menge Geld ein. Als sie nach Ecuador zurückkehrten, zählte Rachel zu den berühmtesten Missionarinnen der Welt.

Im Oktober 1958, zwölf Jahre nach Dayumas Flucht aus dem Territorium, drangen die beiden Frauen zu Fuß in das Territorium ein, hackten sich vier Tage lang einen Weg durch den Urwald, bis sie die Reste von Dayumas Clan fanden. Rachel wurde die erste Missionarin, die im Territorium schlief, überlebte und über die Menschen dort berichtete. Sie und Dayuma errichteten eine Siedlung. Mit Hilfe von Radio und Flugzeug zauberte Rachel Macheten, Hemden und Hosen, Süßigkeiten und Reis herbei. Herbeigelockt von diesen Reichtümern trafen die Huaorani-Clans ein, und Rachel und Dayuma versuchten, sie zu überreden, ihre heidnische Lebensweise aufzugeben. Tabus wären Teufelswerk, folglich wurde die Jagd, die sich ursprünglich auf Vögel, Affen und Pekaris beschränkte, auf alle wilden Tiere des Urwaldes und auf alle Fische der Flüsse ausgedehnt. Nomadismus, das Umherziehen, war von Übel. Gott diktierte, daß die Huaorani sich niederlassen, feste Dörfer bauen, Gärten anlegen und Hoftiere halten müßten. Sexuelle Freizügigkeit, Polygamie und Singen wurden strikt verboten.

Rachel wurde Dayumas Clan-Schwester, Nemo genannt. Das Huaorani-Wort für »Stern«. Sie bauten ihre Häuser Seite an Seite, und der *cowode*-Welt präsentierte Rachel Dayuma als Führerin der Huaorani. Die Company zeigte den beiden Frauen, wo sie nach Öl forschen wollte. Rachel und Dayuma sorgten daraufhin dafür, daß die Clans fortgingen, und brachten sie in das winzige »Protektorat«, zu dem sie die Regierung 1969 überredet hatten. In ihrem Eifer, den Oriente so schnell wie möglich zu kolonisieren, übertrug die Regierung Rachels Sponsor, dem Summer Institute of Linguistics (SIL), die Verantwortung für Gesundheit und Erziehung der Huaorani. Rachel widmete sich ihrer eingegangenen Verpflichtung, aus den Aucas »nützliche Bürger« zu machen.

Aber 1973 begann alles durcheinanderzugeraten, als die SIL James Yost, einen evangelikalen Anthropologen, schickte, um die Huaorani zu studieren. Rachel Saint versuche, schrieb er, die Kultur auf den Kopf zu stellen, sie nämlich in ein Matriarchat zu verwandeln, mit Dayuma als der Königin (Rachel Saint bezeichnete das Protektorat meist als »Dayumas Land«). Die SIL verlangte von Rachel, die Huaorani zu verlassen; aber statt dessen trat sie aus der SIL aus. 1979 verließ sie das Territorium, aber bereits nach zwei Jahren kehrte sie zurück, mit zehn Dollar und der Unterstützung einer kleinen Kirche in Oklahoma. Obwohl sie eine Wohnung in Quito unterhielt und alle paar Monate dorthin fuhr, verließ sie eigentlich niemals wieder das Huaorani-Territorium.

In Rachels Haus befand sich ein zweiter Radiosender, eine Küchenspüle und ein Buffet, Geschirr auf einem Trockner und ein Propangasherd. Solarzellen lieferten Strom. In einem kleinen Bücherregal standen Bibeln, gegen die Feuchtigkeit in Plastik eingeschlagen, und fünf Exemplare der französischen Übersetzung ihrer Biographie. Ein Blasrohr und ein Fischernetz hingen an einer Wand; an einer anderen alte Schwarzweißfotos von Huaorani. Sie wies mir einen Schaukelstuhl an und brachte Pudding. Dann ließ sie sich in eine Hängematte in der Mitte des Hauses fallen und streckte ihre langen, blassen, mit Insektenstichen übersäten Beine aus. An den Stichen kratzend entschuldigte sie sich, daß sie müde wäre, sie hätte in den vergangenen zwölf Stunden Malariafieber gehabt. Um den Hals trug sie ein Band mit einem Jaguarzahn. Die Rundung des Zahnes, sagte sie, deute darauf hin, daß er von einer alten Katze stamme. »Sie war so alt, daß sie niemanden mehr töten konnte«, sagte sie, »genau wie ich.«

Dayuma war 1946 vor den Huaorani geflohen angesichts einer Welle von Gewalt zwischen den Stämmen, deren Gründe nie richtig geklärt werden konnten. Wahrscheinlich hing diese Gewaltwelle mit dem Ausbruch unheilbarer, von der Company eingeschleppter Krankheiten zusammen und mit der Sitte der Huaorani, alle Toten zu rächen. Allen Berichten zufolge verlief sie außerordentlich blutig. Manche Schätzungen der Todesrate liegen bei 60 Prozent der Bevölkerung. Als Dayuma mit Rachel in das Territorium zurückkehrte, lebten nur noch 40 der etwa 200 Clan-Mitglieder. »Sie begingen ethnischen Selbstmord«, meinte Rachel. »Wenn ein Kind starb, gingen sie zu ihren Zauberern, um herauszufinden, wer schuld daran sei, und dann gab es Vergeltungsmorde. Sie hörten mit dem Töten auf, als wir ihnen den Weg des Friedens zeigten. Wenn mich also ein Anthropologe der Zerstörung ihrer Kultur anklagt – na ja, wenn ich Ihnen sagte, wie wütend mich das gemacht hat, dann müßten Sie es auf Asbestpapier schreiben. Die Kultur zerstören? Ich bin diejenige, die sie gerettet hat!«

Ihr war von den Huaorani gesagt worden – »von meinen Insider-Quellen«, wie sie sich gern ausdrückte –, daß ich Quemperi besucht hätte. »Sie hatten Glück, lebendig herauszukommen«, sagte sie. »Wenn Sie zur falschen Zeit dorthin gehen, ist Ihr Leben keinen Pfifferling wert. Der einzige Auca, dem Sie trauen können, ist ein protestantischer Auca. Alle auf der katholischen Seite sind Wilde, reine Wilde. Mir fällt kein anderes Wort für Menschen ein, die ihre eigenen Leute töten.« Sie fügte hinzu: »Natürlich, Sie können nicht anders, als sie zu mögen. Sie sind die charmantesten Killer, die es je gegeben hat.«

Das Schicksal einer der ersten Gruppen von »wilden Aucas«, die Rachel 1969 in das Protektorat brachte, ist für ihre Kritiker das beste Beispiel für die Art ihrer Tätigkeit. Urplötzlich bekamen alle 104 Leute dieser Gruppe Kinderlähmung, 16 starben, weitere 16 wurden zu Krüppeln. »Sie müssen fragen, wie viele noch gestorben wären, wenn ich sie nicht dorthingebracht hätte«, meinte sie zu mir. »Wie können Sie Ihren Bruder sterben lassen, ohne ihm die Chance zum Frieden gegeben zu haben? Der Stamm diktiert – genausogut können Sie es das Diktat des Teufels nennen. Wenn Sie die Zehn Gebote außer acht lassen, dann haben Sie das reine Chaos, und genau das hatten wir hier mit den Aucas. Da gab es Ehemänner, die zwei Schwestern heirateten. Es gab Brüder, die mit den Frauen ihrer Brüder schliefen. Manchmal heiratete ein Mann die Mutter und die Tochter. Es gab die Feste mit freier Liebe, wo jeder mit jedem schlief. Sehr schnell hat ein Vater Kinder an fünf verschiedenen Orten. Ein Junge möchte ein Mädchen heiraten, und er findet heraus, daß sie seine Schwester ist! Wenn Sie das nicht für Chaos halten, dann haben Sie nicht Ihr Altes Testament gelesen.«

Mehrere Huaorani hockten am Fuße der Treppe vor ihrem Haus und redeten ruhig miteinander. Ein Mann brüllte uns etwas aus der pechschwarzen Dunkelheit der Urwaldnacht zu. Ich verstand nur die Wörter »Auca« und »Huaorani«. Rachel brüllte in seiner Sprache zurück. »Er sagt, sie seien Huaorani und keine Aucas«, erklärte sie. »Aber sie sind Aucas. Immer gewesen. Ich sagte ihm, er solle stolz darauf sein – es gibt eine Fußballmannschaft in Quito, die sich Aucas nennt.« Sie stand auf und warf eine Seifenstange in Richtung der Stimme. »Der Huaorani«, sie zog die Augenbrauen hoch, »möge seine Auca-Kleider waschen.«

Rachel machte auf mich den Eindruck einer freundlichen Person – freundlich, einsam und von Kummer angegriffen. Es zeigte sich schmerzhaft klar, daß in jeder Hinsicht – emotional, physisch, materiell – das Ummodeln der Kultur nach ihrer Vorstellung ein Nettoverlust für die Huaorani gewesen ist. Die Menschen in Toñampare waren sichtlich weniger gesund als diejenigen, die unter eher traditionellen Bedingungen lebten. Zu viele Huaorani hatten das Dorf überfüllt, und durch den Verlust der alten Tabus waren so viele der einheimischen Tiere aus dem umgebenden Urwald verschwunden, daß es praktisch keine Jagd mehr gab. Die Leute waren von Nahrungsmitteln abhängig, die von außen eingeflogen wurden, und viele von ihnen sind Lohnsklaven einer Kultur geworden, der anzugehören sie niemals hoffen können, einer Kultur, die in Wirklichkeit in ihnen kaum mehr als Tiere sah.

Rachel Saint gab zu, daß es vielleicht ein Fehler gewesen sei, dem Öl zu vertrauen. (Sie benutzte »das Öl« als abstrakten umfassenden Begriff, so wie die Huaorani »die Company« benutzten.) Das Öl flog Dayuma nach Shell, wo sie einen Vertrag über die Nutzung des Auca-Landes unterzeichnete. »Sie belogen sie«, erklärte Rachel. »Sie erzählten ihr, sie hätten die Teile ausgestrichen, die ihnen die Erlaubnis gäben, Straßen zu bauen, aber das hatten sie nicht wirklich gemacht, und sie kann kein Spanisch lesen.« Das Öl brachte Alkohol und die Prostitution, was die Huaorani »von Dämonen besessen« machte, schlimmer noch, es brachte Straßen und Kolonisten und Epidemien. »Manchmal wünschte ich, das Öl wäre nie gekommen«, sagte sie und fügte hinzu, wenn erst einmal die Entwicklung Block 16 erfassen würde, »wird das Töten wieder beginnen, denken Sie an meine Worte«.

Dennoch befürwortete sie das Öl, und nicht zum geringsten Teil deshalb, weil es das fördern würde, was sie letztlich als ihre große Aufgabe betrachtete: die Bekehrung der Tagaeri, der verrufensten der letzten nicht kontaktierten Huaorani-Gruppen. Sie würde sich mit Maxus treffen, so schnell sie könnte, erläuterte sie. Sie hoffte, die Tagaeri vor allen anderen, insbesondere den Kapuzinern, zu erreichen, und die Erschließung von Block 16 würde ihr den Zugang erheblich erleichtern. Alejandro Labaca hätte seine Chance gehabt, und er habe sie verschenkt: »Ich glaube, er wollte ein Märtyrer sein.« Sie machte sich über den politischen Aktivismus der Kapuziner lustig: »Sie sagen, sie wollten versuchen, das Land für die Indianer zu retten. Ich sage, rette die Indianer für das Land!« Nichts wollte sie von der Tatsache wissen, daß Labacas Tod zu einer Art Sieg geführt hatte, der ihr versagt geblieben war: Zumindest zeitweise hatte die Regierung die Erdölerschließung in der Tagaeri-Zone aufgegeben. Was sie jedoch an den Kapuzinern am meisten zu stören schien, war ein viel reproduziertes Foto einer jungen Nonne, Schwester Inés, die zusammen mit Labaca getötet wurde. Auf dem Foto kocht Inés Suppe für mehrere Huaorani. »Die Katholiken behaupten, daß die Aucas Inés mochten, daß sie freundlich zu ihr waren«, sagte Rachel, »aber ich weiß zufällig, daß das nicht stimmt.« Obwohl niemand in 100 Kilometer Umkreis Englisch sprach, beugte sie sich vor und flüsterte in mein Ohr: »Meine Insider-Quellen berichten, daß sie ihr in den Suppentopf pinkelten!«

Sonntags ging ich auf Rachels Einladung hin zum Gottesdienst. Von den etwa 250 Huaorani, die in Toñampare lebten, waren elf in die Kapelle gekommen. Ein Mann saß in einem Rollstuhl, ein anderer ging an Krücken, beider Beine waren von Kinderlähmung verkrüppelt. Das Bearbeiten des Huaorani-Ackers hatte in vier Jahrzehnten eine schmale Ernte erbracht. Rachel Saints Beziehung zu den Huaorani war nicht von Glauben geprägt, sondern von Macht und Belohnung. Jahrelang kontrollierte sie die Huaorani-Abkommen mit der Regierung und der Company, und sie kontrollierte in starkem Ausmaß das Radio, den Luftverkehr und den Import von Gütern und Diensten, einschließlich dessen, was an wenigem Krankenpersonal oder Medikamenten den Weg nach Toñampare fand. (Später fragte ich einen der Gläubigen, was Rachel täte, und er antwortete: »Sie bittet Gott um Dinge.«)

Rachel hatte viele Versuche von CONAIE abgewehrt, einen Lehrplan für Schulen einzuführen, der theoretisch helfen würde, einige Elemente der traditionellen Huaorani-Kultur zu erhalten, und sie machte keine Anstalten nachzugeben. »Ich habe die Leute aufgefordert, derlei gefährlichen Organisationen fernzubleiben«, sagte sie. »Es sind Kommunisten.« An der Tür der Kapelle stand ein junger Huao und predigte das Evangelium. Er sprach hauptsächlich auf Huaorani, glitt aber ins Spanische, wenn er vor dem Trinken und Tanzen warnte. Rachel saß an seiner Seite, teilnahmslos, aber der Mann war deutlich nervös, stotterte gelegentlich und warf ihr aus dem Augenwinkel Blicke zu. Der Huao sah merkwürdig aus, nicht weil er ein Gebiß trug, nein, weil er eine Brille trug. Das hatte ich noch nie bei einem Huao gesehen.

Plötzlich merkte ich, daß der Mann, den ich beobachtete, Enqueri war.

»Kredit!« erzählte er mir später fröhlich als Erklärung. Wegen der Zähne und Brille war er in das christliche Krankenhaus in Shell gegangen. »Jetzt wird Enqueri vielleicht eine Frau bekommen«, meinte er. Er grinste breit und ausdauernd. Was sei mit seiner Hochzeit? Es habe Probleme gegeben. Am zweiten Tag der »Flucht« hätte er aus Versehen das Kanu umgeworfen. Seine Verlobte und die gesamte Munition fielen in den Fluß. Er habe sie dort am Ufer zurückgelassen, wo sie mit ihren Brüdern kampiere.

Enqueri schien echt begeistert zu sein, mich zu sehen. Es war Monate her, daß wir uns in Coca trennten, und ich war mir damals nicht sicher, was er von unserer Reise gehalten hat. »Komm in mein Haus«, sagte er. »Du mußt meine Familie treffen. Aber zuerst werden wir deine Sachen an einem sicheren Ort deponieren.«

Wir ließen meinen Rucksack im Zentrum des Ortes bei einem Freund, von dem Enqueri sagte, er sei vertrauenswürdig. »Nicht wie in Cononaco!« lachte er. »Das sind doch Barbaren dort!« Dann gingen wir quer über die *pista* und einen langen Weg hinunter, der uns vom Dorf weg führte. Wir überquerten ein Flußbett und kamen auf eine kleine Lichtung, wo Enqueris Familie ihr Haus gebaut hatte. Unterwegs erzählte er, daß Quimonca, Awa und Yohue nicht nach Toñampare gekommen seien. Statt dessen seien sie in Coca von einer Touristengruppe engagiert worden, die Cononaco besuchen wollte. Mit den drei Huaorani an Bord ihres Kanus hatten die Touristen die Garantie, sicher das Territorium zu durchqueren.

»Wurden Quimonca, Awa und Yohue als Touristenführer angeheuert?« fragte ich.

»Ja.«

»Wurden sie bezahlt?«

»Ja.«

»Wieviel?«

»Das Essen und ein paar neue Stiefel.«

Enqueri sagte mir den Namen des Reiseunternehmens. Jeder Kunde – er glaubte, es seien sechs gewesen – hätte für einen zehntägigen Trip wenigstens 50 Dollar pro Tag bezahlen müssen.

Was Enqueri selbst anging, so hatte er etwas von dem Geld gespart, das ich ihm in Coca gegeben hatte, das heißt von dem Geld, das ich ihm beim zweiten Mal gegeben hatte. Aber in Shell hatte er einen Quichua-Mann getroffen, den er kannte, und hatte ihm alles geliehen, was er noch besaß. Der Mann wollte Enqueri am Flughafen treffen, um ihm das Geld zurückzuzahlen, aber er hatte sich nicht blicken lassen. Jetzt plante Enqueri, wieder nach Shell zu fliegen, um ihn ausfindig zu machen. Auch wenn, wie ich ihm andeutete, die Reise dorthin fünfmal so viel kosten würde wie das Geld, das er einzutreiben hoffte.

Am Morgen sagte Enqueri, daß er zum Fluß zurückkehren müsse, um seine Verlobte zu holen. Unterdessen war ein Missionsflugzeug im Anflug.

»Renn zur *pista*«, sagte er. »Ich werde deine *mochila* bringen.«

Ich ging zur *pista*, und wenige Minuten später brachte mir Enqueri mein Gepäck.

»Komm bald zurück in das Land des Volkes«, sagte er. »Ich werde auf dich warten.«

Dann, untypisch für einen Huao, umarmte er mich, drehte sich um und war weg.

Bald legte sich ein Nebel über die *pista*, durch den kein Pilot, gleichgültig, wie stark sein Glaube ans Jenseits ist, eine Landung wagen würde. Ich ging zurück in das Dorf und setzte mich vor Salomóns Haus. Als ich in meinen Rucksack langte, um etwas zu essen herauszuholen, merkte ich, daß viele meiner Vorräte fehlten, Büchsen mit Milchpulver, Reis und Schokoriegel. Ich brauchte sie an sich nicht mehr und wollte sie ohnehin in Toñampare lassen, aber in der Eile, zum Flugzeug zu kommen, hatte ich es vergessen. Dennoch machte mich der Gedanke an den Verlust, das Gefühl von Mißachtung, traurig. Während ich darüber brütete, entdeckte ich zufällig Enqueri, wie er auf der anderen Seite des weiten Platzes hastig entlangeilte. Er war etwa 20 Meter weit weg, aber selbst auf die Entfernung konnte ich sehen, daß er die Hände voll mit den Dingen aus meinem Rucksack hatte. Auch er sah mich, und für eine winzige Sekunde lang begegneten sich unsere Blicke, wir schauten uns an, dann verschwand er im Urwald.

Dann kam mir der Gedanke, daß er auch die Lebensmittel in Cononaco gestohlen hatte und daß er nicht nur ein Lügner, sondern auch ein Dieb war, und daß ich ihn trotzdem sehr mochte. Gleichwohl war ich beunruhigt, vielleicht gerade wegen seiner Schläue. Enqueri war der fähigste Führer, den ich unter den Huaorani getroffen hatte, zumindest was die »politischen Fähigkeiten« anging, die von der *cowode*-Welt erwartet werden. Er war in der Lage, sich mit relativer Leichtigkeit zwischen den verschiedenen Huaorani-Gemeinschaften zu bewegen, und wenn er redete, brachte er alle zum Zuhören, weil er weit mehr über das Leben außerhalb des Territoriums wußte als beinahe jeder andere Huao.

Es war natürlich unmöglich zu wissen, was Enqueri wirklich dachte. Es war sogar schwer, es nur zu erraten. Glaubte er an den christlichen Gott? Er schien frei von jedem *cowode*-Konzept von Sünde. Er log, er betrog und stahl, und dann stellte er sich in der Kirche hin und übersetzte Bibelgeschichten. Aber er hatte mir erzählt, was aufrichtig gemeint zu sein schien, daß er Rachel Saint helfen wollte, die Tagaeri zu finden. Er hatte keine Angst, bei diesem Unternehmen zu sterben – er glaubte, wenn er stürbe, dann würde er direkt in den Himmel kommen. Ganz klar hielt der Herr für Enqueri eine besondere Aufgabe jenseits von materiellem Gewinn bereit.

Obwohl er irgendwie wußte, daß die Company die Huaorani vernichten würde, schien seine Unzufriedenheit mit der Company auch persönlicher Art zu sein, weil sie ihn in der seismischen Mannschaft schlecht bezahlt hatte. Wie sollte man dann seine Arbeit für die ONHAE erklären? Die Arbeit mit ONHAE ermöglichte ihm unter anderem mit einem ganz neuen Typ von *cowode* umzugehen. Aber er hatte seinen Zensus mit großer Klugheit und Sorgfalt durchgeführt und mit einem nicht geringen Risiko. Seine Mitarbeit bei ONHAE enthielt, wie zynisch und opportunistisch auch immer, eine Spur von Altruismus.

Die anderen Huaorani nannten Enqueri den Condorito, weil er sich nie entschließen konnte. Aber er hatte gelernt, alle Karten zu spielen: ONHAE, die Kirche, die Company, *cowode* wie mich. Wenn Enqueri irgendwie verloren wirkte, dann vielleicht deshalb, weil er so weit weg von allen anderen Huaorani war, daß er keine richtige Vorstellung hatte, wohin er gehen sollte, und weil er niemanden hatte, der ihm den Weg zeigen konnte.

8

Alles ist schiefgegangen«, sagt Ali Sharif. Er läuft im Kreis herum, den Blick auf den Himmel gerichtet, und sein Gesichtsausdruck gleicht dem eines Mannes, der auf ein Wunder hofft. Im Umkreis von 100 Metern liegen gefällte Bäume von der Größe umgestürzter Kräne, und an einer Ecke der Lichtung ragen Baumstämme wie riesige Streichhölzer aus dem Tihuano-Fluß. Umgeben vom Urwald sieht die Lichtung wie das Epizentrum einer ungeheuren Detonation aus.

»Wir können unmöglich Erfolg haben«, stöhnt Sharif.

»Immer mit der Ruhe, Ali«, beruhigt ihn Moi. »Alles ist geregelt.«

Plötzlich erhebt sich ein Chor entsetzter Stimmen aus dem Busch.

»Paß auf, Ali!«

»Ali, geh in Deckung!«

»Ali-Ali-Ali, bring deinen Arsch in Sicherheit!«

Dann ein Wahnsinnsgelächter, gefolgt von einer Kakophonie entsetzten Geschreis und schließlich ein schwaches Quietschen, wie von einer nicht geölten, aufschwingenden Tür. Ein Schwarm Papageien schießt himmelwärts. Ali Sharif steht völlig reglos da. Das Quietschen schwillt zu einem ungeheuren Getöse an, und ein 25 Meter hoher Kapokbaum fällt krachend zu Boden und reißt ein Dutzend kleinere Bäume mit sich. Sie explodieren im Tihuano, und der Donner hallt sekundenlang nach. Ali seufzt, zündet sich eine Zigarette an und überblickt den Trümmerhaufen. »Die Huaorani fällen zu gern Bäume«, sagt er, »aber am meisten Spaß macht es ihnen, Flüsse zu versauen.« Er nimmt einen tiefen Zug. »Nun ja, vielleicht klappt es ja doch noch.«

Ali steht mitten in der gleißenden Sonne, die in Sekunden die Haut verbrennt. Moi, obwohl dicht daneben, wird von den dunklen Schatten des Urwalds bedeckt und ist beinahe unsichtbar. Auf einem Stamm sitzend versucht er, eine Maschinengewehrkugel in eine leere Patronenhülse zu setzen, in deren Boden er ein kleines Loch gebohrt hat.

»Moi, wie spät ist es?« fragt Ali und sucht wieder einmal den Himmel ab.

»In Japan ist es 22 Minuten nach drei.«

»Ich meine, wie spät ist es in Ecuador?«

»Weiß ich nicht.«

»Aber ich gab dir meine Uhr.«

»Die Frau meines Bruders mag sie sehr gern, Ali.«

»Natürlich.«

»Ali, schenk mir deine Hosen.«

»Du wirst sie sofort verschenken, Moi.«

»Ali, schenk mir irgend etwas.«

Wir sind tief im Urwald westlich der Vía Auca und warten auf einen Militärhubschrauber, der längst überfällig ist mit dem Nachschub für eine wochenlange *jornada* oder Arbeitsperiode, in der Ali, Moi und ein Team von weiteren 18 Huaorani hoffen, sieben Kilometer Grenze ihres Territoriums markieren zu können. Die heutige Sonne ist die erste Unterbrechung eines viertägigen Regens. Die Flüsse sind randvoll, und in Coca wurde eine Militärluftbrücke – die Idee schien weit hergeholt – als die einzige Möglichkeit gesehen, genügend Versorgungsgüter zu liefern. Wie hatte Moi die Tiger um diese Hilfe beschwatzen können, die kaum für ihre Zuneigung zu den Huaorani bekannt waren, geschweige denn für ihre Großzügigkeit?

Moi zuckte die Schultern. »Sie haben Angst vor unseren Speeren.«

Ali schreitet jetzt die zerklüftete Lichtung ab. Er ist von Beruf

Gärtner, und er weiß überhaupt nichts über den Bau eines Hubschrauberlandeplatzes. »Das geht niemals gut«, sagt er. »Hilfe von den Militärs? Unmöglich!« Er zündet wieder eine Zigarette an. »Dies ist eine Katastrophe! Wir haben kein Geld mehr. Die mitgebrachten Nahrungsmittel? Die Huaorani haben sie bei einer Mahlzeit weggeputzt. Wir werden hier raus laufen müssen – wahrscheinlich eher schwimmen. Es wird Monate dauern, bis wir es schaffen wiederzukommen. Warum zum Teufel verschwenden wir unsere Zeit?«

Ali Sharif ist 39 Jahre alt, schlank und fit, professorenhaft. Der Größe nach ist er einem typischen Huao so ähnlich, daß er in einer Menge manchmal schwer auszumachen ist. Aber er trägt eine Stahlbrille und spricht, obwohl Iraner von Geburt, ein fließendes Englisch mit scharfem englischem Akzent. Seine Haare sind kastanienbraun, seine Haut ist hell. Mit anderen Worten: »Ich sehe wie ein Weißer aus, oder nicht? Nun ja, nicht, daß das was ausmacht, aber ich bin weiß, außer in eurem Land.« Seine Kindheit verbrachte er in britischen Internaten. »Was paradox ist, weil mein Vater die Briten haßte, und ich haßte ihre Schulen.« In seiner Jugend lebte er in Italien. »Das Paradies! Ich könnte schon wieder essen!« Eine unglückliche Zeit seines frühen erwachsenen Lebens verbrachte Ali im Iran, wo er eingesperrt wurde für etwas, das er lediglich als ein »politisches Verbrechen« bezeichnen wollte. Er saß das zweite Jahr einer 13jährigen Strafe ab, als eines Tages im Gefängnishof das Gerücht umging, daß der Schah gestürzt sei. »Ich schaute mich um und konnte keine Wächter sehen«, erzählte er, »und ich kletterte direkt über die Mauer.« Ein Onkel, der in der Nähe wohnte, arrangierte seine Flucht nach Italien. Von dort ging Ali nach Mexiko, überquerte den Rio Grande, schnitt Trauben in Kaliforniens Napatal und ließ sich schließlich in Santa Fe in Neu-Mexiko nieder. Eines Abends ging er zu einem Vortrag über die Huaorani, der von einer kleinen, irgendwie disparaten australischen Umweltgruppe, die sich Rainforest Information Centre (RIC = Regenwaldinformationszentrum) nannte, gehalten wurde. Er schickte eine Spende an das RIC-Büro in Quito mit einer Anfrage, ob sie irgendwelche weitere Hilfe benötigten. »Als ich nichts hörte, schrieb ich ihnen diesen wirklich ekelhaften Brief – ich meine ekelhaften –, aber ich bekam eine liebe Antwort mit einer Einladung. Das war vor vier Jahren. Und seither bin ich hier. Die Regierung hat mir ein Missionarsvisum gegeben, ausgerechnet mir. Wo ich nicht einmal an Gott glaube.«

Dies ist Alis sechste Periode »auf der Grenze«, aber die erste mit dem Luxus einer Hubschrauberversorgung, falls sie klappen sollte. »Meistens tragen wir unsere ganze Verpflegung auf unseren Rücken«, sagt er. »Ein schrecklicher Gedanke. Der Marsch hierher waren 15 elende Kilometer, bergauf, bergab, durch Schlamm, Dornen, Bienen, Feuerameisen und Moskitos, aber alles verblaßte angesichts des Alptraums, den Tihuano auf einer Brücke zu überqueren, die aus einem einzigen Baumstamm bestand, 60 Zentimeter breit und zwölf Meter lang. Zehn Meter ging es gut, bis ich dann meinem Rucksack kopfüber in den aufgewühlten, braunen Fluß folgte. Nach einer Weile tauchte ich auf und sah einen ruhigen, kolbenähnlichen Huao, Omaca mit Namen, storchenstill und in völligem Gleichgewicht auf dem Baumstamm über mir stehen. ›Nicht sterben‹, riet er mir.«

»Er kommt, Ali«, ruft Moi. Obwohl ich nichts anderes als den Urwald hören kann, haben sich ein Dutzend Huaorani-Männer auf der Lichtung versammelt und gestikulieren himmelwärts. Das tun sie 20 Minuten später immer noch, als der Hubschrauber landet, die verbliebenen Büsche umlegt und eine furchtbare Menge an Zweigen und Dreck aufwirbelt. Die Huaorani gehen erst zur Seite, als die Rotorblätter direkt über ihnen schweben. Sie rennen wieder auf die Bahn, sobald der Helikopter den Boden berührt. Unter Anleitung von Moi entladen sie eiligst Macheten, Äxte, Gummistiefel, Moskitonetze, Taschenlampen, Töpfe und Pfannen, Säcke mit Reis, Hafermehl, Nudeln und Kaugummi.

Ali grinst über das ganze Gesicht. »Moi läßt seinen Zauber wirken«, sagt er. »Er zaubert Kaninchen aus dem Hut. Ich liebe ihn. Ich sage, ich liebe den Kerl einfach.«

Die Huaorani schneiden Lianen und Palmblätter und bilden daraus Körbe und Schultergestelle, teilen die ganze Ausrüstung auf und marschieren in den Urwald mit Lasten von unglaublichem Gewicht. Als ich versuche, den Ballen zu heben, den Moi auf seinem Kopf balanciert, schätze ich ihn auf etwa 50 Kilogramm. Gleichwohl zeigte er beim Gehen locker zum Blätterdach hinauf, und ich, indem ich meine Augen sehr anstrengte, sah sechs dunkle, pelzige Bälle, die mehr als 30 Meter über uns wie ein Jo-Jo auf und nieder schwangen. Es war ein Trupp Brüllaffen. Immer wieder hackt Moi ein Stück einer Ranke ab, die *omeica* heißt, und reicht sie mir. Wenn man ein Ende umbiegt, kommt ein dünner, aber erfrischender Strahl an süßem Wasser heraus.

Die Huaorani bewegen sich sehr schnell durch den Urwald, beinahe im Laufschritt, aber still wie Enten auf einem Teich. Ein drahtiger Mann, Pego genannt, ist schon zwei Kilometer voraus und hackt einen Pfad durch den Busch. »Er ist unglaublich«, sagt Ali hinter mir. »Das letzte Mal liefen wir den ganzen Tag wie jetzt, erst als wir das Lager aufschlugen, merkte ich, daß ich meinen Rucksack vergessen hatte. Der alte Pego sagte einem Jungen etwas wie ›Der steht neben dem 926. Baum zur Linken‹, und drei Stunden später ist der Junge mit dem Rucksack wieder da.«

Innerhalb von wenigen Minuten sind Ali und ich mit Bissen übersät von allem Möglichen und Unmöglichem, was in diesem Urwald gedeiht. Die Huaorani haben nicht einen Flecken. »Und hinein stürzen wir in das Herz dieses schwarzen Kontinents«, intoniert Ali mit einem spöttischen tiefen Baß, »gehen, wo noch kein Weißer je gegangen ist.« Dann fügt er mit normaler Stimme hinzu: »Nun, ich schätze, daß es auch stimmen würde, wenn du nicht hier wärst, oder?«

Mehrere Stunden später verlassen wir den Pfad, sinken bei einem Kapokbaum nieder und merken nicht, wie wir von Moskitoscharen überfallen werden. »Ich habe so oft Malaria gehabt, daß ein Biß mehr oder weniger keinen Unterschied mehr macht«, sagt Ali und schlägt abwesend auf Arme und Beine. Blitzartig fällen die Huaorani etliche junge Bäume und bauen ein Dorf aus hübschen, kleinen, wasserdichten Hütten und legen eine Matratze aus Palmblättern auf den Boden der Hütte, die Ali und ich teilen werden. »El Palacio Gringo«, verkündet Moi. Ali rollt seine Luftmatratze aus und schläft ein.

Den ganzen Nachmittag über und die halbe Nacht durch kommen fortlaufend Huaorani-Männer allein, zu zweit oder dritt in das Lager getrudelt. Der alte Dawe ist zwei Wochen unterwegs gewesen; der taubstumme Merca mit sechs Zehen ist noch weiter gelaufen, von Quemperis Siedlung. Nanto kommt aus Toñampare mit zwei muskulösen Brüdern, beide ausgezeichnete Holzfäller. Gleich nach ihm, nach zweitägigem Joggen von Tzapino, trifft Amo ein, der Sekretär der ONHAE mit dem goldenen A auf dem Schneidezahn, sowie sein jüngerer Cousin Yahue. Am späten Nachmittag kommt der liebenswerte Euhue, ein älterer Mann, von dem es heißt, er sei beim Töten von Nate Saint dabeigewesen, in das Lager getrottet, so still, daß ich ihn erst sehe, als er direkt neben mir steht und sein pechschwarzes Haar mit den Schalen zweier Flußmuscheln quer über der Stirn abschneidet. Er langt hoch und zwirbelt meine Brusthaare und lacht laut heraus. Was den verrückten jungen Pego, das geballte Muskelpaket, angeht, so hören wir ihn mehr als eine Stunde lang sich einen Weg durch den Busch hauen, wobei er seine Machete so mühelos wie einen Federkiel schwingt und wie ein Irrer Bäume köpft. Seine Stimme rollt durch den Urwald: »Laßt uns an die Arbeit gehen, Huaorani!« Hysterisch lachend springt er ins Lager, mit ausgebeulter Hose von einer Erektion. »Lutscht den!«

Bei Einbruch der Dunkelheit spitzt Pego seine Lippen und

macht ein Geräusch wie einen leichten Kuß: Ein Tukan taucht auf, und Moi feuert seine erneuerte Patrone ab. Pego bekommt die Federn, Moi den Schnabel und unser Koch Omaca den Rest, den er in eine Suppe aus Wollaffen, Baumratten, Fröschen, Hafermehl, Reis, Zucker, Salz, Zimtstangen, einer Zwiebel und zwei Dutzend Lutschbonbons wirft.

»Eigenartige Eßgewohnheiten«, meint Ali, schnüffelt am Topf und lädt sich seine Schüssel voll. »Hau rein, Kumpel!«

Beim letzten Licht folge ich einem schmalen Pfad, der vom Lager weg einen kleinen Hügel hinunter zu einem kleinen Bach führt, wate knietief ein paar Meter stromaufwärts zu einem großen Stein. Ich klettere auf den glatten Felsen, schlüpfe aus den kurzen Hosen und lasse mich nackt in den Bach rutschen. Ich plansche eine Weile, dann wasche ich mich ab. Der Urwald ist still, kühl und friedlich. Meine Erschöpfung geht in eine angenehme Ermüdung über. Dann, ganz plötzlich, merke ich, daß ich nicht mehr den Pfad finden kann, den ich herabgekommen bin. Der Urwald ist so dicht, daß ich kaum ein paar Meter weit sehen kann. Ich kann nicht einmal durch das Urwalddach den Himmel sehen. Dann höre ich »Huh-Huh!« Etwas weiter unten steht der alte Pego im Bach und beobachtet mich. Ich ziehe rasch meine Hosen an und folge ihm zurück durch den Urwald, den Hügel hinauf ins Lager. Es war das letzte Mal, daß ich mich außer Sichtweite eines anderen menschlichen Wesens begeben habe.

Im Lager schlafen die jungen Männer in Gruppen. Moi, Amo und Nanto ineinander verschlungen, ebenso Pego mit Merca und Omaca. Aber die alten Männer schlafen allein, jeweils unter einem gebrechlichen Schutzdach aus einem breitblättrigen Baum, der heruntergebogen und an einem Pflock mit einer Liane festgebunden wird. Es gießt die ganze Nacht. Unter seinem Baum legt Euhue, knochentrocken, immer wieder etwas aufs Feuer nach, wenn er ab und zu aufwacht und sich ein Stück Affenfleisch oder eine Kochbanane brät. Er singt für sich selbst, und Moi übersetzt es mir:

Heute tötete ich einen Affen.
Drei Pfeile, in Gift getaucht.
Ich brachte ihn dem Volk.
Wir aßen und sangen.
Gestern tötete ich ein Reh.
Heute bearbeite ich das Fell.
Ich weiß, wie man Schweine jagt.
Meine Speere sind hart.
Sie werden nicht brechen.
Manche haben noch nicht gelernt, gute Speere zu machen.
Sie haben kein Fleisch …
Ich tötete den cowode, *viele* cowode.
Sie hatten Gewehre, aber sie konnten uns nicht töten …
Ich bin ein alter Mann.
Ich kenne viele Lieder.
Jetzt müßt ihr singen lernen,
Ihr jungen Männer,
Ihr Huaorani,
Ihr starken, jungen Huaorani.
AaaaooooAAAH!

Aber die jungen Huaorani singen nicht, sie ziehen es vor, Kassetten zu hören. Jemand hat einen Kassettenrecorder und eine einzige Kassette mitgebracht, eine Sammlung städtischer Quichua-Lieder, elektrische Gitarre, Trommeln, *ooohhhh, Juanita. Muy civilizado.* Die ganze Nacht wecken mich Bruchstücke dieses lauten Gedudels auf, und jedesmal sehe ich andere Männer um das Feuer sitzen, essend, Speere über dem Feuer formend, an dem Gerät rumfummelnd. Am Morgen frage ich Ali, gelähmt vor Müdigkeit, wie lange die Batterien halten werden.

Er lacht. »Keine Batterien, Kumpel«, sagt er. »Das Ding ist zum Aufziehen. Einer der Jungs wacht auf, er will Musik, er zieht die Box auf. Kein Tag und keine Nacht hier, Kumpel. Kein Schlafen, kein Aufwachen. Keine Träume, keine Wirklichkeit. Keine Vergangenheit, keine Zukunft. Es ist ein Kontinuum. Huaorani-Zeit. Jetzt ist alles gut.«

Im Morgengrauen arbeiteten Ali, der alte Pego, Amo und ich in der ersten Linie. Wir hauen das Unterholz mit unseren Macheten weg. Hinter uns kommen die schwereren Macheten, die kleine Bäume und große Büsche niederschlagen, und hinter ihnen die Leute mit den Äxten, die die wolkenkratzerhohen Bäume fällen. Innerhalb einer Stunde sind meine Hände mit Blasen übersät, geschwollen und mit Dornen gespickt. Meine Arme und Beine sind von Insekten zerbissen. Schweiß rinnt in Strömen. Die Huaorani machen nie eine Pause und hören nie auf, vor Freude zu jauchzen, wenn ein richtiger Baum umstürzt – je größer, je besser. Ali arbeitet langsam, aber stetig, ab und zu haltmachend, um eine Zigarette anzuzünden und eine Bemerkung zu machen: »Nein, ist das nicht ein wundervoller Baum?« Und dann verschwindet er im Busch. Moi hat den alten Pego beauftragt, Ali im Auge zu behalten. Die Huaorani sehen es als reine Glückssache an, daß er noch nicht zu Brei geschlagen wurde. Solche Freundlichkeiten werden auch mir zuteil; obwohl ein Fremder, werde ich als Teil von Alis Clan betrachtet.

Ali sammelt Samen beim Gehen, und Amo sorgt dafür, daß wir beim Gehen auch essen: Samen, Nüsse und saftige Ranken. Plötzlich, versteckt in einem Kapokbaum und befreit von hundert besessenen Axtschlägen, ein Bienenstock von der Größe eines Basketballs. Es beginnt eine allgemeine Rauferei, zwanzig Paar Hände packen zu, Honig tropft vom Kinn auf die Brust und die Bäuche. Ali ißt genauso wild wie die Huaorani. Er wirft mir ein Stück Wabe zu und schreit: »Bienenpollen! Der Orgasmus der Natur!« Seine Nasenflügel weiten sich. »Dies ist alles,

alles! Die Essenz jeder Immunisierung. Iß das – hier! Jetzt bist du immunisiert! Immunisiert gegen alles!«

Diese Immunisierung schien jedoch nicht gegen die Dschungelfäule zu helfen. Der Fungus beginnt etwa am dritten Tag. Jeder bekommt ihn, und, sagt Ali, man bekommt ihn jedesmal, wenn man an die Grenze kommt. Man spürt es zuerst in den Gelenken, ein Brennen in der Arm- oder Kniebeuge, und dann breitet es sich aus, bei einem *cowode* auf die behaarten Stellen, Brust und Bauch und an allen Reibungsstellen. Ich habe bald einen einzigen Schorf rund um die Hüften. Abends stellen sich die Huaorani in einer Reihe auf, um sich von Ali behandeln zu lassen, nicht nur ihren Fungus, sondern auch Erkältungen, Verstauchungen, Schnittwunden, Zahn- und Kopfschmerzen, Staph-Infektionen, deren Beulen allgegenwärtig sind.

»Die meisten Huaorani haben niemals einen Arzt gesehen«, sagt Ali. »Wäre es nicht schön, wenn wir jemanden fänden, der käme und sie behandelte, und wenn es nur eine einmalige Arznei gegen die Krätze wäre?« Ali selbst kam von der letzten *jornada* mit Malaria zurück; diesmal wird er Amöben und Darmpilz mit nach Hause bringen. Aber nichts davon kommt dem gleich, was ich im RIC-Haus in Quito bei einem jungen Freiwilligen mit Namen Nils gesehen habe. Zwei Monate nach einer *jornada* war sein ganzer Bauch immer noch flammend rot und fürchterlich geschwollen, und direkt unter der Haut hatte er eine Kreuzschraffierung, wie sie Ameisen auf dem Sand hinterlassen. »Fadenwürmer«, erklärt Ali. »Dagegen kann man nicht viel tun. Ein Freund von mir hatte sie, und sie mußten eigentlich seine gesamte Kleidung, die Handtücher und seine Matratze verbrennen. Gott sei Dank sagte Nils' Arzt, er solle sie einfach kochen. Ich meine, wir haben nur 100 Dollar im Monat. Wir können es uns nicht leisten, neue Kleidung zu kaufen, verstehst du?«

Es ist eine verrückte Sache, dieses Baumfällen, um den Urwald zu retten.

1990 bewilligte die ecuadorianische Regierung den Huaorani das Recht auf ein Territorium von 6700 Quadratkilometern. Es war ein Akt von scheinbarer, aber trügerischer Großzügigkeit: Der Vertrag garantierte den Huaorani nur ein Drittel dessen, was sie als ihr Territorium betrachten, und er legte fest, daß sie nicht versuchen dürften zu verhindern, daß dort Erdöl oder andere Mineralien gewonnen würden. Was immer seine Mängel sind, Vertrag ist Vertrag, und bald nach Unterzeichnung des Vertrags betrachten die Huaorani den Job der Grenzmarkierung des Territoriums als wichtigste Aufgabe, die ihnen als vereinte Nation bevorsteht. Einige Abschnitte der Grenze werden von Flüssen gebildet, aber beinahe 160 Kilometer waren einfach auf einem Papier gezogene Linien. Es mußte ein fünf Meter breiter Streifen durch den Urwald geschlagen und mit Palmbäumen bepflanzt werden, um die Grenze erkennbar zu machen. Bevor das Territorium nicht eingegrenzt war, gab es praktisch keine Möglichkeit, Kolonisten abzuhalten, dort einzudringen, und wenn die erst einmal drinnen wären, würde es unmöglich sein, sie wieder zu vertreiben.

Zuerst hat die CONAIE die Aufgabe übernommen, die Grenze zu markieren, aber ihre Landmesser begingen grobe Fehler. Daraufhin wurde das Rainforest Information Centre gebeten, bei der Arbeit behilflich zu sein. Und Douglas Ferguson, ein Brite und der Direktor des RIC, hatte mir in Quito gesagt: »Wir kennen den Urwald, und wir mögen zufällig die Indianer, und wir sind die einzigen Leute, die verrückt genug sind, es zu tun.« Die ecuadorianische Regierung billigte die Idee, und die RIC machte sich Seite an Seite mit den Indianern an die Arbeit und ging in den Busch, um die Grenze mit Macheten und Äxten in einem Takt von etwa 800 Metern pro Tag zu markieren. Sie sammelte auch Gelder für das Projekt, einschließlich Geldern für Nachschub, Vermessungstrupps und Ausrüstung.

Trotz des Theaters, das um die Huaorani gemacht wurde, war die RIC die einzige Organisation, von der man sagen konnte, daß sie in echter Weise mit ihnen zusammenarbeiten konnte, obwohl »Arbeit« die Beziehung kaum richtig trifft. Wenn die ONHAE-Leute in Quito waren, was von Zeit zu Zeit notwendig war, um mit der Company und der Regierung zu verhandeln, dann schliefen sie im Haus der RIC, das diese als Wohnung und Hauptquartier nutzte. Die RIC-Leute fütterten sie, halfen ihnen beim Kleiderkauf (»Sie suchen sich die bizarrsten Farben aus«, sagt Ali, »wie etwa Neonfarben, du weißt schon.«). Sie organisierten auch Unterricht in solchen *cowode*-Fähigkeiten wie Bankgeschäften und Reparatur von Kleinmotoren und nahmen sie in Karate-Filme mit, für die die Huaorani eine besondere Leidenschaft entwickelten.

»Einmal, als Nanto und Amo in die Stadt gekommen waren, hatten sie es sich in den Kopf gesetzt, den Präsidenten des Landes zu sprechen«, erzählt Ali. »Also gingen sie zum Präsidentenpalast, liefen die Treppe hoch, klopften an und sagten, verstehst du, ›Hi, wir sind die Huaorani, laßt uns rein.‹ Und sicher kommen sie rein. Sie können das tun, verstehst du. Sie sind so unschuldig – sie bezwingen jeden, den sie treffen, mit ihrem Charme. Also gingen sie hinein, setzten sich und sprachen mit dem Präsidenten. Ich hatte Amo diese Hosen geliehen«, Ali zeigt auf seine Art Surfer-Badehose, die er an der Grenze trug, »und der Präsident sagte: ›Wo hast du die denn herbekommen?‹ Danach überredete mich Amo, ihm ein Frackhemd und lange Hosen zu kaufen sowie ein Kleid für seine Frau. Sie war nie in einem Warenhaus. Da steckte ich also in der verflixten Situation.« Er macht eine Geste, als ob er ein Kleid hochhalte: »›Ist dies *waponi*?‹ Aber, du verstehst, das ist alles Teil des Jobs.«

Gewiß vergelten die Huaorani jedwede Unterstützung, die Ali ihnen in der Stadt zuteil werden läßt, wenn sie hierher in den Urwald zurückkehren. Am zweiten Tag fangen wir gut an und schlagen eine Schneise von einem Kilometer am Vormittag, aber mittags erhebt sich ein heulender Regensturm. Amo baut einen Schutz, indem er eine hüfthohe Brüstung aus Baumstämmen bildet und Palmwedel darüberbiegt, so daß Ali, der alte Pego und ich darunterkriechen können, mit den Köpfen zwischen den Knien. Während des Sturms wird der Urwald kohlrabenschwarz, und zwischen dem Heulen hört man das noch größere Getöse von umstürzenden Bäumen. Der Wind reißt unseren Unterschlupf sehr schnell in Fetzen. Die gewaltige Wut des Urwalds ist erschreckend, und ich merke, wie ich meine Atemzüge zähle, um meine Nerven zu beruhigen. Die anderen Huaorani huschen an uns vorbei, hauen ihre Macheten und Äxte in Baumstümpfe und sausen ins Lager. Aber Moi holt uns heraus, und wir rennen los, mit ihm vorneweg, Amo hinter uns und Pego zwischen uns. Während wir durch den Urwald rennen, ausgleiten und schlittern, kann ich auf allen Seiten riesige Bäume umstürzen sehen.

»Ali, sei vorsichtig!« bellt Moi. »Paß auf die Bäume auf!«

Ali versteht nichts, seine Brille beschlägt, und er schreit zurück: »Das ist großartig!« Der alte Pego lacht lauthals. Wir überqueren einen kleinen Fluß und wie gewöhnlich falle ich hinein. Pego fischt mich heraus, aber das ist das einzige Mal, wo er mehr als ein paar Meter von Alis Seite weicht.

Zwanzig Minuten später sind wir sicher im Lager. Omaca, der Koch, hat freundlicherweise unsere Sachen hochgehängt, um sie trocken zu halten. Er bringt uns Tassen mit Haferbrei und etwas, was die Huaorani *yupi* nennen, ein Extrakt aus einer Regenwaldpflanze, wie ich annehme.

»Nein«, sagt Ali, »Es ist ecuadorianisches Kool-Aid. Von Astronauten benutzt, so steht es jedenfalls auf dem Umschlag. Wird auch von sogenannten Steinzeit-Stammesvölkern benutzt. Die Huaorani meinen, es sei das Beste an der ganzen westlichen Zivilisation.«

Dankbar gebe ich Omaca mein großes Halstuch, das er sich über den Kopf bindet wie eine alte Dame zur Verhüllung ihrer Lockenwickler, und Pego erzählt die Geschichte unserer Flucht vor dem Sturm durch den Urwald. »Bueno!« sagt er und imitiert Ali. Die Huaorani brüllen vor Lachen, genau wie Ali auch.

Wir schlagen einen halben Kilometer am ersten Tag, einen Kilometer am zweiten Tag und beträchtlich weniger am dritten Tag, als es den ganzen Vormittag regnet und wir stundenlang unter einem dünnen Schutzdach sitzen. Mittags kommt ein kleiner, gedrungener Bursche, Jonas mit Namen, mit zwei Töpfen angesprintet, halb so groß wie er selbst, die rechts und links an einer Machete hängen, die er über der Schulter trägt: Linsen und Reis. Moi zeigt mir, wie man ein Palmblatt zu einem Napf formt. Wir essen mit den Fingern.

Am vierten Tag fällt Ali aus Versehen in ein Nest von Feuerameisen. Ich war schon einmal in den rechten Zeigefinger gebissen worden. Zehn Minuten lang fühlte es sich an, als würde jemand ein Feuerzeug an meine Haut halten. Man muß das mit 200 multiplizieren und – nun, als Ali schreit »Ich brenne!«, wissen die Huaorani sofort, was passiert ist, obwohl er auf englisch brüllt. Die Ameisen sind unter seinen Kleidern gefangen, direkt auf der Haut. Sofort reißen ihm Moi und Pego Hemd und Hose vom Leib. Aber was anderes kann man nicht tun. Die Huaorani stehen düster daneben, als Ali auf dem Boden sitzt und vor Schmerzen stöhnt. Am Ende hebt er den Kopf, zündet eine Zigarette an. »Das ist der Urwald«, sagt er mit einem Seufzer. »Er gibt dir das Beste, und er gibt dir das Schlimmste.«

Obwohl Nanto der Präsident der ONHAE ist, ist Moi der natürliche Anführer hier an der Grenze. Dies ist für Nanto erst die zweite *jornada* an der Grenze, und an manchen Tagen darf er die Arbeit früher verlassen. Amo arbeitet hart, aber er hat auch nur an drei *jornadas* teilgenommen. Einmal rannte er entsetzt davon, weil er glaubte, daß die Tagaeri in der Nähe wären. Enqueri war noch nie auf einer *jornada*. »Aber das ist typisch für ihn«, sagt Ali. »Enqueri ist ein richtig verrückter Vogel. Wenn er bei dir ist, dann ist er voll da, sehr intelligent und cool, ja und ja und ja und ich werde dies und dies und dies tun – dann verschwindet er einfach.«

Moi jedoch ist bei allen sieben *jornadas* dabeigewesen. »Er ist ein ganzer Kerl«, sagt Ali. »Er geht und geht und geht. Er ist die geistige Kraft hinter der Organisation. An einem Tag leitet er die *jornada,* am nächsten fährt er nach Quito, um die anderen Indianergruppen zu treffen oder die Regierung. Anschließend durchquert er das Territorium, um den anderen Huaorani zu erzählen, was er gesehen und gehört hat. Die einzige Art, mit der ich seine Energie erklären kann, ist, daß seine Vision echt ist. Aber sie arbeiten alle hart, verstehst du?«

Nanto wurde zum Präsidenten der ONHAE gewählt, teilweise, weil er aus Toñampare ist, das die größte Bevölkerung hat. Groß und stark, mit seinen hohen Backenknochen und großen, braunen Augen, würde er in beinahe allen Kulturen als hübsch gelten. Bislang ist er mir noch nicht als Politiker aufgefallen; er hat nicht das Herz, sich in Positur zu setzen. Aber er hat einen Ruf als überlegener Jäger und Fischer. Bei ihm zählt vor allem sein sicheres Heim und was zu essen auf dem Tisch. In einer Kultur, die immer noch auf das oft harte Leben im Regenwald eingestellt ist, nötigen diese Fähigkeiten Respekt ab. Gleichzeitig hat er durch seinen vierjährigen Besuch einer höheren Schule der Mission eine *cowode*-Erziehung erhalten, die der Enqueris gleichkommt.

Darüber hinaus, sagt Ali, »kann Nanto richtig königlich sein, wenn er will.« Im Jahr zuvor hatte die örtliche Quichua-Föderation einen Streik in Coca organisiert, die Restaurants und die Läden geschlossen und die Straßen gesperrt. Sie demonstrierten gegen die Occidental Petroleum und protestierten gegen Übergriffe auf das Quichua-Land, aber sie hatten sich ausstaffiert, als wären sie Huaorani. Ali ist dort gewesen. »Die Quichua rannten herum, wedelten mit ihren Speeren und führten so eine Art Halbmarsch auf wie die *carabinieri* in Italien«, sagt er. »Sie bedrohten die Leute in den Läden, gingen in Restaurants und aßen das Essen von den Tellern. Sie kamen die Straße heruntermarschiert und stießen direkt mit Nanto zusammen. Sie wußten nicht, daß er in der Stadt war. Er stand einfach mit verschränkten Armen da und brachte sie durch sein Starren in seiner Bulldoggenhaltung völlig aus der Fassung. Die Quichua bekamen diesen Schafsausdruck, legten ihre Speere weg und wollten Hände schütteln. Nanto schüttelte nur seinen Kopf. Sprach nicht einmal mit ihnen. Ließ sie verdammt lächerlich aussehen. Das war das Ende des Streiks.«

Was Moi angeht, so ist er einer der besten Holzfäller an der Grenze, der mit der Ausdauer einer Maschine arbeitet. Wenn er nicht mit der Axt arbeitet, geht er die Grenze wie ein Trainer ab und schaut, wie die anderen zurechtkommen. Moi redet ständig mit Ali, aber verglichen mit den anderen Huaorani scheint er gedämpft und introvertiert. Hin und wieder stellt er sich abseits von der Grenze, steht außerhalb des Geschehens und starrt in den Urwald, in Gedanken versunken. Nachts, wenn ich mich hinsetze, um meine Aufzeichnungen zu machen, dann befestigt er eine Kerze an einem Zweig, um mir Licht zu machen, und wenn ich fertig bin, übt er in meinem Notizblock schreiben. Er schreibt Liebesbriefe an Frauen in seinem Dorf Quehueire Ono. Er schreibt auch trotzige Briefe an die ecuadorianische Regierung.

Dieser trotzige Geist ist es, der Moi am meisten von Nanto, Amo und Enqueri unterscheidet. Moi hat genau wie jene die Grundschule besucht, als er im Protektorat lebte, aber seine höhere Schulbildung fand im Urwald statt. Eines Nachts werde ich durch den Lichtkegel einer Taschenlampe hochgeschreckt, der über meine Augen huscht. »Chong«, flüstert Moi, »Tiger – im Busch.« Ich blinzle in die Dunkelheit, kann aber nichts sehen. »Vielleicht Mengatohue«, sagt er. Mengatohue ist sein Großvater, sein Lehrer – der Kapitän, wie ihn Moi manchmal nennt – und der letzte der wahren Huaorani-Schamanen. Konfrontiert mit seltsamen, neuen *cowode*-Krankheiten, die von den Missionaren und der Company eingeschleppt wurden, von den Missionaren als Teufel verschrien, wurden die Schamanen aus der Kultur verdrängt und oft getötet, in Übereinstimmung mit dem Rachekult. Nur Mengatohue überlebt – ein Jaguar-Schamane, der, wie Moi sagt, fähig ist, ein Jaguar zu werden und telepathisch große Entfernungen zu überwinden und mit den anderen Huaorani zu kommunizieren.

»Ja, ja, ich hielt das auch für Blödsinn«, sagt Ali am nächsten Tag. »Bis ich Mengatohue in Trance fallen sah.« Das war vor ihrer ersten *jornada*, die ganz in der Nähe des Tagaeri-Landes stattfinden sollte, »und selbst die Huaorani hatten eine Scheißangst. Dann sagte Mengatohue, daß er mit den Tagaeri sprechen würde. Er legte sich auf den Boden und rollte sich zu einem Ball zusammen und verfiel in seine Besessenheit. Er peitschte die Luft mit Klauen und fauchte wie eine große Katze. Nicht wie du oder ich es tun würden – er war ein Tier. Er war besessen. Als er wieder zu sich kam, sagte er, daß wir sicher sein würden, und er gab mir einen Jaguar-Gesang, falls ich in Schwierigkeiten geriete.

Wir gehen also los, wir machen die *jornada*, und im Grunde läuft alles gut, bis auf ein paar Malariafälle. Wir sehen keine Tagaeri, aber gegen Ende treffen wir einige Huaorani von der entgegengesetzten Seite des Territoriums, und sie sagen: ›Mengatohue sagte uns, daß ihr kommt.‹

Und das hat mich wirklich erschreckt.«

Irgendwann vor Morgengrauen an unserem siebten Tag werde ich von Moi geweckt, der leise sagt: »Pack deine Sachen.« Dann brechen wir das Lager ohne weitere Planung ab.

»Sie haben einfach eine gegenseitige Entscheidung getroffen, daß es an der Zeit wäre aufzubrechen«, sagt Ali, als wir losgehen. »Beruht alles auf Konsens, verstehst du? Wir hätten genug Verpflegung, um noch ein paar Tage zu bleiben, aber sie waren entschlossen zu gehen. Wenn ich versucht hätte, sie hierzubehalten, wäre einer nach dem anderen einfach verschwunden.« Später, an einer Weggabelung, gibt es eine kurze Debatte zwischen Moi und Amo über die einzuschlagende Richtung. Ihre Stimmen werden etwas lauter, das einzige Mal in der ganzen Woche, daß ich so etwas wie eine Meinungsverschiedenheit gehört habe.

Wir gehen ungefähr 30 Kilometer, nicht weniger schwierig als beim Hereinkommen, aber der Marsch ist ereignislos, außer für mich, der wieder einen Kopfsprung von einer Brücke, die nur aus einem Stamm besteht, in den Tihuano macht. Der Fall ist kurz, knapp drei Meter, schmerzlos und entbehrte, meiner Meinung nach, nicht einer gewissen Anmut. Das deutet wenigstens Ali an, als ich hochkomme. »Du hast keinen Laut von dir gegeben, bevor du auf dem Wasser aufschlugst«, sagt er.

Am späten Nachmittag treten wir aus dem dichten, kühlen Urwald direkt in das grelle Sonnenlicht. Vor uns liegt eine ausgedörrte Landschaft mit knochendürren Rindern und wie zu Lehm gebrannten Kaffeefeldern. Ich hatte die Sonne in der ganzen Woche kaum gesehen, und die tropische Helligkeit trifft meine Augen so stark, daß ich unfreiwillig nach Luft schnappe. »Welch herrliche Landwirtschaft«, meint Ali und zeigt auf die Felder mit Seboya-Gras, das für die Rinderzucht angepflanzt worden war. Das messerscharfe Gras schneidet in die Kleider und zerfetzt bei Berührung die Haut und ist außerdem ein günstiger Nährboden für fingernagelgroße, heftig beißende Kriebelmücken. »Wenn dieses Gras erst einmal im Boden ist, dann überwuchert es alles andere«, erklärt Ali. »Man wird es nicht mehr los und man wird lebendig aufgefressen, wenn man hindurchläuft. Es ist ein furchtbares, miserables Zeug. Warum pflanzen die *colonos* nicht Fruchtbäume? Sie sind in ganz Ecuador am schlechtesten ernährt. Wenn sie heute eine Papaya pflanzten, hätten sie in sechs Monaten Früchte für ihre Kinder.«

Ein Stück weiter sagt er: »Ah, ich sollte aufhören zu schimpfen. Die *colonos* sind jedermanns Sündenböcke, verstehst du? Die Ölgesellschaften haben sie gern um sich, damit sie sie für alles, was schiefgeht, verantwortlich machen können. Ein Ölleck oder was immer. Die Holzgesellschaften auch – sie zeigen auch immer auf die Kolonisten. Nein, was ich tun sollte, wäre, hierher zurückzukommen und eine Baumschule für sie in Betrieb zu nehmen.« In der vergangenen Woche hat er Samen von einem halben Dutzend Arten wilder Früchte gesammelt. Wenn ich ihn nach den Namen fragte, zuckte er die Schultern. »Ich kann dir den Huaorani-Namen sagen«, erzählte er, »aber das heißt nicht, daß ich wüßte, was für eine Art Baum das ist. Ich komme oft hier mit Samen heraus, den die Botaniker nicht identifizieren können.« (Ein Jahr später kehrt Ali zurück und beginnt nicht nur mit einer Baumschule, sondern gibt auch, mit Unterstützung der Kapuziner, eine Woche lang Unterricht in Permakultur. Einfach gesagt, ist dies ein System organischer Landwirtschaft, bei der eßbare Früchte gezogen werden, indem man die natürliche Struktur des Urwaldes nachahmt. Er wird sich als solch erfolgreicher Lehrer erweisen, daß er mit der Zeit gebeten wird, Kurse in ganz Ecuador und Kolumbien, in Brasilien und Chile zu halten.)

Mit Moi an der Spitze durchqueren wir im Gänsemarsch die armseligen Felder der *colonos*. Die beiden schlammbedeckten *cowode*, die in der Mitte der Linie marschieren, sind alles andere als imponierend, aber die Huaorani schwingen ihre Speere mit hocherhobenen Köpfen, und ihre Gesichter spiegeln grimmigen, aber zuversichtlichen Trotz wider. Falls irgendwelche Kolonisten in der Nähe waren, so haben sie es klugerweise vorgezogen, sich nicht blicken zu lassen.

Endlich und plötzlich treten wir durch eine Mauer von Kaffeesträuchern auf einen glitschigen Film aus Schlamm und Öl. Als ich die Straße wiedersehe, merke ich, daß ich sie eigentlich schon eine Weile gerochen habe und daß meine Kehle von den schweren Dünsten ausgetrocknet und verstopft ist. »Es ist eine Wunde und nichts anderes«, sagt Ali, und er hat recht. Die Vía Auca ähnelt nichts so sehr wie einer graubraunen Wunde, die in die grüne Haut geschlagen wurde. An ihrer Seite liegt die Pipeline auf hüfthohen Stelzen wie eine schwarze, rostende Schlange und beschattet die Löcher und Buckel der Straße.

Wir marschieren die Straße entlang zu einer kleinen *tienda*. Auf der einen Seite der Straße erhebt sich ein Erdwall, und auf der anderen steht eine winzige Schule mit gefährlicher Schlagseite. Als wir vorübergehen, kommt eine Horde *colono*-Kinder, barfuß, mit eingesunkenen Wangen, durch den Schlamm angerannt. Die mutigeren unter ihnen gehen bis zum Rand des Walles. Sie starren schweigend auf uns herunter. Die Huaorani ignorieren sie, bis das mutigste und kleinste Kind, ein Mädchen, »Waponi!« flüstert, der immer gültige Huaorani-Gruß. Moi grinst. »Waponi!« brüllt er zurück. Der Erfolg und die Angst lassen die Kleine quieken und zur Schule zurücksausen.

In der *tienda* – ein Raum, Wände aus rohen Brettern, keine Fenster – kauft Ali Sprudel und Kekse für alle. Wir sitzen auf dem Vorplatz, schwitzen in der ungeheuren Stille dieses Nichturwalds und warten auf eine Mitfahrgelegenheit nach Coca, die wir in Form eines leeren LKWs zu finden hoffen. In den nächsten zwei Stunden jedoch ist das einzige vorbeikommende Fahrzeug eine Bohrmaschine, und die beiden dicken Mestizen, die hinten dranhängen, glotzen die Huaorani an. »Scheißer«, sagt Ali, als die Maschine vorbeifährt. »Öl, Bier und Huren, das ist ihr Leben. Wenn sie auf ihren Maschinen sitzen, sind sie reichlich arrogant. Steck sie eine Stunde lang in den Urwald, und sie werden zu heulenden Babys.« Die Huaorani studieren das Fahrzeug ganz genau, als wollten sie sich über sein Wesen klarwerden, aber ohne irgendeine Emotion zu zeigen. Sie sagen tatsächlich den ganzen Nachmittag über so gut wie nichts mehr. Die ungestüme Stimmung, die sie im Urwald hatten, scheint jetzt begraben zu sein.

Während wir warten, berechnen Ali und Moi, daß wir eine 10,5 Kilometer lange Schneise geschlagen haben und daß noch 67 Kilometer zu markieren sind. Die Beendigung der Arbeit wird von vielen Dingen abhängen, nicht zuletzt davon, wer sie finanzieren wird. Nach der Affäre mit Conoco und dem Natural Resources Defense Council verschwanden auf mysteriöse Weise Gelder, die angeblich bei der CONAIE für die Markierung der Huaorani-Grenze bereitlagen. Nanto und Moi veröffentlichten einen offenen Brief, in dem sie Valerio Grefa des Diebstahls bezichtigten. Unterdessen, genau zu dem Zeitpunkt, als Conoco und Grefa die abschließenden Verhandlungen über die Río-Napo-Stiftung führten, wurden Ali, Douglas Ferguson und drei RIC-Freiwillige am Vía-Auca-Checkpoint verhaftet.

»Wir waren auf dem Weg zu einer *jornada,* und alle unsere Papiere waren in Ordnung«, sagt Ali, »aber, na ja, dies ist Ecuador.« Das Militär übergab sie der Polizei in Coca, »die nicht wußte, was sie mit uns tun sollte, und beschloß, uns über Lago Agrio nach Quito zu schicken. Aber die Bullen hatten kein Fahrzeug, also sagten wir: ›Laßt uns unseren Wagen nehmen.‹ Das taten wir auch, wir fünf und die zwei Bullen. Es war dunkel, als wir in Lago Agrio ankamen. Douglas erbot sich, den beiden Bullen aus Coca ein Bier zu kaufen. Dann tranken wir ein paar Biere, dann fragten wir: ›Na, wo wollt ihr denn schlafen?‹ Und die Bullen antworteten: ›Wissen wir nicht.‹ Also bezahlten wir ihnen ein Hotelzimmer. Am nächsten Tag setzte die Polizei von Lago Agrio uns alle – uns und die Bullen aus Coca – in einen Bus nach Quito, und als wir nach Quito kamen, wurden wir ins Gefängnis geworfen. 100 Kerle in einem 15 x 15 Meter großen Raum ohne Fenster. Du hast keinerlei Bewegung. Hinaus kommst du auch nicht. Die Gefangenen schlugen einander bewußtlos. Ich verbrachte drei verdammte Tage da drinnen. Und da begann ich mein Jaguar-Lied einzusetzen. Ich steckte meinen Kopf einfach durch das Gitter und sang auf die Weise, wie Mengatohue es mich gelehrt hatte. Sang um mein Leben, sage ich dir.«

Die Militärs versuchten, die RIC-Leute zu deportieren, aber die britische Botschaft intervenierte und hob hervor, daß sie nichts Illegales getan hätten. Nanto und Moi reisten nach Quito und bürgten für sie. Dennoch war RIC mehr oder weniger vom Oriente ausgesperrt, bis die Deadline verflossen war, die Conoco sich selbst gesetzt hatte, um einen Deal mit den Huaorani abzuschließen.

»Mein Gott«, sagt Ali und schüttelt den Kopf. »Ein wahnsinniger Haufen Geld wird ausgegeben, ›um den Regenwald zu retten‹, findest du nicht? Und so viel davon wird verschwendet. Da gibt es all die reichen Gruppen, die in New York oder Washington oder sonstwo herumsitzen und über irgend etwas quatschen, während wir mehr und mehr von dem Urwald verlieren. Man kann es einfach nicht von oben nach unten machen. Es muß irgendeine Art richtiger Kommunikation zwischen hier und dort geben.«

Schließlich, in der Abenddämmerung, kommt ein leerer Lastwagen die Vía Auca hochgerumpelt. Moi bringt ihn zum Halten. Ich werfe meinen Rucksack auf die Ladefläche, klettere an der Rückklappe hoch und lande auf einem dünnen Ölfilm. Dann strecke ich die Hand Nanto entgegen und einem jungen Huao, namens Gaba, der auch nach Coca will. Von dort werden sich die Huaorani über das ganze Territorium verteilen, während Ali Moi nach Quehueire Ono begleiten will, zwei Tagesreisen zu Fuß und mit dem Kanu. »Seit Monaten habe ich nicht Mois Familie besucht«, sagt Ali. »Es ist höchste Zeit.«

»Wir müssen für Ali eine Frau finden«, sagt Moi.

»Waponi, Moi.«

»Waponi, Chong.«

»Paß auf dich auf, Ali.«

»Ist das wirklich das Entscheidende?«

9

Meine Familie und ich mieteten eine Wohnung in dem neuen Quito, das zum größten Teil in den vergangenen 20 Jahren des Ölbooms gebaut worden war. Die meisten der amerikanischen *petroleros* lebten dort. Wir befanden uns auf 3000 Meter oben in den Anden in einer Stadt mit einer Million Einwohnern, und ich fühlte mich Kalifornien näher als dem Amazonas. Von unserer Wohnung aus konnte ich die leuchtenden Hochhäuser aus Stahl und Glas sehen – mit den Büros von Texaco, ARCO, Occidental, Oryx, Maxus und Mobil, ihren Dutzenden von kleineren Partnern und ihren Zulieferern von Ersatzteilen, Diensten und Menschenmaterial. Diese Gebäude erhoben sich höher in die dünne Andenluft als sonst etwas im Blickfeld. Nur die hohen, schneebedeckten Vulkane, die wie Wächter aus weißem Diamant die Stadt umgaben, überragten diese riesigen Häuser. Hinter den Bürotürmen, die Talseiten hinauf, breiteten sich großzügige neue Villen, Golfplätze und Tennisclubs aus. Ein gutes französisches Essen kam auf etwa 15 Dollar. Ein Bediensteter, der ganztags arbeitete und im Haus wohnte, kostete monatlich 25 Dollar.

Ich nannte sie Diener; einer meiner Nachbarn, Alex, nannte sie Sklaven. Alex wohnte ein paar Blöcke weiter. Er war Erdölingenieur. Er floh 1978 aus dem kommunistischen Europa, überquerte den Ozean in einem rostigen Frachter, aß sechs Wochen lang Zwieback und Sardinen und landete in Ecuador mit dem sprichwörtlichen Hemd am Leib. Aber er kannte die Erdöltechnologie, und es dauerte nicht lange, da importierte er amerikanische Ausrüstung für die Ölfelder. 14 Jahre später besaß er ein Haus mit sechs Schlafzimmern und sechs Badezimmern und einem Gästebungalow in einer baumgesäumten Straße mit Steinhäusern, versteckt hinter hohen Steinmauern. Er bezahlte das Haus in bar. Er hatte drei Sklaven und Land in den Bergen und an der Küste. Er verfügte über Bankkonten in der Schweiz, Miami und Oklahoma. Die höchsten Angestellten der amerikanischen Botschaft kamen bei ihm auf einen Cocktail vorbei. Selten waren Ecuadorianer auf seinen Parties – wenn man die Sklaven nicht rechnete.

»Sklaven« mag eine Übertreibung sein, aber keine große. In materieller Hinsicht bekam man für ein Monatsgehalt von 25 Dollar – etwa der nationale Minimallohn – in Ecuador nicht viel mehr als in den Vereinigten Staaten. Aber die Sklaven hatten immer die freie Wahl, aufzuhören und sich der verzweifelten Mehrheit der ecuadorianischen Bevölkerung anzuschließen, der es noch schlechter ging. Laut UNICEF zählen 79 Prozent der Ecuadorianer zu den Armen, und 39 Prozent der Kinder sind unterernährt.

Ich unternahm viele lange Spaziergänge in Quito. Der Himmel über den Anden erstrahlte in einem überwältigenden Blau, und das Licht war außerordentlich klar. Oft band ich mir das Kind auf den Rücken und ging südwärts, quer durch den neuen Stadtteil und hinein in die alte, arme, koloniale Hälfte der Stadt, wo die Sklaven lebten. Die gepflasterten Straßen waren eng und verstopft mit Indianern aus den Anden. Überall roch es nach gebratenem Fleisch, Kerosin und Abwässern. Irgendwo in beinahe jeder Straße stand dasselbe Graffito: *Más petróleo = más pobreza*. Je mehr Erdöl, um so mehr Armut.

1970, kurz bevor der Ölboom begann, hatte Ecuador Schulden in Höhe von knapp 300 Millionen Dollar. Das war nicht gerade Solvenz, aber mehr oder weniger zu handhaben. Zwanzig »Boom-Jahre« später, nachdem die Company 1,5 Milliarden Barrel Rohöl gefördert hatte, etwa die Hälfte der geschätzten Gesamtreserve des Landes, hatte Ecuador eine Nationalschuld von mehr als zwölf Milliarden Dollar oder ungefähr sein jährliches Bruttosozialprodukt. Die Geschichte, wie diese Schuld zustande kam, ist hoffnungslos kompliziert. Die Schuld verteilt sich gleichermaßen auf die staatliche Verwaltung der Linken, der Rechten und der Mitte und auf die Company, aber zumindest läßt sich eine einfache und unleugbare Tatsache ablesen: Je mehr Erdöl Ecuador produziert, um so tiefer versinkt das Land in Schulden. Heute gehört es zu den ärmsten Ländern Lateinamerikas, und seine Programme zur ökonomischen Entwicklung sind tot geboren, weil mehr als ein Viertel jedes aus dem Export gewonnenen Dollars zur Bezahlung der Schulden und Zinsen draufgeht.

Ecuador hat keine andere Wahl, als fortzufahren, so schnell und so billig wie möglich Erdöl zu produzieren, und fortzufahren, Geld zu leihen. Um kreditwürdig zu bleiben, was alle zwei oder drei Jahre, manchmal öfter, entschieden wird, setzt die Regierung das eine oder andere drakonische »Sparprogramm« durch, das von dem International Monetary Fund (IMF), der Weltbank oder der Gruppe privater Institutionen, bei denen das Land verschuldet ist, diktiert wird. Über Nacht verdoppelt oder verdreifacht sich der Preis für die wichtigsten Verbrauchsgüter wie Koch- und Heizöl sowie für die Grundnahrungsmittel Mehl, Reis, Zucker und Milch. Es kam zunehmend zu Streiks und Bombenanschlägen aus Protest gegen die Sparprogramme. Als Antwort rief die Regierung Truppen zu Hilfe.

Was geschah also mit jenen zwölf Milliarden Dollar?

»24-Stunden-Dollars« nannte Alex sie. »Das Geld kommt aus den Vereinigten Staaten herein, man unterschreibt ein paar Papiere, und 24 Stunden später ist es wieder in den Vereinigten Staaten«, erzählte er mir. Eine Menge ginge für Erdölausrüstung, Versorgungsmaterial und Service drauf. Das meiste von dem Rest – und Alex bezeugte, daß das eine ansehnliche Summe wäre – ging nach Miami, wo es auf die persönlichen Bankkonten von Erdölbossen, Regierungsbeamten und der kleinen lateinamerikanischen Elite ging, die den größten Teil Ecuadors besitzt. Aber nicht das ganze Geld landete in Miami. Wie Alex auch, so versteckten viele Ölleute ihre Gewinne auf Schweizer Bankkonten, und die Deutsche Mark war auch populär. Nur ein Idiot würde sein Geld in Ecuador lassen. Der IMF hat bestimmt, daß der Sucre regelmäßig abgewertet werden müsse, und seit 1987 bis 1993 ist er gegenüber dem Dollar um mehr als 50 Prozent jährlich gefallen.

Für jemanden wie Alex, das heißt für jeden, Amerikaner oder Ecuadorianer, der im Erdölgeschäft einen Weißer-Kragen-Job hat und dessen Einkommen mehr an den Dollar als an den Sucre gebunden ist, war die ständig zunehmende Armut Ecuadors ein unerwarteter Gewinn. Der Preis der Sklaven fiel laufend. »Die Staatsschuld?« fragte Alex. »Ich liebe die Staatsschuld.«

Eines Nachts, wenige Wochen, nachdem ich Ali Sharif an der Vía Auca verlassen hatte, rief er mich von Quito aus an. »Die Jungs sind bei mir«, sagte er. »Komm zum Frühstück. Komm früh – wir haben die Huaorani-Zeit. Bring ein paar Jacken und Decken mit.«

Ich ging um fünf Uhr früh zum RIC-Büro und läutete. Vorhänge wurden zur Seite geschoben, und im Fenster erschien das erschrockene Gesicht von Tementa, dem Grundbuchsekretär der Huaorani. Tementa war mit der Palmbepflanzung der Grenzlinie beauftragt worden. Er ist ein harter Arbeiter und ungeheuer freundlich. Seine Freundlichkeit wird nur von seiner Scheu übertroffen. Viele Huaorani sind scheu, aber Tementa ist vielleicht die scheueste Person, die ich je getroffen habe. Er redet selten. Wenn er es tut, kommt man sich vor, als müßte man ihm die Worte mit dem Messer aus dem Munde herausschneiden.

Tementa schaute mir direkt in die Augen und zog die Vorhänge wieder zu.

15 Minuten später klingelte ich wieder.

Moi öffnete die Tür. »Tementa sagte mir, draußen stünde ein Gespenst«, sagte er.

Moi führte mich in ein Zimmer hinter der Eingangshalle. Nanto, Tementa und drei andere Huaorani, die ich nicht erkannte, lagen dicht gedrängt in zwei Betten. Ein kleines Radio war auf einen Sender eingestellt, der Bibelgeschichten herausposaunte. Tementa war wach, aber die anderen schliefen. Sie waren in voller Montur. Egal, wie schön das Wetter in Quito ist, sie frieren immer. Moi nahm die Jacken und Decken und legte sie über Nanto und die anderen. Für sich selbst behielt er eine leuchtend blaue Nylonjacke, und nachdem er sie angezogen hatte, sagte er:

»Schenk mir die Sonnenbrille.«

»Die Sonnenbrille?«

»Wenn *cowode* solche Jacken tragen, dann tragen sie auch Sonnenbrillen.«

Ich gab ihm meine Brille, und er setzte sie auf, ging zum Fenster und schaute hinaus.

»Mit dieser Brille kann ich viele Kilometer weit sehen«, meinte er.

»Nein, kannst du nicht«, erwiderte ich. »Sie ist nur für die Sonne.«

Er runzelte die Stirn, behielt aber die Brille auf.

»Wir sind hungrig«, sagte er.

Wir gingen hinaus auf die Straße. Das scharfe, kalte Licht der Morgenröte überflutete die Bergspitzen. Moi ging hinter mir, Tementa folgte Moi, und wir liefen, als würden wir einem Jagdstieg folgen. Wir kamen an eine Kreuzung und warteten, bis die Autos vorüber waren. Dann ging ich hinüber, Moi folgte mir, aber Tementa blieb erstarrt stehen, als hätte er eine Schlange gesehen. Es war sein erster Besuch in Quito. »Er weiß nicht, wann die Autos wiederkommen«, erklärte Moi. Er ging zurück, redete sanft auf Tementa ein, legte ihm freundlich die Hand auf die Schulter und führte ihn über die Straße.

Wir gingen in einen Lebensmittelladen. Moi nahm sich von jeder Frucht eine, dazu zwei große Flaschen Coca-Cola. Tementa nahm sechs Pakete Schnittbrot und drückte sie an seine Brust. Am Tag zuvor hatte er Schnittbrot entdeckt und sofort eine Vorliebe dafür entwickelt. Aber das war nicht alles, wofür er eine Vorliebe hatte. Als wir wieder auf die Straße kamen, war Quito erwacht, und die Fußgänger eilten die Trottoirs straßauf und straßab. Tementa blieb vor dem Laden stehen und studierte jedes Gesicht, das vorbeikam.

»Wonach hält er Ausschau?« fragte ich Moi.

»Ali nahm uns gestern abend in einen Karate-Film mit«, sagte Moi. Tementa hatte sein Herz an eine chinesische Schauspielerin verloren, die wie ein Maultier mit den Füßen treten konnte. Er war immer noch von einer scheuen, stillen Sehnsucht erfüllt und hoffte von ganzem Herzen, daß er sie in den Straßen von Quito treffen würde.

Wieder im Haus, fanden wir Ali schon wach. Er trank Instantkaffee und rauchte eine Zigarette. Nanto und die anderen saßen bei ihm in der Küche und versuchten, ihm seine Schuhe abzuschwindeln. »Ich war nahe dran«, sagte Ali statt eines Grußes. Nach Verlassen des Territoriums hatten er, Moi und der alte Pego das Kanu zweimal in den Shiripuno gekippt und waren die zweite Hälfte der Tour im Dunklen durch einen Wolkenbruch gelaufen. »Liefen die ganze Nacht«, sagte Ali. »Klapperte vor Kälte. Trat in ein Loch, drehte mich zu Pego um und sagte ›Paß auf vor ...‹ und fiel in ein noch größeres Loch! Dinger bissen mich, verstehst du? Die ganze Nacht ging das so!« Er machte eine Pause und sagte dann im Ton wissenschaftlicher Objektivität: »Ich war ziemlich sicher, daß ich sterben würde.« Kurz vor Morgengrauen erreichten sie die Vía Auca und schliefen in der *tienda* mit einem Dutzend Bauern, die auf den Bus nach Coca warteten. Zwischen einem Mestizen und einem Shuar brach dann eine Schlägerei aus. »Der Shuar schnappte eine Machete und hieb dem Kerl das Ohr ab«, erzählte Ali.

»Schnitt es säuberlich ab! Verdammt blutig. Moi und ich kauerten in der Ecke, verstehst du, und ich fragte, so ruhig ich konnte: ›Haben wir Patronen für das Gewehr?‹ Und er sagte mit seiner dünnen, schwachen Stimme: ›Nein‹. Also kauerten wir uns im Dunklen zusammen wie ein paar alte Waschlappen.«

Wir aßen Papayas und Bananen und Brot. Tementa wusch das Geschirr ab, und als er fertig war, wandte er sich an Ali, sagte »*Gracias*« und verließ das Zimmer.

»Ist er nicht ein Lieber?« sagte Ali. »Hat er gestern auch gemacht. Es ist, als hätte er nicht gelernt, die übliche Höflichkeit im Urwald zurückzulassen.« Er zündete eine weitere Zigarette an. »Wir haben ein Problem«, sagte er. Moi und Nanto waren in die Stadt gekommen, um mit der Company und mit Valerio Grefa zu sprechen. Sie hatten einen Brief mit einer Anklage gegen Grefa geschrieben und ihn an alle die verschiedenen Organisationen geschickt, die sie in Quito kannten. Der Brief behauptete, daß Grefa Gelder gestohlen habe, die eine europäische Umweltgruppe der CONAIE für das Schlagen der Huaorani-Grenze gestiftet hatte. Grefa hätte es getan, so stand in dem Brief, weil die Huaorani sein Geschäft mit der Conoco abgelehnt hätten. »CONAIE glaubt, daß er die ONHAE kontrollieren könne, wenn diese kein Geld habe«, hieß es im Brief, aber die Huaorani würden fortfahren, für ihr Recht auf »*autodeterminación*« (Selbstbestimmung) zu kämpfen, erklärte man.

Nanto und Moi waren nach Quito gekommen, um Grefa zu stellen. Sie wollten in sein Büro gehen. Sie baten Ali, ihr Zeuge zu sein. Nanto sagte, daß das letzte Mal, als er zur CONAIE gegangen sei, ihn der Quichua besoffen gemacht und zur Unterzeichnung von Papieren überlistet hätte.

Ali steckte in der Klemme. »Das wird alles den Ölgesellschaften zugetragen. Ich darf einfach nichts damit zu tun haben«, erklärte er. »Ich werde sonst, verdammt noch mal, aus dem Land rausgefeuert.«

»Chong«, sagte Moi, »du wirst mit uns kommen.«

»Wenn ich mit euch komme«, sagte ich, »werde ich über alles, was ich sehe, schreiben, gut oder schlecht. Aber ich kann nicht für euch sprechen. Das ist nicht meine Aufgabe. Versteht ihr das?«

»Schreiben ist eine gute Sache, um Dinge zu bekommen, ohne zu arbeiten.«

»Viele Leute glauben das.«

»Schreib alles, was du siehst. Sag alles der ganzen Welt.«

Wir gingen wieder auf die Straße hinaus. Nanto und Moi trugen ihre Kronen aus Tukanfedern, ihre Speere und ihre Aktentaschen aus Plastik. Sie trugen abwechselnd meine Sonnenbrille. Köpfe drehten sich um, und die Menge machte Platz. Sechs leere Taxis kamen vorbei, die Fahrer fuhren langsamer, sahen die Huaorani und sausten mit weit aufgerissenen Augen in einer Wolke von Abgasen davon. In dem Taxi, das anhielt und uns fuhr, ragten die Speere wie Turnierlanzen aus dem Fenster.

»Wer sind sie?« fragte mich der Fahrer.

»Sie nennen sich selbst Huaorani«, erwiderte ich.

»Jesus Christ«, erschrak er. »Sie sind Aucas. Sie töten die Leute mit den Dingern.«

»Dafür waren sie bekannt.«

»Wenn ich das meiner Frau erzähle!«

Wir fuhren südwärts in das koloniale Viertel. Wie immer wimmelte es von Indianern und armen Mestizen, alle zu Fuß, und viele trugen auf ihren Rücken riesige Lasten mit Kindern, Holz, Kartoffeln. Manchmal, wenn man mitten zwischen den Lehmziegelgebäuden der Altstadt und den gedrungenen braunen Leuten und der intensiven Vielfalt des Straßenlebens feststeckte, konnte man sich gut vorstellen, ein Jahrhundert oder mehrere in der Zeit zurückgeworfen zu sein. Aber die Illusion löste sich vor dem Gebäude auf, in dem Valerio Grefas Büro lag, wo uns ein Aufzug aus den Volksmassen emporhob.

Grefas Sekretärin bestätigte, daß Nanto und Moi eine Verabredung hatten, aber sie sagte, daß Grefa nicht da wäre.

»Wir werden warten«, sagte Moi.

Wir setzten uns. Moi und Nanto probierten abwechselnd meine Schuhe an.

»Schenk mir deine Schuhe«, sagte Moi.

»Wie komme ich nach Hause?«

»Taxi.«

Ich setzte ihre Kronen auf. Sie lachten, bis sie sich gegenseitig festhalten mußten. Nanto erzählte mir die Geschichte des Karate-Films. Er heftete seinen Blick auf die Wand gegenüber und sprach ununterbrochen mit monotoner Stimme beinahe 25 Minuten lang. Es war eine erstaunliche Darstellung. Er schien kein Detail auszulassen. Als er fertig war, stand er auf und ging zum Fenster hinüber, um die Leute auf der Straße zu betrachten.

Wir warteten eineinhalb Stunden lang.

Schließlich sprach Moi wieder mit der Sekretärin. Sie sagte, daß Valerio Grefa immer noch nicht da sei.

»Komm«, sagte Moi. Wir gingen hinaus auf die Straße und liefen auf und ab, bis Moi Grefa in einem Restaurant entdeckte, über einen Teller mit gebratenem Huhn gebeugt und mit einer Flasche Bier auf dem Tisch.

»Meine Freunde«, sagte Grefa und zeigte alle seine weißen Zähne. Er trug ein gestärktes weißes Hemd, schwarze, weite Hosen, eine schwarze Lederjacke, auf der in spanisch MADE IN ENGLAND stand, und schwarze, auf Hochglanz polierte Lederschuhe. Er war ein großer Mann, aber mit blassem und knochigem Gesicht, und neben den muskelbepackten Huaorani sah er gebrechlich aus. »Womit kann ich euch dienen?«

»Wir können hier oder dort sprechen«, sagte Moi. Schweigend folgten er und Nanto Grefa zurück ins Büro und setzten sich auf die andere Seite eines großen Schreibtisches.

»Was wollt ihr?« fragte Grefa sie.

»Es gibt Probleme«, sagte Nanto. Er zögerte. Schielend studierte er eine Locke, die ihm über die Stirn gefallen war. Dann rollte er seine Augen unter die Lider, was er oft tat, wenn, wie er sagte, »mein Kopf zu voll mit Ideen ist«.

Moi redete geradeheraus.

»Du hast unser Geld gestohlen«, sagte er. »Wir wollen es zurück.«

Grefa stellte seine Ellbogen auf den Tisch, legte sein Kinn in die Hände, starrte Moi eine Minute lang an und sagte gar nichts. Beide Männer waren Indianer, aber sie hätten nicht unterschiedlicher aussehen können. Moi war eindeutig ein Mann des Urwaldes. In der einen Hand hielt er einen menschentötenden Huaorani-Speer, die längsten und schwersten Speere, die überhaupt im Urwald benutzt werden, Speere, die zu werfen es wirklicher Muskeln bedarf. Er trug seine Krone, natürlich, und Doppelköcher für die Blasrohrpfeile quer über die Brust gebunden. An seinem Hals hing ein einzelner Jaguarzahn. Und der Blick seiner Augen, nun, wäre man ihm in diesem Moment im Busch begegnet, würde man nur einen Gedanken gehabt haben: Möge das Ende gnädig sein.

Grefa auf der anderen Seite war ein Lehrer und ein professioneller Politiker, ein zivilisierter Mann, ein Mann der Stadt. Er mag im Vergleich zu Moi blaß und etwas kraftlos gewirkt haben, aber dieser Eindruck täuschte. Auf seine Weise war auch er ein Krieger. Er war zu Macht und Ansehen durch eine Art politischer Kühnheit und Weltklugheit gelangt, wie sie kein Führer aus dem Oriente vorher bewiesen hatte. »Valerio Grefa kann sich mit dem Präsidenten des Landes zusammensetzen und mit ihm von Angesicht zu Angesicht argumentieren und etwas dabei herausschlagen«, hatte der Chef der örtlichen Quichua-Föderation mir erzählt. »Es stimmt, daß er keinen Kontakt mit seinem Volk mehr hat, aber vielleicht ist das der Preis, den man bezahlen muß, wenn man auf der nationalen Ebene etwas bewegen möchte.« Zum Beispiel zuvor in demselben Jahr, als 10 000 Quichua-Indianer vom Oriente nach Quito marschierten, um ihr Recht auf ihr traditionelles Land einzufordern, war Grefa es, der ihre Forderungen bei der ecuadorianischen Regierung durchsetzte und als Gesetz durchbrachte – ein gewaltiger und unwahrscheinlicher Sieg. (Grefa stieg weiter auf: Später in demselben Jahr wurde er Chef des Koordinierungsrates der Indigenen Nationen des Amozanas-Beckens, in dem die Indianerkonföderationen aller Amazonas-Länder vertreten sind. Als solcher wurde er der mächtigste indianische Politiker auf dem Kontinent.)

Jetzt holte Grefa tief Atem und, den Blick immer noch auf Moi fixiert, setzte zu einer Rede an, die 20 Minuten dauerte. Er stand auf, machte ein paar Schritte, setzte sich wieder hin, beugte sich über den Schreibtisch, lehnte sich zurück, schlug mit den Fäusten auf den Tisch, deutete in die Luft. »Täglich werde ich mit Dieben konfrontiert!« schrie er. »Ich bin sicher, daß ihr keine Diebe seid, aber es gibt Leute, die sagen, ihr seid welche. Wie soll ich wissen, was ihr mit dem Geld macht? Wie soll ich wissen, daß ihr wirklich die Grenze markiert? Ihr habt keinen Beweis. Wo sind eure Dokumente? Ihr sagt, das Geld sei für die Macheten und die Äxte und Nahrung, aber wie soll ich wissen, daß das stimmt?«

Moi öffnete seine Aktentasche und überreichte Grefa einen Stoß Quittungen.

»Quittungen?« sagte Grefa. Er griff nach den Papieren, schüttelte sie und warf sie auf den Tisch. Er stimmte ein großes, rauhes Gelächter an. »Nennt ihr das Buchführung? Sind das alle Dokumente, die ihr habt?«

»Ja«, sagte Moi.

»Ihr seid ja nicht ganz richtig. Wie könnt ihr von mir erwarten, euch Gelder zu geben? Ihr sagt, ihr habt all diese Kongresse, all diese Zusammenkünfte, aber seid immer noch nicht organisiert. Warum sollte ich euch überhaupt etwas geben?«

»Wir sind organisiert«, sagte Moi. »Wir schlagen unsere Grenze. Wir arbeiten hart. Wir machen es selber. Es ist nicht leicht für mich, hier zu sitzen und mir diese Dinge anzuhören.«

»Es ist unser Geld«, sagte Nanto, »es kam auf unseren Namen.« Grefa lehnte sich zurück und lächelte breit. »Ich habe nichts in eurem Namen empfangen«, sagte er. »Nun ja, vielleicht ist es so, daß mein Vorgänger etwas empfangen hat, aber wie soll ich wissen, wo er es hingesteckt hat?«

Angeekelt stand Moi auf, um zu gehen. Nanto folgte ihm auf dem Fuß.

»CONAIE würde euch gern helfen«, sagte Grefa. »Wenn ihr bereit seid, mit uns zu arbeiten, laßt es mich wissen. In einigen der Quichua-Gemeinden mußten wir das Faktum akzeptieren, daß die Company dort ist, und mußten unsere Arbeit darauf einstellen.«

Auf dem Weg nach draußen fragte ich Grefa, ob CONAIE einen offiziellen Standpunkt zu den Plänen von Maxus habe, auf dem Huaorani-Land Erdöl zu erschließen.

»Wir sind absolut dagegen«, sagte er. Aber wenn Maxus darauf dringen würde, würde CONAIE einen Dollar pro Barrel für alles Öl, das Maxus fördern würde, verlangen. Dann führte er ein eiskaltes Argument an. »Die Quichua und die Shuar haben 50 Jahre gebraucht, um zu lernen, wie man mit der *Petrolero*-Welt umgeht«, sagte er. »Was haben die Huaorani? Vielleicht zwei oder drei Jahre? Und die Technologie und die Mächte, denen sie gegenüberstehen, sind viel ernster zu nehmen als jene, mit denen wir es zu tun hatten. Jetzt hat die Company Satelliten, Computer und schnelle Hubschrauber. Die Huaorani haben ihre Füße und ihre Speere. Es wird für sie schwerer als für jede andere Gruppe vor ihnen zu überleben.« Er lachte wieder sein rauhes Lachen. »Sie werden es niemals allein schaffen. Niemals.«

Er sagte mir, daß ich ihn jederzeit anrufen könne. »Hier«, und er kritzelte eine Nummer auf eine Karte, »ist mein Fax.«

In ihrem Brief hatten Moi und Nanto auch die Straße verurteilt, die Maxus im Huaorani-Land bauen wollte, und sie machten eindeutig klar, daß das Volk der Huaorani die Erschließung durch Maxus nicht billige. Jetzt, in Quito, waren Nanto und Moi entschlossen, den Chef von Maxus aufzusuchen, den *ge-*

rente, um sicherzustellen, daß er genau verstanden habe, was sie sagten. Aber der *gerente* war ein Amerikaner, und sie brauchten jemanden, der mit ihm auf englisch reden konnte. Sie wollten keine Mißverständnisse. Ali konnte es natürlich nicht machen, und ich auch nicht. In seiner Verzweiflung suchte Ali Samuel Caento Padilla auf.

Samuel war der Sohn von Rachel Saints Protégé Dayuma und ein Quichua, und er hatte so viel Zeit mit Rachel verbracht, daß sie »wie eine Mutter für mich« war, wie er Reportern erzählte, als er 1971 mit Rachel und Dayuma durch die Vereinigten Staaten reiste. Er wurde damals Sammy genannt und er trug lange Haare, weit ausgestellte Hosen, und er sprach so gut Englisch, daß er auf ihrer Tour die Vorhut bildete, die die Presse der Bibelwelt mit Geschichten von Wilden, Speeren und den Heilkräften des Herrn fesselte. Als Junge hatte Samuel ein Jahr in den Vereinigten Staaten verbracht und sieben Jahre in Quito; er sprach fließend Quichua, Spanisch und Englisch. Huaorani lernte er erst, als er 17 war, als er ständig im Dorf seiner Mutter lebte. Später arbeitete er als Dolmetscher für die Company. Aber er zog das Leben »draußen« vor – wie er es nannte. Er hatte eine Vorliebe für amerikanische Mädchen entwickelt, aber schließlich zog er wieder nach Quito. Eine Zeitlang hatte er im Viertel der *petrolero* einen Nachtclub, der Caento's hieß. Später ging er in den »Öko-Tourismus«. Er bezeichnete sich selbst als »echten« Huao und brachte Touristen in ein Feriendorf, das er in der Nähe von Toñampare gebaut hatte, wo er, als Dayumas Sohn, die Rechte eines Prinzen genoß.

Hin- und hergezogen von weit auseinanderliegenden Kulturen lernte Samuel, schnell zu denken und jede erdenkliche Möglichkeit beim Schopf zu packen. Er war überglücklich, für Nanto und Moi zu sprechen.

Moi, von schneller Auffassungsgabe, bat mich, ihm das Tonband auszuleihen. »Damit es die ganze Welt erfährt.«

Auf dem Treffen sprach Samuel, neben sich Nanto, Moi und

Tementa, mit William Hutton, dem General Manager der Maxus-Niederlassung in Ecuador. Hutton ist Texaner, großgewachsen, mit einem breiten, runden Kopf, kurz geschnittenem, weißem Haar und dicker Brille. Er war neu im Oriente; er hatte einen äußerst schwierigen Job übernommen in einem Industriezweig, der schon unter günstigen Umständen äußerst schwierig ist. Maxus war eine unabhängige Gesellschaft, ohne die finanziellen Ressourcen von Texaco oder ARCO, und ihre risikoreiche Strategie, in der ganzen Welt nicht prospektierte Mineralrechte aufzukaufen, hatte sie in große Schwierigkeiten gebracht. Obwohl Maxus noch keine fünf Jahre existierte, hatte die Gesellschaft schon eine Milliarde Dollar Schulden, weit mehr, als sie wert war, und jährlich machte sie zehn Millionen Verlust. Ihre größte Hoffnung war, so schien es, von einer größeren Erdölgesellschaft aufgekauft zu werden, aber bevor das geschehen konnte, mußte Maxus nachweisbare Aktivposten beibringen, und das möglichst schnell. Sie setzte auf Block 16. Der Preis für ecuadorianisches Öl fiel jedoch ständig, und es würde nicht lange dauern, um die Konzession zu einem weiteren ökonomischen Desaster zu machen. Zwar hatte Maxus keinen rechtlichen Bedarf, mit den Huaorani ein Abkommen zu schließen, aber eine Konfrontation mit ihnen – oder gar, Gott verhüte, eine Welle von Morden – würde die gesamte Company gefährden. Aber wenn Maxus die Huaorani dazu bringen könnte zu unterzeichnen, dann würde man ein ganzes Stück weiterkommen, den Kritikern das Wasser abzugraben, die dazu beigetragen hatten, Conoco aus dem Oriente zu vertreiben.

Aber Hutton ist ein gläubiger evangelikaler Baptist, und er sah Block 16 nicht einfach nur als eine Erdöloperation an. Es war auch eine Gelegenheit, die Huaorani zu retten. Hutton glaubte, daß diejenigen, die meinten, den Huaorani sollte erlaubt werden, weiterhin so zu leben, wie sie es immer getan hatten – er nannte sie die *pressure groups* –, »grausam« wären. Diese Leute wollten die Huaorani »wie Menschen in einem

Zoo« halten. So wie er es sah, wäre der beste Weg für die Huaorani das Wort des guten Herrn Jesus. Er wollte mit den evangelikalen Missionaren zusammenarbeiten, um die »Erziehung« der Huaorani zu fördern. Das wäre, davon war er überzeugt, das schönste Geschenk, das Maxus ihnen machen könnte.

Aber als er sich hinsetzte, um mit Nanto, Moi und Samuel zu sprechen, behielt er diese Gedanken für sich.

Samuel sprach mit Hutton auf englisch. Nanto und Moi sprachen mit Samuel auf Huaorani. Samuel erklärte Hutton, daß die ONHAE Kopien von dem Managementplan für Block 16 haben wolle, und daß sie wolle, daß Maxus sich von den Huaorani fernhalte. Er sagte Hutton auch, daß die Huaorani vor allem »nichts sehen, hören, wissen wollten, nichts, aber auch gar nichts von der Lady Rossana Faieta«. Sie war Mitarbeiterin von Maxus und Soziologin, deren Aufgabe darin bestand, mit den Huaorani einen Vertrag zu schließen, und die, wie die Huaorani behaupteten, mit Valerio Grefa unter einer Decke steckte.

Hutton sagte: »Okay.«

Samuel sagte: »Sie würden nur mit dem General Manager von Maxus oder dem Vizepräsidenten zu tun haben wollen, sowie dem Übersetzer aus dem Englischen ins Spanische ...«

»Der Sie sind«, sagte Hutton.

»Sein könnte«, sagte Samuel, und der Ton seiner Stimme schien sich zu verändern, als wäre er plötzlich aufgewacht. »Ich wußte von gar nichts«, sagte er. »Ich bin heute erst dazugekommen. Aber ich wäre durchaus bereit, etwas zu tun und zu helfen.«

»Das schätzen wir durchaus«, sagte Hutton.

»Was immer Sie möchten«, sagte Samuel. »Ich möchte nicht, daß irgend jemand verletzt wird, ich möchte nicht, daß irgend jemand betrogen wird. Ich möchte nicht, daß Ihre Jungs die ganze Operation stoppen wegen diesem oder jenem. Wenn meine Dienste für Sie gut sein könnten und gut für das Volk, und gut für alle anderen, wäre ich mehr als glücklich. Ich weiß, wie Ihre Leute denken, ich weiß, wie diese Jungs denken, ich weiß, wie die Priester denken, ich weiß, wie die Ecuadorianer denken, all das. Ich bin mit diesen Kulturen aufgewachsen. Wenn also meine Dienste von Nutzen sein können, als Übersetzer oder was auch immer Sie brauchen, können Sie auf mich zählen. Ich bin nicht schwer zu erreichen.«

»Gut«, sagte Hutton. »Das ist gut zu wissen.«

Hutton fuhr fort, Samuel zu erläutern, daß »jeder, der den Huaorani verspricht, daß es in ihrem Leben keine Veränderung geben würde, nicht die Wahrheit spräche. Es werde Veränderungen geben. Unser Plan ist es, sie so gering wie möglich zu halten ... die einzige Verpflichtung, die ich eingehen kann, ist die, daß wir jetzt gleich anfangen können, daß sie mehr über mich erfahren können und darüber, was die Gesellschaft ist, und daß wir vielleicht die Schmerzen lindern und sie wappnen können, mit dem, was man Zivilisation nennt, umzugehen, was sehr, sehr schwierig ist.«

Während Hutton und Samuel redeten, diskutierten Nanto, Moi und Tementa erregt miteinander auf Huaorani. Dann standen sie auf und gingen. Als sie durch Huttons Tür hinausgingen, stießen sie auf Dayuma und Rachel Saint, die auf dem Weg hinein waren.

An jenem Abend ging ich zu Ali Sharifs Haus zurück, um mit Moi, Nanto und Tementa zu sprechen. Als ich die Tür öffnete, setzte mir Moi seine Krone auf den Kopf. Ali war nicht da, aber Nanto ging zum Kühlschrank und holte eine Literflasche Coca-Cola, ein Paket Schnittbrot und eine Dose mit Erdnußbutter heraus und stellte alles auf den Tisch. Sie fühlten sich recht gut, sagte Moi. Sie wären zur Company gegangen und hätten der Company gesagt, daß sie die Huaorani in Frieden lassen solle. Sie waren besonders zufrieden damit, daß Samuel dabeigewesen war, weil Samuel es dem *gerente* auf englisch sagen konnte. Jetzt wüßte die Company genau, wo die Huaorani stünden. »Sie haben Angst vor unseren Speeren«, sagte Moi. Nanto nickte zustimmend.

Sie schmierten eine Brotscheibe nach der anderen mit Erdnußbutter. Dann aßen sie eine nach der anderen, im Rhythmus eines Fließbandes. Sie sagten kein Wort, und sie hörten nicht auf, bevor nicht das ganze Brot aufgegessen war. Als sie fertig waren, fragte ich: »Hat Samuel euch geholfen zu sprechen?«

»Ja, es ist alles in der Maschine«, sagte Moi. Aber wir konnten das Band nicht abhören, weil sie abwechselnd in die Maschine gesungen hatten und nun die Batterien leer waren. Ich bot ihnen an, das Band mit nach Hause zu nehmen und eine Abschrift zu tippen (»schreiben, was auf der Maschine ist«). Nanto hielt das für eine ausgezeichnete Idee. Alle Huaorani würden eine Aufzeichnung von dem bekommen, was geschehen war.

Es würde bald eine *asamblea* – eine Versammlung der Clans – in Mois Dorf Quehueire Ono geben. Nanto und Moi würden allen über ihre Reise berichten. »Alle Huaorani werden dort sein«, sagte Moi. »Wir werden die Probleme der ganzen Welt diskutieren.« Und in ernstem Ton fügte er hinzu: »Wir werden eine Menge *chicha* trinken. Du mußt kommen, Chong.« Ich sagte, ich wolle es versuchen, dann ging ich nach Hause.

Sie verließen Quito am nächsten Morgen in einem Bus nach Coca. Moi würde länger brauchen, Quehueire Ono zu erreichen, als ich für eine Reise von Quito nach Kalifornien und zurück brauchen würde.

Ich traf Ali Sharif ein paar Tage später. Er hatte eine Zeitung dabei und war in großer Sorge. Das RIC-Büro hatte wieder einen Drohbrief von der ecuadorianischen Regierung erhalten, eine nur wenig verschleierte Drohung, sie aus dem Land zu werfen. Geschrieben hatte ihn ein Beamter, der eine Schlüsselfigur bei den Verhandlungen zwischen Conoco und dem Natural Resources Defense Council gewesen war. Und auf der ersten Seite der Tageszeitung wurde über die Entdeckung von 250 Millionen Barrel Öl berichtet, auf einem Feld flußabwärts von Coca gelegen, in der Nähe einer Lagune, Pañacocha genannt. »Pañacocha ist der schönste Ort im ganzen Oriente«, sagte Ali. »Eine Schwarzwasser-Lagune, jede Art von Vögeln. Du kannst mit Delphinen schwimmen.«

Zusätzlich hatte die Regierung die Vergabe mehrerer Ölkonzessionen angekündigt. Eine Karte zeigte eine ganze Reihe von Ölfeldern, die Block an Block quer über die Ostseite des Huaorani-Territoriums eingezeichnet waren. Die Maxus-Konzession bildete das Kernstück, die Achse. »Es ist völlig außer Kontrolle«, sagte Ali. »Die maßgeblichen Mächte wissen das und nutzen das bis zum Äußersten aus. Es gibt den Mythos, daß jemand einen Plan hat und alles dem Plan zufolge entwickelt wird und irgend jemand genau aufpaßt. Aber das ist alles Quatsch.« Er zündete eine Zigarette an und inhalierte tief. »Es ist verrückt«, sagte er. »Als Individuen sind die Company-Leute wirklich höflich. Aber auf der korporativen Ebene weigern sie sich, nur den geringsten Sinn für Humanität zu entwickeln. In 20 Jahren wird der Oriente tot sein, und sie werden alle sagen: ›Meine Schuld war es nicht.‹«

Er wollte Ecuador für ein paar Monate verlassen, um in den Vereinigten Staaten Geld einzusammeln. Er wußte nicht sicher, wann er zurückkäme. Er hatte geplant, den Huaorani zu helfen, eine eigenes Radionetzwerk aufzubauen, aber jetzt schien es unwahrscheinlich, daß er in der Lage sein würde, weiter mit ihnen zusammenzuarbeiten. »Würdest du gern Quehueire Ono sehen?« fragte er. Er wollte eine letzte Reise unternehmen, der *asamblea* wegen.

Ich sagte ja. Und ich gab ihm eine Kopie der Abschrift von Mois Band. Er las es durch. »O je«, sagte er, als er zu Ende gelesen hatte. »O je.«

10

Ich flog von Quito nach Coca mit einer alten zweimotorigen Fokker, die Mühe hatte, sich von den zerklüfteten Anden freizufliegen. Sie tuckerte über baumlose, zackige Berggipfel, die mit schneeweißen Hüten bedeckt waren, und klapperte in den lächerlich grünen Amazonas in einer Art freiem Fall hinunter, wobei mir der Magen im Hals hing. In Coca floß wie eh und je das Öl von den Straßen, sammelte sich in regenbogenfarbenen Pfützen, und riesige Laster rutschten durch enge Straßen und schleuderten schwarze Schlammbrocken hoch. Über allem lag die heiße, feuchte, ölige Luft des Oriente.

Im Hotel Auca saß Ali Sharif im Speiseraum und schlürfte ruhig ein Glas Babaco-Saft. Er rauchte eine selbstgedrehte Zigarette und starrte in den Regen. Schweiß rann von seiner Stirn und die Arme hinunter und tropfte von den Ellbogen auf den Boden.

Ich kaufte eine Tüte mit Huhn und Reis und watete hinüber zur Kapuziner-Mission, stand vor dem Hotel Huaorani und betrachtete einen Koffer und ein paar Stiefel, die in einem Feuer neben der Tür kokelten.

»Das Leben ist gut!« schrie ich Richtung Tür. »Lebt ihr noch?«

»Ja, wir leben noch!« schrie jemand von der anderen Seite. »Kommst du rein?«

»Ja, ich komme«, sagte ich und stieß die Tür auf und sah die Garzacocha-Truppe – auf den Wandbetten zusammengekauert. Sie aßen Bananen und hörten kolumbianischen Rock and Roll aus einer Dudelkiste, die auf Hochtouren lief. Ich erkannte Araba und Bainca; neben ihnen saßen noch drei Personen, breitschultrige junge Männer, die Yacata, Gabamo und Dahue hießen.

»Weißt du noch, wie wir die vier *sahino* schossen?« fragte Araba. Er setzte sich auf, nahm den Eßbeutel ohne Kommentar in Empfang und erzählte die Story von den vier Pekaris und von mir, wie ich aus dem Kanu gefallen war. Zur Untermalung ließ er sich aus dem Bett auf den Boden fallen. Gelächter. Wir gingen hinaus, und er drehte den Koffer um.

»Warum verbrennt ihr das?« fragte ich.

»Er ist alt.«

»Wie geht es in Garzacocha? Lebt ihr gut?«

»Wir leben gut«, antwortete Araba. »Aber überall herrscht Verwirrung.« Die Company hatte östlich des Dorfes eine Ölquelle geöffnet und eine weitere nordwestlich, und sie hatte begonnen, die Straße zu bauen. Um den Frieden zu bewahren, hatte sie für die Leute in Garzacocha einen Fußballplatz gebaut, dabei aber den Obstgarten zerstört. Unterdessen tauchten Taromenga im Dorf auf. Drei Männer waren für eine Nacht nach Garzacocha gekommen. Sie erzählten von ihrem eigenen Clan und von den Oñamenane. Das waren alles erschreckende Nachrichten. Sie bestätigten den früheren Bericht über das Scharmützel der Taromenga mit der seismischen Mannschaft der Company und das Gerücht über die Oñamenane und Huiñatare. Und sie deuteten an, daß etwas wahr sein könnte an der Spekulation, die auch von vielen Huaorani selbst angestellt wurde, daß irgendwo zwischen einigen Dutzend bis zu tausend Huaorani, bisher ohne jeden Kontakt, in dem entfernten Urwald an der Grenze zwischen Ecuador und Peru versteckt seien. Aber Araba behauptete es so bombensicher, wie ich die Existenz einer Stadt südlich von San Francisco mit Namen Los Angeles behaupten würde.

»Alles ist schlecht und wird noch schlechter«, sagte er ganz nüchtern. Er berichtete, daß Nanto am Morgen nach Coca gekommen sei, nachdem er die ganze Nacht durch im Bus gesessen habe. Er sei vom Maxus-Personal sofort in ein Flugzeug ge-

An der Pipeline

Dammbruch an einem Becken für Bohrschlämme

Am Ufer des Cononaco

Enqueri (rechts)

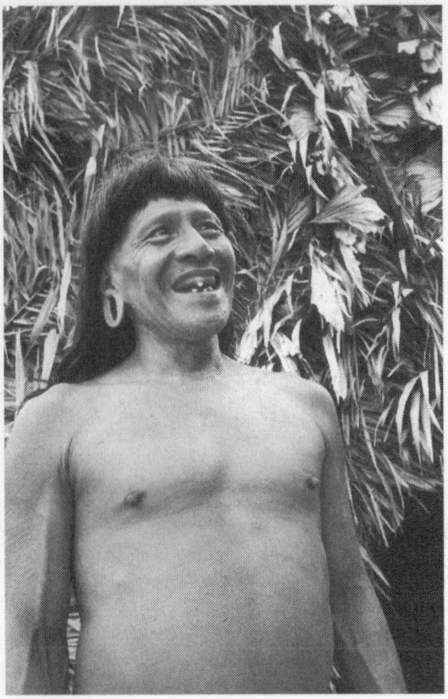

Quemperi

Moi (links)

Mengatohue zeigt den Huaroni-Schülern, wie die Huaroni sich vor Ankunft der evangelischen Missionare kleideten.

Die Führung der ONHAE bei der asamblea *in Toñampare.*
Von links: Tementa, Pancho, Salomón, Nanto

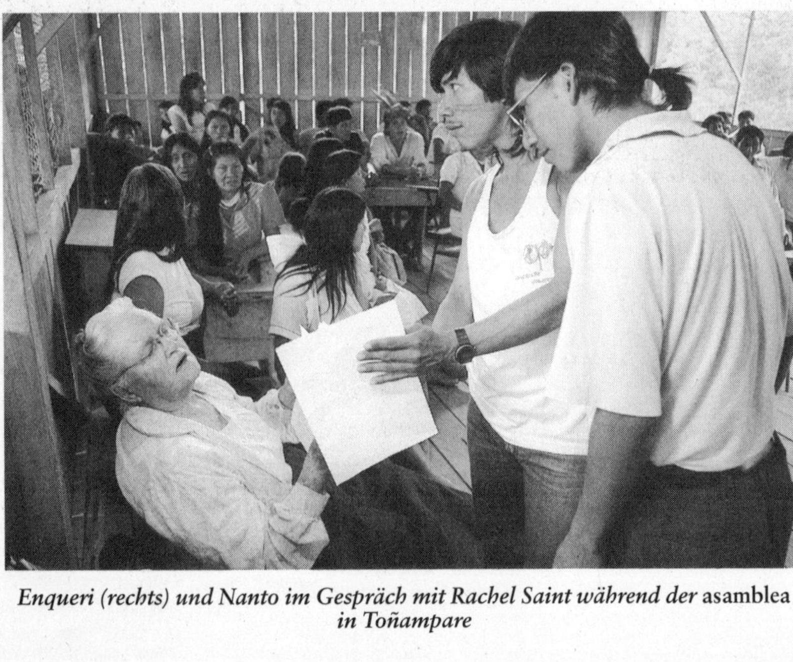

Enqueri (rechts) und Nanto im Gespräch mit Rachel Saint während der asamblea *in Toñampare*

Enqueri (mit Mikrofon) und Moi bei ihrer Ansprache auf der Versammlung in Coca

Zubereitung des Abendessens in einem Huaorani-Haus in Cononaco

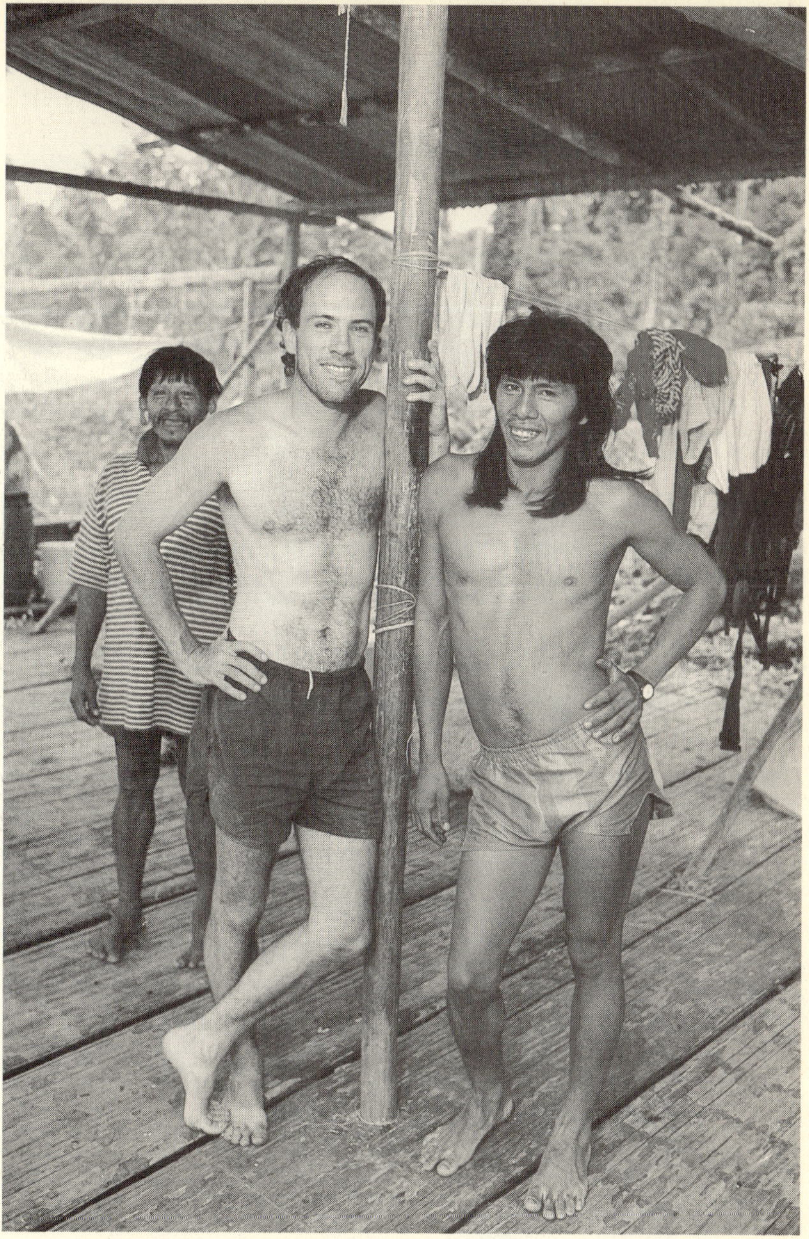

Joe Kane, Moi und Mengatohue (im Hintergrund) in Mois Haus.

Moi (rechts) auf dem Shiripuno

Mengatohue sammelt ayahuasca

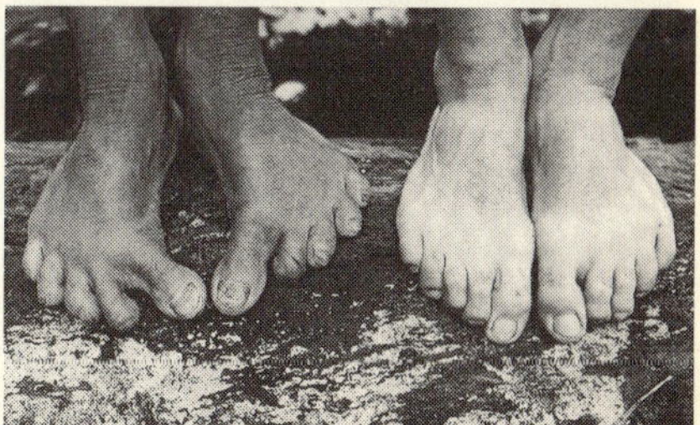

Mengatohue (links)
und Joe Kane

Mengatohue

Amo in Coca

Judith Kimerling auf einem ehemaligen Texaco-Bohrplatz

Nanto und seine Familie

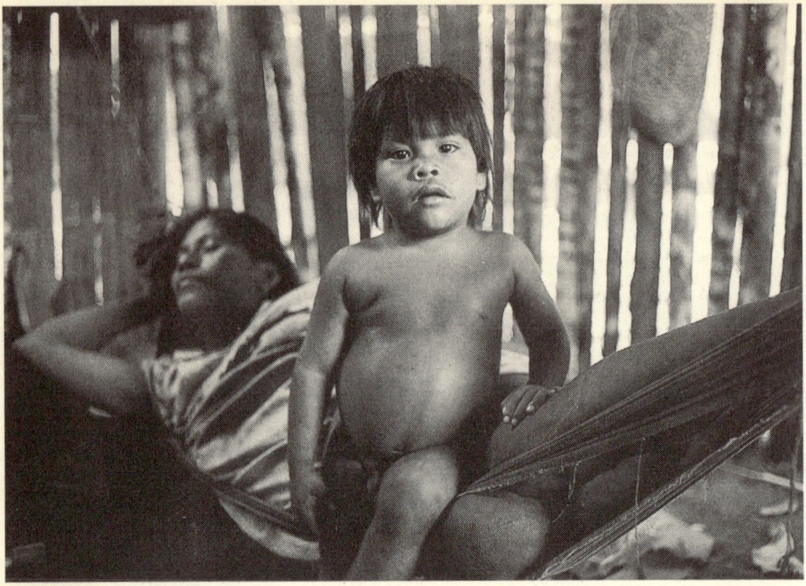

In einem Huaorani-Haus in Cononaco

Das Haus von Mois Familie in Quehueire Ono

setzt und nach Cononaco geflogen worden sei, in der Erwartung, daß er Quemperi dazu brächte, die neue Straße zu akzeptieren. Araba erklärte, er hätte seine Meinung über die Straße geändert. Er wolle sie nicht, nicht ein Stück. Er sagte es einmal, dann wiederholte er es noch einmal. »Sie wird uns töten«, sagte er. Die Männer aus Garzacocha seien auf dem Weg nach Quehueire Ono zur *asamblea*, um einen Plan zu machen.

Was hielte er davon, daß Nanto Quemperi besuche?

Araba drehte den Koffer nochmals um. »Vielleicht wird die Company Nanto etwas Benzin geben«, meinte er. Die Männer aus Garzacocha hatten ihr ganzes Benzin aufgebraucht, um nach Coca zu kommen, und hatten kein Geld, um neues zu kaufen.

Am Abend, gegen acht Uhr, fiel in Coca der Strom aus. Das passierte jeden Abend, manchmal früher, manchmal später. Trotz all des Öls, das aus dem Oriente herausgepumpt wurde, konnte Coca sich nicht genug Diesel leisten, um seine Generatoren in Gang zu halten.

Ich saß allein an einem Tisch vor dem Hotel Auca und trank bei Kerzenlicht ein Bier, als ein Mann, nackt bis auf ein Paar Shorts, mit einem Kadaver von der Größe einer Bergziege über der Schulter hereinkam. Das Tier war abgehäutet, und in dem schwachen Licht sah das haarlose rosa Fleisch wie Gelatine aus. Keuchend ließ der Mann es auf den Boden fallen. Der Koch kam heraus.

»Ich möchte etwas davon haben«, sagte ich.

Ich aß ein großes Stück fettes Fleisch von dem Tapirkalb und spuckte gerade Schrotkugeln aus, als Nanto aus der Dunkelheit auftauchte und sich neben mich setzte. »Ich habe viele Probleme«, meinte er. Er sah müde und abgespannt aus. Er war wirklich bei Quemperi gewesen, mit Rossana Faieta, der Maxus-Soziologin, und zwei Leuten, die er nicht kannte.

»Ich dachte, ihr habt dem *gerente* gesagt, daß ihr nicht wollt, daß Rossana Faieta euch belästigt«, sagte ich.

»Ja«, sagte er. »Genau das haben wir ihm gesagt.«

»Warum bist du also mit ihr gegangen?«

Er schaute um sich, als würde er die Dunkelheit nach Geistern durchforschen, dann betrachtete er meinen Teller mit großer Aufmerksamkeit. »Das ist sehr schön«, sagte er.

»Wann hast du zuletzt gegessen?«

»Vor zwei Tagen.«

Ich gab ihm meinen Teller, bestellte einen zweiten und fragte, was bei Quemperi passiert wäre.

»Es war sehr schwierig«, sagte er. »Die Company sagte, sie möchte, daß Quemperi und Penti die Straße möchten, aber Quemperi will die Straße nicht, und Penti hat mir dies gegeben, um es auf der *asamblea* vorzulesen.«

Er überreichte mir ein zerknülltes Stück Papier, das aus einem Schulheft gerissen und mit einem Schnörkel von Penti unterschrieben war, dem einzigen Huao in Cononaco, der Spanisch konnte. Ein Teil lautete: »Unsere Vorfahren lebten gut und ohne Krankheit, aber jetzt sind die Ölgesellschaften und die Touristen gekommen ... das Volk der Huaorani muß gegen den Schaden an unserem Urwald kämpfen.« Die Company, sagte Nanto, hatte große Tonnen einer dunklen Flüssigkeit oberhalb von Quemperis Siedlung in den Cononaco gekippt, und viele Menschen in der Siedlung wären jetzt krank. »Vor allem die Kinder sind nicht gesund«, sagte er. »Es gibt viele Hautentzündungen, Pilze und Hautprobleme auf unseren Köpfen, und einigen Leuten fallen die Haare aus. Ich glaube, es ist, weil der Fluß sehr schmutzig gemacht wurde.«

»Was wirst du nun tun, Nanto?«

Er starrte hinaus in die Dunkelheit der Nacht und den peitschenden Regen.

»Ich werde Ali bitten, mir einen guten Plastikponcho zu kaufen«, sagte er. »In Quito kosten sie 12000 Sucre, aber hier kosten sie nur 8000.«

Ich bot ihm an, ein Hotelzimmer zu besorgen oder ihn bei

mir übernachten zu lassen, aber er sagte, er wolle zur Mission zurückgehen und mit den anderen Huaorani schlafen. Es würde dort sicher sein. »Hier gibt es *ladrones*«, sagte er. »Quichua – und Neger! Sie sind so groß, diese Neger. Sie werden dich im Schlaf töten.«

Ich begleitete ihn zur Mission und ging zurück in mein Zimmer im Auca. Ein gutes Geschäft: zwei Dollar, eine kalte Dusche, die jeden Cent in der Mitternachtshitze von 33 Grad wert war – ein dünner Strahl einer faulig riechenden Flüssigkeit tröpfelte in die Kabine herab und Kakerlaken von der Größe meines großen Zehs. Großartig. Zwei Minuten später begann ich wieder zu schwitzen. Ich sank langsam in den Schlaf in diesem dröhnenden Zimmer, hinter dessen hauchdünner Wand in einem Meter Entfernung gewaltige dieselgetriebene Bohrmaschinen vorbeidonnerten. Etwas später wachte ich auf, weil sich zwei Männer vor dem Puff auf der anderen Straßenseite lautstark stritten.

»Na los, bring mich um!« schrie der eine. »Bring mich um, du Arschloch!«

Dann vier Gewehrschüsse und ein Schrei aus Schmerz oder Schock, dem folgte das Platschen rennender Füße durch Pfützen, und später das Geräusch von etwas, das weggeschleift wurde, ein schlaffes Gewicht, das durch Schlamm und Öl glitt. Ich ging zum Fenster, aber ich konnte nur Schwärze sehen. Ich schlief wieder ein und träumte von einem haarlosen, glänzend gehäuteten Tapir, der durch den Urwald um sein Leben rannte.

Am Morgen sagten die Huaorani, daß sie Reis und Zucker für ihre *asamblea* brauchten und Benzin für das Kanu, daß sie aber kein Geld hätten. »Na ja, etwas Geld haben sie«, sagte Ali, »vielleicht 50 Dollar oder so. Aber die liegen auf der Bank, und da Enqueri der Schatzmeister ist, können sie es ohne ihn nicht abheben. Er ist aber nicht nach Coca gekommen. Ich habe ihn seit vielen Monaten nicht gesehen. Er ist komisch, verstehst du?«

»Ali, die Bank klaut unser Geld!« sagte Nanto.

»Nein, nein, nein«, sagte Ali. »Sie bewahrt euer Geld nur auf. Aber Enqueri muß hier sein, um es abzuheben. Erinnerst du dich?«

»Wie sollen wir Reis kaufen, Ali? Wie sollen wir Yupi kaufen?«

Ali sprach mit dem Bankmanager, und das Geld wurde ausgezahlt. Aber Ali kam kopfschüttelnd heraus. »Diese Jungs können nicht einmal das Geld von der Bank holen, wie sollen sie sich da gegen das Öl schützen?«

Dann schlitterten wir die Vía Auca auf der Ladefläche eines Lasters entlang, beladen mit Reis, Kartoffeln, Zwiebeln, Zucker, Macheten, ein Faß mit Benzin. Und Yupi. Taschen und Taschen mit Yupi. Mein Kopf lehnte gegen Arabas Außenbordmotor. Araba, Nanto und Yakata saßen hoch über dem Führerhaus, ohne Hemd, in den Regen und Wind lachend. Wir zählten auf Moi, daß er uns an der Shiripuno-Brücke mit dem Kanu abholte. »Er wird dort sein«, versicherte Ali. »Er sagte mir, daß er da sein würde, und er ist immer da, wenn er es sagt.« Drei Stunden im Regen. Regen, der über meinen Poncho hinunter auf die nackten Beine lief, der quer über die Ladefläche floß, über die Baumkronen, über die ganze Welt. Schüttender, peitschender, unaufhörlicher Regen. Schwerer Regen, leichter Regen, Seitenregen, Regen, der vom Boden hoch zu explodieren schien. »Man muß das einfach akzeptieren«, sagte Ali. »Geh dagegen an und du wirst den Verstand verlieren.«

Seit meiner letzten Fahrt über die Vía Auca waren erst zwei Monate vergangen, und schon zweigten neue Straßen in alle Richtungen ab, und ich sah Dutzende neuer Kolonistenhäuser. Wir bahnten uns spritzend den Weg an dem Gelände der Elf Aquitaine vorbei, einer französischen Company. Hinter dem Stacheldrahtzaun: Satellitenschüssel, sauber gemähter Rasen, ein Volleyballplatz. Vor dem Zaun: ein von Öl geschwärzter Teich. Auf einer Bank drei Arbeiter in gelben Regenjacken, die

Männer starrten in den Dreck. Am anderen Ende des Teichs fließt der schwarze Schlamm in ein Bachbett. Weiter weg schieben zwei Bulldozer Bäume und Schlamm in ein Ölbecken. An der Seite eines roten Lehmhügels, so glatt wie ein Basketball, steckt ein dritter Bulldozer im Lehm, seitwärts geneigt wie ein aus dem Wasser springender Wal. Der Fahrer, den Regen nicht achtend, schreit etwas und drischt mit dem Hut auf die Maschine ein.

Danach die riesigen Flammen des Ölfeldes und der Trennstation, bekannt als Cononaco, benannt nach dem Fluß. Es war die größte der etwa 30 von der Texaco an der Auca gebauten Anlagen und hatte die Ausmaße einer Fabrik, viele Hektar mit Rohren, Schornsteinen, Leitern und Pumpen. Tag für Tag, Nacht für Nacht nur Regen, Wind und Überschwemmung. Während der Preis des Kerosins sich verdreifachte, in Coca die Lichter ausgingen und die Sklaven in Quito in der andinischen Kälte zitternd schliefen, verbrannten die Trennstationen die enormen Mengen an Naturgas, das die Bohrlöcher zusammen mit dem Rohöl ausspuckten. Fackelten es ab, ohne Unterlaß, ohne Überlegung oder Verwendung, verbrannten es aus dem einfachen und einzigen Grund, weil sie es loswerden mußten und es keinen billigeren Weg gab, es loszuwerden. Die hellen, gelben Flammen reichten höher in den purpurnen Himmel hinauf als irgendein anderes von Menschen gemachtes Objekt im Urwald.

Daneben die Shiripuno-Brücke. Der Motor des Lasters heulte auf. Moi wartete unten am Fluß, in Nebel gehüllt stand er wie eine Statue im Bug eines Kanus.

Hinunter zum Fluß, rutschend und glitschend das Schlammufer hinab, die Huaorani lachend im Regen, 100-Pfund-Säcke mit Reis über die Schultern werfend, so lässig, als wären es Papageien. Araba mit einer Hand seinen 40-PS-Motor vom Laster hebend und hinunter zum Kanu tragend. Ein *cowode* auf dem Hintern den Hang hinunterrutschend. Nanto im Regen anhaltend, um einen Topf mit Yupi zu mischen. Der Regen dünner werdend, nachlassend, und als der Regen aufhört, wird der Urwald langsam lebendig mit so feinen Geräuschen, daß man sie zuerst nicht wahrnimmt. Dann plötzlich ein Dröhnen in den Ohren: Vögel, Insekten, Frösche.

Und noch plötzlicher das Dröhnen des Außenbordmotors, der alles andere übertönt. Nanto am Steuer dreht das Kanu in den Strom, flußaufwärts. Nach der ersten Biegung verschwinden die Flammen der Cononaco-Anlage. Verschwunden die Straße, verschwunden die Brücke. Alles wurde zu Urwald und Wasser. Später, nachdem ich in Quehueire Ono oft genug gewesen war, daß ich nicht länger meinte, etwas Neuem und Fremdem zu folgen, sondern zu etwas Vertrautem zurückzukehren, wurde mir bewußt, daß es dieser Moment auf der langen Reise war (wenn es denn einen einzigen Punkt gab), in dem ich am stärksten das Gefühl hatte, eine Welt zu verlassen und eine andere zu betreten.

Nach jeder Biegung des Shiripuno zeigten sich sanft gewellte, bewaldete Hügel; je weiter wir den Fluß hochfuhren, um so steiler wurden sie, ein Präludium der Anden. Seit dem Napo hatte ich nicht mehr in einem Kanu gesessen. Der Napo hatte sich wie ein See vor uns ausgebreitet, der Shiripuno dagegen wirkte geschlossen, versteckt, privat. Er war typisch für die Flüsse auf der westlichen Seite des Territoriums: etwa 15 Meter breit, an den Ufern Bäume, die doppelt so hoch aufragten wie die Breite des Flusses. Ins Wasser gestürzte Bäume bildeten Hindernisse aus gebleichten Baumknochen. An dem rosigen Spätnachmittag ruckelten und schwankten wir immer tiefer hinein in die Wildnis. Ab und zu jagte Nanto den Motor hoch, um die Hürde eines zur Hälfte versunkenen Baumstammes zu nehmen, und das sieben Meter lange Kanu schoß wie ein springendes Pferd in die Luft, und die Huaorani trieben Nanto mit begeisterten Rufen an. Der *cowode* klammerte sich in Todesangst fest. An einer Stelle, wir waren nahe am Umkippen, machte Ali vom Bug aus einen Satz zu einem Baumstamm und hing dort in der Mitte des Flusses, festgeklammert wie ein Koalabär. Als wir drehten und unter ihm durchfuhren, schrie Nanto »Spring, Ali!« – Ali ließ sich in das Heck fallen. Von allen beklatscht. Ali ausdruckslos, die Hand an seiner Brille.

Aus dem Busch kroch Nebel, in seinem Gefolge die Nacht, die nun den letzten Rest Helligkeit verjagte. Drei Stunden lang tasteten wir uns durch die Dunkelheit. Ab und zu rammte das Kanu frontal einen Schatten. Abrupter, bebender Stillstand. Splitternde Geräusche.

Und die wilden Männer aus Garzacocha, wie reagierten sie auf solche Beinahe-Katastrophen?

Araba streckte einen Finger in die Luft, Bainca stellte die Dudelkiste an. Drehte richtig auf. »Ohhh, Juanita ... Rummms!«

Drehte noch lauter auf.

Dann zur Linken ein dünner Lichtstrahl. Eine Stimme, die »Ho! Ho!« schrie. Es war Amo. Nanto gab Gas, drehte das Kanu um 90 Grad. Rammte den Bug durch etwas, was sich als ein anderes, am Ufer festgemachtes Kanu herausstellte. Knallte mitten in seine Breitseite. Machte die halbe Länge der Bootswand zu Kleinholz. Verursachte das lauteste Gelächter des Tages.

»Das ist in Ordnung«, flüsterte Amo durch das Dunkel der Nacht. »Ich nahm es von einem Kolonisten.«

Das nasalmonotone Schnellfeuer der Huaorani-Stimmen durchschnitt die überraschende Kälte der Nachtluft. Dunkle, glänzende Körper huschten das steile Schlammufer herunter und hoben Rucksäcke, Reis- und Zuckersäcke und den Yupi aus dem Boot. Oben brannte ein riesiges Feuer unter einem hohen Rohrdach. Um das Feuer 50 Huaorani-Augenpaare, lange, hängende Ohrläppchen, starke Arme, die Speere, Blasrohre und Kinder hielten. Auf dem Feuer schmorte ein Kaiman, daneben auf dem Boden lag der Kaimankopf, seine Kiefer angesengt und weit aufgerissen.

»Ist dies Quehueire Ono?« fragte ich. Ich konnte nur ein paar kleine Hütten und ein einziges großes Gebäude erkennen.

»Nein«, sagte Amo. Er lächelte, und das flackernde Feuer ließ das goldene A auf seinem linken Schneidezahn glitzern. Er reichte mir ein Stück vom Kaimanschwanz. Wir waren jetzt im sogenannten Shiripuno-Zentrum angelangt, eine Art ONHAE-Hauptquartier, das mit Hilfe der RIC erbaut worden war. Das »Zentrumsgebäude« stand auf einer großen Plattform, 14 x 5 Meter, die auf Pfählen ruhte. Es war in vier Räume unterteilt. Ich warf mein Bettzeug in einen Raum und versank in tiefen Schlaf. In der Nacht wachte ich auf und spazierte hinaus. Das Feuer brannte immer noch, und die Huaorani saßen immer noch drum herum, lachend, redend, essend. Im Morgengrauen saßen sie immer noch dort. Unterdessen war das beschädigte Kanu gesunken, sein Motor mit Wasser vollgelaufen, und ein Benzinfaß war verschwunden. Niemand schien sich Sorgen zu machen, obwohl die *asamblea* am Nachmittag beginnen sollte und wir noch, meiner Ansicht nach, acht Stunden Fahrt vor uns hatten. »Wir kommen hin nach Art der Huaorani«, sagte Moi. »Stück für Stück.«

Nach einem Frühstück aus Maniok und Pirayas hoben sie das Kanu, fischten den Benzintank heraus, nahmen die Maschine auseinander und setzten sie wieder zusammen. Amo führte mich durch das Zentrum. Neben der Plattform standen drei kleinere Hütten. Er, Moi und Nanto benutzten je eine als Büro und als Übernachtungsstelle. Hinter den Hütten hatten sie zwei große Felder aus dem Wald geschlagen und dort mit Alis Hilfe Pfefferbüsche und Hunderte von Obstbäumen angepflanzt – Baumerdnuß, Guave, Papaya, Baumtraube, Orange, Limone, Grapefruit, Guanabana (Saure Sobbe, Stachelsack = *Annona muricata*). Maniokgärten gab es auch. Als wir herumspazierten, drangen die freundlichen Geräusche des Dorflebens über die Felder. Holz wurde gehackt, zwei Frauen sangen beim Wäschewaschen am Fluß, um die Feuerstelle leimten ein paar ältere Männer Affenknochen und erzählten Geschichten. Der Schrei eines Affen, und alle Augen richteten sich auf das Blätterdach. Aber im Augenblick gab es genug zu essen – es herrschte Friede.

»Unsere Idee war es, unsere Stärke hier am Fluß zu zeigen, dicht am Rand unseres Territoriums«, erklärte Amo. Trotz der Kühnheit seines vergoldeten Zahns war er der ONHAE-Angestellte, der am sanftesten sprach. Um ihn zu hören, mußte ich oft mein Ohr ziemlich dicht an seinen Mund halten. Aber er war auch der Shuar-Aggression am meisten ausgesetzt. Denn als Sekretär hatte er die Aufgabe, von Dorf zu Dorf zu laufen, um Botschaften zu überbringen, und nach Coca mit der Korrespondenz zu fahren, so daß er ständig Angriffen ausgesetzt war. »Die Shuar dringen von der Straße immer weiter stromaufwärts und nehmen unser Land weg«, sagte er. »Wenn ich von hier zur Straße komme, dann bedrohen sie mich. Sie verlangen, daß wir ihnen etwas von unserem Land abtreten. Die Ältesten wollen nicht den Kampf mit den Shuar. Sie erinnern sich der Speer-Zeiten, und sie wollen keinen Krieg. Aber Nanto, Moi und ich und viele andere sind bereit zu kämpfen. Die Shuar müssen jetzt gestoppt werden. Wenn wir hier eine Gemeinde schaffen können, dann können wir ihnen die Stirn bieten.« Amo war besonders stolz darauf, wie gut die Obstbäume wuchsen. »Wenn es im Zentrum Nahrung geben wird, dann werden die Huaorani immer hier sein«, sagte er.

In der Tat. Eine Hütte enthielt Vorräte für das Projekt des Grenzeschlagens. Zumindest vor einiger Zeit. »Das meiste vom Reis ist weg und vom Zucker auch und alle Stiefel«, berichtete Ali später. »Das Zeug war eingesperrt, aber den Huaorani gelang es, alles zu mopsen.«

»Sich selbst beklaut?«

»Man kann eigentlich nicht sagen, sie hätten es gestohlen. Einer von ihnen bewachte es sogar. ONHAE bezahlt ihm ein kleines Gehalt, um hier zu leben und den Ort zu schützen, aber ich bin sicher, daß er die Tür einfach jedem geöffnet hat, der etwas wollte. Für sie ist das nicht stehlen. Es ist eher so: Das Zeug ist hier, dann verwenden wir es doch. Kein Morgen, verstehst du? Huaorani-Zeit.«

Mitten am Vormittag war der Himmel eine wechselnde Palette von grau, schiefergrau, perlgrau, aschgrau. Die Hälfte der Huaorani marschierte zu Fuß nach Quehueire Ono los, und die übrigen begaben sich mit uns auf den Shiripuno, in zwei Kanus. Das Boot, das am Abend zuvor so spektakulär gerammt worden war, hatten sie mit Zweigen, Steinen, Lehm und Unterkleidern repariert. Moi übernahm das Ruder. Zwei Passagiere schöpften Wasser mit meinen Gummistiefeln. Ich setzte mich in den Bug und lehnte mich gegen das, was von der Verpflegung noch übrig war. Wenn der Urwald hier weniger reich als am Unterlauf schien – keine Truthähne zum Beispiel als leichtes Ziel –, so war er nicht weniger friedlich. Ich las, döste und aß Bananen. (»Seinen Weg wild durch die Grüne Hölle kämpfend«, bemerkte Ali irgendwann.) Meine Idylle wurde nur etwa jede Stunde durch eine wilde Panik unterbrochen, wenn das Boot nach links oder rechts drängte oder an einem Baumstumpf zum knirschenden Halt kam. Dann mußte man in den Fluß steigen und stoßen und ziehen, bis es wieder flott war.

Einmal, als Nanto an der Ruderpinne stand, fiel er einfach aus dem Kanu und schlug mit dem Kopf auf einen Felsen, eine Vorstellung, die von allen sehr geschätzt wurde. Er kletterte wieder in das Kanu und nahm erneut seine Stellung ein. Als sich das zweite Kanu näherte, rief er, wie um sein Kommando über die Flotte zu bestätigen: »Moi, wie spät ist es?«

Todernst antwortete Moi: »In Japan ist es zwei Uhr.« Nanto nickte, genauso ernst, und weiter ging es.

Wir hielten an einem sandigen Ufer, um zu schwimmen und Yupi zu trinken und ein Schläfchen zu machen.

Von dort setzten wir in äußerster Gemütlichkeit die Reise fort, bis irgendwann am späten Nachmittag ein Schrei ertönte und das Kanu wild schaukelte, die Huaorani raussprangen und tauchend und paddelnd sich zum Ufer bewegten, dabei aus vollem Halse schreiend.

»Guanta!« bellte Moi und deutete auf das Ufer.

Ich brauchte einen Augenblick, bis ich das Guanta entdeckte. Das mit Schlamm bedeckte Tier sah wie ein glitschiger Stein aus. Es hatte die Form eines Nagetieres und die Größe eines sehr großen Kaninchens. Es glitt in das Wasser, tauchte auf, verschwand. Die Huaorani bildeten einen Halbkreis und standen bis zu den Hüften in dem flachen Fluß. Nanto tauchte an der Stelle, an der das Guanta zuletzt gesehen wurde, und es tauchte auf und paddelte wie besessen auf Araba und Bainca zu, die es mit Steinen bombardierten. Araba hatte es kurz am Kopf gepackt, aber es verschwand wieder. Die Huaorani warteten schweigend. Das Guanta tauchte am anderen Ende des Ufers auf, ein Geheul erhob sich, und Moi schleuderte einen Speer, der das linke Bein des Guantas zerschmettert zu haben schien. Schwarzes Blut spritzte, Bainca traf es mit einem Stein, und Araba warf es Nanto zu. Nanto griff in das Wasser, packte das Tier bei den Hinterbeinen und hob es hoch über den Kopf wie eine Trophäe. Das Guanta strampelte und wand sich verzweifelt. Nanto schlug es auf das Wasser – das Guanta konnte entkommen. Aber Araba erwischte es am Schwanz, wirbelte es wie ein Lasso herum und schlug seinen Kopf gegen das Kanu, so daß ihm das Blut aus den Ohren schoß.

Sobald wir wieder im Boot saßen, begannen die Huaorani die Jagdgeschichte zu spinnen, wie Ballspieler einen Sieg analysieren.

Eine Stunde später fragte ich Nanto: »Wie weit noch?«

»Eine halbe Stunde.«

Vier Stunden später formte Moi mit den Händen einen Trichter und brüllte in den Busch: »Kommt morgen zur *asamblea*! Jede Menge *chicha*!« Ich konnte kein Anzeichen menschlicher Besiedlung erkennen. Wir hielten an, um ein Capybara (südamerikanisches Wasserschwein) und einen kleinen Kaiman zu töten. Sechs Stunden später kamen wir in Quehueire Ono angetuckert, triumphierend und von Blut und Fleisch umspült.

11

Im Lauf der Zeit machte ich mehrere Besuche in Quehueire Ono, aber mein erster Eindruck von dem Dorf hielt an: abgesondert, unabhängig, bemerkenswert selbstversorgend, sogar nach den strengen Maßstäben der Huaorani. Praktisch gesehen lag Quehueire Ono versteckt am Shiripuno. Es gibt dort kein Radio und keine Landebahn. Hinkommen kann man nur zu Fuß oder mit dem Kanu. Es liegt in der äußersten nordwestlichen Ecke des Territoriums, am entgegengesetzten Ende von dort, wo Cononaco und Garzacocha liegen, von denen es durch eine Reise von mindestens einer Woche getrennt ist. Von dem nächsten Dorf direkt nördlich innerhalb von Rachel Saints Protektorat ist es durch einen Drei-Tages-Marsch getrennt. Diese Abgeschiedenheit ist durchaus gewollt. Quehueire Ono (ein Satz auf Huaorani, was »der Fluß, wo es gut zu leben ist« heißt) wurde von Mois Vater Ñame gegründet, was nichts anderes als einen Akt der Rebellion gegen den Einfluß der evangelikalen Mission darstellte.

Mois Familie hatte zuvor in dem Protektorat gelebt. 1973 verließ eine Gruppe Huaorani unter Führung einer Tante und eines Onkels von Moi, die mit dem Summer Institute of Linguistics nicht einverstanden waren, die ursprüngliche evangelikale Station am Fluß Tihueno und gründete das neue Dorf Dayuno. Aber Mois Tante hatte bemerkt, wie Dayuma unter dem Schutz Rachel Saints und der *evangelistas* gedieh, und sie erlaubte einer konkurrierenden Gruppe amerikanischer Fundamentalisten, in Dayuno eine Niederlassung zu errichten. Sie bauten eine Schule und eine Landebahn, und die Siedlung wurde schnell zu einem großen Dorf. Glasperlen und Flitter tauchten auf, und den Kindern wurde beigebracht, daß die Lebensweise ihrer Eltern unzivilisiert wäre. Die Huaorani hörten auf zu singen, und die Jagd lief immer schlechter.

Die Jahre vergingen. Ein Jahrzehnt später begann Mois Vater weit im Norden in einem Gebiet zu jagen, das einst die Großeltern seiner Frau innehatten. Es war ein reiches und wildes Land, und eines Tages im Jahr 1989, als Ñame von einer Jagd reich beladen mit Affen und Schweinen zurückkam, beschloß er, dorthin zu ziehen. Und so gaben er, seine Frau und die Kinder, wie es Sitte ist, alles auf, was sie in Dayuno besaßen (Haus, Kanus, Macheten, Äxte, Töpfe), und gingen in den Urwald, um ein neues Leben zu beginnen. Ihr Exodus rief in Dayuno bittere Gefühle hervor, was unter anderem zu Tobsuchtsanfällen von Ñames Brüdern führte. Aber bald folgten ihm etwa 60 Verwandte, mehr als die Hälfte des alten Dorfes. Sie errichteten mit Palmwedeln gedeckte Häuser im alten Stil. Die Wände standen direkt auf dem Waldboden. Der Wald reichte bis an die Wände, und die Vögel und Affen kamen bis dicht an das Lager. Die Huaorani schlugen Jagdpfade und legten Gärten an. Während sie darauf warteten, daß die Gärten Früchte hervorbrachten, plünderten sie Pflanzungen der Quichua- und Shuar-Kolonisten, die am Napo und Shiripuno lebten. Manchmal aßen sie so viel Fleisch, daß sie krank wurden und tagelang in ihren Hängematten liegen mußten. Sie sangen oft stundenlang an einem Stück. Sie lehrten ihre Kinder, auf die Bäume zu klettern, um erlegte Affen und Ungarawa-Nüsse herunterzuholen, und Curare für die Blasrohrpfeile herzustellen, Speere zu schnitzen und Taschen aus Palmstreifen zu flechten.

In beinahe jeder Hinsicht bot Quehueire Ono ein »gutes Leben«. Zu der Zeit, als ich hinkam, drei Jahre später, war die Bevölkerung schon um mehr als das Doppelte gewachsen. Was als Nomadenlager begonnen hatte, war zu einer dauerhaften Einrichtung geworden, größer und organisierter als etwa Garzacocha und Cononaco. Nicht nur innerhalb von Quehueire Ono herrschte eine Atmosphäre der Ungestörtheit und Abgeschiedenheit, sondern auch außerhalb. Die Häuser waren so geschickt in den bewaldeten Hügeln versteckt, daß man selten von dem einen zum nächsten sehen konnte. Das Dorf ist vielleicht die hübscheste aller Huaorani-Siedlungen. Der seichte, an manchen Stellen nur kniehohe Fluß strömte hellgrün über Felsen. Sein Wasser war süß und viel durchsichtiger als das rötlich-schlammige Wasser der unterhalb gelegenen Flüsse. Im Zentrum des Dorfes stand ein Gemeinschaftshaus, und dahinter lag eine große grüne Lichtung, auf der die Kinder häufig Speere nach imaginärem Wild warfen. Diese idyllische Szenerie täuschte jedoch über die Stimmung in Quehueire Ono hinweg, die nach wie vor vom Willen zur Unabhängigkeit und von Mißtrauen geprägt war. Es war nicht ungewöhnlich, Leute zu hören, die gegen die Missionare, die Shuar, die Quichua und den Präsidenten von Ecuador Pläne schmiedeten.

Wir kamen spät an einem sonnigen Nachmittag an. Moi lud Ali und mich ein, bei seiner Familie zu wohnen, die Ali als Verwandten betrachtete. Ihr Wohnplatz lag ein ganzes Stück vom Dorfzentrum entfernt, einen langen Weg hinunter und jenseits des Flusses 200 Meter am anderen Ufer hinauf. Wir liefen an Bananen- und Papayabäumen vorbei und kamen auf eine Lichtung, auf der drei kleine Hütten standen sowie eine Schlafplattform, die ein ganzes Stück über der Erde auf Pfählen ruhte. Jede Hütte hatte etwa drei Meter im Quadrat, und hinter den Hütten erhob sich ein steiler Hügel, den hohe Bäume krönten. »Habt ihr Yupi mitgebracht?« fragte Mois Mutter, und Moi gab ihr Yupi und eine Guanta-Keule und eine Bandanna, die ich aus Quito mitgebracht hatte. Sie band die Bandanna um den Kopf, warf die Guanta-Keule in einen zerbeulten Topf, den sie auf das Feuer stellte, nahm einen anderen Topf mit hinunter zum Fluß und füllte ihn mit Wasser für Yupi. Mois Vater und ein Onkel hielten sich oben am Hang auf und bereiteten ein Feld für Maniok vor. Ihr Arbeitslied kam in sanfter Weise zu uns heruntergeflattert.

Im Zwielicht saßen Ali, ich, Moi, seine Eltern und sein Onkel in Hängematten rund um das Feuer und aßen Guanta, gekochten Maniok und Ungarawa-Nüsse, dazu tranken wir *chicha* und Yupi. Ein Gewitter am Nachmittag hatte die Luft angenehm abgekühlt, und der Rauch des Feuers hielt die Moskitos auf Abstand. Von den Bäumen hörte man das Singen der Vögel. Es war keineswegs schwer zu verstehen, warum die Huaorani der Meinung waren, daß in einer Hängematte zu liegen und so gut wie nichts zu tun der höchste Zustand der Gnade wäre, den ein menschliches Wesen erreichen könne. (Bevor die Missionare kamen, hatten die Huaorani kein Wort für »faul« und keine Vorstellung von Faulheit.)

»Chong«, sagte Moi, »der Urwald ist sehr friedlich, oder?«

»Ja, er ist sehr friedlich.«

»Schau«, sagte er. Er stand auf und zeigte auf den Boden und stampfte mit den Füßen eine Art Tanz.

»Und?«

»Kein Zement!«

Später rollte ich meine Decke aus und streckte mich auf der Schlafplattform aus. Ich fühlte mich, als wäre ich auf einem Floß und würde durch den Urwald treiben. Vom Feuer her hörte man immer noch Stimmen, und irgendwo im Dunkel schrie eine Eule. Ich fiel gerade in den Schlaf, als Mois Onkel sich in meine Nähe setzte und ein Lied anstimmte. Moi kam auch und übersetzte. Lieder von seiner Geschicklichkeit auf der Jagd; Lieder, wie das Volk nach Quehueire Ono gekommen ist, ein Lied über das Feld, das sie an dem Tag gerodet hatten. Aber erst, als Moi mir den Namen seines Onkels – Dabo – nannte, verstand ich die Bedeutung seiner Gegenwart. Dabo war wütend gewesen, als Mois Vater Dayuno verließ. Daß jetzt Frieden geschlossen worden war, zeigte deutlich, daß die Huaorani, trotz ihres Geredes vom Töten, trotz ihres wilden Rufes, trotz ihrer hohen Meinung von Autonomie und Unabhängigkeit, die Harmonie über alles schätzen und keine Anstrengung scheuen, sie zu erreichen. In Form von Ehre kann ein Huao keinen höheren Titel als *ahuene* erhalten – »derjenige, der Frieden stiftet«.

Und nun saß Dabo bei Moi und sang seine drei Noten in endlosen Variationen, allem Anschein nach ohne Anstrengung. Es war eine Nachtmusik erlesenster Art. Ich schlief bald ein und hatte einen außerordentlich erholsamen Schlaf, dort am »Fluß, wo es gut zu leben ist«.

Ali, ich, Moi und seine ganze Familie schliefen auf der großen Plattform, Nanto und sein Bruder Juan ebenfalls. Sie schliefen mit Moi zu dritt auf einer schäbigen Matratze, die viele Jahre zuvor in einem Erdölcamp gestohlen worden war. Schliefen? Sie verbrachten den größten Teil der Nacht damit, Geschichten zu erzählen, zu lachen und einander von der Matte zu schubsen. Manchmal gingen sie schon vor Tagesanbruch zum Fluß hinunter, um Affen zu jagen. Mois Eltern, Zhiro und Ñame, standen gewöhnlich mehrmals in der Nacht auf, um am Feuer Nüsse zu essen. Dabo sang immer wieder einmal die Nacht hindurch. Zuweilen wachte Ali auf und las bei Kerzenlicht ein Buch. Ich glaube, ich war der einzige, der wirklich ziemlich viel schlief.

Mois Matratze lag mehr schlecht als recht auf einem Rahmen, und unter dem Rahmen befanden sich in einer Plastikaktentasche Kopien von den meisten Dokumenten, die ONHAE in den zwei Jahren seit ihrer Gründung hervorgebracht hatte. »Hier ist die ONHAE«, sagte er am Morgen und überreichte mir die Aktentasche. Da gab es Proklamationen, Anklagen, Einladungen, Bekanntmachungen, Zeitungsausschnitte, eine Kopie des Abkommens, das die Huaorani mit der Regierung geschlossen hatten, als ihnen der Rechtstitel auf ihr Territorium verliehen wurde. Viele der Papiere waren dreckverschmiert, zerrissen oder zerknüllt. Manche waren von Hand geschrieben, manche ordentlich getippt und mit dem ONHAE-Stempel versehen.

Aber als Ganzes gesehen, stellten sie etwas Außergewöhnliches dar. Sie legten nahe, daß es verfehlt und ungenau wäre, Quehueire Ono als eine Rückkehr zur Tradition zu betrachten. Viel eher war Quehueire Ono eine Huaorani-Synthese zwischen der traditionellen Lebensweise und ihrer Verstärkung durch gewisse moderne Werkzeuge, die den Zugang zu einer *abundancia* boten, die es im Urwald nicht gegeben hatte, von der man aber zunehmend abhängig geworden war. Das heißt *cowode*-Überfluß. Eines der geschätztesten dieser neuen Instrumente bildete der Alphabetismus, was geradezu als der Gipfel des Paradoxen und der Ironie betrachtet werden muß.

Die Huaorani waren natürlich in der einen oder der anderen Weise seit Rachel Saints Ankunft westlicher Erziehung ausgesetzt gewesen. Über die vergangenen 30 Jahre haben scheinbar alle – das staatliche Erziehungsministerium, die Provinzialabteilungen für Erziehung, die staatliche Ölgesellschaft, die ausländischen Ölgesellschaften, CONAIE, die Katholiken, die Protestanten – versucht, den Huaorani das ABC beizubringen, das kleine Einmaleins, die Hauptstädte von Frankreich, China, den Vereinigten Staaten. Aber niemand untersuchte auch nur einmal ernsthaft die Auswirkungen dieser Anstrengungen. Erst die Französin Laura Rival hat dies zum Gegenstand ihrer Examensarbeit an der London School of Economics gemacht. Ihre Untersuchung wird weithin als die einzige substantielle Arbeit über formale Ausbildung in dem Territorium angesehen. Zwischen 1988 und 1990 hat Rival 18 Monate Feldarbeit unter den Huaorani geleistet. Einen Teil der Zeit unterrichtete sie an der Schule in Dayuno; später zog sie nach Quehueire Ono. (Sie ist die einzige Nichtmissionarin und *cowode*-Frau, die eine längere Zeitspanne unter den Huaorani zugebracht hat.) Die Schlußfolgerungen, zu denen sie gelangte, sind interessant, sogar zwingend aus einer Reihe von Gründen, deren keineswegs geringster ist, daß sie von einer Akademikerin kommen, für die die gesamte Vorstellung westlicher Erziehung vermutlich von selbstverständlichem Wert ist.

Insgesamt ist das Bild, das Rival von dem den Huaoranis aufgezwungenen Erziehungssystem zeichnet, ein Bild ungeheurer Zerstörung, des Ethnozids, emotionaler und physischer Traumata und der Entwurzelung. Aber sie gibt auch ein Rätsel auf: Warum fordern so viele Huaorani nach wie vor Schulen, obwohl sie diese für die Zerstörung ihrer Kultur verantwortlich machen?

Es ist kein Geheimnis, daß es das vertragsmäßige Ziel des Summer Institute of Linguistics war, das traditionelle Leben der Huaorani durch ein Leben zu ersetzen, das auf der Schule und der Kirche basiert. Für die amerikanischen Christen bedeutete Tradition eine vom Satan inspirierte Barbarei. Was den Staat anging, so trug das Leben im Urwald nicht zum Nationaleinkommen bei, weil die Huaorani nichts für den externen Verbrauch produzierten. Die Schulen stellten eine Methode dar, sie zur Landwirtschaft zu bekehren, zur Teilnahme an der Marktwirtschaft. Es wurde verlangt, daß sie in der Nähe der Schulen in großen Dörfern wohnten. Sobald die Jagd unergiebiger wurde, waren sie gezwungen, größere Gärten anzulegen und eine größere Anzahl von Nahrungsmitteln anzubauen, was zudem bedeutete, daß sie an einem Ort bleiben mußten. Sie wurden dazu gebracht, Nahrung und Arbeitskraft zu liefern und gelegentlich auch Bargeld zur Unterstützung der Schulen.

1990 gab es bereits sieben Schulen im Territorium, und obwohl der Staat nominell an einigen von ihnen beteiligt war, stand der tatkräftige Einsatz der amerikanischen Missionare im Vordergrund: Sie suchten die Lehrer aus und verschafften ihnen Flüge in die Dörfer; sie belieferten die Schulen mit Büchern, Mahlzeiten, Stiften, Schultaschen und Uniformen. Vertraglich wurde den *evangelistas* auch zugestanden, die Bibel in den Schulen zu lehren und die Schulen dreimal jährlich offiziell zu inspizieren. Um ihre Uniformen zu erhalten, mußten die Schüler Bibelgeschichten rezitieren und den Ruhm Gottes preisen, alles auf spanisch. Dabei wurden aus den Schullehrern – meistens

Quichua – Dorfpotentaten mit Machtbefugnissen, die weit über das Klassenzimmer hinausreichten. Manche von ihnen eröffneten zum Beispiel Läden, und die Huaorani verschuldeten sich.

Zum ersten Mal in der Huaorani-Kultur, in der traditionellerweise die persönliche Autonomie von überragender Bedeutung ist und in der, wie Rival notiert, »keine Befehle gegeben werden und Bitten selten sind und niemandem erlaubt wird, traurig zu sein«, wurden Kinder gegen ihren Willen gezwungen, bestimmte Aufgaben zu erfüllen, und häufig sogar, außerschulische Arbeit zum persönlichen Nutzen der Lehrer auszuführen. Sexueller Mißbrauch kam zwar nicht sehr häufig, aber dennoch hin und wieder vor. Die Kinder wurden regelmäßig geschlagen, was zu Empörung in einer Gesellschaft führte, die familiäre Harmonie derart hoch schätzt, daß es unvorstellbar war, die Hand gegen ein Kind oder eine Frau zu erheben.

Vor allem jedoch wurden die Huaorani gelehrt, daß »es unzivilisiert ist, in den Urwald zu gehen«, daß die einzige Hoffnung auf Überleben darin läge, zivilisiert zu werden. Kein Element der Huaorani-Kultur durfte Eingang in den Lehrplan finden. Die Huaorani lernten etwas über die europäischen Pflanzen, aber nichts über die Pflanzen, die um sie herum im Urwald wuchsen. Sie lernten etwas über den Nährwert einer städtischen Ernährung – Reis, Schinken, Salz –, aber nichts über den Nährwert ihrer typischen Nahrung (der auf jeden Fall überlegen war). Sie lernten, auf spanisch zu singen – zu Ehren des Präsidenten oder Gottes –, aber es war ihnen verboten, die Gesänge zu lernen, die von all dem erzählten, das sie zu dem machte, was sie waren. (Einmal hat Dabo, wütend darüber, daß seinen Kindern nicht erlaubt wurde, ihm bei der Jagd zu helfen, die Schule in Dayuno mit Lehrern und Schülern drinnen zugenagelt.)

Nach Interviews mit erwachsenen Huaorani, die zur ersten Welle evangelikaler Erziehung in Toñampare und Tihueno in den 60er und frühen 70er Jahren gehörten, schloß Rival, daß deren »Erziehung« nur aus einer Art religiösem Alphabetismus bestand. Die Missionare hatten Wert auf das Lesen gelegt, aber nicht auf das Schreiben, weil »das Lesen als die individuelle Rezeption von Gottes geheiligtem Wort in ihrer eigenen Sprache angesehen wurde«. Der Unterricht im Schreiben hingegen wurde einer Handvoll glühender Gläubiger vorbehalten, die jedenfalls 20 Jahre später auch nicht mehr schreiben konnten. Die Qualität der formalen Huaorani-Erziehung verbesserte sich etwas in den 70er und 80er Jahren, aber nicht sehr. Für die meisten männlichen und für alle weiblichen Schüler endete die Schule nach der sechsten Klasse, die sie, wenn überhaupt, erst in einem Alter von 16 oder 17 erreichten. Dann hatten sie, dem Urwald entfremdet, keine andere Wahl, als jede Arbeit, die auf der niedrigsten Stufe einer katastrophal armen Gesellschaft zu finden war, anzunehmen, das heißt mit anderen Worten, Sklaven zu werden.

Wenn sonst nichts, so sind die Huaorani scharfe Beobachter, und sie haben mühelos die Schulen als die Hauptursache dafür ausgemacht, daß sie ihren nomadischen Lebensstil verloren, dem Urwald entfremdet und von den *cowode* abhängig wurden. Manchmal haben die Huaorani die Schuldörfer verlassen, um neue Siedlungen zu gründen, oder sie haben die Lehrer vertrieben. Dennoch wäre es falsch zu behaupten, daß die Huaorani gegen ihren Willen »erzogen« wurden. Viele wollten nicht nur die Schulen, sondern waren auch stolz, sie zu haben. Laura Rival glaubt, sie sahen in ihnen ein »Mittel zur Domestizierung der äußeren Realität zu ihren eigenen Bedingungen«. Das heißt, die Schulen wurden nicht ihres akademischen Inhalts wegen geschätzt, sondern weil sie den Huaorani ein Modell boten, durch das sie »zivilisiert« werden konnten. Die Huaorani waren begierig zu lernen, wie die *cowode* zu gehen, zu reden, sich anzuziehen und zu essen, weil »zivilisiert« zu sein einen leichteren Zugang zum *cowode*-Überfluß bedeutete: Werkzeuge, Nahrung, Stiefel, Flugzeuge.

Eine sehr effektive Methode, diese Dinge zu erhalten, war zu lernen, wie man an sie schreibt, was die Huaorani klug beobachteten. Eine schriftliche Forderung – ein *oficio* – persönlich der Regierung oder der Company überbracht, brachte sogleich eine Flut von *cowode*-Gütern mit sich, besonders dann, wenn sie eine Sprache enthielt, die Gewaltdrohungen beschwor, und wenn ihre Autoren persönlich erschienen und Speere schwangen. Das Briefeschreiben erhob, mit anderen Worten, die Huaorani-Praxis des Jagens und Sammelns (oder des Überfallens und Plünderns, wie die *cowode*-Opfer es zu sehen beliebten) auf eine völlig neue Ebene, eine »zivilisierte« Ebene. Wie Moi sagte, als ich ihm erzählt hatte, was ich für den Lebensunterhalt tat: »Schreiben ist eine sehr gute Methode, Dinge zu bekommen, ohne zu arbeiten.«

Quehueire Ono wurde nicht von Huaorani gegründet, die rückwärts schauten und die Tür zur Modernität zuwarfen (obwohl es sicherlich auch davon Elemente gab), sondern von dem gebildetsten Teil aus ihren Reihen. Die meisten Einwohner kamen aus Dayuno, wo die Schüler dem westlichen Denken und seiner Praxis viel intensiver ausgesetzt waren, als es den Bewohnern von Toñampare oder Tihueno oder irgendeinem anderen Schuldorf erlaubt gewesen war. Einer von Mois älteren Brüdern hatte zwei Jahre in Quito verbracht und einen Literaturkurs an der Katholischen Universität durchlaufen. Auch Moi hatte eine beträchtliche Zeit in Quito verbracht sowie fünf Jahre in Erdölmannschaften und sechs Jahre auf der Grundschule. Er beherrschte recht gut die spanische Sprache und schrieb ständig Briefe, nicht nur *oficios*, sondern er schrieb auch Geschichten, Pläne oder Träume auf. Auch wenn es stimmte, daß er, Nanto und Amo oft *cowode* baten, ihnen beim Aufsetzen von ONHAE-*oficios* zu helfen, um den Briefen einen gewissen Stil zu geben, den sie nicht selbst meistern konnten, so ging doch ihr Verständnis so weit, daß sie manchmal die *oficios* neu in ihrer eigenen Handschrift schrieben und bewußt Fehler einfügten, um sie »authentischer« erscheinen zu lassen.

Das bedeutet nicht, die Beherrschung der westlichen Bildung bei den Huaorani zu überschätzen. Wie Rival bemerkt, lesen die

Huaorani ständig Zeitungen – langsam und laut einander vorlesend –, aber sie verstehen sie selten auf eine sinnvolle Weise. Auch sollte ihre Manipulierung der *cowode* nicht als zynisch interpretiert werden. Es war vielmehr eine sehr praktische Methode, *abundancia* sicherzustellen, und der eigentliche Wert der *abundancia*, die tatsächlich der eigentliche Beweggrund für alles ist, was die Huaorani tun, ist nicht materieller Gewinn, sondern die Familie in Frieden und Harmonie zusammenzuhalten.

1988, hauptsächlich unter dem Druck der großen andinischen Indianerbevölkerung des Landes, startete der damalige Präsident Ecuadors, Rodrigo Borja Cevallos, ein Projekt, um eine echte zweisprachige, bikulturelle Erziehung in den nationalen Lehrplan aufzunehmen. Texte wurden erarbeitet, und Klassen wurden in der Sprache der lokalen Bevölkerung unterrichtet, wobei Spanisch als Zweitsprache diente, und auf die Erhaltung der kulturellen Identität legte man großen Wert. Jedoch schränkte man, wie bei so vielen anderen gutgemeinten Initiativen in Ecuador, die Mittel für das Programm drastisch ein, und in diesem Fall waren sie beinahe ausschließlich der Quichua sprechenden Bevölkerung vorbehalten. Im Huaorani-Territorium brandmarkten die evangelikalen Missionare das Programm als »kommunistisch«. Es gelang ihnen, es zu blockieren, indem sie drohten, ihre Unterstützung für die Schulen einzustellen, falls es durchgesetzt würde.

1990 jedoch eröffneten die Huaorani in Quehueire Ono ihre eigene Schule – ohne die Missionare. Sie wurde mit dem Beistand der Napo-Provinz geführt, die dem neuen zweisprachigen, bikulturellen Erziehungsprogramm verpflichtet war. Napo war allerdings arm, und die Schule hatte nur wenige der Lehrmittel und Vorzüge, welche die anderen Huaorani-Schulen hatten. Sie bestand lediglich aus einer Hütte mit gestampftem Fußboden. Stifte sowie Schreibhefte ließen sich nur schwer beischaffen. Aber für die Huaorani war es ein Schritt in Richtung einer formalen Erziehung, in der sie die Achtung vor ihrer Kultur sahen und bei der ihr Wissen um den Urwald in den Lehrplan einging. Es dürfte lange dauern, bis das Programm erfolgreich sein würde – der Lehrer war ein Quichua, der nur sehr wenig Huaorani sprach –, aber mir kam es als ein aufrichtiger Versuch vor, das Beste beider Welten miteinander zu verbinden. Für Moi war es »Erziehung für 5000 Jahre«.

Am Morgen blieb Ali daheim, weil er in der Baumschule, die er für Quehueire Ono angelegt hatte, nach dem Rechten sehen wollte. Ich watete mit Mois Schwester und Mutter durch den Fluß, um auf dem schmalen Weg zum kommunalen Haus zu kommen. Zu Hause liefen sie in Shorts herum, aber für die *asamblea* hatten sie saubere, weiße Blusen und Röcke in dem traditionellen Huaorani-Rot angezogen. Kanus mit ganzen Familien trieben den Fluß hinab, und auf dem Pfad drängten sich die Leute, die Töpfe mit *chicha*, Babys und Macheten trugen. Als wir das Zentrum des Dorfes erreichten, hatten sich dort schon wenigstens 300 Huaorani versammelt oder etwa 20 Prozent der gesamten Bevölkerung. Seit Tagen und Wochen waren sie unterwegs gewesen, reisten an aus Dayuno und Tzapino, aus Garzacocha und Toñampare, aus den meisten der 17 bekannten Huaorani-Siedlungen. Jene, die nicht kommen konnten, wie Penti aus Cononaco, hatten Botschaften geschickt. Jeder Gedanke, daß die ONHAE nicht repräsentativ für die Huaorani insgesamt wäre – diese Anklage wurde immer dann erhoben, wenn die ONHAE sich gegen die Company aussprach –, wurde durch eine derart breite Teilnahme an den *congresos* und *asambleas* zerstreut. (Auf den *asambleas*, die alle paar Monate stattfanden, diskutierten die Huaorani Probleme untereinander; ein *congreso* wurde für Wahlen einberufen und um sich formell an die Außenwelt zu wenden.) Die Huaorani traten für drei Tage zusammen, von morgens bis abends, bis jeder, der es wünschte, gesprochen hatte, und bis ein Konsens erreicht wurde. Dann wurde von abends bis morgens getanzt.

Nanto, Moi und Amo arbeiteten schon seit Stunden in der Halle und hatten die endgültige Tagesordnung für das Treffen aufgestellt. Ich sprach kurz mit ihnen. Sie waren empört. Enqueri war nicht gekommen, und er hatte den Termin für die *asamblea* nicht an alle Dörfer weitergegeben, wie er es versprochen hatte. Glücklicherweise hatte sich die Nachricht von allein verbreitet, denn im Huaorani-Territorium gibt es keine Geheimnisse. Aber Moi, Nanto und Amo waren nicht auf Enqueri böse, sondern auf Samuel Caento Padilla. Ein Gerücht aus Toñampare besagte, daß Samuel Enqueri davon abgehalten hatte, seine Arbeit zu machen, weil die *asamblea* als einen Punkt ihrer Tagesordnung den Tourismus im Huaorani-Territorium behandeln wollte, und Samuel wollte nicht, daß sein Geschäft bedroht würde. Und da verstanden sie auch, was bei ihrem Treffen in Quito mit William Hutton, dem *gerente* von Maxus, passiert war. Natürlich empörten sie sich darüber, obwohl sie mehr enttäuscht als wütend zu sein schienen. »Wir baten Samuel zu übersetzen, was wir sagten«, meinte Nanto zu mir, »wir baten ihn nicht, für uns zu sprechen.« Zudem zeigte ein neues Exemplar einer Zeitung aus Quito ein Foto von Samuel, das am Flughafen aufgenommen worden war. Im Bildtext hieß es, daß er auf dem Weg zu einer Versammlung in New York wäre, um »die Verteidigung der Menschenrechte der Huaorani« zu diskutieren. Nanto und Moi befürchteten, daß Maxus hinter Samuels Reise steckte.

Moi bat um meine Sonnenbrille, dann verschwanden die drei in der Halle und riefen die *asamblea* zur Ordnung.

Ich stand am Eingang der Halle und schaute von außen zu. Dutzende von Bänken aus Baumstämmen standen in dem Raum, und auf ihnen saßen jetzt Männer, Frauen, Kinder, ein Paar Klammeraffen an langen Leinen und ein Ara. Vorne in der Halle standen zwei Schulbänke. Amo saß in der einen und machte gewissenhaft Notizen, Nanto und Moi saßen abwechselnd in der anderen. Als Vizepräsident hatte Moi die Aufgabe, die Tagesordnung durchzuführen und die Redner zu begrüßen, aber Nanto war der Redner. »Die Huaorani leben gut, und sie werden weiterhin gut leben«, sagte er zur Eröffnung der Versammlung, »weil wir die tapfersten Leute am Amazonas sind und wir unser Land verteidigen werden!« Lauter Beifall erhob sich, aber Nanto schien dem keine Beachtung zu schenken. In Coca und in Quito hatte er oft den Anschein erweckt, verwirrt, gedankenverloren oder irgendwie »neben der Kappe« zu sein. Aber hier vor seinen Huaorani-Leuten schien er ein anderer Mensch zu sein. Er sah gut aus, hatte alles im Griff und wirkte überzeugend selbstsicher.

Mit kräftiger, klarer Stimme sprach Nanto länger als eine Stunde, obwohl er einmal fast ohnmächtig wurde. Da kam er heraus und sagte mir, daß sein Kopf weh täte und er Schmerzen im Rücken spürte. »Vielleicht habe ich verschmutztes Wasser getrunken, als ich Quemperi besuchte«, meinte er. Aber wahrscheinlich hatte er eine Gehirnerschütterung erlitten, als er aus dem Kanu fiel und mit dem Kopf auf den Felsen schlug. Er trank etwas Yupi, und so gestärkt ging er wieder in die *asamblea* und machte weiter.

Die *asamblea* war eine ernste Angelegenheit, aber sie paßte sehr gut in die Huaorani-Tradition des Feierns – des »alle Huaorani zu sehen, deren Gesichter bekannt sind«. Leute gingen in der Halle ein und aus. Vor der Halle, dicht am Fluß, brodelte in riesigen Töpfen Reis und Maniok, und die alten, langohrigen Krieger hielten sich dort auf. Manchmal saßen sie in der Versammlung, aber meistens überließen sie die Politik den jüngeren Huaorani und hoben sich ihre Beratung für später am Feuer auf. Besonders ein alter Mann stach hervor: Mengatohue, der letzte der wahren Huaorani-Schamanen.

Moi hatte gesagt, daß Mengatohue sein Großvater wäre. Es gab aber keine direkte Verwandtschaft. Für die Huaorani ist ein »Großvater« ein Lehrer, ein Mann, der die Jungen mit in den

Wald nimmt und das Wissen der Alten weitergibt. Beinahe jeder in Quehueire Ono nannte Mengatohue Großvater. Er war sechzig oder älter, keiner wußte das genau. Er war Quemperis Bruder und sah wie sein Zwillingsbruder aus. Er besaß keinen einzigen Zahn mehr, aber sein Haar war dick und schwarz, sein Körper ein einziges Muskelpaket. Er lief mit einem zehn Pfund schweren Wollaffen herum, der auf seinem Kopf an einer aus Chambira geflochtenen Leine saß. Mengatohue trug selten mehr als ein Paar verlotterte Shorts und oft nicht einmal das. Er trug auch ein Halsband, an dem ein Jaguarzahn und ein Zahnspiegel hingen. Und ständig hatte er einen Ausdruck vollständigen Versunkenseins, intensiver Konzentration: die Huaorani-Zone in ihrer höchsten Form (siehe Prolog). Wo immer er ging, wanderten seine Augen langsam über die Umgebung, als wollten sie jedes Detail erfassen und untersuchen, bis er sein Wesen verstand und aus ihm das herausgeholt hatte, was er gebrauchen konnte und das auch von seinem Vater und seinem Großvater gefunden worden wäre.

Ich verbrachte viel Zeit mit Mengatohue. Mit ihm durch den Urwald zu laufen war wie der Besuch einer riesigen Bibliothek mit einem Meisterbibliothekar. Gleichgültig, wie scheinbar wild ein Stückchen Erde aussah, es hatte seine Geschichte: Hier hatte er Chonta-Palmen gepflanzt, die Mois Kindern Holz für Speere liefern würden. Hier wuchsen Balsabäume auf einem früheren Maniokfeld und würden einmal für Ohrpflöcke und Flöße dienen. Hier war ein Mann mit Speeren getötet worden; hier tauchte hin und wieder ein Jaguar auf. Hier gab es Pflanzen zur Behandlung von Schlangenbissen, Diarrhöe, Hautausschlägen. Hier stand ein Büschel des Halluzinogens Ayahuasca, das bald reif wäre, um zu einem Tee gekocht zu werden. Ich begann, den Urwald nicht mehr als wild und unbekannt anzusehen, sondern als vom Menschen ebenso geformt und inventarisiert, geschaffen und unterhalten, wie der Mensch umgekehrt von ihm geschaffen und unterhalten wird.

Die Huaorani schrieben Mengatohue Gaben zu, die jenseits des Bereichs normalen menschlichen Wissens liegen. Er konnte in einen Ayahuasca-Rausch versinken und ein Jaguar werden. Er konnte ein gebrochenes Bein oder einen gebrochenen Arm heilen, indem er einen Affenknochen aufpfropfte. Er konnte Krankheiten durch Handauflegen diagnostizieren. Als Moi mich ihm vorstellte, nahm er meine Hand und schaute mir in die Augen, packte mich an den Ellbogen und schüttelte meine Arme, tastete meinen Nacken ab. Er knurrte etwas zu Moi.

»Was hat er gesagt, Moi?«

»Er sagt, du arbeitest zu hart.«

Viele Jahre lang hatte Mengatohue wie im Exil gelebt. Er war in der Yasuni-Gegend geboren, aber irgendwann in den frühen 70er Jahren trieben ihn die Missionare in ihr Protektorat. Es dauerte jedoch nicht lange, bis sie ihn als einen Zauberer verschrien, einen Agenten des Teufels, und ihn zwangen zu verschwinden. Seit damals betrachteten ihn die Yasuni-Indianer als »tot«, weil er den Clan verlassen hatte. Dorthin zum Leben zurückzukehren hätte Krieg bedeutet. Also wanderten er und seine Familie im Urwald umher, bis Quehueire Ono gegründet wurde. Zuerst wurde er mit Unbehagen akzeptiert. Unter dem Einfluß der Missionare und der *civilizados*-Schullehrer waren die jungen Huaorani damit aufgewachsen, Männer wie Mengatohue, die ihre Haare lang trugen und manchmal in die Schulen gingen, um den uniformierten Schülern zu zeigen, wie die Huaorani einmal gelebt hatten, lächerlich zu machen. Aber als Moi in der kulturellen Vergangenheit zu schürfen begann, nach allem, was den Huaorani helfen könnte, die Zukunft zu überleben, hatte er auch wieder begonnen Mengatohue zu verehren, und der Schamane konnte wieder etwas von seiner rechtmäßigen Stellung zurückgewinnen. Mois Beispiel folgend schnitten die Huaorani-Vertreter ihr Haar wie die Alten, hinten lang und vorne über der Stirn gerade. Häufig zitierten sie Mengatohue in ihren *oficios*. Moi nannte Mengatohue »der Kapitän«.

Bislang hatte jedoch nur Moi versucht, Mengatohue in die tiefere Welt des Urwalds zu folgen. Nur Moi hatte auch das Ayahuasca ausprobiert; nur Moi war daran interessiert, die Fähigkeiten des Schamanen zu erlernen. Nur Moi glaubte, daß in allem, was den Huaorani befohlen worden war, aus ihrer Vergangenheit zu entfernen, Wissen und Fähigkeiten zu finden sein könnten, die ihnen helfen würden, die Gegenwart zu meistern. Diese Überzeugung trennte ihn von Nanto, Enqueri und Amo, die zu den ersten Huaorani gehörten, die in einer Welt des ständigen Kontakts mit den *cowode* aufgewachsen waren, die sich nach draußen orientierten, weg vom Alten, auf eine Zukunft hin, die ihrem Verständnis nach, wie unausweichlich und unverständlich auch immer, doch eine *cowode*-Zukunft sein würde und die man nur überleben könnte, wenn man eine *cowode*-Lebensweise erlernte.

Es steckte Heroismus und etwas den Huaorani zutiefst Entsprechendes in der Tatsache, daß durch ONHAE derlei unvereinbare und einander widersprechende Visionen – Visionen, die eindeutig die Saat des Untergangs enthielten – zu etwas Einzigartigem und Lebenskräftigem verschmolzen. Ende der 80er Jahre zeigte sich die ecuadorianische Regierung bereit, den Huaorani Landtitel zu gewähren. Dadurch gerieten die Huaorani unter einen starken Druck, eine nationale Organisation zu gründen. Dahinter steckten CONFENIAE sowie das nationale Ministerium für Kolonisierung, die Missionare und das Militär. »*Mucha confusión*« (viel Verwirrung), sagte Moi über jene Zeiten. »Jeder erzählte den Huaorani, was sie tun sollten.« Zuerst wollten Moi und die Leute von Quehueire Ono ihre eigene Organisation gründen, getrennt von jenen Huaorani, die von den Missionaren beeinflußt waren. Aber die Art der Huaorani ist es nicht, einander auszuschließen, daher hatte es *asambleas* und *congresos* in Quehueire Ono und Toñampare gegeben, um das Problem zu diskutieren. Am Ende, im März 1990, kamen die Huaorani in einer Organisation zusammen. Die erste

Wahl wurde in Toñampare gehalten, wo es die größte Bevölkerung gab. Viele seiner Bewohner waren mit Nanto verwandt, und so wurde Nanto, zu Recht, auch zum Präsidenten gewählt. (Er besiegte einen Kandidaten, der von Rachel Saint unterstützt wurde.) Zu dem Zeitpunkt hatte Quehueire Ono schon die drittgrößte Bevölkerung im Territorium, und Moi wurde zum Vizepräsidenten gewählt. Amo kam aus dem kleineren Dorf Tzapino. Als Sekretär vertrat er Interessen, die außerhalb jener der großen Dörfer lagen.

Ali Sharif hatte ONHAE von Anfang an beobachten können. »Ich finde die Art und Weise, wie sie sich organisiert haben, unglaublich«, sagte er mir eines Nachmittags. »Es ist erst zwei Jahre her, aber ONHAE steht, lebt und ist wirklich. Es ist so eine harte Arbeit. Sie entzieht sie dem häuslichen Leben und dem Vergnügen, durch den Urwald zu streifen, dem Jagen und dem Zusammensein mit der großen Familie in ihrer Gemeinde. Ich meine, schau Amo an – er hat gerade ein Kind bekommen. Sie lieben ihre Kinder über alles. Es fällt niemals ein hartes Wort, es gibt nur Liebe. Sie reißen ein Tier in Stücke, aber wenn sie ein Kind sehen, gleichgültig wessen Kind es ist, dann lassen sie es auf sich herumkrabbeln. Du kannst verstehen, wie anstrengend die ONHAE-Arbeit ist. Sie brauchen eine Woche, um einen Brief aufzugeben, und dann stecken sie in Coca ohne Geld fest, ohne Essen, ohne Benzin für das Kanu. Sie tun das alles umsonst. Aber sie sind bereit, es bis zum Ende durchzuziehen, verstehst du?«

In gewisser Weise lastete die ONHAE am schwersten auf Moi. Im Gegensatz zu Nanto und Amo war er nicht verheiratet, und Heirat ist geradezu ein Eckstein in der Huaorani-Kultur. Daraus entsteht alles andere: Bündnisse, Arbeit, Spiel, Feste, Jagdrechte. Die entscheidendste Handlung für eine erfolgreiche Ehe ist schlicht und einfach, in der Nähe zu sein und die Partnerschaft vollständig zu teilen. Aber Moi war nie lange genug zu

Hause, um einen guten Gatten abzugeben. Er reiste ständig und weit weg. Er hatte sogar schon den Ozean gesehen (»Chong, das Wasser stand auf, bevor es das Land biß.«). Er hielt sich immer wieder in Coca auf und lebte ziemlich lange in Quito. Er verbrachte eine Zeit im Gefängnis. Soweit ich gehört habe, war er in Tena gewesen, einer Stadt in der Nähe von Coca, als die nationale indianische Föderation zu einem Streik aufrief und alle Überlandstraßen im Lande sperrte. Die Polizei in Tena sammelte damals alle Indianer, die sie greifen konnte, ein.

Moi kannte sogar Los Angeles. Ali Sharif hatte ihn einmal dorthin mitgenommen, um vielleicht für die Huaorani Hilfe zu bekommen. Es war eine kurze Reise, und sie verging wie ein Traum. Moi erinnerte sich nur an wenig, außer daß Los Angeles eine Stadt irgendwie auf der anderen Seite von Quito war, daß er eine gewisse Zeit in einem Flugzeug gesessen hatte und daß die Leute, die er getroffen hatte, Barbaren waren: Sie aßen kein Fleisch, nur Blätter. Er wollte nie mehr dorthin zurückkehren.

Mit 26 Jahren war es für Moi höchste Zeit, sich zu verheiraten. Aber die komplizierten Ehegesetze der Huaorani schränkten ernsthaft die Zahl der möglichen Ehefrauen ein, und Moi sagte, daß er daran dächte, eine *cowode* zu heiraten – eine Quichua vielleicht. (Die Huaorani-Männer denken, daß Quichua-Frauen sehr gute Ehefrauen abgeben, weil sie ruhig und schön sind und hart arbeiten.) Tatsache war aber, daß Moi von Frauen regelrecht paralysiert wurde – aus Schüchternheit. Sie waren die einzige Macht, im Urwald oder in der Stadt, soweit ich gesehen hatte, die in ihm so etwas wie Furcht hervorrufen konnte. Natürlich haben überall, wo ich mit Moi gereist bin, Frauen versucht, aus dem Nichts aufzutauchen und mit ihm in Verbindung zu kommen, aber er schien für ihre Aufmerksamkeiten immer blind zu sein. Aber ich war zufällig an dem Tag dabei, als er von einer langbeinigen, 21jährigen reichen Schweizer Erbin namens Marie geschnappt wurde. Es ist nur recht und billig zu sagen, daß nichts, was er im Urwald oder auf seinen Reisen gelernt hatte, ihn auf eine derartige *cowode*-Invasion vorbereitet hatte.

Marie war in den Sommerschulferien und stromerte durch Ecuador, als sie Moi in Coca traf. Damit tat sie nichts Ungewöhnliches. Ungewöhnlich war, daß sie den Weg nach Quehueire Ono fand, was dasselbe heißt, wie zu sagen, daß Cortés seinen Weg nach Mexiko fand. In Quehueire Ono hatte man niemals so etwas wie sie gesehen. Sie war mit der Präzision einer Schweizer Uhr gebaut und stolz darauf. Um zu schwimmen, zog sie alles bis auf die Shorts aus, dehnte und streckte sich so schmachtend, wobei die Sonne auf ihren langen, weißen Gliedern aufleuchtete, daß die Huaorani-Männer derart benebelt wurden, daß sie nicht essen konnten, was wirklich einer höheren Gewalt gleichkam. Sie erwies sich als wohlhabend in jeder Hinsicht und hatte die lauten, aggressiven Flirtmanieren und die sprunghaften Launen einer unsicheren, jungen, reichen Frau. Sie brauchte keine zwei Tage, um Quehueire Ono satt zu bekommen. Sie mochte das Essen nicht, und sie mochte die Wanzen nicht, und sie mochte nicht, was mit ihrer Haut passierte, und nach einer Weile mochte sie all die Leute nicht, die unbedingt sehen wollten, wie der Körper eines weißen Mädchens aussieht. (»Mager«, sagte Mois Mutter, »ich hoffe, sie wird gesund.«) Aber das hielt sie nicht davon ab, um Moi herumzuhüpfen, ihn zu berühren, seinen Arm zu nehmen und ihn hierhin und dorthin zu führen, ihm mit den Fingern durch die Haare zu fahren, ihn zu umarmen. Sie verlangte, daß ich Fotos mit ihrer Kamera machte. Die Huaorani staunten, alle, bis auf Moi, der Marie mit derselben Gleichgültigkeit zu sehen schien wie alle anderen *cowode*-Frauen, die er so oft anzog.

In der vergangenen Nacht jedoch hörte ich ihre Stimmen neben mir auf der Schlafplattform. Marie lag auf ihrer Matte ausgestreckt, Moi kniete über ihr.

»Ich lade dich ein, meine Frau zu sein«, sagte Moi.

»Du lädst mich ein, was zu tun?«

»Ich lade dich ein, zu bleiben und mit mir hier im Urwald zu leben, wo wir vor allen Gefahren der Welt sicher sind. Ich werde dich mit dem Herzen eines Jaguars beschützen, und wir werden viele Kinder haben.«

»Du bist so ein lieber Mann.«

»Ich habe diese Krone für dich gemacht.«

»Sie ist wirklich wundervoll. Danke dir.«

»Dann wirst du also meine Frau werden?«

»Oh, Moi, es tut mir so leid.«

Darauf herrschte Schweigen. Am Morgen kam der alte Dabo mit dem Kanu und fuhr mit Marie los in Richtung der Shiripuno-Brücke. Sie trug ihre Krone. Das elegante Mosaik aus Adler-, Tukan-, Eulen- und Truthahnfedern ähnelte sehr Mois Krone. Moi verabschiedete sich nicht von ihr. Er verschwand im Urwald hinter seinem Haus, wo er den Tag allein verbrachte und, untröstlich und verwirrt, ein Feld rodete. Den ganzen Tag lang konnte ich das stetige Hack-Hack seiner Machete hören, mit dem er seine Enttäuschung zu vertreiben schien.

Ich sah ihn erst spät in der Nacht, als ich aufwachte und er am Feuer saß. Er fühlte sich alt, sagte er. Seine Arbeit für die ONHAE hätte ihn zu lange von Quehueire Ono ferngehalten. Er sagte, es hätte eine Huaorani-Frau gegeben, die er mochte und die ihn gemocht hatte, aber jetzt sei sie mit einem anderen Mann verheiratet. Sie hätten Kinder. Vielleicht könnte er eine Frau in Quito finden, sagte er. »Was meinst du, Chong?« fragte er. »Würde eine *cowode*-Frau hierher kommen und mit mir leben?«

»Ich glaube, daß es schwierig für sie würde«, sagte ich. »Sie könnte es eine Zeitlang mögen, aber auf lange Sicht würde es schwer für sie sein.«

Er dachte darüber nach. »Ja«, sagte er. Dann mußte er sehr lachen, hielt seinen rechten Fuß hoch und wackelte mit den Zehen. »Und sie würde nicht kommen, um mit einem Mann zu leben, der keine Schuhe trägt, nicht wahr?«

Auf der dreitägigen *asamblea* verabschiedeten die Huaorani mehrheitlich mehrere Resolutionen. Darin ging es um Erziehung: Sie wollten Schulen, aber diese mit dem zweisprachigen Erziehungsprogramm der Regierung und unabhängig vom Einfluß der Missionare. Es ging um Tourismus: Sie lehnten ihn ab, es sei denn, es würde ein Programm aufgestellt werden, das ihnen eine Beteiligung erlaubte und die Kontrolle sicherte. Es ging um medizinische Versorgung: Die Regierung sollte ersucht werden, ein Programm zu finanzieren, um ihre eigenen Leute als Krankenpersonal auszubilden. Die beherrschenden Themen waren jedoch die Kolonisierung und die Company. »Wir sind gegen die Erdölentwicklung, aber wir wissen, daß wir sie nicht aufhalten können«, sagte mir Moi eines Nachts, nachdem die Diskussionen des Tages zu Ende waren und die nächtlichen Tänze begonnen hatten. »Was wir wollen, das ist ein Moratorium.«

»Was ist ein Moratorium?«

»Wir meinen, daß die Company zehn Jahre lang aufhören sollte. Das erscheint vernünftig. Jetzt passiert einfach alles viel zu schnell. Es gibt keine Kontrolle. Die Company zerstört den Urwald, und niemand kümmert sich um die Huaorani. Wir wollen, daß die Company aufhört und den Schaden berechnet, der bisher angerichtet wurde, und einen ernsthaften Plan unterbreitet, um in der Zukunft den Schaden zu begrenzen. Wir denken, daß das gerecht ist.«

Einiges von dem, das Moi sagte, war eindeutig von den *cowode* verschiedenster Schattierung aufgeschnappt. (Die Idee eines Moratoriums zum Beispiel kam von den Quichua.) Aber ich hatte kaum Zweifel, daß er durchaus verstand, was diese Dinge bedeuteten, und die Resolutionen, die aus der *asamblea* hervorgegangen waren, erwiesen sich als gut durchdacht.

»Ja, natürlich«, sagte Ali Sharif später. »Sie sind ausgezeichnete Beobachter. Ihr Leben hängt davon ab, alles, wirklich alles zu sehen. Wenn ihnen Zeit gegeben wird, um Entscheidungen zu treffen, in einem Tempo zu handeln, das ihnen angemessen ist, dann machen sie nicht viele Fehler. Sie führen nicht die Art Leben, das traditionellerweise Fehler verzeiht, verstehst du? Aber jetzt wird von ihnen verlangt, ja, sie werden gezwungen, Entscheidungen in unserem Tempo zu treffen. Zu oft müssen sie handeln, bevor ein Konsens erzielt wurde. Genau dann geschieht es, daß sie Fehler begehen. Wenn ihnen ein angemessenes Tempo und ausreichend Zeit gegeben wird, neigen sie dazu, auf die bestmögliche Weise zu handeln. Aber das Erdölgeschäft kennt keine Zeit.«

Am letzten Tag der *asamblea* befragte ich Nanto, Moi und Amo über die Petition, die der Sierra Club Legal Defense Fund (SCLDF) bei der Inter American Commission of Human Rights (Interamerikanische Kommission für Menschenrechte) eingereicht hatte. Die Petition behauptete, daß die Ölförderung im Huaorani-Territorium zum Ethnozid führen würde, und verlangte eine Untersuchung. Die Namen der Organisationen hatten die Huaorani nie gehört, und sie wußten nichts von der Petition. Das überraschte nicht. Die Petition war unter der Schirmherrschaft der CONFENIAE entworfen und eingereicht worden – drei Jahre später hatte immer noch kein Repräsentant des SCLDF das Huaorani-Territorium besucht. Gleichwohl waren Nanto, Moi und Amo fasziniert und erfreut, von den Anstrengungen zu hören, die zu ihren Gunsten unternommen wurden. »Laß die ganze Welt kommen und sehen«, sagte Moi. Und sie waren bereit, noch weiter zu gehen: »Wenn sie unsere Anwälte sind, müssen wir sie einladen, zu kommen und uns zu treffen.«

Wußte Amo, was ein Anwalt ist? »Ja«, sagte er. »Es ist jemand, der für dich spricht, wenn du nicht für dich selbst sprechen kannst.«

Nanto und Moi entschieden, daß Amo mit Ali und mir nach Coca zurückkehren sollte, um eine Schreibmaschine von den Kapuzinern zu borgen, sie auf seinem Rücken in das Territorium bringen, wo man dann eine Einladung an den Sierra Club Legal Defense Fund tippen wollte, die alle Vorstandsmitglieder unterzeichnen würden. Mit etwas Glück könnte Amo einen Abstecher in sein Dorf machen, um seine Frau und sein zwei Monate altes Mädchen zu sehen. Dann würde er nach Quito reisen. Da wäre Ali Sharif schon außer Landes, aber er könnte sich sowieso nicht, angesichts seiner prekären politischen Position, in die ganze Angelegenheit einmischen. »Chong«, sagte Moi, »Amo wird in dein Haus kommen, und du wirst den Brief in die Vereinigten Staaten von Amerika schicken.«

Es würde viele Monate, möglicherweise ein Jahr dauern, bis Ali in der Lage sein würde, nach Quehueire Ono zurückzukehren. Deshalb gab es in der letzten Nacht der *asamblea* eine *despedida*, eine Abschiedszeremonie. Alle 300 Huaorani stellten sich im Kreis um Ali auf, und zwei alte Männer sangen einen Segen, beschworen den Jaguar, ihn auf seiner Reise zu beschützen und ihn schnell und sicher wieder in das Land des Volkes zurückzubringen. Moi gab ihm eine Federkrone, der alte Pego einen Speer, den er auf einer *jornada* geschnitzt hatte. »Wenn du zurückkommst, Ali«, sagte Moi, »werden wir für dich eine Frau finden.«

Am nächsten Tag verließen wir mit Amo zu Fuß Quehueire Ono. Wir liefen zwölf Stunden und aßen erst etwas, bevor wir uns auf einer Lichtung in der Nähe der Shiripuno-Brücke zum Schlafen hinlegten und Amo einen in ein Bananenblatt gewickelten Reisball hervorholte. Er weigerte sich, selber etwas davon zu essen. Am Morgen hielten wir einen Laster an, und in Coca teilten wir uns eine Kokosnuß. Ich zeichnete Amo eine grobe Karte von Quito auf und markierte meine Wohnung und gab ihm das Geld für die 13stündige Busreise. Dann wünschten Ali und ich ihm Glück und auf Wiedersehen.

»Ich hoffe nur, daß Amos Brief jemandem in die Hände fällt, der etwas erreichen kann«, sagte Ali später. »Von uns gibt es eine Milliarde, aber von ihnen nur 1300. Wenn sie weg sind, dann sind sie weg.«

12

Amo kam niemals nach Quito. Er bekam den Bus, der Indianer und Kolonisten entlang der Vía Auca einsammelt. Nanto und ein anderer Huao, den sie Pancho nannten, saßen im Fahrzeug, während Amo auf dem Dach mitfuhr, wie er es oft tat. Was genau passierte, weiß keiner, jedenfalls fiel Amo herunter. Nanto und Pancho sahen Amo vom Dach fallen und schrien dem Fahrer zu anzuhalten. Der Fahrer fuhr langsamer, Nanto und Pancho sprangen im Fahren ab, der Fahrer gab Gas. Zwei Stunden lag Amo bewußtlos an der Straße, aber am Leben. Plötzlich setzte er sich auf, spuckte Blut, sagte: »Mein Kopf tut weh« und starb.

Vier Stunden später kam ein Lieferwagen von den Kapuzinern und nahm die Leiche nach Coca mit. Es gab keine Untersuchung, weder von dem Militär noch von der Polizei. Ein Arzt, der später Amos Leiche untersuchte, aber sich weigerte, eine Autopsie vorzunehmen, aus Angst, daß die Huaorani ihn für seinen Tod verantwortlich machen und Rache verlangen würden, sagte einem der Kapuziner-Priester, daß Amo mit dem Kopf mit solcher Gewalt auf den Boden aufgeschlagen wäre, daß ein kleiner Stein durch die Schädeldecke getrieben worden wäre und in der Kehle steckenblieb.

Ein paar Wochen später, als ich mit den Huaorani über Amos Tod sprechen konnte, fand ich niemanden, der glaubte, daß es ein Unfall gewesen wäre. Ich ging zuerst zu der Vía Auca. Amo war in der Nähe des Büros der Shuar-Kolonistenvereinigung gestorben, nicht weit von der Stelle, wo Babae und sein Clan lebten. Mehrerer der Clan-Mitglieder hatten seine Leiche gesehen.

»Er hatte ein rundes Loch in seinem Hinterkopf, und das Haar drumherum war verbrannt«, sagte Babaes Frau. »Es war ein kleines Loch, genau wie ein Loch von einer Kugel in einem Schwein, und man konnte die Stelle an seiner Kehle sehen, wo etwas versuchte herauszukommen. Wie sollte ein Stein da hinunterkommen?«

Von der Auca fuhr ich nach Toñampare, wo ich zuerst mit Nanto sprach. Obwohl er sagte, daß einige Wahrscheinlichkeit bestünde, daß Amo von einer Hexe verzaubert worden wäre, stimmte er dem weithin verbreiteten Glauben zu, daß ein Shuar, der auch auf dem Dach war, Amo in den Kopf geschossen hätte. »Ich hörte den toten Mann schreien«, sagte Nanto. »Dann hörte ich ein Geräusch wie einen Gewehrschuß. Als ich zum Fenster hinausschaute, flog er vom Dach. Er fiel nicht und versuchte nicht, beim Herabfallen nach etwas zu greifen, sondern er flog.«

Amos Leiche wurde zur Beerdigung nach Hause geflogen. Den Flug zu organisieren und zu bezahlen zählte zu den letzten Dingen, die Ali Sharif tat, bevor er in die Vereinigten Staaten abflog. Nanto sagte, daß Enqueri Amos Aufgaben als Sekretär übernehmen würde. Auch er glaubte, daß Amo ermordet wurde. »Die Shuar wollen unser Land«, meinte Nanto. »Sie glauben, sie könnten es bekommen, indem sie uns töten.« Enqueri, sagte er, wäre wütend und hätte Angst. Von Amos Großvater wurde unterdessen gesagt, daß er außer sich wäre vor Kummer und Zorn. Quemperi, so hieß es, dächte über Rache nach.

Zufällig kam ich in Toñampare an, einen Tag bevor eine *asamblea* veranstaltet wurde, um über die Company zu diskutieren. Ich traf Salomón, in dessen Hütte ich bei meinem ersten Besuch geschlafen hatte. Er führte mich durch Toñampare den Pfad hinunter zu der Lichtung, wo Enqueris Familie ihr Haus gebaut hatte. Wir fanden den Condorito in seiner Hängematte in den

Himmel starrend. Er sprang heraus und umarmte mich. »José!« rief er. »Du bist wiedergekommen, um mit den Huaorani zu leben!«

Es war sechs Monate her, daß ich Enqueri zuletzt gesehen hatte. Inzwischen trug er seine Haare wie Nanto und Moi, vorne kurz, hinten lang und zu einem Pferdeschwanz zusammengebunden. Seine neue Brille hatte eine elegante Stahlfassung. Unter den richtigen Umständen hätte man ihn für einen jungen Latino-Hipster halten können, zumindest, solange man nicht seine eigenartigen, sandalenähnlichen Schuhe anschaute, die er aus billigen Gummistiefeln geformt hatte, indem er deren Schäfte und Kappen abgeschnitten hatte. Sie waren mindestens zwei Nummern zu klein für ihn, und seine Zehen ragten über die Sohle hinaus.

»Wie geht es deiner Frau, Enqueri?« fragte ich, und Salomón brach in ein heulendes Gelächter aus.

»Ich habe mich nicht verheiratet«, sagte Enqueri.

»Warum nicht?«

»Sie ist in ein anderes Land gezogen.«

»Welches Land?«

»Ecuador!«

»Erzähl José von dem Ding!« meinte Salomón.

»Das Ding!« sagte Enqueri. Er blinzelte zu Salomón, beide erstickten fast vor Lachen. »Das Ding« stellte sich als ein Penisring heraus. Enqueri hatte so etwas bei einem Australier gesehen, der ins Territorium gekommen war und das Übliche tat: wie ein Indianer zu leben – wie er sich das so vorstellte. Er rannte ein paar Wochen lang nackt herum, bis ihn die Wanzenbisse und die Hautpilze zum Wahnsinn trieben.

Enqueri bastelte sich selbst einen Ring. Eines Tages, als er durch das Territorium lief, machte er in dem Dorf Damuintaro halt, einer evangelikalen Siedlung, und ging zum Wasser hinunter, um zu baden. Er badete nackt, was die Missionare verbieten, »weshalb ich mich hinter einem Felsen versteckte. Ich legte mein

Ding auf den Felsen, dann kamen ein paar Leute zum Fluß herunter. Als ich aus dem Wasser kam, war mein Ding weg! Jetzt habe ich also eine Stelle für ein Ding, aber kein Ding!«

»Enqueri hat kein Ding für sein Ding!« sagte Salomón. »Paß auf dein Ding auf, Condor! Das werden sie als nächstes klauen!«

Als ich ihn jedoch über Amo befragte, wurde der Condorito trübsinnig. In vieler Hinsicht betraf ihn Amos Tod direkter als sonst jemanden, weil er jetzt der Sekretär der ONHAE war. »Ich glaube, daß die Shuar eine Absprache mit dem Busfahrer getroffen hatten«, sagte er. »Es war ein Mord. Die Shuar hatten dem toten Mann gesagt, daß sie ihn töten würden, wenn er ihnen kein Land gäbe. Das letzte Mal, als ich aus dem Territorium kam, hielten mich die Shuar an und sagten: ›Wir werden mit dir machen, was wir mit dem toten Mann gemacht haben.‹ Ich sagte ihnen, sie müßten alle Huaorani töten, bevor sie unser Land bekommen würden. Ich war alleine, sonst hätte ich mit ihnen gleich dort gekämpft.« Enqueris Idee, mit irgend jemandem zu kämpfen, schien lächerlich, doch zweifelte ich nicht, daß er es ernst meinte.

Die *asamblea* begann an jenem Nachmittag. Sie verlief etwas anderes als jene, die ich in Quehueire Ono erlebt hatte, weil sie hauptsächlich von den Einwohnern Toñampares besucht wurde. Aber es handelte sich dennoch um eine wichtige Zusammenkunft, weil beinahe ein Fünftel der Huaorani-Bevölkerung in Toñampare lebte. Noch bedeutsamer war vielleicht, daß Moi fehlte. Es gäbe Probleme, sagte Enqueri, aber er wolle sie nicht diskutieren. Er würde nur berichten, daß Maxus den Huaorani einen Vertrag angeboten hätte und daß sie darüber reden sollten.

Die *asamblea* wurde in der Schule von Toñampare abgehalten. Es nahmen vielleicht 80 Huaorani daran teil. Die Schule war bei weitem großartiger als irgend etwas anderes in Quehueire Ono. Sie verfügte über Tafeln, einen hölzernen Fußboden, Gitter vor den Fenstern und ein Wellblechdach. Die *asamblea* selber jedoch war bei weitem weniger beeindruckend. Nanto schmiß den Laden. Seine Mutter hatte ihm mit schwarzer Farbe Jaguar-Schnurrbarthaare ins Gesicht gemalt, und er sowie Enqueri trugen Kronen. Sie quetschten sich vorne in eine winzige Schulbank für Kinder und wirkten dabei sehr komisch, weil sie wie große Kinder aussahen.

Nanto schien sowohl müde als auch wütend und unruhig zu sein. Beim Sprechen zeigte er wenig von der Zuversicht oder der Autorität, die er in Quehueire Ono an den Tag gelegt hatte. Er hielt, begann von neuem und schaute an die Decke oder zum Boden. Darüber mußte man sich nicht wundern. Amos Tod war schockierend genug gewesen, und es gab Gerüchte, daß die Shuar gegen Nanto Todesdrohungen ausgestoßen hätten. Noch einschüchternder aber war die Anwesenheit von Rachel Saint, die sich hinten in die Versammlung gesetzt hatte und wütend Notizen machte und immer wieder den Ablauf unterbrach und Nanto oder Enqueri oder die Leute anschrie. Ich konnte nichts von dem verstehen, was sie sagte, weil die ganze Versammlung auf Huaorani geführt wurde, aber es war nicht schwer, die nervösen Blicke zu lesen, die Enqueri in ihre Richtung warf, wenn sie etwas sagte. Es war dieselbe schafsmäßige Art, die er gezeigt hatte, als ich ihn im Jahr zuvor Bibelgeschichten in der Kapelle erzählen gehört hatte.

Wie sich herausstellte, blieb Moi wegen Rachel der Versammlung in Toñampare fern. Er wollte ihre Gegenwart auf so einer Versammlung nicht dulden. Aber Moi unterschied sich natürlich grundlegend von Nanto und Enqueri. Er hatte sich schon lange Rachels Einfluß entzogen. Mit seinen Leuten hatte er eine neue Heimat gegründet, an einem Ort, wo noch wilde Tiere durch den Urwald liefen, wo die Leute sangen und nackt herumliefen und der Schamane in Jaguarzungen redete. Aber Nanto und Enqueri waren mit Rachels Uniformen aufgewachsen, und sie hatten Rachels Essen gegessen und waren in Rachels Flugzeugen geflogen und hatten in Rachels Schulen gelernt. Sie hatten gelernt, daß die Art und Weise, wie ihre Eltern jagten, und die Art, wie sie aßen, und die Art, wie sie sich anzogen, und die Art, wie sie sich liebten, böse wären. Wenn sie bis zu einem gewissen Grad mit der Zeit auch gelernt hatten, Rachels Lehren zurückzuweisen, so gab es doch ganz klar einen Teil von ihnen, der sich ihr niemals völlig entziehen konnte.

Nach der Versammlung erzählte mir Enqueri, daß die Leute momentan nicht bereit waren, das Abkommen mit Maxus zu unterzeichnen. Aber er war besorgt. Er selbst wollte keinen solchen Deal machen, aber er sagte: »Die Company sitzt Nanto auf dem Kopf.«

Später ging ich Rachel Saint besuchen. Sie sagte mir, daß Texaco und Petroecuador und das ganze übrige Öl schlecht gewesen wären, daß aber Maxus etwas ganz anderes wäre. William Hutton wäre genau wie sie ein gläubiger evangelikaler Christ, und er hätte bereits Gelder für eine Sekundarschule in Toñampare bereitgestellt. Rachel koordinierte den Bau und die Einstellung des Lehrpersonals mit der christlichen Mission in Quito. »Bill Hutton ist ein guter Christ«, sagte sie. »Und er sagt, daß er auch ein Umweltschützer sei. Ich glaube nicht, daß die Aucas etwas Besseres finden können.«

Ich sagte, daß ich mit Moi gesprochen hätte und daß er entschieden gegen Maxus wäre.

»Moi?« sagte sie, als ob sie sich erinnern wollte, wer er wäre. »Ist das nicht der aus dem Rebellendorf? Mit der kommunistischen Schule? Ich schätze, daß er eine Menge trinkt.«

»Ich habe ihn niemals betrunken gesehen.«

»Na ja, gut. Er ist etwas verrückt.«

Am Abend erzählte mir Nanto, daß Maxus einer Gruppe von Huaorani aus der christlichen Siedlung in Shell den Flug nach Toñampare zur *asamblea* bezahlt und den Huaorani 200 Pfund Reis gekauft hätte, genug, um alle auf der *asamblea* satt zu bekommen.

»Heißt das, daß du mit der Company arbeitest?« fragte ich.

»Nein!« sagte er entschieden. »Es war nur die einzige Möglichkeit, daß jeder zu essen bekam.«

Oberflächlich gesehen oder zumindest für das Denken eines *cowode*, schienen Nantos Annahme von Reis und seine Ablehnung, mit der Company zusammenzuarbeiten, widersprüchlich zu sein. Aber ich begann zu begreifen, daß es aus der Huaorani-Perspektive nicht notwendigerweise so ist. Im Grund sehen die Huaorani es als ihr Recht an, alles von welchem *cowode* auch immer, der ihnen über den Weg läuft, entgegenzunehmen und keine Verpflichtung für eine Gegenleistung zu empfinden. So ist es auch unter ihnen: Ein Geschenk anzunehmen verpflichtet einen keineswegs, es mit Gleichem zu vergelten. Der Akt, nicht das Geschenk, ist der eigentliche Kern der Transaktion, denn es zeigt, daß der Geber in einer Lage ist, für *abundancia* zu sorgen, daß er oder sie teilen können, ohne Furcht vor einer kommenden Not zu haben. Natürlich betrachten die Huaorani die Beschaffung von Gütern von der Company als wesentlicher als den Empfang von bloßen Geschenken. Für sie ist es eine ebenso spezifische und notwendige Fähigkeit des Überlebens im Urwald geworden, so wie das Jagen von Affen oder Sammeln von Ungarawa-Nüssen. Was bleibt, ist jedoch der Glaube, daß sie in keiner Schuld oder Verpflichtung stehen. Dies und die absolute Überzeugung, daß sie die Herrscher ihres Landes sind und in keiner Weise ihr Recht verwirkt haben, die Company – oder jeden anderen *cowode* – zu vertreiben, wann immer sie wollen.

Während ich mich in Toñampare aufhielt, brach ein Ventil einer Ölquelle in der Nähe des Napo oder wurde vergessen zu schließen. Zwei Tage und Nächte lang floß Rohöl in den Fluß – mindestens 84 000 Liter und vielleicht bis zu 320 000 Liter –, was eine Ölschicht erzeugte, die auf über 60 Kilometer von Ufer zu Ufer reichte. Ecuadors unterhalb gelegene Nachbarn Peru und Brasilien erklärten den Ausnahmezustand, aber Petroecuador verniedlichte das Problem. »Es sieht viel schlimmer aus, als es ist«, sagte ein Sprecher. »Das Wasser darunter ist ausgezeichnet.« Drei Wochen später barst die eigentliche Pipeline im andinischen Vorgebirge, das sich auf der einen Seite des Napo erhebt, wobei weitere 130 000 Liter in das Flußsystem flossen.

Als ich nach Quito zurückkam, rief ich das Maxus-Büro an und versuchte, mit William Hutton ein Interview zu verabreden. Ich hatte es schon früher versucht und war höflich, aber entschieden abgewiesen worden. Señor Hutton wäre nicht in der Stadt; Señor Hutton wäre in einer Versammlung. Diesmal jedoch wurde mir die Gelegenheit geboten, mit einem hohen Angestellten zu sprechen, der an der Ausarbeitung eines Abkommens mit den Huaorani beteiligt wäre. Ich nahm ein Taxi und fuhr in das *petrolero*-Viertel.

Das Maxus-Büro war nicht schwer zu finden; sie hatten die Büros von Conoco übernommen. Statt des Schildes mit CONOCO hing jetzt eines mit MAXUS da, sonst hatte sich nicht viel geändert. Dieselben bewaffneten Wächter schoben mich in das Foyer; dieselben Sekretärinnen begrüßten mich oben im zehnten Stock; das Büro, in das ich geführt wurde, bot denselben Millionen-Dollar-Blick auf die schneebedeckten Vulkane, die Quito umgaben; und der Sprecher, mit dem ich zusammensaß, war derselbe sorgfältig manikürte Ecuadorianer Jorge Jiménez, der schon bei Conoco einen ähnlichen Posten innehatte. Die grundlegende Position hatte sich auch nicht verändert. »Das Öl kommt aus dem Boden«, sagte Jiménez. »Wir müssen nicht mit den Huaorani verhandeln; wir brauchen ihre Zustimmung nicht. Aber wir wären gern gute Nachbarn. Wir würden gerne fair sein.«

Er gab mir eine Kopie des Maxus-Management-Plans für Block 16. Er war in jeder Hinsicht identisch mit dem alten Conoco-Plan. Es hatte keine unabhängige Überprüfung des Plans gegeben und nur eine scheinbare öffentliche Beteiligung an seiner Ausarbeitung. Die Huaorani bekamen ihn erst drei Jahre nach seiner Fertigstellung zu Gesicht. (Später, als ich meine spanische Kopie Enqueri zeigte, konnte er es nicht glauben. Er las eine Seite laut vor, auf der stand, daß die Entwicklung »keine Bedrohung der Gesundheit, Sicherheit oder langfristigen Wohlfahrt« der Huaorani darstellen würde. »Haben diese Leute jemals den Oriente gesehen?« fragte er.)

Ich fragte, wie die Company behaupten könne, daß ihr Projekt die Huaorani nicht bedrohen würde. Jiménez, der ein Diplom als Erdölingenieur von der Universität in Texas hat, sprach fließend Englisch. »Na ja«, sagte er nach einer Pause, »Sie haben recht. Niemand weiß, wie die Auswirkungen sein werden. Es gibt da so viele Dinge zu berücksichtigen: Die Straße, die Flüsse, wie die Jahreszeiten die Arbeit beeinflussen.« Er seufzte. »Ja, ich muß sagen, daß es Auswirkungen geben wird.«

Laut einer Studie, die von der Conoco in Auftrag gegeben worden war, würde die verheerendste Auswirkung der Entwicklung von Block 16 in der Kolonisierung der Maxus-Straße liegen. Ecuador hat die größte Bevölkerungsdichte in Südamerika und die höchste Bevölkerungswachstumsrate, und der Druck, jeden Quadratzentimeter Land zu kolonisieren, ist enorm. Der Bericht hatte die Conoco gewarnt, daß für die Huaorani »jeder weitere Landverlust in Entfremdung von ihrer Kultur und Genozid münden würde«. Aber nirgendwo in ganz Amazonien, geschweige denn in Ecuador, war irgend jemand in der Lage gewesen, die Kolonisierung einer Straße zu verhindern, außer, wenn sie nicht gebaut wurde. Maxus hätte Block 16 mit Hilfe von Helikoptern entwickeln können, aber das hätte einen Einschnitt in die Profite bedeutet. Statt dessen schlug Maxus ein System von Wachen und Toren vor. Schließlich sagte Jiménez: »Ich glaube wirklich, daß die Kolonisten, sobald sie begreifen, daß die Straße indianisches Land ist, wenn sie begreifen, daß das Land anderen Menschen gehört, daß sie es dann respektieren werden.«

Obwohl das Projekt die Huaorani am härtesten treffen würde, beginne die Straße auf Quichua-Territorium in der Nähe des Flusses Napo. Jiménez machte nicht viel Federlesens mit der Maxus-Strategie bezüglich des Vertrages, der mit den Quichua ausgearbeitet worden war: Teile und herrsche. Die Company hatte CONFENIAE übergangen und war direkt zu den Quichua-Gemeinden gegangen, durch die ihre Straße führen würde, und sie zum Unterschreiben gebracht. Valerio Grefa hatte über diesen Einbruch in seine Domäne, wie er meinte, getobt; Jiménez zeigte sich ungerührt. »Ich könnte jetzt sofort Valerio Grefa anrufen und einen Deal mit ihm machen. Wir könnten eine Stiftung einrichten und ihn zum Präsidenten machen, und er würde sofort unterschreiben. Ich meine das nicht negativ. Er ist ein sehr guter Geschäftsmann; er würde einen sehr guten Deal ausarbeiten. Aber es gäbe dann keinerlei Garantie dafür, egal, was wir ihm geben würden, daß es den Gemeinden zugute käme, die die Auswirkungen unserer Arbeit zu spüren bekommen«, erläuterte er.

»Lassen Sie mich etwas sagen«, fuhr er fort. »Ich habe hiermit seit drei Jahren zu tun. Ich bin in die Quichua-Gemeinden gegangen, und ich bin in die Huaorani-Gemeinden gegangen. Ich weiß mehr, was dort vor sich geht, als Valerio Grefa weiß, und ich weiß mehr, als die Umweltschützer wissen, weil ich mich selbst kundig gemacht habe. Verstehen Sie, was ich meine? Ich will Ihnen sagen, was im vergangenen Jahr passierte, als in Pompeya, der Quichua-Gemeinde, wo die Straße ihren Ausgang nimmt, eine große Versammlung stattfand. An dem Tag sollte eine Sonnenfinsternis eintreten. Ich wußte, daß ich sprechen sollte, und ich bin kein guter Redner, und ich machte mir Sorgen. Was wird passieren, wenn es plötzlich dunkel wird? Was werden sie von mir denken? Was könnten sie mir antun? Aber ich stellte mich vor die Quichua hin und sagte, ich sei gekommen, um für mich selbst zu sprechen. Ich wüßte, daß sie keinen Grund hätten, mir zu trauen oder den Leuten, für die ich arbeite, weshalb ich sie bäte, uns nach dem, was wir tun, zu beurteilen. Versucht es mit uns und seht, ob wir unser Wort halten werden. Und damit endete ich und setzte mich. Dann trat die Sonnenfinsternis ein. Es wurde nicht allzu dunkel, und alles schien gutzugehen. Am folgenden Tag sagten sie, in Ordnung, wir unterzeichnen den Vertrag. Gewiß, sie unterzeichneten mit Maxus, aber sie unterzeichneten auch mit mir. Verstehen Sie, was ich meine?

Vor drei Wochen ging ich nach Toñampare, um über den Vertrag zu reden. Und die Huaorani sagten: ›Wir wollen eine Mittelschule.‹ Ich sagte: ›Ja, wir werden eine bauen. Wir haben bereits einen Vertrag mit einem Unternehmer geschlossen. Und wir werden für einen Lehrer Flüge bereitstellen und Geld für Bücher und Pulte. Ohne Bedingungen.‹«

Aber ich war in Toñampare gewesen, und ich hatte über die neue Schule von Rachel Saint gehört. Die evangelikalen Missionare koordinierten sie, und sie sind bekannt dafür, daß sie das zweisprachige Erziehungssystem, für das sich die Huaorani ausdrücklich ausgesprochen hatten, strikt ablehnen. Als ich Jiménez darauf hinwies, schien er überrascht zu sein. »Ich bin ein überzeugter Anhänger des zweisprachigen Systems«, erklärte er. »Wenn man die Sprache verliert, dann verliert man die Kultur.« Stolz zeigte er mir zwei zweisprachige Bücher in Farbe, die Maxus für die Quichua produziert hatte. »Meine eigene Tochter mag diese hier.«

William Hutton hatte natürlich seine eigenen Vorstellungen von der Erziehung der Huaorani. Hinsichtlich der Mittelschule war es gleichwohl nicht die offene Bosheit der Company, sondern die versteckte Bosheit eines Systems, das sich bei jeder Gelegenheit verschwor, um die Huaorani politisch machtlos zu halten. Allzu häufig wurde jeder außerhalb der Company oder der Regierung, der den Huaorani zu helfen versuchte, mit Deportation, Gefängnis oder Schlimmerem bedroht. Die Huaorani wurden gezwungen, Verträge und andere Vereinbarungen ohne Beratung mit Anwälten oder Experten zu schließen, und sie waren sich beinahe überhaupt nicht ihrer Rechte nach ecuadorianischem Gesetz bewußt.

Als ich diese Gedanken Jiménez gegenüber äußerte, machte er ein echt überraschtes Gesicht. »Die Huaorani brauchen keine Berater«, sagte er. »Warum sollten sie? Wir werden mit ihnen einen fairen Vertrag schließen. Es wird ein einfacher Vertrag sein. Er wird sogar so einfach sein, daß sie nicht einmal Hilfe brauchen werden, ihn zu lesen.«

Ich ging in das Büro von Dr. David Neill in Quito, ein assoziierter Kurator des Missouri Botanischen Gartens. Maxus hatte Neill angeworben, den Wald, der beim Straßenbau in Block 16 zerstört werden würde, zu katalogisieren und neu anzupflanzen. Mit großem Getöse hatte man auf Neills Projekt verwiesen als Beispiel dafür, daß man Öl aus dem Urwald holen könne, ohne dauerhafte Schäden zu hinterlassen. Neill begann mir sein Wiederaufforstungsprogramm zu erklären, hielt dann inne, stieß einen tiefen Seufzer aus und sagte: »Technisch könnte unser Programm funktionieren, wir können Bäume pflanzen, aber was, wenn jemand kommt und sie umhaut? Ich bin nicht optimistisch. Die Leute müssen überleben. Die Kolonisten werden dort eindringen, weil sie keine Alternative haben.«

Eines der Rechte, das nominell den Indianern in Ecuador zusteht, lautet, daß sie vor Kontakten mit privaten Erdölinteressen geschützt werden sollen. Manuel Navarro, der Beauftragte von Petroecuador zur Kontrolle der Beziehungen zwischen Indianern und der Company, sagte mir, daß es nach ecuadorianischem Recht ausländischen Ölgesellschaften verboten ist, direkt mit indianischen Gruppen zu verhandeln, weil jeder derartige Kontakt die Indianer gefährde. (Genau dieses Gesetz war es, hinter dem sich Gesellschaften wie ARCO und Texaco versteckten, wenn sie angeklagt wurden, die Indianer, auf deren Land sie nach Öl bohrten, außer acht zu lassen.)

Ich sprach mit Navarro in seinem Büro in Quito. Am selben Tag, so sagte er, hätte er einen Brief an Maxus geschrieben, weil er gehört habe, daß Maxus die Huaorani gespalten hätte, indem man zwischen den verschiedenen Gruppen »Haßgefühle« schürte.

Warum würde er, fragte ich, Maxus erlauben, direkt mit den Huaorani zu verhandeln?

Navarro lächelte, zog die Augenbrauen zusammen und zwinkerte, als ob er eine Vorlesung über die Grundlagen der Petroleum-Juridik halten wollte: Maxus gefiele dieses Gesetz nicht, deshalb hielte man sich nicht daran. »Sie haben kein großes Vertrauen in uns«, erklärte er.

Folglich war es Bestandteil des Abkommens, das der Company erlaubte, Öl im Huaorani-Territorium zu fördern, daß die ecuadorianische Regierung grundsätzlich Maxus die Sorge um Gesundheit und Erziehung der Huaorani zugestanden hatte, so wie sie es früher mit dem Summer Institute of Linguistics gehalten hatte. Die Bürokraten der Regierung hatten Dutzende verschiedene Gründe, dies zu rechtfertigen, aber der Kern der Angelegenheit war der, daß sie nur allzu glücklich waren, sich nicht mit den Huaorani herumschlagen zu müssen.

Moi zumindest brachte letztlich alles auf einen einfachen Nenner: »Wir sind wie Fleisch verkauft worden.«

III

Unter den Kannibalen

13

Ich erhielt eine Menge merkwürdiger Telefonanrufe in Quito. Die Leitung krachte und brach zusammen ohne jede Logik. Ein Anruf aus den Vereinigten Staaten konnte glasklar sein, und ein Anruf aus derselben Straße hörte sich wie ein Unwetter an. Oder das Telefon klingelte einmal und hörte dann auf. Fünf Minuten später hob ich den Hörer ab und fand jemanden in der Leitung. Oder drei oder vier Leute. Eines Tages klingelte das Telefon, ich antwortete mit hallo, und hinter starken Störungen konnte ich eine leise, ferne Stimme hören. »José«, sagte sie. »Wechsel.« Und dann nichts.

»Hallo?« sagte ich nochmals.

»José. Wechsel.«

»Hallo, hier ist José«, brüllte ich. »Wer spricht?«

»José. Wechsel.«

Ich legte auf, aber ein paar Minuten später klingelte das Telefon wieder, es lief wieder dasselbe ab. Diesmal war die Stimme jedoch lauter, und ich glaubte, einen leicht nasalen Ton herauszuhören. »Moi?« fragte ich. Nichts. »Nanto?« Nichts. »Enqueri?«

»Ja! Wechsel.«

Später erfuhr ich, daß die Huaorani am Telefon redeten, als säßen sie einem gegenüber. Man erwartete von mir zu wissen, wer am Apparat war, ohne daß es mir gesagt wurde. Was *cambio* anbetraf, das spanische Wort für »Wechsel«, so war es das Äquivalent für das international gebräuchliche Wort »over«. Enqueri war vielleicht ohne Telefon aufgewachsen, aber er hatte schon seit langem den Fachjargon des Funkens gelernt.

»Enqueri, wo bist du?«

»Ich bin hier. Over.«

»Wo?«

»Ich spreche mit dir. Over.«

»Ja, aber wo? Welcher Ort?«

»Ich bin in Quito! Ich komme zu dir in dein Haus! Over.« Er hatte das Büro des Rainforest Information Centre gefunden, aber Ali Sharif war schon in die Vereinigten Staaten von Amerika geflogen, und Enqueri kannte niemanden der anderen Kannibalen. Er sagte, daß er die Karte hätte, die ich für Amo gezeichnet hätte, und daß er zu meiner Wohnung ohne meine Hilfe finden würde. Ich konnte ihn nicht davon abbringen; allerdings war es ein kleiner Trost, daß das RIC-Büro nur ein paar Blocks entfernt lag.

»Enqueri, bist du allein?«

»Ja. Over.«

»Sei vorsichtig. Komme direkt hierher.«

»Ich bin gleich dort. José, ich brauche Schuhe! Over.«

Ich rannte auf die Straße hinunter und wartete. Ich wartete drei Stunden. Schließlich entdeckte ich Enqueri, wie er angelatscht kam, feierlich und zielbewußt. Er hatte gesagt, daß er tatsächlich allein wäre. Aber hinter ihm lief eine Reihe von sechs Huaorani, die langsam und schweigend hintereinander auf dem Trottoir entlangschlenderten. Nanto, seine Frau Alicia, auf ihrem Rücken die zweijährige Tochter Rocia, Salomón hingen kleine Basttaschen über der Schulter, Enqueri und Nanto trugen Speere. Alicia hatte ein rotes Baumwollkleid an, die Männer T-Shirts und Bluejeans. Ihre Kleidung war sauber, aber dünn, daher zogen sie die Schultern vor der kühlen Andenluft ein. Als sie vor mir standen, machten sie einfach halt, standen auf dem Trottoir und schauten zum Boden oder in die Luft, als warteten sie auf ein Signal.

Ich streckte ihnen meine Hand entgegen, und jeder tat einen kleinen Schlag darauf.

»Gutes Leben«, sagte ich. »Seid ihr noch am Leben?«

»Wir sind noch am Leben«, sagte Enqueri.

»Wir sind hungrig«, sagte Nanto.

»Wir frieren«, sagte Enqueri.

»Wir kamen mit einem Taxi von der Busstation«, sagte Nanto.

»Der Taxifahrer nahm unser ganzes Geld«, sagte Enqueri.

»Kommt«, sagte ich.

Sie fuhren schweigend im Fahrstuhl hinauf. Sie sahen verängstigt aus. Nachdem wir in meiner Wohnung waren, drückte Enqueri die Tür zu, um sicherzugehen, daß sie richtig schloß, dann schob er alle drei Riegel vor. »Jetzt sind wir sicher«, sagte er. »Wo hast du deine Kleider?«

Bevor ich ihm antworten konnte, hatten die Huaorani sich in der Wohnung verteilt, tauchten aus den verschiedenen Zimmern auf und trugen Jacken, Pullover, Trainingshosen, Hüte, Sonnenbrillen und Salomón meine Krawatte, die er sich wie eine Krone um den Kopf gewickelt hatte. Nanto stellte das Radio an, fand *rocnrol* und drehte auf volle Lautstärke. Die anderen ruhten auf dem Boden, auf dem Sofa, und innerhalb von Minuten schienen sie in einem Glückszustand zu sein, der den äußeren Anzeichen nach fast so vollständig war, als würden sie in ihren Hängematten im Urwald liegen.

Ich ging in die Küche, um ein paar Hühnchen zu braten. Alicia folgte mir auf Schritt und Tritt und machte alles nach, was ich tat. Sie öffnete den Kühlschrank, sie drehte den Wasserhahn auf. Wenn ich zum Herd ging, ging sie zum Herd, ging ich weg, ging sie auch weg.

»Was tust du?« fragte ich.

Sie lachte scheu. »So kann ich deine Welt kennenlernen«, sagte sie.

Ich zeigte ihr, wie man die Hühnchen brät, dann brachten wir sie hinaus auf den Tisch mit ein paar Bananen und Avocados, Brot, einer Ananas und drei Büchsen Thunfisch. Als wir mit dem Essen fertig waren, sagte jeder der Huaorani danke. Sie trugen die Teller in die Küche und wuschen alles ab. Als sie wieder ins Wohnzimmer kamen, öffnete Enqueri die Basttasche und zog eine Hängematte heraus. Es war eine wundervolle Arbeit, aus Palmschnur gewoben und im traditionellen Huaorani-Rot mit Achiote-Samen gefärbt.

»Das ist für dich«, sagte Enqueri. »Meine Mutter hat sie gemacht.«

»Sie ist wunderschön«, sagte ich. »Sie muß hart gearbeitet haben.«

»Drei Wochen«, sagte Enqueri. »Manchmal machte sie eine Pause, weil ihre Hände vom Arbeiten anschwollen.«

Ich bot ihm an, dafür zu bezahlen, aber davon wollte er nichts wissen.

»Wo werden wir schlafen?« fragte er.

Wir holten drei Matratzen vor und legten sie nebeneinander ins Wohnzimmer. Enqueri zog es vor, alleine im Arbeitszimmer zu schlafen, aber die anderen zogen Tücher aus ihren Netzen und gaben sie mir. Nanto erklärte, daß sie immer Tücher dabeihätten, weil sie niemals wüßten, wo sie schlafen würden. Vor ein paar Tagen, sagte er, hätten sie nahe der Shiripuno-Brücke kampiert. »Vergangene Nacht schliefen wir in einer Busstation«, sagte er. »Wir waren so kalt wie Eiscreme.«

»Hast du Eiscreme?« fragte Alicia.

»Nein«, sagte ich. »Wir kaufen morgen welche.«

»Und Pizza«, sagte Nanto.

»Die Tücher!« sagte Salomón. Sie legten sich sorgfältig nebeneinander auf die Matratzen, einer neben dem anderen, und wollten, daß ich die Tücher auf sie lege. Ich wickelte jeden sorgfältig ein. Sie kicherten vor Freude.

»Decken!« befahl Salomón, und ich ging in das Schlafzimmer und brachte vier schwere Wolldecken mit und deckte sie alle nacheinander zu.

»Mehr Decken!« schrie Nanto.

»Mehr!« winselte Alicia, und die kleine Rocia schüttelte ihre kleinen Händchen. Ich holte noch drei Decken.

»Mehr!« sagte Yacata. »Die Huaorani brauchen in Quito zehn Decken!«

Als ich fertig war, hatte ich sie unter allen im Haus befindlichen Decken begraben, einem zwölf Zentimeter dicken Haufen. Ich war erschöpft und ging ins Bett. Kurz nach drei Uhr wachte ich auf und roch Rauch. Ich zog die Hosen über und sauste ins Wohnzimmer. Aus der Küche quoll Rauch. Blinzelnd sah ich Enqueri, Nanto und Salomón zitternd am Herd stehen.

»José, bist du hungrig?« schrie Enqueri.

Zuerst konnte ich nicht feststellen, was sie brieten, außer daß, als ich es anschaute, es mich auch anschaute. Dann sah ich die Füße. Wenn man in Ecuador ein Hühnchen kauft, dann werden die Füße und der Kopf hineingesteckt. Als ich das Essen zubereitete, hatte ich sie herausgenommen. Salomón hatte sie aus dem Müll herausgefischt, und er, Nanto und Enqueri brieten sie richtig rösch.

Sie aßen alles, inklusive der Knochen.

Ich ging wieder ins Bett. Zwei Stunden später schüttelte mich Enqueri wach.

»Was gibt's zum Frühstück?« fragte er.

Die Huaorani hätten zu keinem besseren Zeitpunkt kommen können. Zwei Wochen zuvor hatte ich meine Frau und die Tochter zum Flugzeug in die Vereinigten Staaten gebracht. In den Monaten, die sie in Quito lebten, spielte sich eine solche bequeme Routine ein, daß ich beinahe vergessen hatte, daß es irgendwann zu Ende gehen würde. Aber das Ende kam, denn der Mutterschaftsurlaub meiner Frau war schon überzogen. Ich werde bald zu Hause sein, hatte ich versprochen. Ungesagt blieb, wann das sein würde, da ich es überhaupt nicht voraussagen konnte. Ich wußte nur, daß ich vieles von dem, was mich nach Ecuador geführt hatte, immer noch nicht verstand.

In die Trübsal meiner Einsamkeit brachen die Huaorani wie ein Wanderzirkus ein. Meine Wohnung war wieder von Gesprächen, Lachen und dem Geschrei eines kleinen Kindes erfüllt. An jenem Tag frühstückten wir Haferflocken, Reis, gekochte Eier, eine Art süßen Tamale (mexikanisches Gericht aus Hack, Mais und Gewürzen), *humitas* genannt, Ananas, Erdnußbutter, Lutscher. Enqueri las dabei laut aus der Zeitung vor, sehr laut, als würde er den Inhalt einer Klasse vorlesen. »José«, schrie er irgendwann, »wer ist Clinton William?« Und: »Was ist der Unterschied zwischen national und international?« Und: »In den Vereinigten Staaten von Amerika, gibt es da in den Flugzeugen Öfen und Karate-Filme?«

In einem Bericht auf der ersten Seite hieß es, daß die Nationale Indianische Organisation, die Confederation of the Indigenous Nations of Ecuador (CONAIE, zu der sowohl die Andinische als auch die Indianerföderation Amazoniens und die CONFENIAE gehörten) zu »zivilem Ungehorsam« aufgerufen hatte, um gegen die neueste Runde von Sparmaßnahmen zu protestieren. Ecuador hatte kürzlich einen neuen, konservativen Präsidenten, Sixto Durán Ballén, gewählt. Gleich nach der Wahl flog Sixto in die Vereinigten Staaten, um George Bush zu treffen und zu versuchen, mehr Geld zu leihen. Kurz nach seinem Machtantritt waren die Preise für Grundnahrungsmittel über Nacht abermals um das dreifache gestiegen (und die Bush-Verwaltung ernannte den Präsidenten einer Texanischen Ölgesellschaft zu ihrem Botschafter in Ecuador). Der Aufstand der CONAIE war ein kühner Schachzug der größten Indianerorganisation des Landes und eine beinahe frontale Attacke gegen die neue Regierung. Es hatte vereinzelte Bombenanschläge gegeben, und die Regierung hatte die totale Mobilisierung der Streitkräfte veranlaßt. Überall fuhren Panzer in den Straßen. Obwohl die Huaorani-Föderation vorgeblich eine der in der CONAIE vertretenen Gruppen war, so hatte der Zeitungsbericht für die Huaorani ungefähr so viel Interesse, wie wenn er von dem Krieg zwischen Iran und Irak gehandelt hätte.

»Ingenieur Enqueri«, sagte Nanto, »lies mir noch etwas vor.«

»Doktor Nanto, bilden Sie sich selbst!« sagte Enqueri und warf ihm die Zeitung zu.

»Professor Salomón«, sagte Nanto, »was sagt diese Zeitung über das Leben unter Kannibalen?«

»Doktor Nanto«, sagte Salomón, »diese Zeitung sagt, daß die Kannibalen Dinger auf ihren Dingern tragen!«

Ingeniero, doctor, profesor – mit diesen Titeln sprachen die Petroleum-Angestellten meistens einander an, und die Huaorani benutzten sie in genau demselben Tonfall übersteigerter Selbstüberschätzung. Es gab eine richtig fröhliche Vorstellung; ich hatte schon vergessen, was für ausgezeichnete Mimiker sie sind.

Es gab noch einen Bericht in der Tageszeitung, der den Huaorani entging, aber der vielleicht von weit größerem Interesse für sie war: Die neue Regierung hatte angekündigt, daß sie sich aus der Organisation erdölproduzierender Länder zurückziehen würde. Dadurch würde sie frei sein, die Ölproduktion im Oriente zu erhöhen, die nach ihren Vorstellungen innerhalb von fünf Jahren verdoppelt werden sollte.

Die Huaorani waren nach Quito gekommen, um Geschäftliches zu erledigen. Nanto sagte, daß die Company versprochen hätte, in Garzacocha eine Schule zu bauen, aber das Geld hatte sie der Quichua-Föderation in Coca gegeben und die Quichua mit dem Bau der Schule beauftragt, aber es gäbe keine Schule. »Die Company sagt, in bezug auf Geld habe sie kein Vertrauen in uns«, sagte Nanto. »Aber wenn die Schule für die Huaorani ist, dann soll das Geld auch an die Huaorani gehen.« Er wollte mit der Company darüber sprechen.

Unterdessen hatten er und Moi einen weiteren Brief an Maxus geschrieben, in dem stand, daß die Huaorani Maxus nicht in ihrem Territorium haben wollten. Nanto sagte, daß die Company ihn eingeladen hätte, nach Quito zu kommen, um den Brief zu diskutieren. Und diesen Morgen wollten er und Yacata, Salomón und Tigue dorthin gehen. Sie kannten den Weg. »Enqueri wird hier warten«, sagte er, »Alicia mit Rocia ebenfalls.«

Nachdem sie gegangen waren, fragte ich Enqueri, warum er hierbleiben sollte. »Nanto ist mein Boss, und das ist es, was er mir gesagt hat, und so muß ich tun, was er sagt.« Sein Tonfall hörte sich nach bedingungslosem Gehorsam an, und das stellte eine neue und entschieden moderne Haltung dar, die mit der Ankunft der evangelikalen Missionare und dem strikten autoritären Schul- und Unterrichtssystem in die Huaorani-Kultur Eingang gefunden hatte. Bisher spielte der Gleichheitsgedanke bei den Huaorani eine überragende Rolle – es wurden keine Befehle gegeben, Bitten nur selten ausgesprochen. Während ONHAE diese traditionelle Machtteilung übernommen zu haben schien – die *asamblea* in Quehueire Ono zum Beispiel lief sehr offen, wenn nicht chaotisch ab –, zeigte sie zuweilen auch eine fanatische Gläubigkeit an die zentrale Autorität. Dies konnte man in ganz Lateinamerika als ein Erbe des Summer Institute of Linguistics betrachten. Ich fragte Enqueri, ob er sich immer noch als einen *evangelista* betrachte.

»Nur einmal im Jahr«, sagte er.

»Wann?«

»Weihnachten.«

Enqueri schien jedoch seine neue Stellung als Sekretär ziemlich ernst zu nehmen. Er zeigte mir eine Broschüre, die er irgendwo auf seinen Reisen aufgelesen hatte: »Wie geht man mit Leuten um.« »Ich möchte der beste Funktionär der ONHAE sein«, erklärte er. Er war für seinen gegenwärtigen Posten ernannt worden, aber er hoffte, dafür gewählt zu werden. »Jetzt habe ich die Chance, mich zu bewähren«, sagte er. »Ich hätte zum Vizepräsidenten gewählt werden können statt Moi, aber damals dachte ich, daß es besser wäre, wenn ich Nanto mit meinem Rat zur Seite stünde und ihm hülfe, seinen Job zu machen.

Aber jetzt bin ich bereit, meinem Volk zu dienen.« Er sagte, daß er Nanto eine Kopie der Broschüre gegeben hätte, aber Nanto hätte sie ignoriert. »Ich mache mir Sorgen um ihn«, sagte er. »Er hat irgend etwas Komisches mit der Company laufen. Deshalb nahm er mich nicht zu dem Treffen heute mit. Die anderen, sie machen alles mit. Aber er weiß, daß ich wissen werde, und deshalb hält er mich fern. Hast du gemerkt, daß er fett wird?«

Ich hatte es gemerkt: Nanto bekam einen Schmerbauch. Verglichen mit den strammen, muskulösen Körpern der anderen jungen Huaorani-Männer stand sein Bauch wie eine Wassermelone vor.

Nanto und Salomón kamen nach ein paar Stunden zurück. Nanto hatte etwas Wildes im Blick, als ob ihn die Stadt bis zum Bersten überdreht hätte.

»Wie ist es gelaufen?« fragte ich.

»Mehr oder weniger«, sagte er und wedelte mit der Hand, wie es die Huaorani manchmal tun, als wollten sie sagen: »Da passiert mehr, als ich in eurer Sprache zu erklären vermag.« Yacata und Tigue seien schon gegangen, sagte er, sie seien auf dem Weg nach Garzacocha.

»Wie werden sie dorthin kommen?«

Er zuckte die Schultern. »Es gibt Möglichkeiten«, meinte er.

Salomón lachte einfach und zeigte eine kleine Tondose, die ihm jemand gegeben hatte. In meinen Augen war nichts Besonderes daran, aber ich kannte Salomón gut genug, um zu wissen, daß er sie wochenlang mit sich herumtragen und dann verschenken würde. Ihm würde es auch tatsächlich gelingen, weit und breit herumzustreifen – von Quito nach Shell vielleicht, dann möglicherweise nach Tena und schließlich die Vía Auca hinunter oder durch den Urwald und zurück nach Toñampare – mit nichts anderem als der Dose und den Klamotten auf dem Leib und seinen Geschichten über Sex mit Steinen, Bäumen und Pferden. Leicht wie ein Vogel und frei, überall hinzufliegen, ein Nomade unter Nomaden.

An jenem Nachmittag hatte ich verschiedene Dinge zu erledigen und eine Verabredung für ein Interview mit Judith Kimerling. Nanto, Enqueri und Salomón bestanden darauf mitzukommen. Vielleicht würde es da etwas zu essen geben. Alicia müßte in meiner Wohnung warten, weil Rocia furchtbar krank sei. Sie litt an einer ernsten Atemwegserkrankung, möglicherweise handelte es sich um ein frühes Stadium von Tuberkulose. Die Kleine hatte die ganze Nacht hindurch gehustet, tief von der Lunge her, laut und schmerzhaft. Aber sie weinte nicht einmal – sie war ein tapferes Kind, durch und durch eine Huaorani. Nanto erzählte, daß sie seit Wochen krank wäre und daß er hoffe, in Quito in einem Krankenhaus Medikamente zu bekommen. Er wußte nicht, wie er dafür bezahlen sollte.

Wir gingen hinunter auf die Straße und marschierten in einem leichten Regen los. Wie immer liefen die Huaorani in einer Reihe, mit gesenkten Köpfen suchten sie das Pflaster nach Schlangen ab. An den Ecken mußte ich sie festhalten, damit sie nicht in die Autos hineinliefen. An einer Ecke drehte ich mich um, und weg waren sie.

Ich lief den Weg zurück, den ich gekommen war, bog nach rechts in eine Seitenstraße ab. Dort sah ich so etwas wie einen wirren Haufen von Leuten und rannte hin. Es waren die Huaorani, die ihre Arme umeinandergeschlungen hatten. Verloren mitten unter den Kannibalen, hatten sie so etwas wie eine Wagenburg gebildet. Das Problem? Nachdem wir eine Straße überquert hatten, war ein *cowode*, der eine hellblaue Nylonjacke wie ich trug, direkt an ihnen vorbeigelaufen, und Enqueri schaute hoch, drehte sich um und folgte ihm. »Aber dann bist du stehengeblieben, hast dich umgedreht, und du warst gar nicht du!« sagte Enqueri. Dann lachten er, Nanto und Salomón – das Ganze ähnelte auf seine Weise einem Kanuunfall. Aber sie hatten wirklich Angst gehabt. Ich verstand ihre Panik: Sie fühlten sich ganz genauso wie ich im Urwald, wenn sich nach ein paar Schritten in den Busch eine grüne Mauer um mich schloß und ich mich von jedem Rückweg in die Welt, die ich kannte, abgeschnitten fühlte.

Wir liefen weiter.

»Ingenieur Nanto«, schrie ich über meine Schulter, »was sollen wir heute essen?«

»Professor José, wir werden Hühnchen mit Reis essen!«

Wir gingen in einen Supermarkt, den Supermaxi, und ich stellte sie vor eine Tiefkühltruhe mit Hühnern, Dutzende von plumpen Rümpfen, gerupft und in Plastik gehüllt, fertig zum Mitnehmen. »Sucht ein paar gute aus und legt sie in den Einkaufswagen«, sagte ich und ging los, um Brot und Obst zu holen. Ich kam zehn Minuten später zurück und fand den Wagen immer noch leer. Die Huaorani standen immer noch fast genauso da, wie ich sie verlassen hatte. Ich beobachtete sie kurz aus der Entfernung: Nanto flüsterte Enqueri etwas zu, Enqueri flüsterte mit Salomón, und einer von ihnen wollte ein Hähnchen nehmen, hielt aber inne. Der Urwald bietet selten eine solche Auswahl gleichzeitig. Wenn die Hähnchen wilde Truthähne gewesen wären, dann hätten die Huaorani so viele wie möglich getötet, und der Rest wäre geflohen. Aber ein Supermarkt – das war *abundancia* einer ganz neuen Größenordnung.

Ich schnappte drei große Vögel und warf sie in den Wagen. Die Huaorani folgten mir im Gänsemarsch durch den Laden, und als wir draußen auf der Straße standen, hievten sie die Taschen auf ihre Köpfe und marschierten durch den Betondschungel mit einer Miene großer Entschlossenheit, wenn nicht eines großen Schicksals.

Judith Kimerlings Wohnung quoll über vor Büchern, Zeitschriften und Ordnern. Die Huaorani setzten sich auf eine Couch und nahmen Kaffee, wenn er angeboten wurde, und studierten das Zimmer schweigend. Ich hatte keinen Zweifel, daß sie, als wir gingen, seinen gesamten Inhalt genauestens in Erinnerung hatten.

Kimerling fragte sie über Amos Tod aus. Nanto erklärte das Loch mit den Brandstellen und seinen Verdacht, wie Amo gestorben sein könnte.

»Habt ihr die Polizei gebeten, die Leiche zu untersuchen?« fragte Kimerling.

»Wir hatten kein Geld, um einen Arzt zu kaufen«, antwortete Nanto. »Für so etwas müßt ihr nicht bezahlen«, erwiderte Kimerling. »In Ecuador ist die Polizei verpflichtet, eine gründliche Untersuchung bei einem solchen Todesfall vorzunehmen. Es ist euer Recht, die Leiche untersuchen zu lassen, wenn ihr es wollt.«

»Die Polizei muß das tun?« fragte Nanto.

»Ja, und wenn ihr wollt, kann sie es tun, ohne die Leiche aufzuschneiden. Sie können sie auf eine Maschine legen, die durch die Haut sehen kann.«

Die Huaorani schauten einander erstaunt an.

»Dies ist nur eins der Rechte, die euch zustehen«, fuhr Kimerling fort. »Euch steht auch das Recht zu, in einer sauberen und sicheren Umgebung zu leben. Wißt ihr, was das bedeutet?«

»Es bedeutet, daß die Company uns nicht vergiften darf«, sagte Enqueri mit Nachdruck. »Und es bedeutet, daß die Shuar nicht unser Land wegnehmen dürfen und daß wir gegen sie kämpfen dürfen, wenn wir müssen.«

»Wenn die Indianer sich damit beschäftigen, einander zu bekämpfen, dann kann die Company tun, was ihr gefällt«, sagte Kimerling. »Die Huaorani und die Shuar und die Quichua müssen versuchen zusammenzuarbeiten. Ihr alle habt bestimmte Rechte, worauf sich die ganze Welt geeinigt hat. Ihr habt das Recht, an einem gesunden Ort zu leben. Ihr habt das Recht zu überleben, wie ihr es für richtig haltet. Ihr habt das Recht, die Company davon abzuhalten, eure Lebensweise zu zerstören.« Sie sagte, daß diese Rechte und viele andere Dinge auf der Versammlung in Coca diskutiert werden würden.

»Welche Versammlung?« fragte Nanto.

Kimerling schaute überrascht auf. Nächste Woche würde in Coca eine Versammlung stattfinden, sagte sie. Alle indianischen Nationen seien eingeladen worden sowie alle Umweltgruppen aus Quito und alle Kolonisten, die von der Company vergiftet worden sind, und viele andere Leute aus der ganzen Welt. »Niemand kann alleine mit der Company kämpfen«, sagte sie. »Aber wenn wir zusammenarbeiten, dann muß die Company auf uns hören.«

»Warum sind wir nicht eingeladen worden?« fragte Enqueri.

»CONFENIAE hat mir gesagt, daß sie euch eingeladen hätte«, sagte Kimerling.

In dem Schweigen, das folgte, hätte man eine Tukanfeder zu Boden fallen hören können.

»Gut, ihr müßt jedenfalls dort sein«, sagte Kimerling. »Wenn ihr nicht kommt, dann werden alle anderen für die Huaorani sprechen.«

»Das ist es, was jedesmal geschieht«, sagte Enqueri. »CONFENIAE wird für uns sprechen, und sie werden es so einrichten, daß sie uns bestehlen können.«

»Wenn ihr das Gefühl habt, dann müßt ihr dort sein«, sagte Kimerling.

»Wir werden dort sein«, sagte Enqueri.

Als wir in meine Wohnung zurückkehrten, brauchten wir gute zehn Minuten, um hineinzukommen. Alicia hatte alle Riegel vorgeschoben und alle Schlüssel umgedreht und bekam sie nicht mehr auf. Man stelle sich meine Überraschung vor, als wir schließlich reinkamen und ich Moi und seinen Cousin Raúl vorfand, die auf dem Boden im Wohnzimmer über mehrere Karten gebeugt knieten.

»Gutes Leben, Chong«, sagte Moi, ohne aufzuschauen. Raúl sagte gar nichts.

»Gutes Leben, Moi«, sagte ich. »Wie seid ihr hierhergekommen?«

»Alles und jeder kommt von allen Seiten herein«, sagte er. Er studierte eine Karte mit den Ölkonzessionen. »Mehr Umweltverschmutzung, mehr Kolonisierung. Das muß aufhören. Wenn es nicht aufhört, müssen wir Leute töten.« Er sagte dies derart sachlich, daß ich ihm durchaus glaubte. Schließlich schaute er hoch. »Wir sind hungrig«, sagte er.

Ich ging in die Küche und packte die Taschen aus. Raúl folgte mir. Ich legte einen Bananenbüschel auf den Tisch, und während ich die Lebensmittel auspackte, aß er die Bananen eine nach der anderen, alle 13. Er legte die Schalen säuberlich übereinander auf die Küchenbank und sprach kein Wort. Ich hatte ihn nie vorher getroffen. Er war ein sehr kräftig gebauter Mann, selbst für einen Huao. Er roch, als hätte er eine Woche lang dieselben Hosen, Schuhe und dasselbe Hemd angehabt. Ich nahm an, daß er ein Neuling aus dem Hinterland war, der einmal das Leben unter den Kannibalen kennenlernen sollte. Es stellte sich heraus, daß er der Präsident von Quehueire Ono war. Er hatte geholfen, die Trennung von den Missionaren zu vollziehen, und er war die treibende Kraft hinter der Eröffnung der Schule gewesen. Jetzt meinte er, sei es an der Zeit, mit dem neuen Präsidenten von Ecuador zu reden. »Wir haben der Company gesagt, sich fernzuhalten. Irgend jemand scheint nicht richtig zu begreifen.«

Dann ging er in mein Schlafzimmer, zog seine Kleider aus, zog sich ein paar von meinen an, brachte mir seine Wäsche und bat mich, sie zu waschen. Als ich ja sagte, brachten mir alle ihre Klamotten und Tücher. Alle folgten mir in den kleinen Waschraum und schauten zu, wie ich die *máquina* lud. »Nimm viel Seife«, sagte Raúl. Sonst sagte niemand ein Wort. Später, als die Maschine stoppte, folgten mir wieder alle, stellten sich an der Wand auf und schauten zu, wie ich alles zum Trocknen aufhängte. Ich kam mir vor, als würde ich angepirscht werden.

Am Abend, quietschend und sauber, gingen wir in ein hübsches Restaurant, nicht weit von meiner Wohnung. Als die Huaorani eintraten, wurden sie von den Gästen und dem Personal gleichermaßen mit eisigen Blicken angeschaut. Ich hatte vergessen, wie es war. Das Restaurant lag gegenüber dem Oro Verde, dem besten Hotel der Stadt. Ein einfaches Standardzimmer kostete pro Nacht mehr, als ein Huaorani-Arbeiter in dreimonatiger Arbeit für die Company verdienen konnte. Dort brachte die US Agency for International Development (AID = Behörde für Internationale Entwicklung) ihre Angestellten unter, solange sie eine Wohnung suchten. Ein AID-Ehepaar, das ich kannte, hatte dort sechs Monate lang in einer Suite gelebt, die 200 Dollar täglich kostete, eine Tatsache, zu der man das 15-Millionen-Dollar-Budget von AID in Beziehung setzen kann, das AID zur Entwicklung des »Ökotourismus« und der »vertretbaren Ressourcengewinnung« in Ecuador zur Verfügung hat. Bei mehr als einer Gelegenheit war ich US-Militärs begegnet, die im Oro Verde auf ihrem Weg in den Oriente einquartiert waren.

Wir setzten uns, und der Kellner brachte die Karten und ging. Ich erklärte die verschiedenen Gerichte: Suppe, Brot, »Blätter« (Salat); Fisch, Schnitzel, Hühnchen, Reis, Bohnen, Kochbananen.

Der Kellner kam zurück.

»Eiscreme«, sagte Nanto.

»Eiscreme«, sagte Enqueri.

»Eiscreme«, sagte Moi.

»Eiscreme«, sagte Alicia.

»Eiscreme«, sagte Salomón.

»Eiscreme«, sagte Raúl.

Ich bestellte für alle Mahlzeiten, große Platten mit etwas von allem. Sie stürzten sich drauf. Wir waren halbwegs fertig, als ich den Tisch wackeln spürte. Ich schaute hoch und sah Enqueri sich vor Lachen schütteln.

»Was?« fragte ich.

»Enqueri schaute seine Hände an, und schau, was er sah, wie er gegessen hat!« sagte er. Er hob seine Hände hoch, eine Gabel in jeder Hand.

»Zwei Gabeln!« sagte Nanto und brach in Gelächter aus.

»So!« sagte Enqueri und machte eine Schneidebewegung, als wäre eine Gabel ein Messer.

»Zwei!« sagte Moi, legte den Kopf zurück und röhrte los.

»Zwei!« sagte Raúl. Und er beugte sich vor und lachte derart, daß er die Stirn in die Bohnen tauchte.

»Zwei!« sagte Salomón. »Vielleicht hat der Condor auch zwei Dinger!«

Nach einer Weile machten sie sich wieder an die Arbeit. Raúl saß neben mir. Er fragte: »Wo wohnt der Präsident?«

»In seinem Palast.«

»Wo ist das?«

»Nicht so weit von hier.«

Er dachte darüber nach. Dann sagte er: »Ich denke, wir sollten dorthin gehen und ihn umbringen.« Er sagte das sowohl zu sich als auch zu mir, dann schwieg er.

Wir machten alle Platten auf dem Tisch leer. Wir bestellten Eiscreme. Wir bestellten noch mehr.

Raúl fing wieder zu reden an. »Ich weiß, wie wir es machen könnten«, sagte er.

»Was machen?«

»Den Präsidenten töten.«

»Wie?«

»Wir werden Angelhaken in seinen Reis tun.« Er nickte für sich selbst, zufrieden, daß das funktionieren würde. Dann beugte er sich wieder über seine naheliegende Aufgabe, als müßte er sich mit jeder Faser seines Körpers auf seinen Eisbecher konzentrieren.

Bei mir zu Hause hatte der Nachtwächter schon seinen Dienst angetreten. Als wir eintraten, nahm er mich auf die Seite. »Sir«, flüsterte er, »diese Leute sind Wilde.« Er warf den Huaorani einen nervösen Blick zu.

»Absolut«, sagte ich.

»Man kann nie wissen, was sie tun könnten.«

»Man kann es absolut nicht wissen.«

»Sie haben Speere ...«

»Die können einen Mann wie Butter durchbohren.«

»Hübsche Schuhe«, rief Moi laut und tauchte in den Fahrstuhl. Enqueri bediente ihn ohne zu zögern. Als wir alle in der Wohnung waren, begann er, alles abzuschließen.

»Enqueri«, sagte ich, »es ist sicher hier. Wir müssen uns keine Sorgen machen.«

»Kann die Polizei reinkommen?«

»Natürlich.«

»Dacht ich mir«, sagte er und fuhr fort zu verriegeln, bis höchstens ein Rammbock uns hätte bedrohen können.

Irgendwann in der Nacht machten die Huaorani ihren Plan: Enqueri sollte die Vía Auca hinunterfahren und von dort aus so viele Huaorani-Siedlungen, wie in einer Woche möglich wäre, besuchen und alle nach Coca zur Versammlung bringen. Raúl sollte nach Quehueire Ono zurückkehren, um Mengatohue zu holen. Moi und Salomón würden einen Bus direkt zum Napo nehmen, um ein paar Quichua-Dörfer zu benachrichtigen. »Laßt alle kommen und reden«, sagte Moi. Um die Busfahrten zu bezahlen, würden sie ihre Speere verkaufen, die sie nach Quito mitgebracht hatten. Im Urwald würden sie zu Fuß gehen.

Als er mir ihren Plan fertig erklärt hatte, sagte Moi:

»Chong.«

»Ja?«

»Nach der Versammlung wirst du mit uns in den Urwald kommen und wirst wieder bei dem Volk wohnen. Du wirst in das Zentrum der Welt kommen, wo du sicher sein wirst.«

Nanto und seine Familie verließen die Stadt am nächsten Morgen in Richtung Toñampare. Nanto würde die Versammlung verpassen, weil Rocia nach Hause mußte. Sie wollten in einem Krankenhaus in Quito vorbeigehen, wo jemand vom Rainforest Information Centre einen Besuch verabredet hatte, dann würden sie mit dem Bus nach Shell reisen. Von dort wollten sie versuchen, auf einem Alas-de-Socorro-Flug mitzukommen. Ich gab Nanto und Alicia einige Babysachen, die meine Frau zurückgelassen hatte, und ließ sie aus meinen Sachen ein paar Dinge aussuchen, die sie auf ihrer langen Reise warm halten würden. (Bei allem fragten sie dieselbe Frage: »Ist das regendicht?«) Sie wählten Baseballkappen aus, ein Paar alte Tennisschuhe, einige Khakihosen und einen mitgenommenen Rucksack. »Schenk mir deine Sonnenbrille«, sagte Nanto, und nachdem er sie aufgesetzt hatte, ging er mit seiner Familie zur Tür hinaus. Sie sahen aus, als wollten sie Disneyland besuchen.

Spät am Nachmittag fand ich Moi in meinem Büro, wo er meinen Rucksack betastete, das neueste Modell, das ich von zu Hause mitgebracht hatte.

»Diese *mochila* ist sehr schön«, sagte er.

»Natürlich.«

»Im Urwald könnte man viele Tage lang mit dieser *mochila* laufen.«

Dem folgte eine lange Pause, aber ich wußte, daß ich ihn gehabt hatte.

»Er gehört dir«, sagte ich.

Dann grinste er, schwang den Rucksack auf den Rücken. »*Puro cowode*«, sagte er.

Ich fragte ihn über die Maxus-Situation aus. Der Bau der Straße hatte begonnen. In wenigen Monaten würde sie das Huaorani-Territorium erreichen, und, falls alles nach Plan verliefe, würde die erste Ölquelle in einem Jahr die Produktion aufnehmen. Moi schien betroffen, aber nicht empört zu sein. »Wir werden die Company umbringen, wenn wir müssen«, sagte er. Er dachte einen Moment nach. »Die Huaorani schützen den Urwald für die ganze Welt«, sagte er. »Wenn die ganze Welt kommen wird und sieht, was die Company tut, dann wird die ganze Welt die Company zum Einhalten zwingen.«

»Glaubst du wirklich, daß die Company gestoppt werden kann?«

»Ich weiß es«, sagte er und verwies darauf, daß auf Huaorani sein Name »Traum« bedeute, wie in einer Vision.

»Chong«, sagte er.

»Ja?«

»Wenn wir die Company nicht stoppen, dann werden die Huaorani für immer verschwinden.«

Moi, Raúl und Salomón verließen meine Wohnung am Nachmittag. Später mietete ich einen robusten Wagen mit Allradantrieb, am folgenden Morgen holten Enqueri und ich ein paar Freunde ab, die mitfahren wollten, und wir fuhren nach Coca los. Ich mußte dort ein paar Untersuchungen durchführen, und Enqueri mußte zur Vía Auca. So kurz nach Amos Tod und den folgenden Todesdrohungen der Shuar hatte er jedoch Angst und fragte, ob ich ihn bis zur Shiripuno-Brücke fahren könnte.

»Was ist mit dem Checkpoint?« fragte ich.

»Enqueri wird das schon machen«, sagte er. »Enqueri hat überall Freunde.«

Wir fuhren ganz früh in der Kühle los, kletterten zur kontinentalen Wasserscheide hoch, und in den folgenden zehn Stunden fuhren wir die kurvenreiche, desolate Erdstraße entlang, die am Osthang der Anden in das Amazonas-Gebiet hinunterführt. Irgendwann kurz vor Coca wird die Straße ein paar Kilometer lang kerzengerade, und wir brummten mit 60 Stundenkilometern dahin, als die Straße ohne Vorwarnung in eine enge S-Kurve überging und über eine Brücke aus Baumstämmen, deren eine Seite weggeschwemmt worden war. Wir schlitterten durch die Kurve, von links nach rechts schwenkend wie ein Kaimanschwanz, und kamen quietschend auf der äußersten linken Seite der Brücke zum Halten – wir saßen auf dem rechten Vorder- und dem linken Hinterrad fest wie auf einer Schaukel. Das linke Vorderrad hing in der Luft und schwankte direkt über dem 10 Meter tiefer liegenden Fluß auf und nieder. Ich zog die Handbremse an und hielt die Fußbremse fest, während Enqueri und die anderen das rechte hintere Fenster raushoben und sich auf das rechte Hinterrad stellten. Dann befreite ich mich aus meiner mißlichen Lage, und wir standen alle auf dem Rad, hörten unseren wilden Herzschlag und versuchten, den Wagen auf der Stelle zu halten. Wir warteten so etwa zwei Stunden, als endlich ein Bus von der anderen Seite kam. 18 Männer, manche barfuß, manche in Lumpen, manche betrunken, kletterten heraus, schlangen Seile und Kabel um das Auto und zogen und zerrten es zurück in Sicherheit. »Ihr habt Glück gehabt«, sagte der Busfahrer. »Vergangene Woche stürzte ein Bus direkt von der Brücke.«

Es waren noch zwei Stunden nach Coca. Enqueris schmale Schultern zitterten auf dem ganzen Weg dorthin. Er sagte kein Wort, bis wir in der Stadt anlangten. Wir gingen zum Hotel Huaorani, wo ein paar Huaorani herumhingen. Enqueri erzählte ihnen dreimal die Geschichte unseres Beinahe-Todes, und nach dem letzten Erzählen hatte er seine Furcht verarbeitet. »Einmal habe ich beinahe José getötet, und jetzt hat José beinahe mich getötet!« sagte er. Dann lachte er, als hätte er niemals in seinem Leben etwas Lustigeres gehört.

Am Morgen gingen wir Schuhe einkaufen. Wir besuchten drei Stände aus Brettern und Blech, die in einer Reihe am Markt von Coca stehen, bis Enqueri genau das gefunden hatte, was er suchte, ein Paar Plastikslipper aus Kolumbien mit leuchtend golden angemalten Schnallen.

»Danke«, sagte er feierlich.

Er trug seine neuen Schuhe und einen ernsten Gesichtsausdruck, als wir am folgenden Morgen die Vía Auca entlangfuhren. Am Checkpoint überzeugte er den wachhabenden Soldaten, daß ich eine Art Petroleumarbeiter sei. Drei Stunden später kamen wir am Büro der Shuar-Kolonistenvereinigung vorbei. Enqueri sagte kein Wort, und er schwieg auch an der Stelle, wo Amo den Tod gefunden hatte. Er wurde erst wieder heiter, als ich ihn in der Nähe von Babaes Siedlung absetzte. Ich sagte ihm, daß ich ihn in zwei Wochen in Coca sehen würde.

»Ich werde dir einen Speer mitbringen«, sagte er. »Und einen Bastbeutel für deine Frau. Du wirst ihr erzählen: ›Enqueri kann nicht bei uns sein, aber er ist hier in dieser *shigra.*‹«

»Das würde ihr gefallen«, sagte ich. »Sei vorsichtig.«

»Ja«, sagte er. Dann ging er. Seine leuchtend goldenen Schnallen blitzten im Schlamm auf.

Nanto und seine Familie kamen drei Tage später in Toñampare an. Es waren keine guten Nachrichten, die Nanto dort hörte. Die Company hatte in knapp zwei Kilometer Entfernung von dem Dorf mit seismischen Tests begonnen. Die Arbeit wurde von der Seiscom Delta, einem amerikanischen Vertragspartner, durchgeführt, der selbst nach den Standards im Oriente für seine extreme Arroganz bekannt war. Die indianischen Gemeinden – besonders die Cofane, die Secoya und die Quichua, deren Land am schwersten betroffen war – klagten, daß diese Firma regelmäßig bei ihnen eindrang, ohne sie zu informieren und ohne die minimalste, von der Regierung geforderte Papierarbeit auf sich zu nehmen. Und sie würden seismische Schneisen schlagen und Dynamit hochgehen lassen, ohne Rücksicht auf Häuser, Dörfer, Jagdpfade oder Wasserstellen zu nehmen. Es war erst wenige Monate her, daß eine Quichua-Föderation am Napo einen Streik gegen die Firma durchgeführt und die Zufahrtswege gesperrt hatte. Etwa zur gleichen Zeit hatten die Cofane eine ganze Mannschaft gekidnappt, die sie erwischt hatten, wie sie illegal auf ihrem Territorium arbeitete.

In Nantos Abwesenheit hatten die Huaorani von Toñampare die Dinge auf ihre Weise gehandhabt. Sie überfielen das Camp. Die Arbeiter flohen, und die Huaorani nahmen mit, was immer sie tragen konnten. Das Militär begleitete die Arbeiter zurück. Die Huaorani überfielen das Lager abermals. Kurz nach Nantos Rückkehr kamen Angestellte von Petroecuador nach Toñampare eingeflogen, um zu versuchen, die Wogen zu glätten. Sie sprachen mit Nanto. »Was wollt ihr?« fragte einer der Männer, und seine Mitarbeiter griffen in den Hubschrauber der Company und hievten einen Plastiksack heraus, gefüllt mit Aluminiumtöpfen, Zigaretten, Messern und Gabeln, Reis, Seife, Zukkerstangen und Schokoladengebäck. Der Mann zeigte Nanto einen Umschlag mit Geld. Zwischen der politischen Position der ONHAE (absolut gegen die Company) und den alten Clan- und Familien-Loyalitäten (was gibt es zu essen?) hin- und hergerissen, entschied sich Nanto für letzteres, nahm die Geschenke und verteilte sie in Toñampare. Das Geld behielt er für sich.

Nantos Entscheidung bedeutete, daß die Company wiederkäme. Sie würde mehr Dinge bringen, und sie würde nach ihrem Öl suchen. Wenn sie es fänden, dann würden eines Tages die Flüsse in Rachel Saints Protektorat, wo 80 Prozent der Huaorani lebten, wo die Ressourcen, von denen sie abhängig waren, schon sehr abgenommen hatten. Und wo den Huaorani nichts anderes übrigblieb als zu bleiben, da sie sonst nirgends hinkonnten, jene Flüsse würden mit schwarzem Amazonas-Rohöl überzogen sein.

14

Was hat die Zukunft den Huaorani zu bieten?« wiederholte José Miguel Goldáraz, der Kapuziner-Priester, als ich ihn fragte. »Geh und schau dir Lago Agrio an.« Um Coca herum war noch relativ wenig vom Ölgeschäft zu spüren; es kam gerade in Gang, aber oben in Agrio pumpte die Company schon seit 20 Jahren mit voller Kraft.

Von Coca fuhr ich nordwärts auf einer breiten, ölgetränkten Erdstraße. Der Urwald war schon lange rechts und links der Straße gefällt, ausgelöscht, aber am Horizont konnte man Fragmente eines Blätterdachs in der Brise wogen sehen. Drei Stunden später erreichte ich Lago Agrio. Es war vielleicht fünfmal größer als Coca. Fünfmal lauter, fünfmal schmutziger, fünfmal hoffnungsloser. Als die Company die Stadt aus dem Sumpf und Urwald stampfte, versprach sie einen Wohlstand, wie ihn der Oriente niemals gekannt hatte. Heute fließen 90 Prozent des im Oriente produzierten Öls durch Lago Agrio, aber Lago selbst ist ein gewalttätiger, krankheitsverseuchter Slum. Ein Kanister Benzin oder vielmehr Zugang zu einer Maschine, für die man es brauchen könnte, sind ein Luxus jenseits der Mittel und Möglichkeiten der Leute, außer einiger weniger, und dann auch nur, wenn es Benzin gerade zu kaufen gibt. An dem Tag meiner Ankunft stand jede Benzinpumpe in der Stadt still. Um Mitternacht ging in dem kleinen elektrifizierten Teil der Stadt das Licht aus. Ganz Lago Agrio versank in Dunkelheit, mit Ausnahme des Truppenlagers am Rande der Stadt, wo die ganze Nacht über helle, fluoreszierende Flutlichter eine riesige Anschlagtafel von Petroecuador beleuchteten. Die Tafel zeigte einen Bohrturm über einem Wahlspruch der Company: »Die Reichtümer der Erde dem Volk zurückgeben.«

Ich kam spät in Lago Agrio an und verließ es so früh wie möglich am folgenden Morgen. Ich fuhr an dem Ostufer des Flusses Aguarico entlang und durch das Dorf Dureno. Hier in der Nähe, in einer Cofane-Siedlung, ebenfalls Dureno genannt, hatte Texaco 1972 die erste Ölquelle angezapft. Damals waren die Cofane-Indianer eine kleine, aber wohlhabende Nation; heute wohnen die Cofane immer noch in der Gegend, aber sie sind ein schlaffer, besiegter Haufen. Die wenigen, die den Ölboom an Geist und Würde intakt überstanden haben, sind weit weg den Aguarico hinunter geflohen, weit weg von den Ölstraßen. Dureno selbst besteht aus einer Handvoll Kolonistenhütten. Ebenso Pacayacu, der nächste Weiler an der Straße, aber die Ölquelle dort ist jüngeren Datums. Sie wurde installiert, als der Ort schon existierte. Um die wütenden Bewohner zu beschwichtigen, baute die Company eine Kirche direkt gegenüber der Ölquelle. Die Kirche ist blau und weiß angestrichen, in den Farben von Petroecuador, und das Logo von Petroecuador ist auf den Fußboden im Vestibül gemalt.

Der Cuyabeno-Naturschutzpark beginnt nicht weit von Dureno. Durch seinen außerordentlichen biologischen Reichtum, seine großartigen Seen und seine *varzeas*, die überschwemmten Wälder, ist Cuyabeno in der ganzen Welt berühmt. Dieser erste in Ecuador geschaffene Naturschutzpark wurde 1991 um die Hälfte vergrößert, auf etwa 6500 Quadratkilometer. Nach ecuadorianischem Gesetz erfreut er sich der höchsten Stufe des Umweltschutzes. Dennoch haben Petroecuador, City Investing (mit Zentrale in Texas) und Clyde Petroleum, eine britische Gesellschaft, in dem Naturschutzpark Öl produziert oder produzieren es noch. Occidental hat mit der Förderung begonnen, und viele der Texas-Ölbrunnen liegen dicht daneben. Die Ölstraßen öffneten mehr als ein Drittel von Cuyabeno für die Kolonisierung, und mehr als 4000 Familien haben sich dort angesiedelt, obwohl das Gesetz dies ausdrücklich verbietet. Die Regierung hat keine Anstrengungen unternommen, sie zu entfernen. Die illegale Abholzung ist derart weit verbreitet, daß das Militär zu Hilfe gerufen wurde, um sie zu stoppen, gab es aber auf. Von dem ursprünglichen Naturschutzpark ist so viel zerstört, daß es in vielen Gebieten keine Natur mehr zu schützen gibt.

Zwischen 1984 und 1990 gab es mindestens sechs größere Ölaustritte in Cuyabeno. Fünf wurden völlig ignoriert, aber als die Nachricht von dem sechsten nach Quito gelangte, zwang man Petroecuador zu einer Sanierung. Man stellte Kolonisten an, die mit bloßen Händen 44000 Gallonen (200000 Liter) Erdöl aus dem verseuchten Wasser in Plastiksäcke abschöpften. Die Säcke, von denen etliche schon Risse hatten oder Schnitte von Machetenhieben, wurden dann in der Nähe der Seen vergraben.

Rohöl ist extrem giftig. In Quito hatte ich Navarro, den Petroecuador-Sprecher, gebeten, die Berichte von den Sanierungen zu bestätigen. Navarro bestritt nicht die Tatsachen, sagte aber, daß sich die Zeiten geändert hätten. »Alles, was wir wissen, lernten wir von Texaco«, sagte er. »Jetzt haben wir die Kontrolle über die Texaco-Operationen übernommen. Ecuador auf diese Art und Weise durch eine ausländische Gesellschaft so zu behandeln, das ist eine Sache, aber unsere eigenen Landsleute so zu behandeln wäre für uns gewissenlos. Wir haben die besten Berater eingestellt, die uns beim Entwerfen und der Umsetzung der modernsten Sanierungstechniken helfen. Jede Unterstellung, daß wir von Leuten verlangen würden, Öl mit bloßen Händen wegzuschaffen, ist eine grobe Verdrehung der Tatsachen.«

Aber als ich einen kleinen Hügel tief drinnen in Cuyabeno erstieg, war das, was ich sah, keine Luftspiegelung. Etwa 100 Männer waren um eine Öllache verteilt, die ungefähr die Größe von drei Fußballplätzen hatte. Einige der Männer schoben Schubkarren zu einem Kipplastwagen, der am Straßenrand stand, aber die meisten von ihnen standen in der Öllache und schöpften

Öl und Schlamm in die Schubkarren oder zerlegten ölgetränkte Baumstämme mit Motorsägen und Äxten. Manche standen bis zu den Knöcheln in der Lache, andere sogar knietief.

Dort am Äquator war es zwei Uhr nachmittags, und die Luft schwirrte. Die Männer waren überglücklich, eine Pause einlegen zu können. Ein knochiger, einarmiger schwarzer Mann löcherte mich mit seinem guten Arm, und ein kleiner stämmiger Latino fragte mich, was ich täte.

»Ich suche nach Umweltverschmutzungen«, sagte ich.

»Hier ist sie!« sagte der schwarze Mann und lachte. »Der Ölaustritt passierte vor zwölf Jahren.« Obwohl wir uns tief in dem Naturschutzgebiet befanden, gehörte die Öllache zu einem Kaffeefeld – seinem Kaffeefeld. Er hatte die Company gebeten, sie zu beseitigen, aber vor zwölf Jahren ignorierte sie den Ölaustritt einfach. Jetzt sickerten Nachrichten über Cuyabeno durch – das heißt ins Ausland –, und die Company beeilte sich zu verbergen, was sie angestellt hat.

»Sie werden in fünf Minuten hier sein und Sie hinauswerfen«, sagte der Latino. Er hieß Miguel. Alle Männer waren Kolonisten, erklärte er mir, aber ihr Land sei derart vergiftet, daß sie kaum etwas anbauen konnten. Die einzige Möglichkeit zu überleben war, Sanierung für die Company zu betreiben. Sie bekamen etwa einen Dollar am Tag. Sie arbeiteten sechs Tage in der Woche, von Sonnenaufgang bis Sonnenuntergang. Die Company gab ihnen Stiefel und einen Liter Diesel, um sich damit zu säubern. »Wir verlangten Handschuhe«, sagte Miguel, »aber die Company weigerte sich.«

Inzwischen hatte sich eine ganze Menge um mich versammelt. Jeden der Männer bedeckte das Rohöl von den Füßen bis zu den Hüften und von den Händen bis zu den Schultern. Als ich nach ihrer Gesundheit fragte, hielten mehrere Männer ihre Arme hoch, und unter der dunklen Schicht von Rohöl konnte ich die rohe, entzündete Haut sehen. »Mit diesen Dingen kann man leben«, sagte Miguel. »Aber es gibt ernstere Probleme.

Malaria, Magenprobleme, Atembeschwerden und Schmerzen in der Brust.« Das überraschte mich nicht. Unter der Äquatorsonne gibt das verschüttete Rohöl dieselbe Art schwerer Dämpfe ab, wie ich sie inhaliert hatte, als ich das Dach meines Hauses mit Teerpappe bedeckt hatte. Hier waren sie allerdings bei weitem intensiver. Obwohl ich mich erst vor 15 Minuten an der frischen Luft aufgehalten hatte, war meine Kehle nun vollständig verstopft. Ich fühlte mich schwindelig, und mein Kopf begann zu schmerzen.

»Wenn du krank wirst und nicht zur Arbeit kommst, wirst du nicht bezahlt«, sagte Miguel. »Ein Mann, der krank ist, arbeitet weiter, bis er bei der Arbeit ohnmächtig wird.«

Passiere das häufig?

»Ein bis zwei Männer die Woche.«

Hätten sie es der Company gesagt?

»Ja, aber die sagt, wir würden lügen.«

Hätten sie eine medizinische Versorgung?

»Nein.«

»Der Kaffeepreis ist im Keller«, sagte der einarmige Mann, »und der Preis für alles andere ist sehr hoch.« Sie waren froh, überhaupt eine Arbeit zu haben.

Plötzlich polterte ein leuchtend gelber Lieferwagen über den Hügel und kam rutschend zum Halten. Zwei Männer in Petroecuador-Uniformen und Spiegelsonnenbrillen sprangen heraus und schoben sich zwischen mich und die Arbeiter. Als sie mich eilends fortführten, schrie ein Mann aus der Menge: »Sie sagen, es seien die Kolonisten, die an der Umweltverschmutzung schuld sind, aber wir sind es nicht – es ist die Company! Das mußt du den Menschen erzählen!«

Die beiden Männer führten mich zu dem Petroecuador-Hauptquartier aus weißen Ziegelsteinen, das in der späten Nachmittagssonne hübsch leuchtete. Ich folgte dem Lieferwagen durch ein elektronisches Stahltor, vorbei an einem Stahldrahtzaun, gekrönt von Stacheldraht. Die Luft roch nach Jasmin. Der *jefe* war schon gegangen und der *subjefe* ebenfalls, aber der *subsubjefe*, Hugo Vargas, wies mich in ein kühles, verdunkeltes Büro. Im Hintergrund brummte eine Klimaanlage. Vargas öffnete einen Kühlschrank, nahm eine Flasche heraus und füllte ein Glas mit Mineralwasser. Er trug einen langen, schwarzen Backenbart, sein dickes, schwarzes Haar lag mit fettiger Pomade hoch aufgetürmt auf seinem Haupt. Sein companyblaues Hemd und die Hosen waren gestärkt, gebügelt und fleckenlos. Er gab mir das Glas und lächelte. Das Glas war eiskalt.

»Was tun Sie hier?« fragte er, weiterhin lächelnd.

»Ich habe gehört, es gäbe Probleme.«

»Probleme? Vielleicht haben Sie was falsch verstanden?«

»Ich habe gehört, daß es hier Leckagen gäbe und derlei Dinge.«

»Es gibt keine Probleme. Wie Sie sehen können, sind wir mit einem umfassenden Sanierungsprogramm beschäftigt. Aber manchmal haben die Leute falsche Vorstellungen. Sie übertreiben die ... die Bedingungen. Ja, etwas Öl ist hier ausgeflossen. Aber wissen Sie was? Es ist nur an der Oberfläche.«

»Wie bitte?«

»Richtig. Es ist nur an der Oberfläche des Wassers. Das Wasser unter dem Öl ist perfekt in Ordnung. Die Leute hören niemals diese Seite der Geschichte.«

»Was ist mit der Mannschaft? Die Arbeit macht sie bestimmt krank.«

»Soweit ich weiß, haben die Leute keine Probleme mit ihrer Gesundheit«, sagte Vargas. »Überhaupt nicht. Zumindest keine, die von der Arbeit verursacht wurden.«

»Sind sie von einem Arzt untersucht worden?«

»Das liegt nicht in unserer Verantwortung«, sagte er. »Wir stellen einen Subunternehmer in Lago Agrio an, und der stellt die Leute ein.« Er atmete kräftig aus, wie aus Ungeduld. »Wir machen eine saubere Arbeit. Aber die Leute sagen oft furchtbare

Sachen, ohne die Tatsachen zu kennen. Irgend jemand kommt nachts hereingeschlichen, irgendein Terrorist dreht ein Ventil auf, das Öl läuft aus, und wir bekommen dann die Schuld. Ist das fair?«

»Gibt es Terroristen hier?«

Er nickte feierlich. »Kommunisten«, sagte er. »Guerilleros.«

»Wo?«

»Überall.«

Nie ist jemals ein Guerillero gefaßt, geschweige denn identifiziert worden. Aber Vargas schien zufrieden, daß ich kein Terrorist war, und zu meiner großen Überraschung sagte er, ich könnte zurück zu dem Ölfeld gehen, wenn ich wollte. Er war nur für den Tag verantwortlich, vielleicht wußte er es nicht besser. Vielleicht glaubte er aufrichtig, daß die Company eine »saubere Arbeit« leiste. Vielleicht war ihm auch alles egal.

Als ich zu der Sanierungsstelle zurückkam, beendete die Mannschaft gerade ihre Arbeit für den Tag. Ein paar Leute stiegen in meinen Wagen, ein paar stellten sich auf die hintere Stoßstange. Als wir die Straße an ihren Freunden vorbei hinunterrollten, grinsten und johlten sie wie die Könige. Am Ende der Öllache steckte ein Abflußrohr in einem Damm, es ragte in einen Graben, in dem ein kleiner Wasserlauf im blaugoldenen Schimmer einer Ölschicht glänzte. »Hervorragend«, hatte Hugo Vargas gesagt. Der Bach lief in einen kleinen Fluß, der seinerseits in einen der Seen floß, die Cuyabeno so berühmt machten. Bei dem gegenwärtigen Tempo der Verseuchung werden, einigen verläßlichen Schätzungen zufolge, viele der Seen innerhalb von zehn Jahren völlig tot sein.

Jeder der Männer hatte ein Stück Seife und eine mit Dieselöl gefüllte Plastiklimoflasche dabei. Etwa zwei Kilometer weiter hielten wir an einem anderen Bach. Die Männer zogen sich bis auf die Shorts aus und hopsten hinein. Bis zu den Hüften im Wasser stehend, wischten sie ihre Stiefel mit Diesel ab, dann schrubbten sie sich selbst damit, langsam Arme und Beine bearbeitend, wobei sich die gummiartigen Krusten von der Tagesarbeit als besonders hartnäckig erwiesen. Weitere Männer stießen hinzu, bis etwa ein Dutzend in dem Bach standen. Ihre Haut unter dem Öl glänzte schwarz. Sie stammten von der Pazifikküste in der Nähe der Erdölraffinerie von Esmeraldas.

»Dort gibt es keine Arbeit mehr«, sagte einer von ihnen.

»Habt ihr Probleme mit dem Öl?« fragte ich. »Macht es euch krank?«

»Oh, es bringt mich Stück für Stück um, da bin ich sicher«, antwortete ein Mann. Er schien 50 Jahre alt zu sein. Sein Haar war weiß, und er hatte dürre Beine und einen enormen Bauch. Er holte seine Seife vor und nahm sich Zeit mit dem Einseifen, bis seine rabenschwarze Haut weiß vom Schaum war. »Aber die Manager müssen dasselbe Wasser wie wir trinken, verstehst du mich?«

»Nein, tun sie nicht«, sagte ein anderer Mann. Er war jünger, schlank und mit kräftigen Muskeln.

»Tun sie nicht?« fragte der erste.

»Sie haben besonderes Wasser.«

»Benutzen sie das auch für ihre Suppe?«

»Ja.«

»Wirklich?«

Die Männer wohnten in einem Lager auf der anderen Seite der Straße. Es bestand aus einer Bretterbude mit drei Zimmern, die der Subunternehmer, der sie angeheuert hatte, gebaut hatte. In einem Raum schwitzte sich ein Mann durch einen Malariaanfall, er wälzte sich auf einer durchgelegenen Schaummatratze. In einem anderen schliefen zwei Männer in Hängematten. Insgesamt teilten sich 22 Leute die drei Räume, dazu einige Frauen, mindestens sechs Kinder und ein Koch. Von einem Dollar, den jeder am Tag verdiente, ging die Hälfte für Zimmer und Essen drauf. Für den Sonntag mußten sie auch bezahlen, obwohl es ihr freier Tag war und sie nicht bezahlt wurden. Die

Company gab ihnen ein Paar Stiefel und eine tägliche Ration Kerosin zum Waschen, aber alles andere kauften die Männer selbst – Medizin, Bettzeug, Kleidung. Viele der Männer hatten ihre Familie in der Nähe von Lago Agrio, und eine Zeitlang waren sie sonntags mit dem Bus zu Besuch hineingefahren – auch, um Zimmer und Essen zu sparen. Nachdem sich kürzlich die Preise für Reisen durch ein von der Regierung durchgesetztes Sparprogramm verdoppelt hatten, war es billiger, im Lager zu bleiben. Alle sagten, wenn ein Mann nicht trinke, nicht spiele, nicht mit den Prostituierten liebele, die den Camps folgten, nicht nach Hause fahre, um die Familie zu sehen, nicht krank werde, nicht mehr als ein Hemd und eine Hose verbrauche, dann könne er nach den etwa sechs Wochen, die der Job im Durchschnitt dauere, einen oder zwei Dollar übrig haben.

Auf der Fahrt hinaus holte ich den Kipplaster ein, der seine letzte Tagestour machte. Ein halbes Dutzend Männer hingen hinten an der Ladefläche und signalisierten mir, ihnen zu folgen. Wir rumpelten den Hügel hinauf. Als wir am Petroecuador-Büro vorbeikamen, kam ein Sicherheitsbeamter durch das Tor gerannt und winkte mich wie besessen auf die Seite. Ich ignorierte ihn und folgte dem Laster zu einer verlassenen Bohrstelle. Der Laster stieß zu dem Überlaufbecken zurück, konnte aber nicht kippen, so daß die Männer von Hand die Stämme und das Öl und den Schlamm runterschieben und -werfen mußten. Mir schien die ganze »Sanierung« daraus zu bestehen, den Ölabfall aus einem Loch zu zerren und in ein anderes zu kippen, das versteckter lag.

Dicht daneben lagen weitere fünf Becken, in einer Reihe den Hang hinunter. In einem schwamm eine aufgeblähte Tierleiche von der Größe eines großen Schweins, vollständig abgesengt. Jedes Becken war randvoll, außer dem letzten. Dessen Dämme waren eingestürzt, und ein schwarzer Schlammfluß zog sich den ganzen Hügel hinunter. Ein paar Hühner und Jungsäue wühlten mittendrin herum. Der Schlammfluß reichte bis zu einer Hütte, vor der leuchtende Kleidungsstücke zum Trocknen hingen. Der Größe und Form der Hemden und Hosen nach gehörten sie kleinen Kindern.

Ich fuhr drei Tage lang durch Cuyabeno und konnte nicht einmal die Hälfte der Straßen abfahren. Es schien, als würden sie ebenso schnell gebaut, wie ich sie abfuhr. Überall sah ich Mannschaften, die den Urwald rodeten. Ich bekam den Eindruck, daß der ganze Cuyabeno-Nationalpark ein einziger riesiger vergifteter Schwamm war. Ölabfälle befanden sich im Wasser, in der Luft und im Boden. Ein Siedler, den ich Wilfrido nennen will, nahm mich mit vor sein Haus und hieb mit der Machete in die Erde des Hügels. Schwarze Schmiere quoll aus dem Boden. Es sah aus, als hätte er in einen Schokoladenkuchen gehauen. Keine 600 Meter von Wilfridos Haus entfernt steht eine Ölpumpe. 1989 brach ihr Überlaufbecken und überschwemmte sein Stück Land. Alle seine Kaffeebüsche auf dem Hügel starben ab, und eine dicke Schicht Teer bedeckte unten am Hügel den Teich, aus dem er früher sein frisches Wasser bezogen hatte.

»Es ist drei Jahre her, und meine Frau hat immer noch Hautausschlag«, erzählte er. »Ich habe acht Kinder. Alle bekamen sie Hautausschlag, Grippe, Magenbeschwerden und geschwollene Kehlen. Das hatten wir nicht vor dem Überlauf. Manchmal kommt ein Arzt nach Lago Agrio, und ich fahre ihn hierher, aber er will immer Spritzen geben. Weißt du, was die kosten?«

Trotz seiner Sorgen lachte Wilfrido viel und streichelte zwei goldfarbene Kaninchen. Er sagte, daß er seine Meinung über die Verseuchung gesagt hätte und die Company ihn dafür bestraft hätte. »Meiner Familie wurde nicht länger erlaubt, auf ihren Lastern mitzufahren, und das ist unsere einzige Transportmöglichkeit. Wir saßen fest hier. Dann, nach vielen Monaten, durften wir wieder mitfahren, aber wir mußten den doppelten Preis bezahlen.«

Wohin ich in Cuyabeno auch kam, überall hörte ich irgendeine Version von Wilfridos Geschichte. José Cruz und seine Frau Loja lebten seit zehn Jahren in Cuyabeno. Sie hatten zwei kleine Kinder. Da es keine Schule für die Kolonisten gab, unterrichtete Loja ihre und die Kinder anderer Kolonisten bei sich zu Hause, wo eine Tafel auf der Veranda aufgestellt war. José hieb eine Kokosnuß von einer Palme neben der Veranda, schnitt sie auf und gab sie mir zu trinken. Dann nahm er mich mit den Hügel hinter dem Haus hinauf zu einem kleinen Bach, der sein Land durchschnitt. Der Bach war schwarz von Erdöl. Öl war an dem Unterholz hochgespritzt und das Bachbett mehrere hundert Meter hinuntergelaufen. An den sumpfigen Stellen trat es überall hervor. Das Öl fand sich überall am Hang bis dorthin, wo die Ölpumpe stand, oberhalb von José und Lojas Land. Der Pfad endete an einem Überlaufbecken, das mit Bulldozern zugeschoben worden war. Ein paar Meter oberhalb des Beckens hatte die Company vor zwei Jahren ein neues Becken gegraben, das bereits überquoll.

José sagte, er hätte seinen Fall vor das ecuadorianische Gericht für Grundrechte gebracht. »Das Gericht entschied, daß die Company sich einer groben Fahrlässigkeit schuldig gemacht habe«, sagte José. »Aber das Gericht hat keine Macht, um dem Gesetz Nachdruck zu verleihen. So ...« Er zuckte die Schultern. Dann gingen wir zurück, den Hügel hinunter, auf einem Ölfilm rutschend und schlitternd.

Es gibt Hunderte von Überlaufbecken im Oriente, vielleicht mehr als tausend. Viele von ihnen liegen direkt an den Flüssen, die Trinkwasser liefern und dem Fischfang und dem Baden für die örtliche Bevölkerung dienen. Ein typisches Becken hat etwa die Größe eines olympischen Schwimmbeckens und ist nichts anderes als ein Loch, das in den Urwaldboden gegraben wird. Rohöl und giftige Bohrschlämme, Formationswasser (Wasser, das zusammen mit dem Öl hochgepumpt wird und so giftige

Schwermetalle wie Arsen, Cadmium, Cyanid, Blei und Quecksilber enthält), Unterhaltsabfälle (einschließlich industrieller Lösungsmittel und Säuren) und die entsprechenden Ausflüsse des Ölgewinnungsprozesses werden regelmäßig in diese Becken gepumpt, und regelmäßig werden diese Becken durch schwere Regenfälle im Oriente unterspült. 1993 besuchte ein Harvard-Team aus Wissenschaftlern, Doktoren und Juristen den Oriente und testete das Wasser an 33 Stellen. Besonders forschten sie nach heteroaromatischen Kohlenstoffen, ein Teil des Rohöls, der so giftig ist, daß die US Environmental Protection Agency (US-Behörde für Umweltschutz) jedwede Menge als höchstgefährlichen Krebserreger einstufte. Im Trinkwasser fand das Harvard-Team die hundertfache Menge dessen, was in den USA gesetzlich zugelassen ist.

Texacos Vertrag zur Ölproduktion im Oriente lief 1992 aus. In der 25jährigen Laufzeit des Vertrags erschloß Texaco 339 Quellen, schlug fast 19000 Kilometer seismische Schneisen, baute fast 500 Kilometer Straßen und grub mehr als 600 Becken für giftige Abfälle. In einem ausführlichen Dokument, das Sachverständigen des Internationalen Wassertribunals in Amsterdam in einem Hearing unterbreitet wurde, hat D. York LeCorgne, der Präsident des Texaco-Unternehmens in Ecuador gewesen war, die Leistungen der Company im Oriente verteidigt. Er behauptete unter anderem, daß Abfallbecken »zwar ästhetisch nicht sehr schön sein mögen, aber keine inhärente Ursache der Verschmutzung sind«. Ferner, sagte er, seien die Texaco-Becken auf Dichtigkeit geprüft und so angelegt, daß zufälliges Überlaufen oder Auslaufen verhütet würde. Die meisten Brüche der Pipeline würden durch unvorhersehbare Naturereignisse hervorgerufen werden, und es stimme zwar, daß es in den Ölfeldern Abholzung gegeben habe, die sei aber nicht das Werk von Texaco, sondern von den Siedlern. Die Company, schrieb er, hätte nicht nur die ecuadorianischen Gesetze eingehalten, »sondern auch die fortschrittlichsten Standards der Erdölindustrie und unsere eigenen Leitprinzipien und Zielvorstellungen, die unsere Verpflichtung der Umwelt gegenüber bestätigen«.

Die Jury kam zu anderen Ergebnissen. Sie entschied, daß Texaco »große Mengen« von gefährlichen Abfallstoffen in den Boden und das Wasser des Oriente abgegeben habe; daß sie »die oberflächlichsten Maßnahmen« ergriffen habe, um Ausläufe und Verseuchung zu verhindern; daß es »keinen Anhaltspunkt dafür (gäbe), daß die Beklagten ein vorbeugendes Herangehen bei der Durchführung ihrer Aktivitäten ergriffen haben«. Texaco sei verpflichtet, ihre Opfer zu entschädigen. Endlich drückte die Jury ihre Zweifel aus, ob »der ökonomische Gewinn der Beklagten aus der Ölgewinnung gegenüber den negativen Auswirkungen auf ... die örtliche Bevölkerung in einem ausgewogenen Verhältnis steht«.

Aber das Tribunal ist eine internationale Körperschaft und hat, wie LeCorgne in seinem Brief hervorhob, keine gesetzliche Gewalt im Oriente.

In gewisser Weise war Randy Borman ein so typischer 38jähriger amerikanischer Mann, wie man überhaupt nur einen treffen kann. Er hatte struppiges, sonnengebleichtes, blondes Haar und einen ordentlich geschnittenen Schnurrbart, klare blaue Augen und war immer braun. Als ich ihn traf, rupfte er Unkraut in seinem Hof. Aus einem solargetriebenen Plattenspieler dröhnte Musik. Seine Frau und sein Schwiegervater arbeiteten neben ihm, der dreijährige Sohn spielte im Dreck. Ständig hänselten sie einander. Sobald Borman seinen Außenbordmotor repariert haben würde, wollten alle zum Fischen fahren.

Ich muß auch berichten, daß Borman ein *cushma* trug, die traditionelle Kleidung der Cofane, und die Sprache, die er mit seiner Familie sprach, war Cofane, weil sie Cofane-Indianer sind, und er riß das Gras um sein Haus herum heraus, weil in ihm gewöhnlich Schlangen nisteten. Jahre bevor er sein erstes Auto sah, jagte Borman Wollaffen mit dem Blasrohr. Was sein

Haus betraf, so war es aus Rinde und Schilfrohr errichtet und lag versteckt in einer Ecke des Oriente, so weit weg von allem – an der äußersten östlichen Seite des Cuyabeno-Nationalparks, fast an der kolumbianischen Grenze –, daß es selbst mit Militärhubschraubern und starken Motorbooten länger dauert, von Quito dorthin zu kommen, als von Quito in die Innenstadt von New York.

Randy Borman ist der tatsächliche Führer der Cofane-Nation oder was von ihr noch übrig ist. Er ist ein bescheidener, sanft sprechender Mann, aber man kommt nicht so weit auf dem Aguarico, wenn man nicht, in der einen oder anderen Weise, seine Erlaubnis hat. Im Oktober 1991 tauchten 23 Angestellte der Seiscom Delta, der amerikanischen Gesellschaft für seismische Untersuchungen, in der Nähe von Bormans Siedlung auf und gedachten, nach Öl zu suchen. Borman und sieben Cofane-Männer umzingelten die Mannschaft im Urwald und verlangten, die Berechtigungspapiere zu sehen, die nach dem Gesetz die Mannschaft haben mußte. Die Mannschaft hatte natürlich keine Autorisierung, aber die Kraft des Gesetzes in Ecuador ist derart, daß der Mannschaftsführer drohen konnte, das Militär herbeizurufen. »Prima«, sagte Borman. »Aber einstweilen kommt ihr mit uns. Sofort.«

Damit begann ein außerordentlicher Wendepunkt für die Cofane, die lange als die friedlichsten aller Nationen im Oriente gegolten hatten. Sie hielten die Mannschaft einen Tag lang fest. Borman reiste nach Quito, sprach mit den Zeitungen und trat in der bekanntesten Fernsehshow auf. Ein verwirrter Landwirtschaftsminister beauftragte die Cofane mit der Bewachung des Cuyabeno-Nationalparks (in dem sie auch wohnen). In den folgenden Monaten verhafteten die Cofane weiteres Company-Personal, verbrannten einen Company-Hubschrauber, machten Videoaufnahmen von der Company, wie sie das Gesetz brach – kurz und gut, die Company mußte zur Kenntnis nehmen, daß die Zeiten des business as usual (Geschäft wie immer) vorbei sind. Die Cofane waren die Gruppe, die zuerst und am härtesten von der Ölgewinnung betroffen war. Jahrzehntelang flohen sie entweder vor der Company oder gingen an ihr zugrunde. Schließlich sagten sie: »Nein.«

»Was sollten wir denn anderes tun?« fragte mich Borman. »Wir sind immer weiter vertrieben worden bis zur kolumbianischen Grenze. Wir können nirgends mehr hingehen. Wir haben es mit einer vollständig hoffnungslosen und geschlagenen Nation zu tun, die schließlich gesagt hat: ›Schluß, hier ziehen wir eine Linie.‹« Durch diese Handlung unterstrichen sie eine elementare Wahrheit im Oriente. »Wir lernen schließlich, was die Huaorani immer gewußt haben – im Oriente wird man nicht respektiert, bevor man nicht gewalttätig wird.«

Randy Borman hat den größten Teil seines Lebens im Oriente verbracht. Er wurde 1955 in Shell geboren. Seine Eltern – sein Vater kommt aus Illinois, seine Mutter aus Kalifornien – waren Missionare des Summer Institute of Linguistics für die Cofane. Borman war das erste Gringo-Baby, das die Cofane jemals gesehen hatten, und sie zogen es als eines der ihren auf. Er erinnert sich an die Zeit seiner Jugend als eine goldene Zeit für die Cofane, als die Jagd gut lief und sie den ganzen Fluß Aguarico für sich allein hatten. Der Händler, der einmal im Jahr den Fluß herunter kam, um Hängematten und Felle zu kaufen, war einer der wenigen Spanischsprechenden, den er bis 1964 sah, als die seismischen Mannschaften im Cofane-Territorium ankamen. Texaco brachte die erste Versuchsbohrung drei Jahre später nieder. Eine lag direkt bei Dureno, wo Borman lebte. Er und sein Cofane-Onkel und seine Cousins trampten dorthin. »Für uns war das eine Riesengaudi«, erzählte er. »All diese rasselnden Maschinen und die Hubschrauber, die an- und abflogen. Die Arbeiter gaben uns etwas Reis und ein paar Löffel, um damit zu essen. Wir durften die Löffel behalten. Vier Löffel! Gott, wir hielten uns für reich!«

Die Company sagte den Cofane, daß bald die Straße käme

und dadurch der Stahl, die Glasperlen, die Messer und Kessel billiger werden würden und sie bessere Preise für Hängematten und Felle erzielen könnten. Unter den wenigen Cofane, die eine dunkle Ahnung von dem hatten, was wirklich kommen würde, befanden sich der Häuptling und sein Bruder, ein mächtiger Schamane, der eine Vision von einer Zeit gehabt hatte, in der der Urwald verschwinden und Rauch die Luft erfüllen würde. Eines Tages verkündete der Häuptling, daß er auf einen langen Jagdausflug ginge. Er sagte Bormans Vater einen besonderen Abschiedsgruß, bei dem er ein Wort für »auf Wiedersehen« benutzte, das die Cofane nur anwenden, wenn sie auf eine sehr ausgedehnte Reise gehen, und er bat die Missionare, sich um sein Volk zu kümmern. In jener Nacht trank der Häuptling so viel von dem Schnaps des weißen Mannes, wie überhaupt in seinen Bauch ging – am nächsten Morgen war er tot.

Die traditionelle Antwort der Cofane auf den Tod eines Häuptlings wäre gewesen, sich zu zerstreuen. Aber da sich die Missionsstation am Ort befand, blieben sie, wo sie waren – ein tragischer Fehler. Randy Borman ist kein Missionar, und obwohl er die SIL verteidigt – er sagt, daß manchmal die Lingustik-Arbeit alles war, was die Cofane-Kultur zusammenhielt –, gibt er auch zu, daß sie grobe Fehler beging. »Die Missionare waren die einzigen Leute von außen, die die Cofane kannten, aber die Missionare schufen unter den Cofane ein falsches Gefühl der Sicherheit gegenüber der Außenwelt«, sagte er. »Aber im großen und ganzen verstanden die Missionare nicht, wie sie mit der Welt der Politik und Entwicklung umgehen sollten.«

1972, nach Abschluß einer privaten Mittelschule in Quito, ging Borman in die Vereinigten Staaten auf ein College. Nach zwei Jahren sprang er ab. »Es war zum ersten Mal, daß ich merkte – wie soll ich es ausdrücken? –, daß nicht alle englisch sprechenden Leute intellektuell fähige Leute waren,« meinte er. Er kam zur Einsicht, daß seine Heimat der Oriente war. Unterdessen fluteten Kolonisten auf der neuen Straße, welche die

Company von Quito aus gebaut hatte, über das Gebirge nach Amazonien, und Lago Agrio, einst ein bevorzugtes Jagdgebiet, war eine Stadt geworden. »Ich hatte das Gefühl, als ob diese riesigen Maschinen direkt über uns hinweg rollen würden«, sagte er. »Wir verstanden es nicht, und wir wußten nicht, was wir tun sollten. Wenn wir gegen die Company vorgingen, holte uns das Militär.«

Die Missionare drängten die Regierung, wenigstens einen Teil der legitimen Landrechte der Cofane anzuerkennen, und endlich bekamen sie Landtitel auf 40 Quadratkilometer Land. Borman leitete die Eingrenzung. Texaco pflügte eine Straße mitten durch das abgegrenzte Territorium. Für die meisten Cofane war das der Todesstoß. Etwa 600 haben noch überlebt, aber die meisten von ihnen leben weiter um Dureno herum in einer Misere, die nur mit entsetzlicher Armut beschrieben werden kann. »Sie sind vollständig besiegt«, sagte Borman. »Wenn Sie ein Beispiel für einen Ethnozid wollen, hier ist es.«

Hatte er jemals mit Texaco über diese Probleme gesprochen?

»Ich versuchte es«, sagte er. »Aber mit wem sollte man sprechen? Ich war ebenso unwissend über die Art, wie jene Welt funktionierte, wie jeder andere Cofane auch. Man ging zu dem Texaco-Gelände, und man ließ dich nicht einmal den Pförtner passieren. Was wir höchstens mal von ihnen hörten oder sahen, das waren ihre Propagandafilme mit Bildern von ein paar Cofane, die an der Pipeline entlangliefen. Damit sollte gesagt werden: ›Nun, viel hat sich nicht verändert.‹«

Borman heiratete eine Cofane-Frau, und sie flohen mit ihrem Clan den Aguarico weit hinunter. Etwa 50 Cofane leben jetzt dort auf traditionelle Weise, von der ungewöhnlichen Solaranlage einmal abgesehen. Sie haben eine Überlebensstrategie entwickelt, die, wie Borman zu Recht behauptet, »der Umweltschutzbewegung zehn Jahre voraus ist«.

Etwa zu der Zeit, als Texaco mit der Arbeit begann, schuf die ecuadorianische Regierung den Cuyabeno-Nationalpark. Ein

Teil des Parks lag auf dem Jagdgebiet der Cofane, die man einfach vertrieb. 1991, als die Regierung Cuyabeno ausweitete, umfaßte das neue »geschützte Gebiet« wieder Cofane-Land. Diesmal jedoch zeigten die Cofane deutlich ihre Bereitschaft, Gewalt anzuwenden, um ihr Land zu verteidigen. Und sie erzielten einen Kompromiß mit der Regierung – einzigartig in der Geschichte des Oriente. Um sich die Rechte auf 360 Quadratkilometer Land innerhalb der neuen Grenzen des Nationalparks zu sichern, entwarfen die Cofane ein gestaffeltes Nutzungssystem, das auf dem Prinzip basiert, daß die Menschen, die im Urwald leben, das größte Interesse daran haben, ihn zu schützen. Sie teilten ihr Land in drei Zonen ein: Sektion eins für Gärten und Häuser liegt entlang der Flußebene, wo es den besten Boden gibt. Weil durch das Mäandern des Flusses diese Sektion in ständiger Bewegung ist, sind möglicherweise entstehende Schäden nicht permanent. Sektion zwei ist »intensiv genutzter« Wald – Land reserviert für die traditionelle einheimische Nutzung, einschließlich Fischfang, Jagd und das Sammeln von Samen und Rohmaterial für Handwerk, Kanus und Blasrohre, unter der Bedingung, daß es immer Urwald bleibt. Sektion drei wird als »wildes« Land bezeichnet, das als Reservoir zur Artenregeneration in Sektion zwei dienen soll sowie für begrenzten Fischfang und Tourismus. Als bevollmächtigte Parkwächter haben die Cofane legal die Macht, die Gesetze zum Schutz des Urwaldes durchzusetzen, bis hin und einschließlich des Hinauswurfs der Company.

Gleichzeitig haben die Cofane, um sich von der ökonomischen Alternative der Arbeit für die Company zu befreien, ein Programm entwickelt, das in meinen Augen einmalig nicht nur im Oriente, sondern in ganz Amazonien ist: »Ökotourismus«, von dem wirklich gesagt werden kann, daß er von der örtlichen Bevölkerung betrieben wird. Die Cofane haben durch Sektion drei auf ihrem Land einen 100 Kilometer langen Wanderpfad geschlagen, entlang des Pfades Hütten gebaut und ein »Wandererdorf« auf der anderen Seite des Flusses, damit ihr eigenes Dorf nicht von Touristen belästigt wird. Die ersten Wanderer kamen 1993. Ein ecuadorianisches Reiseunternehmen brachte die Touristen zu einem bestimmten Punkt am Aguarico, dort wurden sie von den Cofane in Empfang genommen. Von Borman unterrichtet, der einmal Reiseführer bei einer amerikanischen Reiseagentur war, trugen die jungen Cofane die Ausrüstung, die Frauen bereiteten das Essen zu, und die älteren Männer fungierten als Führer und Vortragende. Die Teilnahme war freiwillig, die Einnahmen wurden gleichmäßig unter allen Beteiligten verteilt.

Der Tourismus in Ecuador ist die viertgrößte Einnahmequelle für ausländische Valuta. Seit 1987 ist die Zahl der Besucher Amazoniens um durchschnittlich 12 Prozent jährlich gestiegen. Das ist zu einem der wenigen Lichtblicke in Ecuadors Ökonomie geworden. Aber die bittere Wahrheit ist, daß die Cofane nicht das hätten erreichen können, was sie erreicht haben, ohne den Verstand eines Mannes wie Borman, der in zwei Welten agieren kann – ein Mann, dessen weiße Haut ihm einen entscheidenden Vorteil verleiht, wenn er mit Medien, Regierungsbeamten, der Company, Reisegesellschaften in Quito und den Vereinigten Staaten zu tun hat. Auf jeden Fall ist dies angesichts der Company eine Vision, ebenso zerbrechlich wie eine Palmhütte in einem Hurrikan. Touristen wollen keine Bohrtürme, Hubschrauber und Ölverschmutzungen sehen.

»Wir haben keine vollständige Kontrolle über das Land«, gab Borman zu, »aber theoretisch muß jeder, der hier herein kommt, über uns kommen, auch die Ölgesellschaft. Deshalb haben wir auch in der Seiscom-Delta-Angelegenheit solchen Druck gemacht. Entweder bringt die Regierung die Company zur Einhaltung der Gesetze, oder wir sind bereit, die Dinge in unsere eigenen Hände zu nehmen. Dann hat sie nur die Wahl, Militär herzuschicken.« »Wenn das geschieht,« sagte Borman, »dann haben sie einen Guerillakrieg – das ist eine andere Sache«.

War er besorgt um seine eigene Sicherheit?

»Ich will es mal so ausdrücken«, sagte er. »Ecuador hat keine Tradition in der Beseitigung von Gegnern, aber es wäre ein leichtes, es zu tun, und ich bin sicher, daß die Ölgesellschaften das diskutiert haben.« Dann lachte er, aber nicht sehr.

15

In Coca wimmelte es von Menschen, als ich zurückkehrte. Auf den Straßen strömten Indianer und Kolonisten zu Fuß und mit dem Fahrrad herein. Sie trugen Babys und Körbe mit Essen. Unten am Napo war das Ufer übersät mit Kanus, und am späten Abend kamen zwei Busladungen mit Umweltschützern und Menschenrechtlern – Ecuadorianer, Amerikaner, Europäer – von Quito angerollt. Sie sprangen von den Bussen mit steifen Knien, schnatternd nach der lauten, 15stündigen Fahrt, stapften durch den knöcheltiefen Schlamm und gingen direkt in die beste Bar am Ort.

Dort fand ich auch Judith Kimerling mit vor Erregung glitzernden Augen. »Sie wird wirklich zustande kommen!« sagte sie. Sie meinte die Versammlung, aber sie meinte auch etwas anderes. Mehr als ein Jahr war seit dem Conoco-NRDC-Debakel vergangen, und sie hoffte, daß diese Versammlung der Erneuerung der zerbrechlichen Allianz Auftrieb gäbe, die einst zwischen *ecologistas*, Indianern und Kolonisten geherrscht hatte. »Es wird immer Differenzen geben«, meinte sie. »Aber wenn man die Arbeit genau umreißen kann, dann kann man über sie hinwegkommen – die Arbeit kann dann zum Ausgangspunkt gemeinsamer Zielvorstellungen werden.«

Das Hauptziel der Versammlung war es, eine Kampagne zu organisieren, um die Company zu zwingen, den Dreck wegzuräumen, den sie im Oriente hinterlassen hatte. Aber Kimerling hatte nicht die Absicht, es dabei bewenden zu lassen. Sie und die *ecologistas* aus Quito, welche die Versammlung organisierten, hatten detaillierte Aufstellungen über alle im Oriente tätigen Ölgesellschaften ausgearbeitet, und sie wollten alle Leute zusammenbringen, die von deren Arbeit betroffen waren, und ihnen helfen, Strategien zu entwickeln, um sich zu schützen.

Der erste Punkt auf ihrer Liste war Maxus, weil Block 16 als nächstes Ölfeld an der Reihe war. Die Anwesenheit der Huaorani auf der Versammlung würde entscheidend sein. Aber die Huaorani waren nicht die einzige indigene Gruppe, die Valerio Grefa versäumt hatte, nach Coca einzuladen. Er hatte überhaupt keine eingeladen. Kimerling hatte das selbst getan und war in den voraufgegangenen Wochen in die entferntesten Ecken des Oriente gereist, um die Nachricht zu verbreiten. Und sie waren gekommen: die Siona, die Secoya, die örtlichen Quichua-Verbände, die so weit von der Außenwelt entfernt lebten, daß sie kaum wußten, wer Valerio Grefa und die CONFENIAE waren. Auch die Kolonisten waren gekommen und auch Leute, die einmal für die Company gearbeitet hatten, Dienstmädchen, Köche und Hilfsarbeiter, die wissen wollten, warum ihre Haut ständig geschwollen war und juckte, warum ihre Kinder ständig Diarrhöe hatten, was jene Knoten auf ihren Brüsten bedeuteten.

Am Morgen ging ich zur Kapuziner-Mission, um nach den Huaorani zu schauen. Die Schüler waren in den Ferien, und die Kapuziner hatten den Platz und die Schlafräume der Versammlung zur Verfügung gestellt. Kinder rannten durch die Gärten, Frauen knieten im Gras und wickelten sorgfältig Reis und Maniok aus Bananenblättern. Ich fand José Miguel Goldáraz hinter dem Schlafraum der Männer. Er hatte seine Baskenmütze auf und lächelte amüsiert. Was immer sonst die Versammlung beschließen würde, sagte er, eine Sache wäre schon einmal klar: Für die meisten der Leute, die gekommen waren, würde es ihre erste Gelegenheit sein zu sehen, daß sie nicht alleine waren.

Selbst in solch einer Menschenmenge war es nicht schwer, die Huaorani auszumachen. Sie hatten sich in einer Ecke des Männerschlafraums eingerichtet und sie mit einer Mauer aus gekreuzten Speeren abgetrennt (die, wenn man sie auf einem Pfad im Urwald findet, den Tod für jeden bedeuten, der sie übertritt). Auf dem Boden standen zwei große Aluminiumtöpfe mit *chicha,* an der Wand lehnte eine geräucherte Pekarikeule. Salomón schlief auf einem der Feldbetten mit einem Arm um Raúl, der ein Comicheft durchblätterte. Moi und Enqueri saßen auf einem anderen Feldbett, über ein Notizbuch gebeugt. Sie trugen Kronen aus Vogelfedern. Plastikaktentaschen lagen zu ihren Füßen. Moi hatte kein Hemd an, aber Armreifen aus Palmschnüren um beide Oberarme gewickelt, wodurch die Muskeln noch mehr hervortraten. Enqueri trug seine kolumbianischen Schuhe. Er war fast jeden Tag in den vergangenen zwei Wochen durch den Urwald gelaufen, und die Schnallen hatten begonnen auszubleichen.

»Gutes Leben«, sagte ich.

»Chong«, sagte Moi. Er reichte mir eine Tasse *chicha* und rückte zur Seite, damit ich neben ihm sitzen konnte. »Es sind viele Kannibalen hier«, sagte er. »Die ganze Welt will für die Huaorani sprechen.«

»Nur die Huaorani können für die Huaorani sprechen«, sagte Enqueri.

»Viele von ihnen wollen den Huaorani helfen«, sagte ich.

»Viele von ihnen wollen von den Huaorani stehlen«, erwiderte Enqueri.

Sie hatten eine Rede vorbereitet. Moi las sie mir aus dem Notizblock vor. »Die Huaorani sind das tapferste Volk in der ganzen Welt. Die Flüsse und die Bäume sind unser Leben. Wir beschützen unser Leben für die ganze Welt. Wir sind die Beschützer des Urwaldes. Wir haben keine Angst zu sterben. Wir haben keine Angst zu töten. Jetzt dringt die Company in unser Land ein. Unser Land ist das, wo mein Großvater geboren wurde und mein Vater geboren wurde und ich geboren wurde. Wir werden gegen die Company kämpfen. Die Huaorani sind das tapferste Volk, und wir brauchen niemanden. Aber die Huaorani wollen Freunde mit der ganzen Welt sein, mit allen, die nicht versuchen, uns zu zerstören. Wir laden die ganze Welt ein, zu kommen und zu sehen, wie wir den Urwald schützen. Wir kommen zu dieser Versammlung, um uns mit jenen, die unsere Freunde sein wollen, zusammenzusetzen und zu reden.«

»Das ist stark«, sagte ich.

»Ja, ist es«, sagte Moi. »Aber es fehlen mehr Kannibalenworte – Worte, die sie verstehen. Wie« – er machte eine Pause – »›Umwelt‹, das ist ein Wort, das ihnen gefällt, oder?«

»Eure eigenen Worte sind sehr gut«, sagte ich.

»Es geht weiter«, sagte Enqueri. Der zweite Teil wäre ein Angriff auf Valerio Grefa, der »sagt, er sei ein Freund der Huaorani, der uns aber wie Fleisch verkaufen will.«

Die Versammlung begann am selben Nachmittag in der großen Halle der Schule. Vielleicht 70 Teilnehmer saßen im Zentrum der Halle an hufeisenförmig zusammengestellten Schulpulten und wackligen Tischen. Hundert oder mehr Beobachter drängten sich hinten und entlang aller vier Wände, weitere standen draußen und schauten durch die Fenster. Ein Mikrofon tauchte auf. Ein Teilnehmer nach dem anderen stellte sich vor. Das war ein ereignisloses Gebrumme, bis Moi und Enqueri sich erhoben und vor der Menge standen.

Sie hatten sich *cowode*-Kleidung angezogen, aber Moi trug auch seine Krone. Als er zu sprechen begann, bemerkte ich an ihm ein uncharakteristisches Zögern und ein leichtes Verdrehen der Augen, und zuerst kamen die Worte in einem unverständlichen Gemurmel heraus. Es war keine einfache Aufgabe für ihn, vor solch einer Versammlung von Kannibalen zu reden. Auch nicht für Enqueri, der an Mois Seite stand und ihm ab und zu etwas ins Ohr flüsterte. Aber dann begann Mois Stimme an Kraft zu gewinnen. Enqueri ergriff auch zuweilen das Mikrofon, und es dauerte nicht lange, bis sie wie die Jaguare brüllten in einem Mischmasch aus Huaorani und Spanisch – in atemberaubendem Tempo. Ihre anfängliche Unbeholfenheit wich einer Aura von unbestreitbarer Kraft, die schnell auf den ganzen Raum übergriff.

Es waren viele anwesend, die sich legitimerweise Menschen des Urwaldes nennen konnten, aber niemand mehr als die Huaorani. Sie lebten in den tiefsten Winkeln des Urwaldes, sie allein waren echte Krieger. Kameras klickten und surrten, die Leute standen von ihren Sitzen auf. Nach etwa zehn Minuten machten Moi und Enqueri eine Pause – ihre Zuhörer brachen in Beifall aus.

Als Moi und Enqueri ihre Aufmerksamkeit einer fernen Ecke des Raumes zuwandten, wo sich Valerio Grefa versteckt hatte, und sagten, daß die ganze Welt vor allem wissen solle, daß CONFENIAE nicht für die Huaorani spreche, daß nur die Huaorani für die Huaorani sprächen, war das in gewisser Weise ein spannungsgeladener und entscheidender Augenblick. Ihre Verurteilung von Grefa, abgegeben vor solch einer großen und öffentlichen Versammlung – und besonders vor so vielen *ecologistas*, von denen nur wenige irgendwann die Huaorani in ihrem Territorium besucht hatten –, forderte das heraus oder zerstörte es vielmehr, was von dem langgehegten Mythos übrig war, daß die Indianer des Oriente mit einer Stimme sprächen, ein Mythos, so bequem wie falsch.

Wenn es irgendeinen Rest von Zweifel darüber gab, wie die Huaorani Valerio Grefa sahen (obwohl schwer einzusehen, wie es noch einen geben konnte, so direkt war ihr Angriff), dann beseitigte ihn Raúl sehr schnell. Er sprang aus dem Publikum auf, packte das Mikrofon und ließ eine 15-Minuten-Attacke vom Stapel, die das verbale Äquivalent von dem Guanta-Gemetzel war, dessen Augenzeuge ich am Shiripuno gewesen war. Dann hielt er abrupt inne, ging zu Grefa hinüber und schlug ihn, bis ihm das Blut aus den Ohren kam.

Als Raúl zu Ende war, verfiel der Raum in schockiertes Schweigen.

In die Ecke getrieben, bloßgestellt, blieb Grefa nichts anderes übrig, als zu antworten. Einen Moment lang ließ er das Schweigen stehen. Niemals war er in solch öffentlicher Weise angegriffen worden. Eine »*vaca sagrada*«, so beschrieb José Miguel

Goldáraz CONFENIAE, eine heilige Kuh, die niemand zu kritisieren wagte, aus Angst, als Rassist oder Agent der Company oder Schlimmeres verschrien zu werden. Der Brief, den die Huaorani an Grefa geschrieben hatten, war zwar in Aktivistenkreisen in den USA gut bekannt, aber bewußt vergraben worden, um nicht die Illusion der »indigenen Solidarität« zu zerstören, wie die Phrase häufig lautete. »Grefa ist ein Monster«, sagte mir ein Amerikaner, der mit ihm einmal gearbeitet hatte, »aber er ist unser Monster.«

Als Grefa sich endlich entschloß zu antworten, tat er es, ohne von seinem Stuhl aufzustehen, und mit ungewohnter Kürze. »Wir bewundern diese Erklärung der Unabhängigkeit der Huaorani«, sagte er, »und wir respektieren ihr Recht, diese Wahl zu treffen. Aber es ist nicht eine Wahl, die sie von sich aus getroffen haben. Sie sind eindeutig von Außenstehenden manipuliert worden. Dies sind nicht die Huaorani, die sprechen.« Mehr sagte er nicht, und er vermied es, die Identität der »Außenstehenden« bekanntzugeben.

Grefa sparte seine stärksten Worte auf für später am Tage, als die Versammlung vertagt wurde. Wenn die Huaorani sich offiziell von der CONFENIAE zurückzögen, sagte er den Organisatoren der Versammlung, dann würde CONFENIAE sich aus der Allianz zurückziehen. Grefa war, mit anderen Worten, bereit, die Allianz in ihren Anfängen zunichte zu machen.

Trotz solcher Dramatik nahm die Versammlung in jener Nacht den Charakter einer Fiesta an. Die Leute wurden aus großen Kesseln mit Bohnen und Reis versorgt, und während sie aßen, vermischten sie sich unbekümmert, Indianer und Latinos und Anglos. Während der Versammlungssaal sich in einen Tanzboden verwandelte, saß ich zufällig im Gras neben Angel Zamarenda, dem Shuar, der Vizepräsident der CONFENIAE war. Während wir uns unterhielten, kletterten seine beiden kleinen Töchter auf ihm herum.

Zamarenda ist stämmig, beinahe fett, aber gewitzt und intelligent. Sein Spanisch ist ausgezeichnet, seine Energie ungeheuer. Wenn er auch nicht mehr wirklich ein Mann des Urwalds war, so war er aber auch nicht allzuweit davon entfernt. Ein Jahrhundert zuvor waren die Shuar noch Krieger und Kopfjäger, ebenso gefürchtet wie die Huaorani. Auch wenn sie heute hauptsächlich Bauern, Viehzüchter, Kolonisten oder Händler sind und sie sich besser und mit größerem Erfolg als irgendeine andere Nation im Oriente der Marktwirtschaft angepaßt haben, so sind sie nicht weniger hitzig.

Von dort, wo wir saßen, konnten wir in etwa 20 Meter Entfernung einen britischen Fotografen sehen, wie er Bilder von Moi machte. Moi hatte sich mit allen Huaorani-Insignien ausstaffiert. Ein europäischer Texaco-Boykott war geplant. Moi würde auf dem Poster abgebildet werden.

Zamarenda kochte vor Wut.

»Huaorani hier, Huaorani dort!« sagte er. »Warum applaudiert ihr ihnen eigentlich alle, diesen Huaorani? Ihr habt mich nicht applaudieren gesehen, als dieser Moi sprach. Indianer, die sich untereinander vor den Ökologen in Stücke reißen! Es war eine Schande.«

Ich sagte, daß ich kürzlich durch den ganzen Oriente gereist sei und daß die kleineren indianischen Nationen und auch viele der Quichua-Gemeinden mit dem einverstanden gewesen seien, was Moi gesagt hatte: CONFENIAE vertrat nicht mehr ihre Interessen im besten Sinn; CONFENIAE hatte sie nicht zu dieser Versammlung eingeladen, weil man nicht die Macht teilen wollte.

»Das ist absolut nicht wahr«, sagte Zamarenda. Er zog sanft eine seiner Töchter von seinem Kopf, aber seine Augen zeigten, daß er kurz vor dem Explodieren war. »Schau dich um – sie sind alle hier. Die Huaorani, die Secoya, die Siona – alle.«

»Weil Judith Kimerling sie eingeladen hat.«

Dazu sagte er nichts. Statt dessen machte er eine Pause, um seiner anderen Tochter die Nase zu putzen. Dann sagte er:

»Diese kleineren Gruppen, wir laden sie zu diesem und jenem Treffen ein, wir geben ihnen Geld für die Reisekosten, und sie tauchen niemals auf. Wozu also? Dann gehen sie hin und treffen ihre eigenen Abkommen mit den Ölgesellschaften, während sie gleichzeitig uns erzählen, daß sie keine Ölgewinnung auf ihrem Land wollen. Was meinst du, wie wir mit solch einer Heuchelei umgehen sollen?«

»Hat Valerio sein Land der Company verkauft? Ist das Heuchelei?«

»So einfach ist das nicht«, erklärte Zamarenda, als würde er ein Kind unterweisen. »Das war privates Land, kein kommunales Indianerland. Er hat dasselbe Recht wie du oder ich oder sonst jemand, sein Land zu verkaufen.«

»Was ist mit dem Geld geschehen, das an die CONFENIAE für die Huaorani ging, um ihre Grenze zu markieren?«

»Wer weiß?« sagte er. »Es ist wie mit den Reisekosten – sie verschwinden einfach. Als die Shuar ihre Grenze markierten, bekamen wir von niemandem Hilfe, keine Außenstehenden, kein Geld, nichts. Aber die Huaorani – sie verkaufen sich selbst. Sie sind Tölpel. Sie sind pathetisch.«

Später sprach ich mit Valerio Grefa. Er schien über die Ereignisse des Tages nicht empört zu sein. Er lächelte, schadenfroh und voll von sich selbst überzeugt. »Sie werden sagen, daß ich diese Allianz zunichte gemacht habe«, sagte er. »Und sie haben recht!«

Und dann konnten wir den heißen Beat einer kolumbianischen *cumbia* hören, die aus der Halle dröhnte. Drinnen fand ich den Tanzboden voll, aber die Huaorani standen entlang der Wand, als wüßten sie nicht recht, wie sie sich verhalten sollten. Alle, das heißt außer Moi, der in der Mitte der Tanzfläche mit einer Frau tanzte, die ich nicht kannte. Die Quichua und die Quiteños bewegten sich sicher und natürlich, aber Mois Schritte waren vorsichtig und kontrolliert und nicht unbedingt in Übereinstimmung mit dem schnellen, geschmeidigen Rhythmus der Musik.

Dann sprang Valerio Grefa in die Mitte der Tanzfläche, wirbelnd und stampfend mit solcher Ausgelassenheit, daß alle sich zurückzogen, um ihm Platz zu machen. Er war nur noch Ellbogen und Knie, aber er hatte Gefühl für Rhythmus. Er drehte sich und seine Partnerin durch den Raum hin und her, lachend, schreiend, winkend wie ein König.

Dann ging ich. Als ich zur Tür hinausschlüpfte, bemerkte ich Moi immer noch beim Tanzen am Rand der Tanzfläche, mit einem Blick, sowohl feierlich als auch heiter, als läge die ganze Welt und alles, was er brauchte, direkt unter seinen Füßen.

Ich lief durch den Schlamm zurück ins Hotel Auca. Es war Mitternacht vorbei, aber der Himmel mit dem Vollmond war klar. Eine Brise erhob sich und führte vom Urwald einen so wundervollen Duft mit sich, daß er den Petroleumgestank, der von der Straße aufstieg, überdeckte. Ich dachte über Moi und Enqueri nach. Es hatte wirklich großen Mutes bedurft, um aufzustehen und Valerio Grefa anzuklagen. Aber die Tatsache ließ sich nicht leugnen, von der Grefa mir in Quito gesprochen hatte: Die Huaorani standen allein da.

Doch die Huaorani waren immer allein gewesen, nicht nur abgeschnitten von der Welt außerhalb ihrer Grenzen, sondern oft genug auch untereinander. Und was bedeutete »allein«? Moi schien sich zwischen den Kulturen zu bewegen, ohne das Gefühl seiner selbst zu verlieren. Er war ein geborener Schüler mit einem natürlichen Charme, mit dem Talent eines Poeten, das Leben in einer Art und Weise auszudrücken, die universal gültig war. Auch Enqueri kreuzte zwischen den Kulturen mit Leichtigkeit, allerdings anders. Moi agierte, Enqueri reagierte. Er zeigte sich nicht so gewandt wie Moi – sein Charme glich dem eines Clowns, eines Menschen, der die Gunst berechnete und erschmeichelte – aber er konnte mehr Register ziehen. Er beherrschte zum Beispiel Spanisch besser, und er ging gewitzter mit *cowode*-Autoritätspersonen um. Gewiß hatte ihn die stärkere Beeinflussung durch die evangelikalen Missionare zu einer Art Verhaltensveränderung gebracht, der Moi sich großenteils entzogen hatte. Vielleicht, dachte ich, war die Kombination von Moi und Enqueri gerade das richtige. Sie könnte in jeder Beziehung funktionieren und dadurch das tapferste Volk in Amazonien sicher in die Zukunft führen.

Ich war in Gedanken verloren, als jemand an meinem Ärmel zupfte. Vor mir stand Salomón, etwas dämlich grinsend. Er überreichte mir ein Papier mit Eselsohr, das sich im Licht meiner Taschenlampe als eine Fotokopie eines Computerausdrucks auf Spanisch herausstellte und in seiner Gesamtheit lautete:

Heute, am 9. September 1992, fand in den Büros von Maxus ein Treffen mit Repräsentanten der Huaorani statt – Nanto Huamoni, Yacata Yategue, Salomón Oname und Tigue Oname –, bei dem sie die folgenden Punkte zum Ausdruck brachten, die auf einem Treffen des Huaorani-Kongresses beschlossen wurden:

1. Sie beschlossen, daß Maxus mit dem Bau einer Straße in ihrem Territorium beginnen kann. Die Straße soll fünf bis sechs Meter breit sein.
2. Sie brauchen die Unterstützung von Maxus bei der Lieferung von Ausrüstung für die Grund- und Mittelschule.
3. Kolonisierungskontrollen, die von den Huaorani durchgeführt werden.
4. Ein Generator für die Abendschule.
5. Bezahlung eines Maschinisten, um Holz kleinzumachen.
6. Transport: Benzin und zwei Außenbordmotoren.
7. Versorgung mit Medikamenten und medizinische Versorgungsprogramme.
8. Sie erklären, daß sie nur einen Vertrag mit der Maxus Company und ONHAE zu schließen wünschen.

Heute, den 9. September, unterzeichnen wir dieses Ergebnis des Treffens und in Zustimmung zu allen erwähnten Punkten.

Dieser Vertrag war von den vier genannten Huaorani unterzeichnet worden – unterzeichnet laut Datum, während sie in meinem Appartement wohnten, an jenem Tag, als Nanto Enqueri befohlen hatte, zu Hause zu bleiben, während sie zu dem Treffen mit Maxus gingen. Yacata und Tigue hatten mir erzählt, daß sie entschieden gegen die Maxus-Straße wären, aber sie waren, da war ich mir ziemlich sicher, Analphabeten. Als wir da im Schlamm von Coca standen, sagte Salomón, er sei nicht auf dem Maxus-Treffen gewesen. »Nanto kam zu mir mit diesem Papier«, sagte er, »und es war so gefaltet.« Er faltete das Abkommen zweifach, so daß nur sein Name zu sehen war. »Er sagte mir, ich müßte meinen Namen dahin schreiben, und das tat ich. Als er schlafen ging, stahl ich es aus seiner Hose. Was bedeutet es?«

Was den »Kongreß« anging, von dem der Vertrag sprach, so stimmt es, daß es einen Huaorani-Kongreß im Shiripuno-Zentrum gegeben hatte, neun Monate vor dem Datum des Maxus-Dokumentes. Und es stimmte, daß man Erdölfragen diskutierte. Aber die Resolution, die auf jenem *congreso* beschlossen, niedergeschrieben und von allen ONHAE-Funktionären und allen Vertretern der verschiedenen Dörfer unterzeichnet worden war, billigte kaum das, was im Grunde der Verkauf des Huaorani-Geburtsrechtes für einen Apfel und ein Ei war. Die Resolution legte vielmehr unter anderem fest: »Wir wünschen nicht die Gegenwart der Ölgesellschaften, weil das Rohöl die Flüsse, das Land und die Umwelt verseucht und die Gesundheit des Volkes zerstört. Die Huaorani wollen keinen weiteren Ausbau der Ölentwicklung, weil die Straßen der erste Schritt für die Invasion der Kolonisten sind. Wir wollen nicht die Verseuchung, den Lärm und die Zerstörung der Ölgesellschaften ... Wir werden unser Gesetz, die Todesstrafe, anwenden, und wir sind bereit, unser Territorium mit Waffen gegen alle Eindringlinge zu verteidigen, weil wir das tapferste Volk in Amazonien sind.«

Ich fragte Salomón, ob er den Vertrag Enqueri und Moi gezeigt hätte.

»Nein«, sagte er. »Niemand hat ihn gesehen.«

Sie sahen ihn jedoch am folgenden Morgen, und Enqueri war sogleich stark erschüttert. »Das ist es, wovon ich mit dir geredet habe!« sagte er. »Nanto macht einen Deal mit der Company, aber will es uns nicht wissen lassen. Die Company sitzt ihm auf dem Kopf – sie schnappen ihn sich allein, und er weiß nicht, was er denken soll.«

Moi empfing die Nachricht mit größerer Gelassenheit, aber mit nicht geringerer Sorge. Er sagte, solange ein solches Abkommen nicht von allen ONHAE-Funktionären unterzeichnet und von allen Huaorani gebilligt und mit dem Huaorani-Stempel versehen worden sei, hätte es keine Bedeutung. »Auf diese Weise erledigen die Huaorani nicht die Dinge«, sagte er. »Wenn wir ein Abkommen treffen, das Abkommen gut ist und wir reden alle darüber, dann gibt es keinen Grund, es zu verbergen.«

Er und Enqueri diskutierten den Vertrag mit Judith Kimerling. »Die Huaorani«, sagte sie ihnen, »dürfen das nicht als ein echtes Dokument ansehen, und es darf auch nach ecuadorianischem Recht nicht als echtes Dokument angesehen werden. Aber jetzt hat Maxus ein Stück Papier, das sie in die USA oder nach Europa oder sonstwohin mitnehmen und sagen können, die Huaorani haben mit uns ein Abkommen getroffen. Das macht es leichter für sie, im Huaorani-Territorium zu arbeiten.«

Aber selbst diese Erklärung schien in Moi nicht so etwas wie Ärger aufkommen zu lassen. Er blieb ruhig und pragmatisch, Enqueri folgte seinem Beispiel. Wenn sie in das Territorium zurückkehren würden, sagte Moi, dann würden er und Enqueri Nanto treffen und mit ihm sprechen. Dann würden er und Enqueri zu allen Huaorani gehen, zu Fuß oder mit dem Kanu, so viele Wochen, wie nötig wären, und sie würden eine *asamblea* veranstalten und diesen Fall nochmals aufgreifen. Dann würden sie nach Quito fahren und, wieder einmal, die Company aufsuchen.

Unterdessen hatte die Versammlung noch andere Merkwürdigkeiten zu Tage gefördert. In der vergangenen Nacht war Enqueri etwa eine Stunde länger als ich geblieben, aber Moi hatte die ganze Nacht getanzt. Am Morgen erzählte er mir über die Frauen, die er getroffen hatte, die *ecochicas*, wie er sie nannte.

Es ist eine der Ironien – oder vielleicht der Unausweichlichkeiten – Ecuadors, daß trotz all des Machogehabes der dominierenden Latino-Kultur ein übermäßiger Teil der härtesten Arbeit in Umwelt- und Menschenrechtsfragen von Frauen getätigt wird. Wenn es wirklich eine Person gibt, die als das Herz des »grünen« Ecuador angesehen werden kann, dann ist es Esperanza Martínez, die leidenschaftliche und charismatische Quiteña, die der erste Koordinator der Campaña por la Vida (Kampagne für das Leben) gewesen ist. Sie und Judith Kimerling hatten die Coca-Versammlung organisiert, unterstützt von etwa einem Dutzend Frauen, die am aktivsten in den verschiedenen Gruppen waren, die unter der Campaña umbrella (Dachkampagne) vereinigt sind. Die *ecochicas* waren jung, beredt und gut ausgebildet. Die meisten von ihnen hatten Kinder. Mehrere waren geschieden, was immer noch selten ist in dem stark katholischen Ecuador. Einige lebten in einer Gemeinschaft und teilten sich Kinderpflege und Miete. Sie arbeiteten hart, und sie spielten hoch. Sie arbeiten 12 bis 14 Stunden am Tag, sie stellten Streikposten, sie besetzten Büros, sie bekämpften Geschäftsleute, sie schlugen Lärm, und sie tanzten die ganze Nacht. In den Vereinigten Staaten war das nichts Besonderes, aber es war kühn und etwas gefährlich in dem ruhigen, patriarchalischen Ecuador. Jetzt waren die *ecochicas* hier, voller Ungeduld, und stellten die Regeln während der laufenden Arbeit auf.

Jetzt hatten sie Moi gefunden.

»Wir werden einen Streik durchführen«, sagte er mir in demselben todsicheren Ton, mit dem er zuweilen verkündete, daß er in den Vereinigten Staaten Freunde hätte, die Bomber schicken würden, um die Company anzugreifen, oder daß er an einem guten Tag zehn Kilometer in zehn Minuten laufen könne. »Die Huaorani und die *ecochicas*. 100 Huaorani werden nach Quito gehen, und wir werden zur Company gehen und ein Lager aufschlagen und nicht gehen, bevor wir der Company gesagt haben, daß sie unser Land zu verlassen hat.«

Später sprach ich mit einigen der *ecochicas*, und sie bestätigten diesen Plan mit einer zusätzlichen Information: Ein Tag würde für einen *paseo* freigehalten, damit die Huaorani herumschlendern und sich in der großen Stadt amüsieren könnten. Moi, sagte mir eine von ihnen mit einer Miene äußerster Verwirrung, hätte etwas von Karate-Filmen erzählt. Hätte ich eine Ahnung, was er meinte?

Unter jedem erdenklichen Gesichtspunkt war der Streik ein bizarrer Vorschlag. Die Huaorani überfielen Ölcamps, stahlen Material und töteten Leute, sie gingen nicht in die Stadt, um Streikschilder zu tragen und Büros zu besetzen. Und die *ecochicas* kannte ich gut genug, um zu glauben, daß sie nicht wußten, auf was sie sich da einließen. Es war eine Sache, eine Gruppe von Städtern zum Maxus-Büro zu führen, ein Spektakel anzustellen und ein Bild in die Zeitung zu bekommen, aber es war eine ganz andere Sache, 100 Huaorani aus dem Urwald zu holen und den ganzen Weg nach Quito zu bringen. Moi hatte zum Beispiel 100 Huaorani gesagt. Das konnte zehn oder 1000 bedeuten. Sie müßten ernährt, transportiert, gekleidet und gegen die unvermeidlichen Erkältungen und Schnupfen behandelt werden, die sie sich zuziehen würden. Sie würden in Quito in Büstenhaltern und Unterhosen herumlaufen. Und was wäre, wenn die alten Krieger beschlössen, mit ihren Speeren an die Arbeit zu gehen?

Das ganze Wochenende über rannte ein schmuck gekleideter kleiner Herr auf der Versammlung herum und filmte mit der Videokamera jeden, der redete. Es gab mehrere Videomannschaften auf der Versammlung, und niemand schenkte dem Mann große Beachtung, bis spät am zweiten Nachmittag auf der Abschlußsitzung der Versammlung sich ein früherer Ölarbeiter erinnerte, wo er den Mann früher schon gesehen hatte. Er war ein ecuadorianischer Soldat.

Der Ölarbeiter sprang auf. »Spion!« schrie er, und als sich seine Akkreditierung als gefälscht herausstellte, wurde er nach vorne geführt. Er leugnete nicht die Anklage, er sagte gar nichts, er sah auch nicht sonderlich bekümmert aus. Man konfiszierte seine Bänder. Dann mußte eine Person nach der anderen sich identifizieren, wobei man zwei weitere Spione entdeckte. Sie wurden vor die Menge geführt und von verschiedenen Leuten beschimpft und beleidigt, dann erschien ein Offizier aus der Kaserne, und ohne Entschuldigung oder Erklärung nahm er die drei unter seinen Schutz und verlangte von den Organisatoren der Versammlung die Auslieferung der Bänder. Angel Zamarenda war die letzte Person gewesen, bei der sie gesehen wurden, aber er behauptete, daß er nicht wüßte, wo sie seien. Stimmen wurden lauter, Anschuldigungen gingen hin und her, die Versammlung drohte im Chaos unterzugehen.

Ich saß neben Enqueri und Esperanza Martínez: »Wir sollten ihnen einfach geben, was sie wollen, damit wir sie rausbekommen«, sagte Enqueri. »Das ist Zeitverschwendung. Den Spionen wird nichts passieren. Wir sollten zumindest auf eine Art und Weise handeln, die die Militärs respektieren, und unsere Würde wahren.«

Martínez stimmte Enqueris Idee zu. »Dies ist eine öffentliche Veranstaltung«, sagte sie. »Wir haben nichts zu verbergen, und wir brechen keine Gesetze.« Aber die Forderung des Offiziers wurde verweigert, und nach einer halben Stunde wütendem Gezanke stampfte er aus der Halle, mit den Spionen hinterdrein.

An jenem Abend lief das Gerücht um, daß Judith Kimerling den folgenden Morgen am Flughafen verhaftet werden würde, wenn sie zur festgesetzten Zeit Coca verlassen würde. Bislang war sie stolz über den Erfolg der Versammlung. Trotz Valerio Grefas Rückzugsdrohungen schien die von ihr anvisierte Allianz zustande zu kommen, und Grefa, der einsehen mußte, daß es mit oder ohne ihn vorangehen würde, machte einen Rückzieher. Leute aller Schattierungen hatten sich zusammengesetzt, geredet und gearbeitet. Eine Kommission aus Indianern und Ökologen war gebildet worden, um eine Kampagne gegen Texaco zu organisieren, und eine weitere, um eine Strategie gegen Maxus zu entwickeln. Man entwickelte Kommunikationsmöglichkeiten – keine leichte Aufgabe in Anbetracht der Tatsache, daß viele der von weit her gekommenen Teilnehmer der Versammlung kaum Zugang zu Telefonen, Post oder zuverlässigen Transportverbindungen hatten. Es hatte Workshops gegeben, um solche Dinge zu erklären wie welche Gesellschaften Rechte für welche Blocks hatten, wo die Blocks liegen, aus welchen Schritten die Ölproduktion besteht, wie verseuchte Gewässer und Böden identifiziert werden.

Aber als Kimerling an jenem Abend mit José Miguel Goldáraz und Esperanza Martínez beim Essen saß, sah sie niedergeschlagen und erregt aus. Die deutliche Heiterkeit in ihrem Gesicht während des Wochenendes war einem Ausdruck von Furcht und Frustration gewichen. »Bist du jemals in Coca verhaftet worden?« fragte sie ins Blaue hinein. »Glaubt mir, das kann keiner wollen. Das Gefängnis ist eine dreckige kleine Zementhöhle mit einem klitzekleinen Lichtloch. Man braucht etliche Minuten, um seine Augen daran zu gewöhnen, damit man überhaupt sehen kann, wer noch drinnen ist. Das letzte Mal waren es sechs Männer.«

Letztes Mal hatte José Miguel geholfen, über ihre Freilassung zu verhandeln. Diesmal war er nicht sicher, was passieren würde. »Die Hürden werden mit jedem Tag höher«, sagte er. Kimerling hatte keine Gesetze übertreten und konnte, dem Gesetz nach, nicht länger als 24 Stunden ohne Anklage festgehalten werden. Aber wie jedermann sehr gut wußte, ginge es überhaupt nicht um Anklagen, und das Gesetz zähle nicht viel. »Sie wollen mich hier weg haben«, sagte Kimerling, »und sie wollen, daß ich es mir genau überlege, ob ich zurückkomme.«

Um Mitternacht fiel der Strom aus. Ganz Coca lag im Stockfinsteren. Ich begleitete Kimerling zu ihrem Zimmer im Auca. Im Mondlicht konnte ich drei Männer auf der Straße vor dem Hotel stehen sehen. Als wir näher kamen, verschmolzen sie mit der Dunkelheit und verschwanden, aber ich erkannte sie mühelos als die drei Spione.

Am Morgen begleiteten zwei Dutzend Leute Kimerling zum Flughafen, und sie bestieg das Flugzeug ohne Zwischenfall. Aber niemand zweifelte, daß die Verhaftungsdrohung ernst war und daß sie jede weitere Reise, die sie in den Oriente unternehmen würde, überschatten würde.

Und ich selbst kletterte auf die Ladefläche eines Lieferwagens, auf der sich Benzin, Nahrungsmittel und Huaorani regelrecht stapelten. So schlüpfte ich zur Hintertür Cocas hinaus – über den Napo, durch den Checkpoint und die Vía Auca hinunter.

16

Damals wußte ich nicht, daß es meine letzte Reise in das Territorium sein würde. Als der Lastwagen die letzte Steigung auf der Auca genommen hatte und wir hinunter unter das endlose Blätterdach des Shiripuno tauchten, Kilometer um Kilometer von Grün, dachte ich genau das Gegenteil. Der Tag war klar und kühl und mit der schlichten Freude an der Bewegung erfüllt. Huaorani hingen an allen Seiten des Lastwagens und drängten sich auf der Ladefläche. Ich hatte einen Fuß im Gesicht, einen Kopf auf meinem Schoß, und wieder stieg mir der Geruch von Rauch, Schweiß, Wild und Flußbisam in die Nase. Früher erschien er mir fremdartig und bedrohlich, aber jetzt signalisierte er die Rückkehr zu etwas Vertrautem und Geliebtem. Wir hatten Nahrung, wir hatten Zeit, und ich fühlte mich unter Freunden, mit keiner anderen Absicht, als in das Zentrum der Welt zurückzukehren.

Am Shiripuno brachen alle auf dem Lastwagen in Freudengeheul aus. Der Fluß führte Hochwasser, so daß alle Hindernisse im Fluß kein Problem darstellten, es schien, als hätte der Urwald einen Willkommens-Wasserteppich ausgerollt. Mitgenommen und geflickt wie ein alter Krieger lag das Kanu genau dort, wo Moi es zurückgelassen hatte. Wir stiegen schnell ein, in Minutenschnelle hatten wir die erste Biegung umrundet und glitten in eine andere Welt. Obwohl wir zum Jagen und Schwimmen anhielten, kamen wir vor Einbruch der Dunkelheit im Shiripuno-Zentrum an und feierten mit Piraya und Maniok und dem scharfen Pfeffer, der jetzt an den von Ali Sharif gepflanzten Büschen gedieh. Seit meinem vergangenen Besuch hatte sich das Zentrum nur in einer Weise verändert: Ein Brett war quer in die kleine Hütte genagelt worden, die Amo als Büro benutzt hatte. Zwei vertrocknete Blumen steckten hinter dem Brett, und quer drüber stand in grellem Huaorani-Rot das Wort MUERTO geschrieben – tot.

In Quehueire Ono half ich Moi in seinem Heim beim Schnitzen von Blasrohren und Speeren, beim Reparieren der Schlafplattform und beim Wasser- und Maniokholen. Ein Schwarm Kinder trottete immer hinter ihm her. Er lehrte sie zu schreiben, Schuhe zu binden, zu schwimmen. Moi gehört zur ersten Generation, die diese Fähigkeiten erworben haben. Die Huaorani lernten früher nicht schwimmen, erst als sie von den Bergkämmen hinunter an die Flußufer zogen.

Wir jagten und fischten. Nachts saßen wir um das Feuer herum, tranken *chicha* und aßen Ungarawa-Nüsse, Affenfleisch, die Beute des Tages. Manchmal sang mich Mois Onkel Dabo in den Schlaf.

Eines Abends kam ich vom Waschen am Fluß zurück und fand Moi, Salomón und Mengatohue am Feuer sitzend in einem kleinen Topf rührend, der mit etwas gefüllt war, das wie Lehm und Rinde aussah. »*Huando*« nannte es Moi. Er sagte, daß er sechsmal *huando* genommen hätte; noch viermal, und er hätte einen Meilenstein zum Schamanentum überwunden. »Das letzte Mal, als ich *huando* trank«, sagte er, »konnte ich direkt in die Erde sehen. Ich sah dort unter der Erde ganze Städte. Städte voller Menschen, die alle tot waren, und viele Frauen. Ich rannte durch den mondlosen Urwald die ganze Nacht. Ich fiel nicht einmal hin.«

Was konnte ich sagen? Auf Huaorani sagte ich, grob übersetzt: »Läßt du mir was übrig für einen Kick?«

Mengatohue sagte zu Moi: »Es wäre besser, wenn wir den Kannibalen an einen Baum bänden.«

»Ja«, sagte Moi mit ernster Miene, »wie einen Affen.«

Ich antwortete mit einem Huaorani-Epithet, das wörtlich bedeutet: »Bepiß dich selbst.« Salomón und Mengatohue und Moi lachten laut auf. Salomón reichte mir eine Zinntasse *huando*. Es schmeckte wie, na ja, wie Lehm und Rinde. Ich würgte etwas, als es hinunterrutschte. Dann lehnte ich mich zurück und wartete ...

... umsonst, soweit ich sagen konnte. Zwei Stunden später war der Endeffekt des *huando*, daß mein Mund so trocken war, daß ich nicht spucken konnte. Moi und Salomón saßen auf dem Rand der Schlafplattform, deuteten auf den Nachthimmel und quasselten im Maschinengewehrtempo.

»Ich habe so viel Spaß gehabt, wie ich überhaupt ertragen kann«, verkündete ich, »und jetzt gehe ich zu meinem Schlafplatz.«

Ich erwachte etwas später mit dem dringenden Bedürfnis zu urinieren. Moi und Salomón schliefen, zumindest sah es so aus. Ich trat an den Rand der Plattform, balancierte auf dem Balkenrand und zielte in den Wald. Nichts passierte. Ich rutschte die Plattform hinunter, um fest auf dem Boden zu stehen. Ich zielte wieder und wieder vergebens. Ich stand dort etwa zwanzig Minuten lang.

Nichts.

Um drei Uhr morgens werden natürlich alle Alpträume wahr, und ich begann zu argwöhnen – nein, ich wußte –, daß ich den grauenerregenden Candiru in mir hatte, einen winzigen, parasitären Katzenfisch, der überlebt, indem er in die Kiemen viel größerer Fische schwimmt und sich dort mit äußeren Haken festhält. Ein Candiru kann jedoch nicht immer zwischen Fischkiemen und menschlicher Harnröhre unterscheiden, wo dann keine andere Möglichkeit bleibt, als ihn herauszuschneiden. Was einem Operationsbesteck am nächsten kam, war jedoch nur mein Schweizer Armeemesser – das oder eine Machete. Und die Huaorani, auch wenn sie noch so vertraut mit dem Urwald sind, haben keine Ahnung von Anästhesie.

»Moi!« schrie ich. »Salomón!«

Ich hörte Moi von der Plattform murmeln: »Bepiß dich selbst!«

»Ich kann nicht!«

»Das ist auch nur so gesagt. Du mußt es nicht tun!«

»Ich kann überhaupt nicht pissen! Da ist ein Fisch in meinem Rohr!«

Mengatohue kam aus der Dunkelheit herbei. »Wir hätten ihn an einem Baum festbinden sollen«, sagte er.

Ich versuchte, wieder einzuschlafen. Ich hätte genauso versuchen können, zum Mond zu fliegen. Aber ich hatte so eine Art Vision: Ich wußte, wenn ich diese Episode überlebte, wäre es an der Zeit, wieder zurück in die Vereinigten Staaten zu gehen. Ich wußte nicht genau warum, aber ich war mir sicher.

Beim ersten Tageslicht stand ich auf den Beinen. Ich stellte mich ganz ruhig hin und zielte. Ein paar Minuten später tröpfelte es ein wenig, dann kam eine Flut. Es brannte wie Feuer. Aber meine Freude läßt sich nicht in Worte fassen.

Ich tanzte vor Freude, ging zur Plattform, und da betrachteten mich Moi, Salomón, Mengatohue, Mois Familie und einige Nachbarn mit großem Erstaunen. Ich sortierte mein Huaorani-Vokabular und sagte: »Jetzt habe ich gutes Wasser gelassen!«

»Du hast Talent«, sagte Mengatohue.

Die nächsten paar Tage vergingen in einem erhabenen, friedlichen Nebel. Vielleicht war es das *huando*; vielleicht aber auch der Ort. Eines Tages, als ich in einem Wasserloch schwamm, hörte ich von irgendwo aus den Bäumen von der anderen Uferseite eine Stimme rufen. Zuerst hörte es sich an, als würde sie auf englisch sagen: »Komm hierher, Joe!«, und ich dachte, daß vielleicht das *huando* redete. Aber es kam ein zweites Mal, deutlicher, sagte genau dasselbe noch mal, dann ein drittes Mal, und ich erkannte die Stimme von Enqueri.

Ich fand ihn hoch oben auf dem Kamm in einer Hängematte

in Mengatohues kahler Hütte, ein Haufen Bananenschalen unter ihm und vor ihm ein Blick auf das Shiripuno-Tal, der Gold wert war. Ich hatte Enqueri aus den Augen verloren, nachdem wir Quehueire Ono erreicht hatten, und es stellte sich heraus, daß er bei Mengatohue wohnte und mit ein paar Dingen beschäftigt war, die ihm schwer auf der Seele lagen.

In Coca, sagte er, hatte er seinen Bruder Pedro getroffen. Vor vielen Monaten hatte Pedro seine Frau verlassen und war mit einer Quichua-Frau auf und davon, einer Ölcamp-Hure. Jetzt hatte Pedro Angst, in das Territorium zurückzukehren, weil er glaubte, daß ihn die Brüder seiner Frau töten würden. Enqueri wußte nicht ein noch aus. Er meinte: »Ich habe ihm gesagt, ›Pedro, du mußt nach Hause gehen und bei deiner Frau bleiben. So ist die Welt nun einmal. Ich werde mich mit der Familie zusammensetzen und es geradebiegen.‹ Pedro wollte Geld, um den Bus nach Puyo zu nehmen, aber ich sagte: ›Nein, ich werde dir eine Coca-Cola kaufen, aber das ist alles.‹ Aber er sagte, er würde auf jeden Fall gehen, weil er einen Kommunisten in Puyo kenne, der Drogen verkaufe und ihm Geld geben werde, wofür er nicht hart arbeiten müsse. Ich sagte: ›Pedro, die Polizei wird dich schnappen und ins Gefängnis werfen und dich nie mehr herauslassen. Komm zurück zum Volk, bei uns wirst du sicher sein.‹«

Aber Pedro hatte es vorgezogen, das Volk zu verlassen, und Enqueri war untröstlich. Die Huaorani waren nie seßhaft gewesen, aber sie hatten nie den Urwald verlassen. Wie gefährlich das Leben auch immer hat sein mögen, durch den Urwald zu laufen hieß auch, überall Geschichten von Huaorani zu hören, die dort gelitten und gestorben waren – aber das Leben war ein Ganzes gewesen. Jetzt konnten die Huaorani weggehen und niemals wiederkommen. Jetzt konnten sie an einen Ort gehen, wo es überhaupt keinen Wald mehr gab, und dann waren sie auch keine Huaorani mehr.

»Pedro wird leiden«, sagte Enqueri. »Aber ich kann ihm

nicht helfen. Er sagte: ›Enqueri, du hast viele Kannibalen-Freunde, sag ihnen, sie sollen mir helfen‹, aber ich sagte: ›Pedro, sie sind meine Freunde, aber sie können dir nicht helfen.‹ So ist die Welt nun einmal.«

»Und wie ist die Welt, Enqueri?« fragte ich. »Moi sagt mir, daß du eine Frau hier in Quehueire Ono hast und eine andere in Toñampare, die ein Kind von dir bekommen wird.«

»Was!« sagte Enqueri. »Dieser Moi! Immer erzählt er Sachen über mich! Er ist solch ein Lügner!« Dann lachte der Condorito – ha-ha-ha-ha-ha – und lehnte sich in der Hängematte zurück, aber er schien nicht beruhigt zu sein.

In jener Nacht kam Enqueri zu Mois Haus. Sie saßen am Feuer und sprachen lange miteinander. Sie machten Pläne für eine *asamblea*, um Nantos Vertrag mit der Company zu diskutieren. »Jetzt müssen wir über den Streik sprechen, den wir in Quito machen werden«, sagte Moi, als sie fertig waren. »Komm her und hilf uns, Chong.«

Ich wußte wirklich nicht, was ich sagen sollte. Meine Erfahrung mit *huando* hatte ein Wirrwarr von Gefühlen nach oben gespült, mit denen ich mich seit einiger Zeit auseinandersetzte. Ich fand es aufregend, mit den Huaorani herumzustreifen und ihr Leben kennenzulernen und sie zu mir kommen zu lassen, um mein Leben kennenzulernen. Ich betrachtete Moi und Enqueri als meine Freunde. Aber es war eine Sache, Zeuge dessen zu sein, was mit ihnen passiert und es festzuhalten, aber eine ganz andere Sache, direkt an ihrer politischen Arbeit teilzunehmen. Ich betrachtete das als eine Linie, die ich nicht überqueren sollte. Ich könnte argumentieren, daß es eine Frage physischer Gefahr wäre – ich könnte aus dem Lande geworfen werden oder Schlimmeres –, aber der Kernpunkt war letzten Endes das bedauerliche Wissen, daß die einzig angemessene Weise für ein weiteres Einlassen auf die Huaorani darin läge, mich rückhaltlos zu engagieren. Mit ihnen ein paar weitere Monate oder gar für ein oder zwei Jahre zusammenzusein, würde wenig mehr bewirken, als sie von mir abhängig zu machen, von meinem Ratschlag, meinen Kleidern, der Unterkunft, tausend Dingen. Gewiß, ich hatte eine Frau und ein Kind, und früher oder später mußte ich zu ihnen zurückkehren, aber das war eher eine Entschuldigung als ein Grund. Auch wenn ich allein wäre, wüßte ich nicht sicher, ob es mir gelegen hätte, aus der Welt, die ich kannte, herauszutreten und mit Haut und Haar in diese einzutreten. Ich konnte mich nicht, mit anderen Worten, in der Weise hingeben wie etwa Rachel Saint. Was immer man über sie sagen mag, ihren Mut mußte man bewundern.

Ich glaubte, für den Fall, daß es Moi und Enqueri wirklich ernst mit ihrem Streik wäre, müßten sie ihre Verbindung zu den *ecochicas* alleine ausbauen. Es würde schwierig für sie sein, wenn nicht unmöglich, aber wenn sie Erfolg hätten, würden sie stärker sein, und wenn allein aus dem Grund, daß sie die Reihe ihrer *cowode*-Freunde verstärkt hätten. Aber ich konnte keine richtige Art und Weise finden, ihnen dies zu erklären. Ihr Leben ließ sich nicht derart in Sektionen aufteilen. Was getan werden mußte, mußte getan werden, und damit basta.

Wie auch immer, es schien so, als hätte Moi schon einen fertigen Plan.

»Wir werden in 22 Tagen in dein Haus kommen«, sagte er. »Wir werden dort unser Camp aufschlagen, dann werden wir die *ecochicas* treffen. Wir werden sie bitten, einen Bus nach Coca zu schicken oder zwei Busse. Enqueri und ich werden 100 Huaorani aus allen Dörfern herbeibringen, damit die Company nicht sagen kann, es sei nur dieses oder jenes Dorf, das rede. Wir werden 100 Speere und 100 Töpfe *chicha* machen.«

Ich stimmte diesem Plan zu; es schien das wenigste, was ich tun konnte. Ich wollte am nächsten Tag nach Quito fahren, und Moi und Enqueri wollten ihren langen Marsch durch das Territorium beginnen, um das Volk hinter sich zu bringen.

Wir drängten uns um das Feuer, aßen und redeten bis in die

Nacht. Manchmal klatschte der Regen so heftig auf das Palmdach, daß er unsere Stimmen übertönte, aber wir saßen im Warmen und Trockenen. Irgendwann vor der Morgendämmerung hörte der Regen auf. Ich gab Enqueri den Rucksack, den ich als Geschenk für Amos Familie mitgebracht hatte. Alle drei gingen wir zum Fluß, wo Dabo schon mit dem Kanu wartete, das mich zurück zur Vía Auca bringen sollte. »Seid vorsichtig«, sagte ich zu Moi und Enqueri und gab jedem von ihnen etwas Geld, damit sie etwas hätten, wenn sie in die Stadt kämen. Und schaudernd merkte ich, daß es genau wie damals war, als ich Amo zum letzten Mal gesehen hatte.

»Wir werden Pizza essen!« sagte Enqueri grinsend, und er und Moi drehten sich um und gingen den Weg zu Mois Haus hinauf. Dann stellte sich Dabo im Heck auf, stach mit einer langen Stange in den Flußboden und stieß mit einem leisen Grunzen ab. Und bald glitten wir sanft und lautlos zurück ins Land der Kannibalen.

17

Nachdem ich Quehueire Ono vor 22 Tagen verlassen hatte, trat ich vor die Tür meines Mietshauses in Quito und fand Moi und Enqueri auf dem Rasen sitzen.

»Chong«, sagte Moi.

In meiner Wohnung schob Enqueri alle Riegel vor, und Moi stöberte in meiner Kammer ein Paar Abendschuhe auf. »Jetzt bin ich für die *ecochicas* bereit«, sagte er.

Enqueri erzählte mir, daß sie direkt von der *asamblea* kämen, mit dem Kanu, zu Fuß, mit Lastwagen und Bus, und daß sie seit vier Tagen nichts gegessen hätten. 17 Gemeinden hätten Vertreter geschickt, um die *acta* zu diskutieren, die Nanto bei der Company unterschrieben hatte, und alle, außer Toñampare, hätten sie ausdrücklich abgelehnt. Toñampare war zweigeteilt. Jene Huaorani, die mit Nanto verwandt waren, hatten den Deal unterstützt, was ja klar war, weil sie den größten Vorteil davon hätten.

»Was hat Nanto jetzt gesagt?« fragte ich.

»Nanto sagt überhaupt nichts«, sagte Moi.

Trotz ihrer langen Reise waren Moi und Enqueri von der Aussicht des Streiks begeistert, und sie baten mich, sie direkt in das Büro der *ecochicas* zu bringen, damit sie ihren Plan machen könnten. Es war ein kleines Haus mit Klingel und Kette an der Tür in einer sonnigen, heruntergekommenen Nachbarschaft. Ich rief zu einem offenen Fenster im zweiten Stock hinauf, ein Gesicht erschien, dann flog ein Schlüssel in der blendenden Sonne herunter.

Etwa ein Dutzend Leute hielten sich im Büro auf, darunter etliche der *ecochicas*: Esperanza, Yvonne, Elizabeth, Cecilia. Sie umarmten Moi, schüttelten Enqueri die Hand und setzten sich in der Mitte des Zimmers im Kreis. Moi setzte sich auch, aber ich und Enqueri lehnten uns gegen die Wand. Zuerst schien Moi nicht richtig zu wissen, wo er war, und er begann mit einer Rede über Tourismus. Aber dann fragte Esperanza ihn nach dem Streik, mühelos wechselte er das Thema. Er sagte, sie würden 100 Huaorani am 24. des Monats zur Shiripuno-Brücke bringen, und von dort aus wären sie auf die *ecochicas* angewiesen, die sie nach Quito bringen. Jedes Dorf würde zumindest drei Vertreter schicken. Sie würden für drei Tage streiken. Die Alten würden Kronen und Speere anfertigen.

Die *ecochicas* ihrerseits hatten bereits Luis Macas getroffen, den Präsidenten der Nationalen Indigenen Konföderation CONAIE, und er hätte eingewilligt, Nahrungsmittel, Decken, Zelte und Kleider für den Streik zu stellen und um eine Zusammenkunft mit dem Präsidenten Sixto Durán Ballén zu bitten.

(In Ecuadors kompliziertem politischem indigenem System war Valerio Grefas CONFENIAE der CONAIE angeschlossen, und Grefa war Macas unterstellt. Macas war intelligent und anständig, und obwohl er ein andinischer Quichua ist, hat er eine führende Rolle in der Opposition zur Company gespielt, wofür er, im folgenden Jahr – verdientermaßen – den renommierten Goldman-Umweltpreis gewinnen sollte, der jährlich einem Umweltaktivisten auf jedem Kontinent verliehen wird.)

»Zwei Tage für den Streik«, sagte Yvonne, »und einen Tag für den *paseo*!«

»Ja!« stimmte Moi zu. »Und dann wird die ganze Welt nach Quehueire Ono zum Fest kommen!«

Es war Mois Show. Der Condorito verblaßte im Hintergrund. Man ignoriert ihn nicht direkt, aber er paßte auch nicht richtig rein. Er war so linkisch wie Moi charmant und sah so merkwürdig aus, wie Moi gutaussehend war. Nach einer Weile berührte er meinen Arm, wir schlüpften zur Tür hinaus, riefen uns ein Taxi und überließen Moi seinem Schicksal.

»Enqueri, was denkst du?« fragte ich auf der Fahrt zu meiner Wohnung.

»Moi hat viele Freunde unter den Kannibalen«, sagte er.

»Und der Streik?«

»Wir müssen es versuchen«, erwiderte er.

»Verstehst du, daß ich nicht daran teilnehmen kann?«

»Es ist an der Zeit für dich, in die Vereinigten Staaten zu deiner Familie zu fahren«, meinte er.

»Ja. Wirst du hier sicher sein?«

»José, mach dir keine Sorgen. Die Huaorani werden immer finden, was sie brauchen.«

Enqueri schien diese Dinge zu sagen, ohne nachzudenken, und ich konnte schwer für mich entscheiden, wie aufrichtig er es meinte. Ich hatte allmählich verstanden, daß bei all den Schlachten, die die Huaorani ausfochten, sie keinen Sinn für Apokalypse hatten. Sie besaßen den absoluten Glauben, daß sie ihr Land beherrschten und ihr Schicksal unter Kontrolle hätten. Die Quichua, die Cofane, die Shuar mochten von der Regierung, den Missionaren, den Touristen, den Anthropologen, sogar von der Company abhängig sein, aber die Huaorani hingen nur von sich selbst und dem Urwald ab, was dasselbe war und sich niemals geändert hatte und sich niemals ändern würde.

Dies war mir erst vor einer Woche machtvoll aufgegangen, am Columbus-Tag, als 20 000 Indianer aus allen Ecken Ecuadors nach Quito herbeiströmten, um einen Massenprotest zu veranstalten. Etwa die Hälfte von ihnen konnten durch den Militärkordon schlüpfen, den man rund um die Stadt geschlagen hatte. Ich stand im strömenden Regen mitten unter ihnen auf dem zentralen Platz und hörte Valerio Grefa zu, wie er gegen 500 Jahre Unterdrückung durch die spanischen Eroberer wetterte. Er unterstrich seine Rede mit Stößen eines Huaorani-Speers. Es war ein Touristenspeer aus einem Andenkenladen und vielleicht halb so groß wie ein richtiger Speer. Aber die Huaorani hatten nichts dagegen. Sie wußten es nicht einmal. Sie waren nicht nach Quito gekommen, und sie hatten sich nicht an dem Protest beteiligt, denn sie waren anders als jede andere Gruppe im Lande: Wie sie es sahen, so waren sie niemals erobert worden und würden es auch nie werden, weil sie das tapferste Volk in Amazonien sind.

Moi kam später am Nachmittag in meine Wohnung zurück. Er grinste und erzählte Geschichten von seinem *paseo* mit den *ecochicas*. Er hatte Nudeln gegessen und Eiscreme und war im Park spazierengegangen und hatte Luis Macas getroffen. Er verspürte ein gutes Gefühl bezüglich des Streiks. »Die ganze Welt wird alles über die Huaorani erfahren!« sagte er. »Die Company wird heulen, wenn sie unsere Speere sieht!«

Ein paar Stunden später rüttelte jemand am Griff der Wohnungstüre, und als ich öffnete, standen da Nanto, Alicia und Rocia. Nanto kam ohne ein Wort herein, Alicia lächelte, und Rocia umfaßte mein Bein. Sie setzten sich auf die Couch neben Moi und beobachteten Enqueri, der am Radio rumfummelte. Soweit ich feststellen konnte, tauschten sie keine Grüße aus. Sie saßen eine Zeitlang schweigend da und begannen dann leise untereinander auf Huaorani zu reden, bis Enqueri nebenbei zu mir sagte, daß Nanto jetzt den Streik für eine gute Idee hielte und schauen wollte, ob er helfen könnte.

Dann sprach Nanto zu mir auf spanisch: »Wir sind hungrig«, sagte er. »Wir möchten gern Fisch.«

Ich nahm sie in ein kleines Restaurant in der Nähe mit. Alicia war entzückt, ein Gericht zu finden, das »Corvina Alicia« hieß (»Woher wußten sie, daß ich hierherkommen würde?«), war aber zu schüchtern, es zu bestellen. Dann bestellte jeder Hühnchen mit Reis. Die arme kleine Rocia hustete während des ganzen Essens. Nanto hielt sie im Arm, während er zu essen versuchte, und wann immer ihr Husten nachließ, gab er ihr geduldig mit dem Löffel Hühnersuppe. Später, als wir aufbrachen, wickelte er etwas Reis in eine Serviette, um sie nachts zu füttern.

In der Wohnung holten wir Matratzen und Decken hervor und vollzogen die übliche Prozedur, wobei die Huaorani kicherten und mir Instruktionen zuschrien. Gegen elf Uhr schliefen sie. Um Mitternacht klopfte jemand an die Wohnungstür. Als ich öffnete, stand da eine Frau mit einem Briefumschlag. Sie war klein und schien ihr schwarzes Haar aufgehellt zu haben, und sie hatte zuviel Make-up aufgelegt. Sie sah, mit anderen Worten, wie eine typische Frau der Mittelklasse in Quito aus. Sie sprang zurück, als ich die Tür öffnete, als ob sie überrascht wäre, mich zu sehen.

»Wer sind Sie?« fragte sie.

»Ich wohne hier«, sagte ich. »Wer sind Sie?«

»Ich bin eine Freundin von Nanto. Ist er hier?«

»Ja, aber er schläft.«

»Lassen Sie mich bitte mit ihm sprechen.«

»Es ist nach Mitternacht.«

»Wie heißen Sie, mein Herr?«

»Wie heißen Sie?«

»Rossana.«

»Rossana und wie noch?«

Sie versuchte, an mir vorbei in die Wohnung zu schauen, aber ich blockierte die Tür. Daraufhin trat sie zurück, und ich sagte ihr, sie solle morgen wiederkommen. Ohne ein weiteres Wort ging sie zum Fahrstuhl und drückte den Knopf.

Wach geworden von dem Klopfen, hatte Enqueri einen Blick durch den Türspalt werfen können, als die Frau zum Fahrstuhl ging. »Das ist Rossana Faieta«, sagte er. Faieta war natürlich die Soziologin, die Maxus angeworben hatte, um mit den Huaorani einen Vertrag zu schließen. »Dies geht jetzt schon seit Monaten so«, sagte Enqueri. »Die Company versucht, Nanto zu brechen. Rossana sitzt ihm auf dem Kopf. Sie will sich nur mit ihm treffen, wenn sie glaubt, daß er allein ist – wenn Moi und ich nicht dabei sind –, weil er sehr schwach ist, wenn er allein ist, besonders, wenn er nach Quito kommt. Sein Kopf wird dann so voll, daß er nicht denken kann. Er stimmt dann allem zu.«

Ich ging danach hinunter, um zu sehen, ob ich Faieta finde, aber die Straße war leer. Auf dem Weg nach oben fragte ich den Portier, ob er sie gesehen habe.

»Ja«, sagte er. »Sie hatte einen Umschlag für einen Ihrer Freunde – einen dieser Wilden. Er hat mich gebeten, den Umschlag für ihn in Empfang zu nehmen. Er wäre voller Geld. Aber die Frau wollte ihn mir nicht hierlassen.«

Am Morgen stellte ich den Kaffeekessel hin, und als wir um den Küchentisch saßen, Papaya aßen und Gringo-*chicha* tranken, erzählte Enqueri Moi und Nanto den nächtlichen Zwischenfall. Nanto gab Rocia, die wieder die ganze Nacht heftig gehustet hatte, Brotstückchen. Er sah traurig und müde aus. Wenn er wirklich Bestechungsgelder nahm, war es nicht schwer zu erraten, weshalb.

Zuerst wunderte ich mich, weshalb Nanto meine Adresse Rossana Faieta gegeben hatte. Er durfte doch nicht ernsthaft glauben, daß er die Geschäfte mit ihr geheimhalten könnte. Aber je mehr ich darüber nachdachte, um so weniger staunte ich darüber. Betrug ist den Huaorani nicht unbekannt, aber bis zur Ankunft der Company war Betrug, der nur dem einzelnen diente, unpraktisch. (Erst durch die Company war das Überleben ohne den Clan wenn nicht möglich, so zumindest erwägenswert.) Es war eine Gesellschaft gewesen, in der nichts verborgen bleiben konnte. Die Huaorani hatten einfach nicht viel Gelegenheit gehabt, die Fähigkeiten zu verfeinern, die solche Einzelaktionen begünstigen, und Nanto war einfach noch nicht so gewitzt, um korrupt zu sein.

Nanto seinerseits gab weder eine Erklärung noch eine Rechtfertigung für sein Verhalten an, und weder Moi noch Enqueri verlangten so etwas. Statt dessen stellte sich Moi hinter Nanto und massierte ihm die Schultern. »Nanto, Nanto«, sagte er nach einer Weile. »Wir müssen stark sein, Nanto. Wie können wir die Company bekämpfen, wenn wir von ihr Geld annehmen?« Für mein Empfinden zumindest schien seine Stimme keinen Vorwurf zu enthalten. Trotz des jüngsten Durcheinanders blieben die drei einander so nahe wie Brüder. Auf jeden Fall war die Vorstellung lächerlich, Nanto hätte ernsthaft Moi und Enqueri enttäuscht. Sie betrachteten Nanto als ein Opfer. Moi nickte in Richtung eines Speers, den sie mir als Geschenk mitgebracht hatten. »Wenn sie wiederkommt«, sagte er, »werde ich sie töten.« Vielleicht hat er einen Scherz gemacht, aber ehrlich gesagt, ich weiß es nicht.

Am nächsten Tag rief ich das Maxus-Büro an und fragte nach William Hutton. Mir wurde gesagt, daß er in einer Versammlung sei. Ob ich eine Nachricht hinterlassen wolle?

»Sagen Sie ihm, daß ich ein amerikanischer Journalist sei und gerne wissen möchte, ob eine Geldzahlung, die ein Maxus-Angestellter einem Huaorani-Mann zu geben versuche, eine Bestechung wäre.«

Hutton war Sekunden später am Telefon.

»Unsere Politik ist es, den Huaorani kein Geld zu geben«, erklärte er, »aber lassen Sie mich später anrufen.« Er rief nach etwa einer Stunde an. »Rossana sagte, sie wollte Nanto Geld für eine Reise geben, die er nach Quito gemacht hatte, um jemanden im Krankenhaus zu besuchen. Manchmal übernehmen wir die Transportkosten in dringenden Fällen.«

Ich gab zu bedenken, daß Samstag um Mitternacht eine komische Zeit wäre, um Geschäfte zu tätigen.

»Sehen Sie, ich würde nicht sagen, daß wir den Huaorani niemals Geld gegeben haben, aber meines Wissens haben wir es nicht«, sagte er. »Das ist keine gute Sache mit relativ ungebildeten Menschen.«

Ich fragte ihn, wieso Faieta immer noch ihren Job machte, wo er doch zugestimmt habe, sie von ihrem Posten zu entfernen.

»Ich habe nicht gesagt, daß ich sie vom Posten entferne.«

Ich las ihm aus der Abschrift des Tonbandes vor, das Moi von dem Treffen in Huttons Büro gemacht hatte, wo vorkam, daß er genau das tun wolle.

»Das ist aus dem Zusammenhang gerissen«, sagte er.

Ich las ihm noch mehr daraus vor.

»Lassen Sie mich zurückrufen«, sagte er. Ich hörte von ihm nie mehr etwas.

Enqueri, Nanto, Alicia und Rocia gingen am Nachmittag. Ich brachte sie hinunter, hielt auf der Straße ein Taxi an und bezahlte den Fahrer bis zur Busstation.

»Danke dir, José«, sagte Nanto. »Komm bald auf Besuch.«

»Bring dein Baby mit«, sagte Alicia.

Enqueri stieg als letzter ein. Es fiel mir schwer, sie gehen zu sehen, aber ihn besonders. Erst vor eineinhalb Jahren hatten wir uns das erste Mal getroffen, aber in der Zeit haben Veränderungen bei ihm stattgefunden, die einem Jahrzehnt entsprachen. Er hatte sich in meiner Wohnung die Haare geschnitten – Moi hatte aufgefegt – und die Koteletten bis hoch über die Ohren abrasiert und sich mit meinen letzten guten Klamotten bedient. Der tölpelhafte Junge, der mich einst in Unterhosen durch den Urwald führte, sah jetzt eher wie ein junger Mann auf dem Weg ins College aus. Ich steckte ihm ein wenig Geld zu und ließ ihn versprechen, daß sie unterwegs etwas zu essen kaufen würden. Er umarmte mich und schaute mir gerade in die Augen. »Ich werde mir um dich hier draußen in der Welt Sorgen machen, José«, sagte er. »Paß bitte auf dich auf. Und komm so schnell wie möglich wieder in den Urwald.«

»Und du, Enqueri. Bewege dich vorsichtig unter den Kannibalen.«

»Gutes Leben, José.«

»Gutes Leben.«

Moi blieb noch zwei Tage in meiner Wohnung. Ich sah nicht viel von ihm. Ich packte für meine Abreise, und er war mit den *ecochicas* und Luis Macas beschäftigt. Er wollte, daß ich an einem Treffen teilnehme, aber ich lehnte ab. »Das ist nicht meine Arbeit«, sagte ich. »Wenn Leute wie ich drinstecken, dann werden die Company und die Regierung der Welt erzählen, daß die Huaorani von Ausländern manipuliert worden seien.«

»Was ist ein Ausländer?« fragte Moi.

»Jemand, der nicht in deinem Land lebt.«

»Aber nur die Huaorani leben im Huaorani-Land«, sagte er. »Dann ist jeder andere ein Ausländer.«

Ich willigte ein, ihn am Abend vor meiner Abreise auf eine Party zu begleiten, die in einer Wohnung stattfinden sollte, die sich zwei *ecochicas* teilten, Esperanza und Paulina sowie die Kinder aus ihren Ehen. Musik donnerte aus einem Plattenspieler, Paare tanzten oder tranken Wein. Moi schien etwas überwältigt zu sein. Er war müde. Meines Wissens hatte er in der vergangenen Woche nur zwei Nächte geschlafen. Er fand eine Ecke auf einer Couch und verließ sie in den nächsten sechs Stunden nicht, obwohl er bereit war, mit jeder der Frauen zu sprechen, die mit ihm reden wollte, und das wollten alle.

»Moi hat eine Fähigkeit, mit Leuten zu kommunizieren, die weit über die Begrenzungen der Sprache hinausgeht«, sagte mir eine der *ecochicas*.

Eine andere sagte: »Es ist etwas an ihm – man könnte es beinahe als eine Art von Reinheit bezeichnen.«

»Davon weiß ich nichts«, sagte ich.

»Ich meine, er ist so natürlich. Er spricht direkt aus dem Herzen.«

»Ich denke, das stimmt«, sagte ich.

Eine Sache, über die er von Herzen gern sprach, war sein Wunsch, ein Schulhaus in Quehueire Ono zu haben, ein richtiges Schulhaus und keine Hütte, mit Pulten, einer Tafel, Stiften und Notizheften für alle Schüler.

»Moi fragt uns ständig nach ›Programmen‹«, sagte Esperanza Martínez mir später am Abend. »Er hat so viele Pläne, und er will uns helfen. Aber wie kann ich ihm erklären, daß ›Programme‹ nicht das sind, was wir tun? Wir machen Demonstrationen, wir konfrontieren die Mächtigen und machen die Öffentlichkeit auf bestimmte Fragen aufmerksam. Aber wir machen keine Feldarbeit, dafür haben wir keine Gelder. Wir scheinen Schwierigkeiten zu haben, ihm das ganz klarmachen zu können.«

Gegen drei Uhr früh schaute ich zur Couch und sah, daß Moi sich in meine Windjacke gewickelt, die Kapuze über den Kopf gezogen hatte und eingeschlafen war. Ich rüttelte ihn wach und gab ihm meine dicke Jacke. Als wir auf der Straße waren, schnürte er alle Kordeln zu, zog alle Reißverschlüsse hoch, machte alle Klappen dicht und zog die Kappe über den Kopf.

»Du siehst aus wie ein Eskimo«, sagte ich. »Weißt du, was ein Eskimo ist?«

»Ja«, sagte er. »Ein *indigena*, der im Schnee in Amerika lebt.«

»Ja.«

»Und ihr Land hat sehr viel Öl, oder nicht?«

»Ja, hat es.«

»Und sie kämpften gegen die Company, oder nicht?«

»Ja, manche taten es.«

»Und jetzt haben sie viel Geld, aber sie sind keine *indigenas* mehr.«

»Es stimmt, daß viele nicht mehr das Leben leben, das sie einmal gelebt haben«, sagte ich.

»Also haben sie verloren.«

In meiner Wohnung streckte er sich auf dem Gästebett aus, in allen seinen Klamotten, und ich deckte ihn mit Decken zu und stellte ein Glas Wasser neben das Bett. Zwei Stunden später wachten wir auf. Ich rief ein Taxi; wir waren schnell reisebereit, ich auf dem Weg zum Flughafen, Moi zur Busstation. Er trug die schwarzen, ledernen Wanderschuhe, die ich gewienert und ihm gegeben hatte, meinen Rucksack und die leuchtend blaue

Nylon-*chumpa* und die Sonnenbrille, von der er meinte, daß er mit ihr viele Kilometer weit sehen könne. Er wirkte etwas benommen, aber guten Mutes. Es war früh am Morgen, und die Straßen waren fast leer. Er sagte, er wolle ein Stück laufen. Wie Enqueri gab ich auch ihm etwas Geld für die Heimfahrt. Er prägte mir ein, ihm Briefe zu schreiben und an die Kapuziner-Mission in Coca zu schicken, und ich sagte, ich würde, so schnell ich könnte, wiederkommen.

»Bring deine Familie mit«, sagte er. »Wir werden dir ein Haus auf dem Kamm bauen, neben Mengatohue, und wir werden dich beschützen.«

»Das würde mir sehr gefallen«, sagte ich. »Ich werde kommen, sobald ich kann. Sei vorsichtig, Moi.«

»Chong, die Huaorani fürchten nichts. Gutes Leben!«

Als mein Taxi losfuhr, beobachtete mich Moi so genau wie einen Affen in den Baumkronen. Dann winkte er. Es war kein besonders begeistertes Winken, seine Hand sank sogleich nieder, er lachte auch nicht. Aber als er außer Sichtweite geriet, fiel mir ein, daß ich niemals einen Huaorani zum Abschied winken gesehen habe. Und da war ich endlich auch in der Lage, die Quelle des vakuumähnlichen Gefühls zu identifizieren, eine Leere im Bauch, die ich immer hatte, wenn ich von Moi, Enqueri oder Nanto Abschied nahm: Immer war es viel wahrscheinlicher als nicht, daß ich sie nie wiedersehen würde.

18

Wieder hatte ich auf dem Flug nach Kalifornien Träume voller Gewalt, wachte auf, und von meiner Stirn tropfte der Schweiß. Und wieder stürzte ich mich zu Hause in die Gartenarbeit und machte lange Spaziergänge in stürmischem Wetter. Ich fühlte mich nie richtig wohl, wenn meine Familie sich außer Sichtweite befand, und ich umarmte sie oft. Ich zweifelte an der Richtigkeit meiner Rückkehr, aber es dauerte lange, bis ich verstand, daß ich die Huaorani verlassen hatte, damit ich, in manch grundlegender Beziehung, wie ein Huao leben konnte. Ich dachte oft an Moi, Enqueri und die anderen. Sie fehlten mir. Glücklicherweise war es selbst aus der Ferne nicht schwer, ihren Streik zu verfolgen und später die fehlenden Puzzlestücke einzusetzen. Die Hälfte der Leute, die ich in Ecuador kannte, hatten mitgemacht. »El Comercio«, Quitos wichtigste Zeitung, schrieb sogar, daß die Huaorani »die Aufmerksamkeit der ganzen Nation geweckt hatten«.

Als die von den *ecochicas* gemieteten Busse im Oriente ankamen – der eine fuhr zur Shiripuno-Brücke, der andere nach Puyo in der Nähe von Shell –, fanden sie mehr als 100 Huaorani, die schon auf sie warteten. Sie waren aus allen Winkeln des Territoriums gekommen, aus Garzacocha, aus Toñampare, aus Quehueire Ono, aus Cononaco. Unter ihnen befanden sich alte, barfüßige Krieger, die Speere und Blasrohre schwenkten, Großmütter, die Eimer mit *chicha* trugen, junge Männer, ausstaffiert mit ihren besten T-Shirts, Schuhen und Stadthosen, junge Frauen, die nichts anderes anhatten als ausgebleichte, pastellfarbene Hemden und panzerähnliche, liebevoll erhaltene weiße Büstenhalter aus Baumwolle, die vor Jahrzehnten aus kleinen christlichen Städten in Texas und Oklahoma in den Urwald geschickt worden waren. Die Busse fuhren so hoch in die Anden hinauf, daß einige Huaorani Nasenbluten und Ohrenschmerzen bekamen. Dann tauchten sie durch einen Korridor von Vulkanen hinunter und hinein nach Quito und machten endlich erschöpft halt an dem großen Park Carolina, der im Herzen des neuen Teils der Stadt liegt. Dort schlugen die Huaorani ihr Camp auf, direkt gegenüber des Hochhauses mit den Maxus-Büros auf der anderen Seite der Straße.

Eine Menge von *cowode* umringte den ganzen Tag über und bis in die Nacht das Camp. Manchmal glotzten ein paar Dutzend, manchmal Hunderte. Und für viele unter ihnen war es der erste Blick auf echte Amazonas-Indianer. Unter anderem konnten sie Enqueri im Lager herumwirbeln sehen, der sich mit seiner ganzen, ungeheuren Energie, wie ich sie auf unserem endlosen Marsch durch den Urwald kennengelernt hatte, in den Streik stürzte. Seine Erfahrung als Leiter einer seismischen Gruppe nützte ihm jetzt, wenn auch ironischerweise: Der Condorito hatte es auf sich genommen, das Lager zu leiten und sicherzustellen, daß es jeder warm und trocken hatte und alle Essen und ihr Yupi bekamen.

Moi war es, der den Sturm auf Maxus anführte. Sturm scheint das richtige Wort zu sein. Am Morgen, aufgeheizt von Reis mit Bohnen und Yupi und mit der Lauterkeit ihrer Absichten packten die Huaorani, von denen viele bis zu dem Tag, als ihr Bus die Vía Auca hinaufpolterte, noch keinen Verbrennungsmotor zu Gesicht bekommen hatten, ihre Speere und marschierten quer über eine der verkehrsreichsten Straßen Quitos, stellten sich vor dem Eingang zu Maxus auf und belagerten das Gebäude. Umgeben von Fernseh- und Zeitungsleuten sagte Moi zu dem Portier, daß er mit William Hutton zu sprechen wünsche. Statt dessen erschien Rossana Faieta, und die Huaorani-Frauen stürzten sich auf sie, schlugen sie und zerrten sie an den Haaren und trieben sie in die Sicherheit des Gebäudes zurück.

Als nächstes marschierten die Huaorani zu den Büros von Petroecuador. Sie drängten sich vor dem Gebäude und sangen Kriegslieder. Hunderte Menschen versammelten sich und schauten ihnen zu. Nanto und Moi stellten sich vor der Menge auf. Den Fotos nach zu urteilen, die in verschiedenen Zeitungen erschienen, machten sie beeindruckende Figuren mit ihren Kronen, Köchern und Armreifen, mit bloßem Oberkörper, ihren breiten Schultern und Brustkästen, die Stärke ausstrahlten, und mit ihren Speeren zur Seite, deren Zweck wenigen Menschen in Quito erklärt zu werden brauchte. Moi bekam ein Mikrofon in die Hand. Er sprach von dem Mut des »tapfersten Volkes am Amazonas« und verlangte, daß Maxus sich aus dem Territorium zurückziehe. »Wir zerstören nicht eure Heimat«, schrie er, »weshalb also müßt ihr unsere zerstören?«

Enqueri stand ein wenig abseits. Wäre er wie Moi und Nanto und die meisten anderen Huaorani gekleidet gewesen, hätte er eher dünn und komisch statt kraftvoll gewirkt, und seine knochigen Schultern wären zwischen Krone und Köcher und Armreifen verloren gewesen. Enqueri hatte es aber vorgezogen, sich mit Brille, Sporthemd, langen Baumwollhosen und kolumbianischen Halbschuhen und mit der Uhr an seinem rechten Handgelenk, die seit dem Tag, an dem er sie kaufte, nicht funktionierte, zu präsentieren. In einem Meer von Wilden bildete er eine Insel der *civilisación*. Wenn man nicht wußte, daß er ein Huao war, hätte man es nicht erraten.

Als die Huaorani die Türen blockierten und Hunderte Zuschauer in den Straßen standen, blieb Petroecuador und Maxus am Ende keine andere Wahl, als sich mit Moi und Nanto zu treffen. Auf dem Treffen waren die Presse und die Öffentlichkeit nicht zugelassen, aber die Auffassungen der Huaorani standen in einem Brief an Maxus, der von Nanto geschrieben und von

Moi sowie Vertretern der Huaorani-Siedlungen unterschrieben und mit dem ONHAE-Stempel versehen worden war. Sie besagten, daß die Huaorani sich versammelt und abgestimmt und die *acta* abgelehnt hätten, die Nanto mit Rossana Faieta unterzeichnet hatte; daß die Huaorani Rossana Faieta in ihrem Territorium nicht zu sehen wünschten und sie deshalb von den Frauen angegriffen worden wäre; daß die Huaorani keinerlei Geschenke von Maxus wünschten; daß Rachel Saint versucht hätte, die Huaorani von ihrer Reise nach Quito abzuhalten, damit sie ihren Protest der Welt nicht bekanntmachen könnten, weil sie selbst für die Company wäre; und vor allem, daß sie von alledem genug hätten und nur in Frieden leben wollten und keine *petroleros* in ihrem Land wünschten. »Jetzt haben wir die Türe geschlossen«, schrieben sie. »Wir wollen nicht mehr verhandeln.«

Öffentlich weigerte sich die Company anzuerkennen, daß sie irgendwelche Probleme mit den Huaorani hätte. Laut einem Maxus-Sprecher wären die Huaorani in keiner Weise gegen das Maxus-Projekt eingestellt. Sie wären nach Quito gekommen, sagte der Sprecher, weil »sie Sicherheiten bezüglich des Umwelt-Management-Plans haben wollten«. Die Huaorani hätten Maxus ein Dokument überreicht, das die Company in Ruhe »studieren« müsse. Das Treffen mit den Huaorani hätte in einem Klima von Freundschaft und Herzlichkeit stattgefunden. Es hätte keine Gewalt gegeben.

Ein aufschlußreicheres Anzeichen dafür, wie ernst das Huaorani-Problem für die Company geworden war, kam am folgenden Tag, als Nanto, Moi und Luis Macas eine Audienz bei Sixto Durán Ballén erhielten, dem Präsidenten Ecuadors. Das Treffen fand im Nationalpalast statt. Allen Berichten zufolge verlief es gespannt. Der Ölpreis war im Fallen begriffen, die Schulden des Landes im Steigen, und Sixto stand unter starkem Druck, so viele ausländische Investitionen als möglich ins Land zu holen, weil Ecuador nicht das Geld hatte, seine Ölfelder selbständig zu erschließen. Die amerikanischen Erdölgesellschaften hatten Sixto sozusagen über ein Ölfaß gelegt und bearbeiteten ihn. In derselben Woche hatten Maxus, ARCO, Occidental, City und Oryx formell verlangt, daß das Land seine Ölgesetze ändere. Insbesondere forderten sie, daß die Ölproduktion nicht von Gesetzen zum Schutz von Naturreserven, Nationalparks und indigenen Rechten beeinträchtigt würde.

Das letzte, was Sixto brauchte, war irgendein Anzeichen von Unruhe in den Ölgebieten. Was genau wollten die Huaorani?

Nanto und Moi sagten Sixto, daß die Huaorani eine kleine Nation wären, aber der Urwald wäre ihre Heimat, und daß, auch wenn die Regierung ihr Gesetz nicht anerkenne, sie dennoch das Recht hätten, ihre Heimat zu verteidigen. Die Huaorani respektierten die Heimat der anderen. Sie würden nicht zum Haus des Präsidenten gehen und alle Fenster einschlagen. Sie würden keinen Dreck in das Haus des Präsidenten werfen. Gleichwohl erlaube der Präsident der Company, Dreck in die Heimat der Huaorani zu werfen und die Flüsse zu verseuchen und die Huaorani krank zu machen, bis sie an der Verseuchung sterben würden. Jede Kultur wäre verschieden; die Huaorani wünschten nicht, ihre Lebensweise gegen Schulen und Flugzeuge einzutauschen. Wenn der Präsident meine, die Lebensweise der Company wäre gut, dann solle er seine eigene Heimat der Company anbieten, nicht die Heimat der Huaorani. Sie baten den Präsidenten, eine unabhängige Kommission einzusetzen, um die Maxus-Situation zu untersuchen.

Sixto blieb starr. Die Regierung hätte Ministerien, um derlei Probleme anzugehen. »Ihr verlangt von mir, die Probleme zu lösen, obwohl ihr sie nicht einmal mit meinen Ministern diskutiert habt. Statt dessen habt ihr die Regierung umgangen und auch das Justizsystem, das in Ecuador eingerichtet worden ist. Es wäre falsch von Seiten der Regierung, solch ein Verhalten zu fördern. Stellt euch einmal in meine Schuhe!« sagte er. (Wir würden sagen: »Versetzt euch in meine Lage!«)

Aber Moi seinerseits zeigte sich zufrieden. Jetzt hätte der Präsident ihre Meinung gehört. Jetzt würde es die ganze Welt wissen. Und Sixtos letzte Bemerkung fand er absolut lächerlich.

Die Huaorani hielten ihr Lager eine Woche lang. Das Leben im Gebirge verlangte seine Opfer. Fremde drangen nachts in ihr Lager ein. Die Huaorani wachten nachts auf und fanden Besoffene, die ihre Nahrung stahlen. Der Regen kam, starker andinischer Regen, und die Huaorani froren ständig. Sie wurden fieberkrank, bekamen Husten und Magenbeschwerden. Das Yupi ging zu Ende, und die Neuigkeit ihrer Anwesenheit in Quito wurde alt. Quito war groß, das Leben schnellebig, und ihre Freunde hatten viele andere Sachen zu erledigen. Wieder waren die Huaorani allein.

Nanto verließ Quito als erster, allein. Moi und Enqueri hielten bis zum Ende durch, bis die Huaorani in die Busse stiegen, um ihre lange Heimreise in den Urwald anzutreten. Moi war erschöpft, aber zufrieden. Die Huaorani hatten gesprochen. Die Welt hatte zugehört, und jetzt wüßte jedermann, was die Company mit den Huaorani zu tun versuche. Mit den *ecochicas* und Luis Macas hatten sie wichtige neue Freunde gefunden. Sie hatten der Company gesagt zu verschwinden, und sie hatten ihre Botschaft auch dem Präsidenten überbracht. »Stellt euch einmal in meine Schuhe«, sagte Enqueri, als er in den Bus stieg, und er lachte.

Aus Gründen, die später klarwerden, hatte ich keine Möglichkeit, Enqueris Gedanken bestätigt zu bekommen, als er nach Moi in den Bus stieg. Aber wie ich den Condorito kannte, glaube ich, daß dies eine recht genaue Einschätzung ist: Ich glaube nicht, daß er auch lachte. Ich glaube, er war sich deutlich bewußt, daß sich seine eigenen Schuhe schon in einem Zustand der Auflösung befanden, die leuchtend goldenen Schnallen durch Schlamm und Öl verblichen waren, seine breiten Huaorani-Füße schon über die Ränder rutschten und daß es Jahre, wenn überhaupt jemals, dauern könnte, bis er das Geld hätte, sich ein paar neue zu kaufen. Ich bin sicher, daß er während des Streiks oft hinüber zum Maxus-Gebäude geschaut hat, auf all die *cowode*, die ein- und aus gingen, so elegant angezogen, so zivilisiert und so offensichtlich unbeeindruckt von der Gegenwart der Huaorani, daß sie diese Menschen beinahe ignorieren konnten. Ich glaube, er ist sich mehr denn je bewußt geworden, wie die Huaorani die Welt sehen und wie die Leute auf der anderen Seite der Straße sie sahen, deren Ansicht jedoch zählte. Sein analytischer Verstand wird wohl in etwa zu diesem Ergebnis gekommen sein: Die Huaorani waren eine Woche in Quito gewesen. Sie hatten gearbeitet, sie hatten gelitten. Was hat es am Ende gebracht?

Den ganzen Frühling und Sommer 1993 hindurch kamen immer wieder Berichte aus Ecuador, aus verschiedenen Quellen: ein Brief hier, eine Postkarte da, oft monatelang unterwegs; ein ausgehungerter, amöbenverseuchter Reisender zurück aus dem Oriente, der für ein Essen alles erzählte; gelegentlich sehr gestörte Telefonanrufe, obwohl die wirklich wenig Inhaltliches boten, weil jeder, der nur entfernt mit dem, was im Territorium vor sich ging, zu tun hatte, davon ausging, daß sein Telefon abgehört wurde. Dennoch schälten sich aus diesem Flickenteppich von Informationen immer wieder dieselben Geschichten heraus.

Im Februar 1993, vier Monate nach dem Streik, führte die ONHAE die zweiten Wahlen durch. Sie fanden in Toñampare statt, aber nach den mir zugegangenen Informationen zu urteilen, hätten sie genausogut im Büro von Maxus in Quito stattfinden können. Laut verschiedenen Beobachtern bezahlte Maxus nicht nur alle Unkosten des *congreso*, sondern auch die Party danach und die Flüge für ausgewählte Delegierte, und während des *congreso* flüsterten Vertreter von Maxus den Huaorani ein, wie sie wählen sollten. Mindestens die Hälfte der Huaorani nahm nicht teil, und viele verließen den *congreso* aus Protest gegen Maxus. Sie wurden von Moi angeführt. Wütend über die Einmischung der Company trat er aus der ONHAE aus und zog es vor, seine Energien auf die Verteidigung von Quehueire Ono zu konzentrieren, das bislang außerhalb der Einflußsphäre der Company lag. Was Nanto anging, so war sein Rückgrat schon lange gebrochen, auch er verließ die Organisation. Folglich fiel durch Amos Tod der Mantel von ONHAE auf Condoritos schmale Schultern. Enqueri hatte, wie sich herausstellte, seine Wahlplattform darauf ausgerichtet, einen Deal mit Maxus zu schließen.

Maxus seinerseits leugnete nicht, daß man an den Huaorani-Wahlen beteiligt gewesen sei, aber ein Sprecher der Company behauptete, man hätte nur logistischen Beistand geleistet und im Geiste der Freundschaft und des guten Glaubens gehandelt. Ja, Enqueri wollte mit Maxus einen Deal abschließen – deshalb war er gewählt worden. Die Huaorani wären ja frei, ihre eigenen Entscheidungen zu treffen, oder etwa nicht?

In den auf die Wahlen folgenden Monaten wurde Enqueri immer häufiger in Quito gesehen, fast immer in Begleitung von Maxus-Angestellten, meist in Gesellschaft von Milton Ortega, einem »Company-Anthropologen«, der Rossana Faietas Rolle nach dem Streik übernommen hatte. Ich hörte, daß Enqueri in teuren Hotels wohnte und feine Kleider trug, daß er einen Anzug habe, den er zusammen mit nagelneuen Fußballschuhen trug; daß er auch eine neue Armbanduhr hatte, eine, die wirklich ging und auf der MAXUS stand; daß Maxus ONHAE Tausende Dollar gegeben und ihr in der Nähe von Shell ein Büro eingerichtet und dafür gesorgt habe, daß Enqueri ein Gehalt bekomme. Aber der Kommentar, den ich am häufigsten hörte, war: Enqueri wird allmählich fett.

Im August 1993, sechs Monate nach Enqueris Wahl zum Präsidenten der ONHAE, gab Maxus bekannt, daß man mit den Huaorani ein formelles Abkommen geschlossen hätte. Ich rief

William Hutton an, um eine Kopie zu bekommen. Er weigerte sich, eine herauszugeben. Das würde »unangemessen« sein. Es sei ein »verwickeltes« Dokument, das der Erklärung bedürfe. Ich fragte ihn, ob Enqueri in den Genuß eines unabhängigen Beraters gekommen wäre, um den Vertrag zu analysieren. Ja, wäre er, sagte Hutton – »die Regierung«. Er wies meine Auffassung zurück, daß die Regierung parteiisch wäre. »Es gibt überhaupt keine Parteilichkeit«, sagte er. »Es ist ein sehr einseitiges Abkommen. Die Huaorani bekommen von Maxus Erziehungs- und sonstige Beihilfen, und die einzige Verpflichtung ihrerseits besteht darin, uns auf ihr Land zu lassen.« Maxus wäre gesetzlich berechtigt, das Huaorani-Land auszubeuten, mit und ohne die Zustimmung der Huaorani, aber man würde gerne gute Nachbarschaft pflegen. Man hätte sogar schon eineinhalb Jahre vor Unterzeichnung des Abkommens mit den kommunalen Programmen im Territorium begonnen. »Es ist unsere Absicht«, erklärte Hutton, »mit den Leuten zusammenzuarbeiten, ihnen ihren Lebensstil zu lassen und zu versuchen, jeden wesentlichen Einbruch in ihre Kultur zu vermeiden.«

Würden die »Erziehungs- und sonstigen Beihilfen« in dem Abkommen von der evangelikalen Mission ausgezahlt?

»Wir arbeiten einfach mit den vorhandenen Strukturen zusammen«, erwiderte er, und das umfasse »die Missionen, die dort schon seit langer Zeit sind«. Er wies auch darauf hin, daß »letztlich alle Christen daran interessiert seien, das Heil zu verbreiten, so daß der Begriff ›evangelikale Christen‹ eine Art überladene Phrase wäre«. Und was irgendwelche Journalisten anginge, die versuchen würden, sich in das Territorium zu schleichen, um zu sehen, was Maxus mache, sagte er, »die werden wir stoppen, wenn wir sie finden«.

Maxus veröffentlichte ein Foto von der Unterzeichnungszeremonie, die in der Huaorani-Gemeinde Quihuaro stattfand. Zur Linken, groß, grau, blaß, glatzköpfig und aristokratisch stand, ganz in Weiß und über das ganze Gesicht strahlend, der ecuadorianische Präsident Sixto Durán Ballén. Zur Rechten, groß, grau, blaß, glatzköpfig und aristokratisch, ganz in Weiß und über das ganze Gesicht strahlend, stand William Hutton. Zwischen ihnen, den beiden bis zu den Schultern reichend, mit dickem, schwarzem Haar und sehr brauner Haut, mit einem Jaguar-Halsband und einer Art kurzer Hose und ohne Brille stand Enqueri. Er war der einzige Mann, der direkt in die Kamera schaute, und sein Ausdruck war so rätselhaft wie jener der Mona Lisa. Ich hatte ihn schon vorher gesehen: Als wir im Urwald waren und er mir sagte, daß wir uns verirrt hätten, und ich ihn daraufhin fragte, was das bedeute, und er sagte: »Es bedeutet, daß wir sterben können.«

Ich war mir einer Sache zumindest ziemlich sicher: Was immer es war, wozu Enqueri in Maxus' Augen sein Einverständnis gegeben hatte, und was immer es war, wozu Maxus in Enqueris Augen sein Einverständnis gegeben hatte, so waren das zwei völlig verschiedene Dinge.

Allen Berichten zufolge ging die Maxus-Erschließung wie erwartet vonstatten. Elf Tage nach der Unterzeichnung des Abkommens mit Enqueri gelang es Maxus, eine Pipeline der Occidental anzubohren, und über 200 000 Liter Rohöl flossen in der Nähe des Flusses Napo aus. Von Maxus angeheuerte Schuten kippten die Bohrabfälle in den Napo und den Yasuni. Wenn ihnen Leute in die Quere kamen, brachen ihnen die Maxus-Unterlieferanten die Knochen und bedrohten sie mit dem Tod. Eine vertrauliche Studie eines Beraters, von der ich eine Abschrift in die Hände gespielt bekam, bestätigte, daß das »Maxus-Erziehungsprogramm« systematisch »die traditionellen sozialen Strukturen und Kommunikationsnetze« der Huaorani zerstöre. »Maxus hat nun alles in der Hand«, sagte mir Ali Sharif, als ich ihn in Quito anrief. »Sie hat die ONHAE gekauft.« Er hatte Moi seit Monaten nicht gesehen. »Ich mache mir Sorgen um ihn«, sagte er. »Ich höre, daß Enqueri eine Todesdrohung geäußert hat.« Und nebenbei, ob ich wüßte, daß Nanto einen Job bei der Company übernommen habe?

Im Herbst 1993 gelang es einem Amerikaner, mit einer Videokamera nach Toñampare zu kommen und Teile einer ziemlich eindrucksvollen Zeremonie einzufangen, bei der, auf dem Papier, eine außerordentliche Geste der ecuadorianischen Regierung gefeiert wurde: die Eingliederung der Huaorani in die Verwaltung des Yasuni-Nationalparks. In einem Abkommen, das von ONHAE und dem Regierungsinstitut für Wald und Naturgebiete unterzeichnet werden sollte, wurde den Huaorani – oder zumindest der ONHAE – eine Polizeirolle innerhalb der Parkgrenzen zugestanden zur Durchsetzung von Jagd- und Fischereivorschriften und, wichtiger noch, die Kontrolle der Parkverwaltung und die Durchsetzung des Yasuni-Park-Management-Plans, der die Umweltüberwachung von Maxus enthielt.

Die Huaorani zu Parkwächtern zu machen war natürlich nicht ohne Präzedenzfälle. Randy Borman und die Cofane hatten diesen Status im Jahr davor erhalten. Aber weiter gingen die Ähnlichkeiten auch nicht. Die Cofane hatten ihren Status gewonnen, indem sie aggressiv der Company gegenübergetreten waren und indem sie die Ölgesellschaft bei Gesetzesübertretungen erwischten. Die Huaorani andererseits wurden in die Yasuni-Verwaltung von eben jenen Leuten hineingesetzt, die sie angeblich überwachen sollen. (Der »Park-Management-Plan«, den sie umsetzen sollen, war von der Company mit Geldern ausgestattet worden und wies die Hälfte des Parks als Industriezone aus. Und der Vertrag, den sie mit dem Forstinstitut unterzeichneten, wurde von SUBIR koordiniert, dem Programm für »erträgliche Ressourcenentwicklung«, das von der US-Behörde für Internationale Entwicklung aufgestellt worden war.) Etwa 300 Huaorani – im Grunde die gesamte Bevölkerung von Toñampare – versammelte sich, um bei der Unterzeichnung anwesend zu sein. Wenn Enqueri sich unter ihnen bewegte, ein Büffelhorn schwingend, folgte ihm der Maxus-Anthropologe Milton Ortega zwei Schritte auf dem Fuß wie ein Hirtenhund. William Hutton erschien auch dort; er trug einen steifen Maxus-Hut und einen gestärkten Maxus-Overall und ein Exemplar des »The Wall Street Journal« schaute aus seiner Aktentasche. Er saß unter einem Strandschirm zusammen mit Rachel Saint. Während sie warteten, landete ein Militärhelikopter auf der *pista* und spuckte Offiziere der verschiedenen Waffengattungen aus und eine kleine, dunkelhaarige Frau namens Alicia Ballén – die Tochter des Präsidenten und seine wichtigste Ratgeberin in Indigenen-Fragen. Sie war in Begleitung von Mark Wiznitzer, einem »politischen Ratgeber« der US-Botschaft.

Der Direktor des Forstinstituts hielt eine kurze Eröffnungsrede und zollte der Tatsache seinen Beifall, daß die Huaorani jetzt die Verantwortung für die Überwachung der Ölerschließung auf dem Land trügen, das ihnen so lange gehört hat. Dann unterzeichneten die verschiedenen Würdenträger einer nach dem anderen das Dokument. Als letzte nahm Dayuma die Feder in die Hand, und als sie fertig war, nahm Alicia Durán Ballén ihre Goldohrringe ab und schenkte sie Dayuma. Dayuma ihrerseits gab der Tochter des Präsidenten ein Federarmband. Dann wandte sich Ballén an Wiznitzer und schenkte ihm ein warmes Lächeln. »War das ein gerechter Tausch?« fragte sie auf englisch.

Wiznitzer lächelte ebenso breit zurück und antwortete: »Nun, so haben wir Manhattan bekommen.«

Das Video enthielt auch ein Interview mit Enqueri. Federkrone, keine Brille. »Wir wollten die Company nicht auf unserem Land, und wir widerstanden ihr erfolgreich viele Jahre lang«, sagte er. »Aber dann machte uns die Regierung klar, daß die Ölgesellschaft kommen würde, ob wir wollten oder nicht. Da entschlossen wir uns, daß es am besten wäre, ein Abkommen auszuhandeln.« Er sagte außerdem, daß das Abkommen, das er mit Maxus abgeschlossen hätte, die Existenz der Huaorani-Nation anerkannte, und darüber wäre er erfreut, aber daß die Huaorani einfach nicht die Macht hätten, die Ölgesellschaften zu kontrollieren, weshalb sie keine andere Wahl hätten, als Maxus zu vertrauen. Wenn Maxus jedoch das Vertrauen enttäusche und den Urwald zerstöre, »dann ist unser einziger Ausweg, das zu tun, womit wir vertraut sind – sie von allen Seiten mit unseren Speeren anzugreifen.«

Es fiel mir ziemlich schwer, bei Enqueris Drohung nicht zu lachen. Diese Worte von einem Mann, der kaum ein Kanu beherrschte. Aber insgesamt war das Interview unendlich traurig, nicht nur, oder sogar hauptsächlich, weil der Enqueri auf dem Video weit mehr ein Public-Relation-Produkt denn ein echter Führer zu sein schien. Nein, eher so etwas wie das Gegenteil. Die Worte von dem Mann, den ich gekannt hatte, hörten sich schmerzhaft wahr an. Ich bin sicher, daß er für sich selbst bei dem Maxus-Deal gut abgeschnitten hat. Aber ich bin auch sicher, daß er die Situation so gründlich durchdacht hatte, wie er konnte, und keine andere Möglichkeit gesehen hat. Ich denke, daß er in gewisser Weise ehrlich glaubte, daß, falls Maxus sein Wort bräche, die Huaorani die Company vertreiben könnten.

Es war für mich oder für jeden *cowode* leicht zu sehen, was passieren würde, und die offensichtlichen Fragen zu stellen: Wo werden die Huaorani in 20 Jahren sein, wenn Maxus all ihr Öl herausgepumpt haben wird und das Huaorani-Territorium kreuz und quer mit Straßen durchzogen und mit giftigen Abfällen überzogen sein wird und das Geld und die Geschenke, an die sie sich allmählich gewöhnt haben werden – von denen sie abhängig sein werden – plötzlich ausbleiben? Aber in dem Maß, wie die Huaorani sich auf die Zukunft vorbereiteten, taten sie es, indem sie der Tradition gehorchten: ihre Maniokgärten anlegten, von Ort zu Ort zogen, von dem generationenalten Wissen um ihr weites Land sangen und wo man alles findet, was man braucht. 20 Jahre? Die Zukunft war jetzt: Wie bekomme ich was zu essen?

Enqueri gab das Interview etwa ein Jahr nachdem ich ihn mitgenommen hatte und er den ersten Ölbrunnen gesehen hatte. Er hatte vorher Probebohrungen gesehen und seismische Schneisen geschlagen, aber er hatte nie einen tatsächlichen Förderbrunnen gesehen. Der lag zufällig im Quichua-Territorium, knapp zwei Kilometer von der Vía Auca entfernt. Die Ölpumpe, eine gewaltige Metallheuschrecke, brüllte derart laut, daß wir zur Verständigung schreien mußten, obwohl wir 200 Meter entfernt geparkt hatten. Unterhalb der Pumpe lagen drei Abfallbecken, die aber durch Einsturz der Trennwände schon zu einem großen Loch geworden waren. Am anderen Ende fanden wir einen mit Teer bedeckten Flughund, der einen Schritt vom Ufer entfernt mit der Schnauze nach unten feststeckte. Nur sein Kopf war frei, und als wir uns näherten, begann er wie verrückt zu rudern, als wenn er sich dadurch von dem Ölfilm befreien könnte, in dem er am Verenden war. Bald lag er erschöpft und japsend dort, und das Pumpen seiner kleinen Lungen wurde durch den schwarzen Glanz auf seinem Rücken noch hervorgehoben.

Enqueri studierte den Flughund eine ganze Weile und zeigte dann erschrocken auf die graue Mauer von toten, laublosen Bäumen, die das Becken umgab, und dann auf das ausgedehnte Stück toten Waldes unterhalb des niedrigsten Beckenrandes, über den ein langes Rinnsal Erdöl quoll. »Alles ist tot«, sagte er, gleichermaßen zu sich selbst wie zu mir. »Das ist es, was die Company auch mit dem Huaorani-Land machen wird.« Es war jedoch mehr der Ausdruck seines Gesichtes als seine Worte oder der Ton seiner Stimme, der mir gegenwärtig geblieben ist. Ein Ausdruck echter Angst, so selten unter den Huaorani wie seine Brille. Aber der war nicht ohne Präzedenzfall. Ich stellte mir vor, daß er sehr ähnlich dem gewesen sein muß, den sein Vater 40 Jahre zuvor gehabt haben muß, als er zum ersten Mal zum Himmel schaute und fliegendes Metall sah. Sein Vater schlug damals wie rasend um sich, gab aber bald, verlockt und eingeschüchtert von dieser neuen und unvorstellbaren Macht, auf – ob er es wußte oder nicht.

Anfänglich hatte der Wechsel der Administration in Washington 1992 für die Huaorani gut ausgesehen, angesichts der Verknüpfung amerikanischer Interessen im Oriente und der Tatsache, daß Al Gore, als Senator, die Erhaltung der tropischen Regenwälder beinahe zu seinem persönlichen Kreuzzug gemacht hatte. Als Gore Vizepräsident wurde, wurde ein Mitglied seines Senatsstabes, die 29jährige Kathleen McGinty, zum Direktor des Büros für Umweltpolitik im Weißen Haus ernannt. Und im August 1993, kurz bevor Enqueri das Abkommen mit Maxus unterzeichnete, flog McGinty auf Ecuadors Galápagos-Inseln und beschloß auch, einen Blick auf das Huaorani-Territorium zu werfen. Maxus und die US-Botschaft waren nur zu glücklich, ihr zu Gefallen zu sein. Sie schleusten sie in wenigen Stunden nach Toñampare rein und wieder raus – gerade lang genug für einen Fototermin. Das Foto erschien ein paar Wochen später in »The New York Times«. Darauf saßen nebeneinander William Hutton, Jack Mack, Chargé d'affaires der Botschaft, und McGinty, die eine Huaorani-Kopfbedeckung trug. Und sie hatte den etwas erschrockenen Gesichtsausdruck, den die meisten *cowode* im Territorium haben. Ende des Besuchs.

Kurz danach schickte Boris P. Abad, Maxus' Manager für Regierungsangelegenheiten, eine schriftliche Erklärung an McGinty, das Auswärtige Amt und die Botschaft, offenbar, um ihnen zu versichern, daß das Huaorani-Abkommen das Ergebnis freier und gerechter Wahlen gewesen sei und die genaue Widerspiegelung der Wünsche des Huaorani-Volkes. Unter anderem versicherte Abad, daß Enqueri »niemals« an dem Huaorani-Streik in Quito teilgenommen habe.

Ich habe auch von Abads Erklärung eine Kopie erhalten. Ich bewahre sie zusammen mit einem Foto auf, das während des

Streiks aufgenommen wurde: Es zeigt, wie Moi und Enqueri vor der Huaorani-Menge stehen, vor dem Maxus-Gebäude, und Enqueri die rechte Faust zum Protest hochreißt.

Im Oktober wurde Enqueri mit einem Maxus-Werbeteam in die Vereinigten Staaten gebracht und von Blasco Peñaherrera, dem ecuadorianischen Botschafter bei der Organisation der Amerikanischen Staaten (OAS), durch Washington D. C. geschleust. Im selben Augenblick wurde natürlich vor der Interamerikanischen Kommission für Menschenrechte der OAS die Petition verhandelt, die vom Sierra Legal Defense Fund zugunsten der Huaorani eingereicht worden war, die Petition, in der dem Maxus-Projekt zur Last gelegt wurde, den Ethnozid der Huaorani zu verursachen, und in der die Kommission zu einer Untersuchung aufgefordert wurde.

Die ecuadorianischen Diplomaten halfen dem Maxus-Team, im Anschluß daran ein Treffen mit Kathleen McGinty zu arrangieren und einen Auftritt vor der OAS. Es gab aber noch weitere Treffen. Eins davon mit einer Umweltgruppe, eine der größten der Vereinigten Staaten, die in dem Yasuni-Gebiet ein Projekt leitete. Die Frau, mit der sie zusammentrafen, war einverstanden, mir über das Treffen zu berichten, unter der Bedingung, daß ich nicht ihren Namen und den ihrer Organisation enthülle, die bereits unter Beschuß geraten war, weil sie eine substantielle Schenkung von der Company entgegengenommen hatte, und die sich durch ihre fehlende Stimme im Chor über die Situation der Huaorani verdächtig gemacht hatte. Es wäre ein kontroverses Thema, sagte sie, und sie wollten nicht ihre Mitglieder reizen. Wenn der Präsident der Organisation erführe, daß sie mit der Presse gesprochen hätte, würde sie den Job verlieren.

Sie sagte, daß das Treffen auf spanisch geführt wurde und daß Enqueri zwischen Lucia Rivas Saenz von Maxus und Blasco Peñaherrera eingeklemmt gesessen hätte. Saenz und Peñaherrera beschrieben das Abkommen zwischen der Company und

ONHAE und forderten finanzielle Unterstützung für eine wissenschaftliche Station im Yasuni-Park, die, wie sie sagten, von den Huaorani geführt werden würde.

»Es war extrem traurig«, sagte die Frau. »Jedesmal, wenn ich Enqueri eine Frage stellte, sprang jemand von den anderen ein und antwortete für ihn. Am Ende kam er mit der Sprache heraus, als ich ihn fragte, ob Maxus eine Schule gebaut hätte – er sagte ›ja‹. Das war alles, was er auf der ganzen Versammlung von sich gab. Er tat mir aufrichtig leid. Er saß da, herausgeputzt mit seiner Federkrone und seinem Anzug und wußte ganz eindeutig nicht, was eigentlich los war. Es war für mich ganz klar, daß man ihn manipulierte. Er stellte nichts anderes als ein Ausstellungsstück dar.«

Später erhielt ich die Kopie einer merkwürdigen kleinen biographischen Notiz, die Maxus über Enqueri als Einleitung vorbereitet hatte. Ein Satz vor allem sprang mir ins Auge: »Enqueri ist mit Kauo Baiwa von der Cononaco-Gruppe verheiratet.« Darüber mußte ich lachen. Die Cononaco-Gruppe war natürlich Quemperis Clan; es schien so, als hätte unser beinahe katastrophaler Besuch dort für Condorito Früchte getragen. Nicht nur hatte er das Recht erworben, in der reichen Cononaco-Region zu leben, wenn er es wollte, sondern er hatte auch eine gute Frau geheiratet. Wie ich Kauo in Erinnerung habe, so war sie stark und energisch, immer zu einem Lachen bereit und eine Schönheit – und sie hatte Enqueri für so etwas wie einen Clown gehalten. Aber Maxus hatte Enqueri zu einem reichen Mann gemacht. Er war, wie sie sagen, zu einem guten Fang geworden.

19

Im September 1993, nur Monate bevor Maxus die erste Ölquelle in Betrieb nahm und mehr als drei Jahre nachdem der Sierra Legal Defense Fund die Petition einbrachte, verkündete die Interamerikanische Kommission für Menschenrechte, man habe die Anhörung des SCLDF angesetzt. Dem SCLDF wurden zwei Wochen zur Vorbereitung seiner Darstellung des Falls zugestanden. Der Zufall wollte, daß das Hearing in Washington D.C. stattfinden sollte, kurz nachdem das Maxus-Team seine Runde mit Enqueri gemacht hatte. Das bedeutete, daß die SCLDF-Petition kein besonderes Gewicht haben würde, wenn kein Huao zur Stelle wäre, um sie mit vorzustellen. Folglich hatte Adriana Fabra, eine spanische Menschenrechtsanwältin und eine von zwei Anwälten des SCLDF, die mit der Petition befaßt waren, nur zwei Wochen Zeit, einen Huao zu finden, der bereit wäre, in die Vereinigten Staaten von Nordamerika zu kommen und auszusagen.

Fabra flog sofort nach Quito und besuchte Judith Kimerling. Die beiden Frauen fuhren nach Coca, die Vía Auca hinunter, den Shiripuno hinauf bis zum Shiripuno-Zentrum, wo sie aus reinem Zufall Moi antrafen. Kimerling stellte ihm Fabra vor, und er war sofort einverstanden, in die Vereinigten Staaten zu kommen. Er sagte, daß er kürzlich geträumt hätte, daß er eine lange und wichtige Reise unternehmen würde. Moi und Fabra kehrten nach Quito zurück und suchten sogleich bei der amerikanischen Botschaft um ein Visum nach. Fabra erklärte den Grund ihrer Reise, die Botschaft lehnte ab.

Am Nachmittag ging Moi, wütend und frustriert, zu Präsident Sixtos kürzlich geschaffenem Büro für indigene Angelegenheiten, das den Präsidenten über die zunehmend militanten indianischen Gruppen des Landes beriet. Moi traf einen hohen Beamten, der sagte, daß er nichts tun könne. Vielleicht wolle Moi die Tochter des Präsidenten treffen?

Am folgenden Morgen wurde Moi in das Büro von Alicia Durán Ballén geschoben. Warum, fragte Moi, war es Enqueri erlaubt worden, die Vereinigten Staaten zu besuchen, ihm, Moi, aber nicht? Moi sagte, daß Maxus Enqueri manipulieren würde. Es wäre an der Zeit, Maxus vor der ganzen Welt anzuklagen oder Maxus würde den Huaorani auch noch den Namen rauben.

Während er noch dort saß, ging die Türe auf, und ein Mann von der Company trat ein und überreichte Moi einige Schriftbögen. Sie enthielten eine Liste von Gütern, die die Company Mois Dorf zu geben bereit war: Benzin, Holz, Zement, Nägel, Farbe – also alles, was man brauchte, um eine richtige Schule zu bauen. Die Company würde alles bezahlen, auch eine Baufirma, um die Schule zu errichten. Die Company würde Pulte und Uniformen liefern und das Gehalt des Lehrers bezahlen. Später würde sie eine Landebahn für Flugzeuge und Helikopter bauen und eine Radiostation. Das Memorandum war von Maxus, Enqueri und der evangelikalen Mission unterzeichnet.

In einer Notiz auf dem Umschlag hieß es, daß das Papier auf dem Abkommen basiere, das zehn Monate zuvor zwischen der Company und ONHAE getroffen worden war. Jetzt plötzlich standen die Güter bereit zur Auslieferung – und sie würden genau zu der Zeit eintreffen, zu der Moi in Washington aussagen sollte.

Unterdessen telefonierte Adriana Fabra mit allen möglichen Leuten in den Vereinigten Staaten, und irgendwann im Verlauf des Tages drang die Tatsache bis ins Außenministerium, daß man einem Zeugen in einem Menschenrechtsfall das Einreisevisum verweigerte. Zwei Tage später befand sich Moi auf dem Weg nach Norden.

Das meiste darüber erfuhr ich erst kurz bevor Moi und Fabra in Quito ins Flugzeug stiegen durch einen Anruf des SCLDF-Büros in San Francisco. Sobald Moi in Washington wäre, so wurde mir gesagt, müßten Fabra und Karen Parker, die andere mit der Petition befaßte Anwältin, sich mit der Ausarbeitung der Petition beschäftigen, und Moi würde mehr oder weniger allein in einer fremden Stadt in einem fremden Land sein. Hätte ich einen Vorschlag, wie man es ihm am besten bequem machen könnte?

Ich flog nach Washington. Moi kam gleich nach mir an, weniger als 24 Stunden, bevor er aussagen mußte.

»Chong«, sagte er, überreichte mir seine Tasche und seine Speere, ging in das Hotelzimmer und machte es sich gemütlich.

Moi sah unverändert aus, und seine Stimmung schien so gut wie eh und je zu sein. Aber er sagte, daß das Jahr, seit ich ihn das letzte Mal gesehen hatte, das schwerste seines Lebens gewesen wäre. »Chong«, sagte er, »wir sind wie Fleisch verkauft worden.« Er erzählte mir von dem Streik, über seine Treffen in Quito, über die Wahlen und das Abkommen, das Enqueri mit Maxus geschlossen hatte, daß es insgeheim ausgehandelt worden war, ohne den Beistand eines unabhängigen Ratgebers, und die Alten, insbesondere Mengatohue, außer sich waren. Maxus hatte eine »Armee« von Anthropologen eingestellt, um Mittel und Wege zu finden, die Huaorani zu »manipulieren«, und Maxus kaufe die Dörfer eins nach dem anderen und trenne die Huaorani untereinander. Man schneide Quehueire Ono auch von der Außenwelt ab. Maxus kontrolliere die Vía Auca mit Enqueri im Schlepptau und versuche, Mois Freunde daran zu hindern, nach Shiripuno zu kommen. Er sagte, daß Maxus gedroht habe, die Huaorani notfalls mit Gewalt zu kontrollieren. Man hätte Enqueri mit neuen Zähnen geschmiert. Was Enqueri anginge, sagte Moi, so würde er ihn immer noch als einen guten Menschen ansehen, der aber schwach wäre, und daß die Company und die Missionare ihn in einem Würgegriff hätten, der nicht zu lockern wäre. »Wir müssen gewinnen«, sagte er, »oder die Huaorani werden für immer verschwinden.«

Und nun hatte Moi sich bereit erklärt, nach Washington zu kommen, und er hatte einen Brief an den Präsidenten geschrieben und ihn gebeten zu erklären, warum die Vereinigten Staaten von Amerika so versessen darauf wären, die Huaorani zu zerstören. Beim ersten Versuch, ihn im Weißen Haus abzugeben, scheiterten wir natürlich, aber am folgenden Morgen bestand Moi darauf, es nochmals zu versuchen. Wieder blieb das Tor verschlossen. In der Nähe standen jedoch zwei Pappfiguren von Bill und Hillary Clinton in Lebensgröße. Ich erklärte Moi, wer sie wären. Er nickte, trat zwischen sie und drehte sich mit steinernem Gesicht zum Fotografen. Das fertige Polaroidfoto studierte Moi so ernsthaft, wie Huaorani häufig Fotos studieren. Er hielt es kopfüber, seitlich, im Winkel, um sicherzugehen, daß er sein Wesen begriffe. »Ja«, sagte er. »Das bin ich.« Befriedigt steckte er es in seine Tasche. Dann liefen wir an dem Washington-Monument vorbei. Moi nahm an, daß es ein Ölturm wäre, weil unten im Oriente die einzigen Orte, wo man solche Flächen freien Landes und solch riesige Konstruktionen sieht, jene sind, wo die Company bei der Arbeit ist. Für Moi war es auch einsehbar, daß ein Ölturm direkt im Zentrum der Macht der Vereinigten Staaten von Nordamerika steht.

Am Nachmittag legte Moi sein Hemd mit Krawatte, seine Krone und den Köcher an und ging mit den SCLDF-Anwälten los, um vor der Kommission auszusagen. Ich ging ebenfalls hin und sah, daß er sich tatsächlich meinen Vorschlag, »seine eigenen Worte zu benutzen«, zu Herzen genommen hatte. Das Hearing fand auf spanisch statt, und als Moi an der Reihe war auszusagen, röhrte er wie ein Jaguar. Aber er tat es auf Huaorani.

Die Mitglieder der Kommission lehnten sich verblüfft zurück. Allmählich war Moi bei seiner Warnung, daß die Huaorani »das tapferste Volk in Amazonien« seien und sich »mit Speeren von allen Seiten« verteidigen würden. Im Eifer seiner Rede war er halb von seinem Sitz aufgestanden. Da beugte sich Karen Parker zu ihm und sagte ganz ruhig: »Und jetzt sage es auf spanisch.« Moi wechselte die Sprache, offenbar ohne seinen Impetus zu verlieren, und schloß mit der flehenden Bitte: »Bitte überlaßt uns nicht der Company.«

Als die Anhörung zu Ende war, sammelten sich ein halbes Dutzend Kommissionsmitglieder um Moi, um sich vorzustellen. Es traf sich, daß Moi mehrere Bastbeutel aus dem Urwald mitgebracht hatte. Die Beutel waren von den Huaorani-Alten geflochten worden, die von derlei Handwerk abhängig sind, um etwas Geld für Patronen und Malariamedizin zu verdienen. Er hoffte, fünf Dollar plus einen Dollar für den Transport pro Beutel zu bekommen. Und Moi hatte sich gedacht, daß es keinen besseren Start für seine Verkaufskampagne geben könnte als vor der Kommission. Aber die Huaorani sind Krieger, keine Händler, gnadenlos ihren Feinden, aber großzügig ihren Freunden gegenüber. Innerhalb von fünf Minuten hatte er alle Beutel verschenkt, die er mitgebracht hatte. Er schenkte dem amtierenden Sekretär der Kommission auch einen Speer. »Wenn euer Himmel einfällt«, sagte Moi, »wird er die Wolken stützen.«

Offenbar hatte Moi Eindruck gemacht, denn am nächsten Tag teilte die Kommission den Anwälten mit, daß sie stark an der Petition interessiert wäre. Allerdings könnte sie laut Satzung der OAS keine Untersuchung durchführen, wenn sie nicht von dem Gastland eingeladen wäre. In diesem Fall müßte diese Einladung durch den ecuadorianischen Botschafter bei der OAS kommen – Blasco Peñaherrera. Verstehen Sie das Problem? fragte die Kommission. Vielleicht sollte Moi mit dem Botschafter sprechen?

Während die beiden Anwälte den ganzen folgenden Tag damit verbrachten, ein Treffen auf der ecuadorianischen Botschaft zu arrangieren, nutzte Moi seine Zeit gut. Da er Spanisch sprach, bekam er schnell guten Kontakt mit dem Hotelpersonal. Er lernte, wie man den Fahrstuhl bedient, er stopfte seine Tasche mit dem kostenlosen Shampoo voll, und sooft er wollte, und das war wirklich oft, bekam er ein riesiges Essen aufgetischt, das von der Küche die Moi-Platte genannt wurde – ein bodenloser Topf mit Huhn, Krabben, Reis, Kartoffeln und »Blättern«.

Obwohl ihm das Spanisch offenbar viel nützte, entschloß sich Moi, Englisch zu lernen. Er wollte amerikanische Frauen treffen und war überzeugt, daß sie ihn nicht beachten würden, solange er sie nicht in ihrer Sprache ansprechen konnte. Auf sein Drängen hin saßen wir jeden Abend in Washington in einer Bar, er mit einer Limo und ich mit einem Bier, und er übte den Satz »Hello, how are you, Miss?«. Spät am zweiten Abend stieß er mich an und nickte in Richtung einer jungen Frau, die in der Nähe saß. Ich fragte sie, ob mein Freund bei ihr sein Englisch ausprobieren dürfe, und sie meinte: »Mit Vergnügen.« Ich mußte Moi regelrecht aus dem Sitz schieben. Schließlich ging er hinüber und schaute sie lange an. Sie lächelte. Sehr ernst spitzte er die Lippen und sagte: »How ... how ... *cómo estás*?« (Spanisch: Wie geht es dir?) Dann begann er zu lachen, bis ihm die Tränen aus den Augen traten. Er konnte gerade noch an unseren Tisch wanken, wo er sich unter Gekicher fallen ließ. Alle Augenblicke lehnte er sich zurück und gluckste zur Decke hoch. »How are you?« sagte er und schüttelte sich von neuem vor Lachen.

Moi kam niemals ins Weiße Haus, aber er war nahe dran. Ich kannte zufällig eine *ecochica* in Washington, die wiederum wußte, wie man so etwas anpacken mußte, und eines Nachmittags setzte sich Moi die Krone auf, hängte sich das Halsband mit dem Jaguarzahn um und marschierte durch die Metalldetektoren im Bürotrakt des Weißen Hauses direkt in das Büro von Kathleen McGinty.

Moi erzählte McGinty, was geschehen war, nachdem sie das Huaorani-Territorium verlassen hatte, als Enqueri das Abkommen mit der Company unterzeichnet hatte. Nach der Zeremonie, sagte Moi, wurden Dutzende von Huaorani krank, und ein kleines Mädchen starb. Außerdem, sagte er, seien viele Huaorani gegen das Abkommen, aber es wäre ihnen nicht erlaubt worden, an der Zeremonie teilzunehmen. In der Vergangenheit, erklärte er, hätte ONHAE vor dem Abschluß eines solchen Deals eine Versammlung abgehalten, und Vertreter aus allen Teilen des Territoriums wären zusammengekommen und hätten es diskutiert, bis ein Konsens erzielt worden wäre. Aber nur Enqueri und noch ein paar hätten dieses Abkommen gelesen. Viele Huaorani glaubten, daß es um einen Deal mit T-Shirts ginge.

McGinty versicherte Moi, daß das Weiße Haus an den Huaorani interessiert wäre und die Situation im Auge behalten würde. Auch wenn ich keinen Zweifel an ihrer Aufrichtigkeit hätte, weiß ich doch auch, daß sie nicht mehr meinte als genau das, was sie sagte (»Vielleicht, wenn Maxus fertig ist, könnten wir die Straßen in die Luft jagen«, schlug einer ihrer Gehilfen auf unserem Weg nach draußen vor.). Ich wußte, wer der Gewinner des Tages sein würde, selbst wenn das Schicksal der Huaorani zufällig von einem Feuergefecht zwischen der jungen Kathleen McGinty und, sagen wir, dem alten Texaner Haudegen Lloyd Bentsen abhängen würde.

Das waren Dinge, die Moi nicht mitbekommen konnte; dennoch schien er beunruhigt zu sein, als wir gingen. Irgendwie fühlte er, daß er versagt hatte. Im Korridor sagte er: »Die Company kann sprechen, wann immer sie will, aber dies ist die einzige Chance, die die Huaorani haben, um gehört zu werden. Wenn die Regierung nur einmal in den Urwald käme – wenn sie nur sehen könnte.« Er war in Gedanken verloren, bis wir wieder auf der Straße standen. Dann sagte er, daß er daran dächte, seinen Namen zu ändern. Moi, erinnerte er mich, ist ein Huaorani-Wort, das »Traum«, wie in Vision, bedeute, aber jetzt sei es zu spät für Visionen. Er würde seinen Namen in Dica umändern, weil *dica* »Felsen« bedeute. »Ein Felsen kann oft geschlagen werden«, sagte er, »aber niemals beschädigt werden.«

Unser letzter Termin an unserem letzten Tag in Washington war die ecuadorianische Botschaft, wo schließlich ein Treffen vereinbart worden war. Während der Bürotrakt des Weißen Hauses vor Geschäftigkeit summte, schien die Botschaft ein Überbleibsel aus kolonialen Zeiten zu sein, mit einer autoritären Ordnung, die, Jahrhunderte nach der Eroberung, weiterhin beinahe jeden Aspekt ecuadorianischer Kultur beherrscht. Das Gebäude selbst ist höhlenartig und erinnert an eine Hazienda. Eine geisterhafte Leere begrüßt den Besucher. Das einzige sichtbare Leben im Erdgeschoß drängte sich in einer Ecke zusammen: ein Dutzend verlorener Latino-Gesichter, wie man sie überall in Ecuador sieht, Gesichter, die Resignation spiegelten angesichts eines langen und wahrscheinlich fruchtlosen Wartens auf welche Macht auch immer, die irgendwo versteckt im zweiten Stock lag. Es war ein Zeichen für den Ernst der OAS-Geschichte, daß Moi und seine Anwälte pünktlich zur verabredeten Zeit in das Büro des Botschafters geschleust wurden.

Starker Kaffee wurde in winzigen Tassen serviert. Blasco Peñaherrera ist ein kleiner, lebhafter Mann mit einem rhetorischen Stil, den meiner Erfahrung nach so gut wie jeder Bürokrat in Ecuador beherrscht, das heißt lässig parieren, dann mit einer Aggression zustoßen, die einen in die Knie zwingen soll. Als er seinen Kaffee schlürfte, hörte er auf Mois Vorschlag: die OAS in das Territorium einladen und, falls Probleme gefunden würden, ein Moratorium für die Ölerschließung durchsetzen, bis man sie gelöst hätte. Als Moi fertig war, lächelte der Botschafter und stellte seine Kaffeetasse ab. Mit einer Stimme, die ständig schärfer wurde, sagte er, daß die Huaorani keine souveräne Nation wären; sie wären ecuadorianische Bürger. Ecuador wäre zur Hälfte seiner Einkünfte vom Öl abhängig, folglich wäre die Behinderung der Produktion gleich Verrat. Er schlug auch auf die beiden Anwältinnen ein: Welches Recht hätten sie, sich in die Angelegenheiten Ecuadors einzumischen? Wie konnte Moi behaupten, für die Huaorani zu sprechen? Genau vor zwei Wochen hätte ihr gewählter Führer, Enqueri, im Büro des Botschafters gesessen. Er wäre mit der Company in die Vereinigten Staaten gekommen, und er schien sehr zufrieden mit dem Abkommen zu sein, das sie getroffen hätten. Soweit der Botschafter sagen könne, würde die Company gute Arbeit leisten.

Moi hörte ungerührt und, dem äußeren Anschein nach zu schließen, geduldig zu. Für die Huaorani ist die politische Auseinandersetzung eine lange Diskussion mit dem Ziel, einen Konsens zu erreichen; Aggression bedeutet Speere mit dem Einsatz seines Lebens. Als der Botschafter fertig war, hatte Moi nur noch eines zu sagen: Wenn die Company eine gute Arbeit leiste, wieso könne dann eine offene Untersuchung schaden? Jeder könnte daran teilnehmen: die Company, die Regierung, die Huaorani, die OAS, die ganze Welt. Laßt alle kommen und sehen. Laßt alle sprechen.

Blasco Peñaherrera war einen Moment lang still. Dann sagte er: »Glaubt nicht eine Sekunde lang, daß es ein Moratorium für die Ölentwicklung geben wird. Aber ich werde mit der Kommission sprechen und ihr von dem heutigen Treffen berichten. Und dann werden wir sehen.«

Während wir darauf warteten, von der Kommission zu hören, nahmen wir den Zug nach New York, wo ich geschäftlich zu tun hatte. In der ersten Stunde amüsierte sich Moi damit, seinen Sitz einzustellen. Dann übte er Englisch: »Hello, how are you, Miss?« und »Good Morning« und »Thank you«. Er blätterte einen Versandkatalog durch – Jacken, Schuhe, Uhren – und stellte die übliche Frage bei jedem einzelnen Gegenstand: »Ist das wasserdicht?« Er fand Chesapeake Bay wundervoll und fügte den Namen in eine Liste ein, die er von Städten und Orten angelegt hatte. Nachdem wir jedoch den Industriekorridor nördlich von Delaware erreicht hatten, verlor sein Gesicht den Glanz. Wir fuhren an einem Feld mit gewaltigen Tanks zur Lagerung von Chemikalien vorbei. Für Moi sahen sie genau wie die Tanks aus, welche die Company zur Lagerung von Öl benutzte.

Für eine lange Zeit sagte er nichts. Dann fragte er: »Chong, gibt es hier irgendwelche Indianer?«

»Nein.«

»Waren Indianer hier, bevor die Company kam?«

»Ja. Überall waren Indianer.«

»Wurden sie getötet?«

»Ja.«

»Alle?«

»Beinahe alle.«

Von nun an schwiegen wir bis zum Pennsylvania-Bahnhof. Als wir jedoch in New York City anlangten, richtete er sich auf. Vorwärts schreitend in seiner üblichen langsamen, gleichförmigen Gangweise, schlüpfte er mühelos durch die Menschenmengen, die sich im Bahnhof drängten. Nur eine Sache schien ihn umzuwerfen. Als wir in der Schlange standen und auf ein Taxi warteten, schubste er mich mit der Schulter an und nickte in Richtung zweier junger Frauen vor uns.

»Du bist dein eigener Herr«, sagte ich ihm.

Er tauchte in die Huaorani-Zone (ein Ausdruck, den der Autor benutzt, um damit eine bestimmte Versunkenheit der Huaorani anzudeuten, Anmerk. d. Übers.), als ob er jede Unze Mut fassen wollte. Als er wieder da war, schaute er eine der Frauen an und sagte in perfektem Englisch: »Hello«. Sie lächelte ihn an, er erstarrte. Dann drehte er sich um, schaute mir gerade in die Augen und sagte: »How are you, Miss?«

In den nächsten Tagen wanderten wir durch Manhattan mit dem drei Meter langen Huaorani-Speer. (»Cool«, bemerkte jemand auf der 42. Straße.) Wir fuhren im Taxi wie in Quito, mit dem Speer, der wie eine Turnierlanze herausragte, und scheuchten die Fußgänger damit zur Seite. Im Hotel lösten sich die Mengen auf. (»Guter Gott«, sagte der Portier.) Moi zeigte sich beeindruckt, aber nicht überwältigt von der riesigen Größe der Gebäude. Er war perplex über die Terrassen, die sich hoch wie der Urwald über die Erde erhoben, und verblüfft über das Tempo der Stadt: »In Ecuador warten wir den ganzen Tag auf vier Uhr. In New York kommt vier Uhr mit dem Frühstück.« Bei alldem blieb Moi jedoch letztlich er selbst. Eines Abends aßen wir in einem mexikanischen Restaurant, in der Nähe eines Drogenrehabilitationszentrums. Am Tisch hinter uns waren mehrere Männer und Frauen mit etwas beschäftigt, was freundlich mit Gruppentherapie umschrieben werden könnte. Sie schrien und schüttelten die Fäuste gegeneinander. Moi studierte sie gründlich, bis eine Frau vornüberfiel und auf dem Tisch ohnmächtig wurde. Er lehnte sich hinüber und sagte sanft und voller Mitleid zu ihr: »Guten Morgen« und »Danke dir«.

Ich lud Moi nach Oakland ein, wo ich lebe. Er erklärte sich erst einverstanden, als ich versicherte, daß er nicht von »Blättern« leben müsse. Wir liefen durch die Redwoods (Wälder mit den riesigen Eibensequoien, Anmerk. d. Übers.). Moi staunte über ihre Größe, fand es aber enttäuschend, daß es dort weder Jaguare noch Affen gab. Bei mir zu Hause verwandelte er die Bambushecke in eine Blasrohrfabrik und erlegte Eichhörnchen und Tauben. Und er verwickelte mich in eine laufende Diskussion über den Globus in meinem Wohnzimmer: Warum eine Karte auf einen Ball zeichnen? Karten wären flach. Wenn die Welt rund wäre, würde das Wasser herunterfließen.

Endlich, am Tag vor Mois Abreise kam der Anruf aus Washington: Blasco Peñaherrera hatte mit der Kommission gesprochen und sie nach Ecuador eingeladen; die Kommission hatte akzeptiert. Obwohl die ecuadorianische Regierung die Einladung noch schriftlich und damit offiziell machen mußte, glaubte die Kommission, daß dies nur eine Frage der Zeit sein würde.

Zu dem Zeitpunkt hatte Moi auch gelernt, eine Hohe Fünf auszuspielen (in einem »cinch« genannten Kartenspiel, Anmerk. d. Übers.). Und dann war er bereit abzureisen. »Es gibt nicht viel in den Städten zu lernen«, sagte er. »Es ist an der Zeit, wieder durch den Urwald zu wandern.« Dann sagte er auf englisch »Hello« – und weg war er.

Zwei Wochen nach Mois Abreise schickte die Regierung von Ecuador ein Schreiben an die OAS, in dem sie sagte, daß es ein Mißverständnis gegeben hätte. Sie würde keine formelle Einladung aussprechen, sie sähe vor allem keinen Grund für eine Untersuchung. Es gab keine Möglichkeit, diese Information an Moi weiterzuleiten. Soweit ich wußte, wartete er in Quehueire Ono, bereit, wie ein Jaguar zu brüllen, nicht nur vor der Kommission, sondern auch vor dem Präsidenten der Vereinigten Staaten von Nordamerika und vor der ganzen Welt.

Es vergingen sechs Monate, bis ich über Dokumente stolperte und die nötigen Anrufe in Quito gemacht hatte, die enthüllten, daß Blasco Peñaherrera einen Sohn hatte, ebenfalls Blasco Peñaherrera genannt, der eine Marktforschungsfirma in Quito hatte, die mit der Werbung für das Maxus-Projekt beauftragt worden war, und daß der junge Peñaherrera mit seinem Vater und Enqueri durch Washington D. C. gereist war. Diese Beziehung legte einerseits einen eindeutigen Interessenkonflikt bei der Blockierung der Untersuchung der Kommission nahe, und sie war außerdem allen Personen, mit denen ich sprach und die mit dem Fall befaßt waren, einschließlich der Anwältinnen der OAS, völlig neu.

Im Januar 1994, drei Monate nach Mois Besuch, erklärte die ecuadorianische Regierung, daß sie sich aus der Erschließung von Block 22 zurückgezogen hätte, der vollständig innerhalb des Yasuni-Nationalparks lag. Es war eine erstaunliche Erklärung. Es war immer angenommen worden, von Ölfachleuten und Außenseitern, daß Block 16 die Kosten der Entwicklung der Infrastruktur decken würde, die notwendig wäre, um Öl in beiden Blocks zu fördern, und daß der eigentliche Profit aus Block 22 kommen würde. Offiziell sagte niemand, warum Block 22 geschlossen wurde, weil es keine Erklärung gab, die anderes bewirken würde, als die weitere Ölentwicklung in dem Gebiet zu entmutigen: Es gab dort nicht soviel Öl wie angenommen, oder die Regierung hat sich dem öffentlichen Druck gebeugt, den Park zu schützen, oder die Produktionskosten von schwerem Rohöl sind zu stark gestiegen. Am wahrscheinlichsten ist eine Kombination verschiedener Faktoren. Auf alle Fälle stand es, wie viele Leute betonten, der Regierung frei, sich selbst zu widerrufen, wann immer sie wollte, das heißt, wenn der Ölpreis wieder stieg, was er früher oder später tun würde.

Am erstaunlichsten an der Erklärung war aber nicht, daß man den Block geschlossen hatte, sondern das geradezu erschreckende war, daß die neuen Blocks versteigert werden sollten. Alle berichteten, daß die neuen Blocks fünf Millionen Hektar umfaßten oder ein Gebiet von der Größe New Jerseys und 86 Prozent des Landes im Oriente, das von indigenen Gruppen bewohnt wurde. Sechs der neuen Blocks lagen westlich und südlich der Vía Auca, was bedeutete, daß praktisch jeder Zentimeter Land von der Auca bis zu den Anden der Ölerschließung offenstand, einschließlich fast des gesamten Huaorani-Protektorats, wo die meisten Huaorani lebten. Selbst Mois Dorf, das entlegene Quehueire Ono, würde dem nicht entgehen. Auf der von der Regierung herausgegebenen Karte umfaßte eine Konzession, die von der amerikanischen Oryx-Gesellschaft betrieben würde, den gesamten Shiripuno, bis hinauf zu seiner Quelle. Die scharfen, rechtwinkligen Linien der Konzession schienen Quehueire Ono wie ein Zaun zu umgeben, als ob sie das Dorf auf allen Seiten und all den Urwald drum herum einschlössen.

Zwei Wochen später bekam ich ein R-Gespräch aus Ecuador. Die Verbindung gestaltete sich miserabel, aber ich hörte »Chong« ganz entfernt zwischen allen Geräuschen, und einen Augenblick lang erschrak ich heftig, dann fühlte ich Trauer. Moi sprach wie immer, direkt, ohne Höflichkeitsfloskeln, aber in seiner Stimme lag eine Dringlichkeit, wie ich sie nie zuvor bei ihm gehört hatte. Er wäre nach Quito gefahren, sagte er, zu dem Haus eines *cowode*-Freundes, der den Anruf für ihn durchgestellt hätte. Die Regierung sei hinter ihm her. Sie wären böse über das, was er in Washington gesagt hätte. Er sei bedroht worden. Zumindest würden sie ihm den Paß abnehmen, aber im schlimmsten Fall fürchte er um sein Leben.

»Wann wird die Kommission kommen?« fragte er.

»Die Anwälte werden es erklären«, sagte ich und griff nach der Nummer.

»Sag ihnen, sie sollen gleich anrufen.«

»Mache ich. Sei vorsichtig, Moi.«

»Die Huaorani leben gut!« sagte er und legte auf.

Bis März hörte ich nichts mehr von oder über Moi. Dann erhielt ich mit der Post zwei verwirrende Sachen. Das eine war die Kopie eines Faxes, das an die *ecochicas* in Quito geschickt worden war, nachdem Moi »die ganze Welt« zu einem Treffen in Quehueire Ono eingeladen hatte. Das Fax war von der christlichen Mission aus geschickt und von Enqueri unterzeichnet worden. Es warnte die *ecochicas*, daß Enqueri gezwungen wäre, »drastische Maßnahmen« gegen sie zu ergreifen, falls sie versuchen sollten, das Territorium zu betreten.

In demselben Umschlag lag noch ein Zeitungsausschnitt. Dort stand, daß Samuel Caento Padilla – das Huaorani-Halbblut, das Maxus seine Dienste angeboten hatte – nach Quito gereist wäre, um die Anstrengungen der *ecochicas*, die mit Moi arbeiteten, anzuprangern. Er behauptete, daß er im Namen von ONHAE spräche. Dies schien aber nur ein vorbeugender Schlag der Company gewesen zu sein, weil drei Tage später, nach einem weiteren langen Marsch, Moi zusammen mit Mengatohue und 50 weiteren Huaorani in Quito ankam und alle zum Nationalpalast marschierten. Sie trugen einen Brief an den Präsidenten Sixto und seine Tochter Alicia bei sich. Maxus würde die Huaorani trennen, hieß es darin, und die Gewalt unter ihnen fördern. »Warum hat die Regierung die Huaorani Maxus zum Geschenk gemacht, damit Maxus sie zerstören kann?« Er bat nochmals, daß die Regierung eine unabhängige Studie erlaube, »von nationalen und internationalen Experten« über die Auswirkungen der Ölentwicklung auf ihr Land.

Ich rief sofort Quito an, sobald ich den Ausschnitt bekam. Aber da war Moi schon lange weg, jedoch ein Freund, dem es gelungen war, die Aktion im Territorium zu beobachten, sagte mir: »Es heißt, daß Moi ein toter Mann ist.« Er fügte hinzu, daß das Militär Moi kürzlich zum »Verhör« festgenommen hätte. Nach zwei Tagen sei er entlassen worden, offenbar unverletzt. Gleichwohl fragte ich mich, ob ich ihn je wiedersehen würde.

Im April öffnete Maxus ein Ventil, und die ersten Öltropfen aus dem Untergrund des Huaorani-Landes strömten in die neue Pipeline und begannen ihre Reise nach Norden.

Unterdessen war die Pipeline, die entlang der Vía Auca verläuft, dort gebrochen, wo sie den Shiripuno kreuzt. Genau dort, wo ich so oft mit Moi, Nanto und Enqueri in ein Kanu gestiegen war und wo nach einer Flußbiegung die Straße und die Pipeline hinter uns verschwanden und der Urwald uns alle verschluckte und ich mich gefühlt hatte, als würde ich eine Welt verlassen und eine andere betreten. Genau dort war die Pipeline gebrochen und vergoß so viel Öl in den Shiripuno, daß ein mehr als 50 Kilometer langer Ölteppich entstand. Der Fluß wurde schwarz von der Vía Auca bis hinunter zum Cononaco, den ganzen Weg hinunter bis dorthin, wo der alte Quemperi und sein Volk lebten.

Und das war noch gar nichts verglichen mit dem, was ein paar Monate zuvor geschehen war, an derselben Stelle: Einer der Ölbrunnen im Cononaco-Ölfeld war in Flammen aufgegangen, das Feuer – außer Kontrolle geraten – brannte eine Woche lang. Es war, allen Berichten zufolge, das größte Feuer, das man jemals im Oriente gesehen hatte. Die ölgenährten Flammen waren so hoch gestiegen, daß der große Urwald zwergenhaft ausgesehen hatte, und sie hatten sich so schnell ausgebreitet, daß ihnen kein Mensch entkommen konnte.

Epilog

Auf einer Reise nach Lago Agrio sah ich Moi nach vier Jahren wieder. Da es jetzt eine Landebahn in Quehueire Ono gibt, konnte Moi nach Coca fliegen und von dort nach Lago weiterfahren. Seine Reise machte er immer noch nach Art der Huaorani. Er kam »allein«, das heißt mit seiner Schwägerin und ihrer Tochter und einem jungen Huaorani, der in einem Verwandtschaftsverhältnis zu Moi stand, das er aber nicht genauer erklären konnte. Sie hatten ihre besten *cowode*-Kleider für ihren Ausflug an. Sie kamen mit dem Taxi, statt mit dem Bus. Moi ließ es an unserem Treffpunkt warten, bis ich kam – das war etwa fünf Stunden später. Nach Huaorani-Begriffen wies die Rechnung einen enorm hohen Betrag aus. Sie hätte Moi zwei Monate Arbeit gekostet, hätte er Arbeit gehabt. Aber er bat mich nicht, sie zu bezahlen. Nicht direkt. Er sagte einfach: »Ich habe kein Geld.«

Wie immer begrüßte mich Moi, als hätten wir uns erst gestern gesehen. Er hatte seither einiges mitgemacht. Im November 1996 flog er in einem kleinen Flugzeug aus dem Territorium nach Shell. Der Pilot verirrte sich bei schlechtem Wetter, hatte am Ende kein Benzin mehr und stürzte ab. Moi brach der Rücken an zwei Stellen. Nach einer Woche im Krankenhaus stellte sein Arzt fest, daß auch sein Unterleib Bruchstellen aufwies. Es dauerte zwei Monate, bevor Moi wieder laufen konnte, aber auch dann vermochte er nur, wie er sagte: »Zwei Schritte tun.« Er zeigte, was er meinte, öffnete die Augen ganz weit und stellte einen Fuß vorsichtig vor den anderen, als wäre er ein Roboter.

Moi war erheblich dünner geworden, seit ich ihn das letzte Mal gesehen hatte. Als er sein Hemd auszog, sah man, daß dicke Narben die Haut über seiner Wirbelsäule kreuz und quer überzogen, und auf seinem Bauch prangte eine weitere Narbe vom Nabel bis fast zum Skrotum. Dennoch hatte er seine alten Kräfte beinahe wiedergewonnen. Seine Augen leuchteten, und sein Geist steckte so voller Ideen, daß die Worte nur so hervorsprudelten. Er lachte, als er seinen Unfall beschrieb. Seine Basttasche wäre beim Absturz aufgegangen und alles rausgefallen, auch das Bild von ihm, wie er vor dem Weißen Haus zwischen den Pappfiguren von Bill und Hillary Clinton stand. Ob ich ihm nicht eine Kopie schicken könnte?

Moi stürzte sich wie wild auf die Platten mit Hühnchen und Reis, aber die anderen Huaorani aßen langsam, sorgfältig und schweigend, als ob sie sich nicht ganz sicher wären, wie sie sich verhalten sollten. Mit Moi diskutierte ich über die vergangenen Jahre. Ali Sharif hatte Ecuador verlassen und lebte in Manaus, im brasilianischen Amazonas-Gebiet. Judith Kimerling lebte jetzt in New York City. Rachel Saint war im November 1994 an Krebs gestorben, aber ihre Arbeit wurde von der Christlichen Mission weitergeführt, insbesondere von Steve Saint, Nate Saints Sohn. Und, sagte Moi, Steve Saints wichtigster Mitarbeiter sei der Condorito. Enqueri sei so etwas wie ein christlicher Prediger geworden. Und außerdem – und da mußte Moi so lachen, daß er fast am Essen erstickt wäre – hätte er gehört, daß Steve Saint Enqueri das Fliegen beibringe! Das wäre ein furchteinflößendes Bild.

Im selben Monat, als Rachel Saint starb, hatte die Interamerikanische Kommission für Menschenrechte endlich ein Team in den Oriente geschickt. Das Team betrat nicht das Huaorani-Territorium. Es kam nicht weiter als bis Coca, wo es nur zwei Tage zubrachte. Moi hatte etwa 50 Huaorani-Männer und -Frauen in die Stadt gebracht, und sie hießen die Kommission mit Tänzen und Liedern willkommen. Später sprachen einer nach dem anderen über die Company, die Kolonisten, die Verschmutzung ihres Landes. ONHAE hört nicht auf uns. Wir brauchen Hilfe.

Der letzte Huao, der zu Wort kam, war Moi, aber erst, als die Leute von der Kommission schon ein höfliches, aber eiliges Dankeschön gesagt und erklärt hatten, daß sie keine Zeit hätten und weiter müßten.

»Es tut mir leid, daß ich Sie aufhalten muß, aber es gibt etwas, was ich sagen muß: Jetzt wissen Sie, was mit den Huaorani passiert. Vergeßt uns bitte nicht. Erzählt es der Welt.«

Dann führte er die Leute zurück in den Urwald.

Noch ein Huao sprach zu der Kommission, aber erst nach ihrer Rückkehr nach Quito. Am Tag, bevor die Kommission das Land verlassen sollte, kam Enqueri in das Hotel, wo die abschließenden Anhörungen stattfanden. Der Condorito mußte zu einer Versammlung in Ecuador reisen und hatte nicht viel Zeit. Er sagte, daß die Huaorani viele Probleme mit der Company hätten und daß es viel »Verwirrung« gäbe. Die Huaorani wollten nur in Frieden leben. Sie wollten nur als Huaorani leben. Dann entschuldigte er sich und eilte zur Straße hinunter, wo ein Wagen der Company und ein Fahrer auf ihn warteten.

Es dauerte zwei Jahre, bevor die Kommission so weit war, ihren Report zu veröffentlichen. (Blasco Peñaherrera, dessen Sohn für Maxus gearbeitet hatte, war immer noch Botschafter Ecuadors bei der OAS.) Man kam zu dem Schluß, daß die Ölindustrie den Oriente tatsächlich in einen Saustall verwandelt hatte. Unter anderem stellte der Report fest, daß die Company mehr als 30 Milliarden Gallonen Rohöl (114 Milliarden Liter) und andere hochgiftige, unbehandelte Stoffe direkt in die Flüsse und Seen des Oriente eingeleitet hätte und daß die Ölentwicklung zu ernsten Gesundheitsproblemen, kultureller Zerstörung und ökonomischen Entbehrungen für die im Gebiet lebenden Menschen geführt hätte und daß »die Auswirkungen der ernsten Umweltverschmutzung« die grundlegenden Menschenrechte verletzten. Die Kommission kam jedoch zu der Schlußfolgerung, daß die Menschenrechte noch nicht verletzt worden seien, da die Entwicklung noch nicht begonnen hatte, als die Petition eingereicht worden war. Die Petition zugunsten der Huaorani sei »auf die Zukunft bezogen« gewesen und hätte Konsequenzen angedeutet, die eintreten könnten, wenn die Company in das Territorium käme.

Maxus hatte inzwischen 120 Ölbrunnen im Huaorani-Territorium angelegt, und Ölexperten zufolge ist es das größte Projekt für Schweröl in der ganzen Welt mit einer Investitionssumme von etwa 800 Millionen Dollar. 1995 stimmte Maxus dem Verkauf an YPF, eine argentinische Ölfirma, zu – sie zählt zu den größten Ölgesellschaften der Welt. Auf die Nachricht der Übernahme stiegen die Maxus-Aktien um 46 Prozent. Zu beiden Seiten der Maxus-Straße zwischen den Flüssen Napo und Tiputini haben sich jetzt Kolonisten angesiedelt. Maxus und die französische Ölfirma Elf Aquitaine hat quer durch das Huaorani-Territorium Straßen gebaut, und neben Block 16 ist ein neuer Block im Herzen des Yasuni-Nationalparks angelegt worden, der von einer anderen argentinischen Ölgesellschaft, der Perez Compac, ausgebeutet wird.

Unterdessen hat Oryx Energy, der die Konzession gehört, die Quehueire Ono umfaßt, eine Straße fast bis zu dem Dorf geführt. Occidental Petroleum und Elf Aquitaine haben die Arbeit an ihren Projekten ausgeweitet. (Um vom Volk der Secoya die Erlaubnis zu erhalten, 155 Millionen Barrel Öl aus ihrem Land zu pumpen, gab Occidental den Secoya drei Kochherde, drei Wasserpumpen, ein paar Dachwellbleche, drei Erste-Hilfe-Taschen und einen Außenbordmotor. Von einem Reporter von »The New York Times« befragt, ob das ein faires Angebot sei, antwortete der Sprecher von Occidental: »Sie haben eine sehr klare Vorstellung von dem, was sie wollen.«) Royal Dutch Shell beginnt gerade mit der Arbeit in einem Block, der allen Angaben zufolge in der reichsten und am wenigsten berührten Ecke des Oriente liegen soll, nahe der kolumbianischen und peruanischen Grenzen. So ist nun, während ich dies schreibe, so gut wie der ganze Oriente in der einen oder anderen Weise bei der Company unter Vertrag.

Ecuador hat jetzt mehrere Gesetze, die sich auf die Erdölausbeutung beziehen, aber es gibt keine Möglichkeit, sie durchzusetzen. Und die Ölgesellschaften tun größtenteils einfach, was sie wollen. Wie voraussehbar, hat die örtliche Bevölkerung die Dinge in die eigenen Hände genommen. 1993 haben die Cofane einen Testbrunnen geschlossen, einen Hubschrauberlandeplatz zerstört und die Erdölarbeiter aus ihrem Territorium geworfen. Seither hat die Company nicht mehr versucht, das Cofane-Land zu betreten. Im vergangenen Februar haben die Atchuar fünf Öltechniker als Geiseln genommen, die ihr Territorium zu Prospektierungszwecken betreten hatten. Der erfolgreichste Widerstand wurde vielleicht von den Quichua durchgeführt, die bei Sarayacu leben, das im Block 10, einer ARCO-Konzession, liegt. Diese grenzt wiederum an eine Konzession, die von Tripetrol erworben wurde, einer »ecuadorianischen« Firma mit Sitz auf den Cayman Islands und von britischem und amerikanischem Kapital kontrolliert. Durch direkte Konfrontation – 1000 Quichua, mit Gewehren und Macheten bewaffnet, besetzten einen ARCO-Brunnen und nahmen Tripetrol-Angestellte fest – verbunden mit öffentlichem Druck in den Vereinigten Staaten und Ecuador sowie mit dem Beistand von NGO-Gruppen (hauptsächlich Oxfam America, dem Rainforest Action Network und einer Koalition von ecuadorianischen Organisationen) und dem stillschweigenden Einverständnis aller im Oriente ist es den Quichua gelungen, die Blockentwicklung in ihrer Ecke des Oriente zu stoppen. Zwar ist es zu früh zu sagen, welche langfristigen Vorteile sie daraus ziehen werden, aber ihr Erfolg bisher ist ohne Beispiel, und ihr politisches Netzwerk ist zum Vorbild für die indigenen Völker auf dem ganzen Kontinent geworden.

Mit dem Beistand eben dieser Quichua, die im übrigen auch vehement den von Robert F. Kennedy Jr. und Valerio Grefa ausgearbeiteten Plan bekämpft hatten, haben die Huaorani 1995 mit ihren Speeren einen kurzfristigen Stop der Maxus-Operationen erreicht. Seither sind die Beziehungen zur Regierung und zu Maxus sehr problematisch. Das Militär überfiel zu Anfang des Jahres 1995 das ONHAE-Büro in Shell und zerstörte die Computer, an denen die Huaorani mit der E-mail-Kommunikation umgehen gelernt hatten. Der neue Präsident von ONHAE, Juan Huamoni (Nantos Bruder, den Moi sehr schätzt), griff in der folgenden Nacht die Soldaten an und kam kurze Zeit ins Gefängnis. Soweit ich es beurteilen kann, haben die Behörden den Zwischenfall sanft einschlafen lassen, weil weder die Regierung noch die Company einen Vorteil darin sahen, daß über Gewalt in der Ölzone berichtet wird.

Im April 1995 veranstalteten auf Mois Einladung hin Vertreter einer Umweltgruppe aus Quito, der Acción Ecológica (im Grunde die *ecochicas*, ein Begriff, den ich Moi immer nur in freundschaftlichem Ton anwenden hörte, der jetzt aber vom Company-Personal pejorativ benutzt wird), in Quehueire Ono Workshops, um die Ölentwicklung und die gesetzlichen Rechte der Huaorani zu diskutieren. Vertreter von 16 der 17 Huaorani-Siedlungen waren anwesend, und eine besonders aktive Rolle haben Mengatohue und andere Huaorani-Älteste gespielt, die mit starken Worten den jungen Huaorani eine Strafpredigt über ihre Verpflichtung zur Verteidigung des Territoriums hielten.

Moi hatte auch zwei Cofane-Vertreter aus Randy Bormans Siedlung eingeladen, um die Strategie zu diskutieren, die sie im Kampf gegen die Company angewandt hatten. Soweit allen bekannt ist, war es der erste Kontakt zwischen den beiden Nationen. Die Cofane beschrieben auch ihr Ökotourismus-Programm, das Moi in Quehueire Ono hofft, kopieren zu können, um der Gemeinde eine Einnahmequelle als Alternative zur Arbeit für die Company zu bieten. Mit Hilfe von Tropical Ecological Adventures, eines in Quito ansässigen Ökotourismus-Unternehmens, haben die Leute von Quehueire Ono schon einige Gästehäuser und Kochgelegenheiten oberhalb des Dorfes errichtet, und im vergangenen Jahr sind schon etwa ein Dutzend Gruppen dagewesen.

Natürlich bleibt abzuwarten, ob das Projekt – oder die Huaorani überhaupt – überleben können angesichts der Ölgier der entwickelten Welt.

Als wir auf der Straße in Lago Agrio bis zu den Knöcheln in Schlamm und Öl standen, nahm Moi mir das Versprechen ab, nach Quehueire Ono zu kommen und das Volk zu besuchen. Ich gab ihm einen neuen Rucksack und einen Poncho, und er umarmte mich zum Abschied. Ich fuhr nach Hause mit dem Glauben, daß der Jaguar-Geist weiterlebt und daß die Schlachten im Territorium, ja im ganzen Oriente noch nicht vorüber sind.

Olympia, Washington
Dezember 1997

Dank

Zunächst danke ich den Huaorani, unter und mit denen ich gereist bin. Obwohl manche von ihnen verstehen, was Schreiben bedeutet, glaube ich nicht, daß irgendeiner von ihnen wirklich verstand, was ich tat, genau wie ich, da bin ich mir sicher, nie vollständig verstand, was um mich herum passierte, als ich im Huaorani-Land war. Für ihre Freundschaft und ihr Vertrauen verlangten sie nur, daß ich »der Welt erzähle«, was ich gesehen habe. Ich hoffe, das habe ich getan.

Dankbar über alle Maßen bin ich meinem Verleger Dan Frank, der auf seine Art einem Huao sehr ähnlich ist, freundlich, geduldig, scharf beobachtend und immer bereit, mit einer Machete drauflos zu hauen, wenn Gründe es gebieten. Dank auch an Claudine O'Hearn.

Joe Spieler war es, der mich überzeugte, daß diese Geschichte erzählt werden mußte, und der Mittel und Wege für mich fand, es zu tun. Er ist der beste Agent, den ein Schriftsteller haben kann, und ein noch besserer Freund.

Teile des Buches waren zuerst Artikel für »The New Yorker«. Der erste, eine Art gründlicher Recherche, die für kein anderes Magazin möglich gewesen wäre, wurde von Robert Gottlieb in Auftrag gegeben und von Tina Brown veröffentlicht. Der zweite war die Idee meines Verlegers John Bennet, der mich sehr großzügig an seinen Ideen über Reportagen, Schreiben und Herausgeben teilhaben ließ, so daß ihm nichts anderes übrigblieb, als diesem endgültigen Text ebenfalls Form zu geben. Dank bin ich auch Bill Vourvoullias schuldig, der die Fakten kontrollierte, für seine Geschicklichkeit, Ausdauer und seinen

Humor (selbst unter Druck), sowie Bill Finnegan und Chip McGrath.

Ich wäre vielleicht nicht bei Verstand geblieben, geschweige denn am Leben, ohne die Hilfe von Freunden. Zbyszek Bzdaks kühler Kopf und warmes Herz haben mir durch wirklich schwere Stunden geholfen, ebenso Joe Karten und seine *trompeta*. Wie schon seit 20 Jahren, ist Ken Conner mein erster Leser gewesen; beim Analysieren mehrerer Entwürfe dieses Buches schien er oft besser meine Absicht zu verstehen als ich selbst. Wenn es einen gemeinsamen Wunsch aller Schriftsteller gibt, dann ist es der nach intelligenten Lesern, und ich hatte das Glück, sie in Mike Bryan, Jon Carroll, Fred D'Orazio, Jeff Gillenkirk, Cynthia Gorneym Tracy Johnston, Mark Plotkin und Evan Young gefunden zu haben; sie alle haben kluge Bemerkungen zum Manuskript gemacht.

Dutzende Leute, die sich im Oriente auskennen, haben sich die Zeit genommen, mit mir zu diskutieren. Die meisten erscheinen nicht in dem Buch, aber alle haben sie es auf die eine oder andere Weise beeinflußt. Insbesondere möchte ich Juan Aulestia, Monica Baez, Bruce Cabarle, Gustavo González, Randy Smith, Marijke Torfs und Leonardo Viteri danken.

Dank auch an Doug Crichton und die American Airlines für ihre Unterstützung sowie an Osprey, Inc. für die ausgezeichneten Rucksäcke, die sie den Huaorani spendeten.

Jeder, über den ich geschrieben habe, ist eine wirkliche Person, mit Ausnahme von zwei Leuten, die nur kurz auftauchen, wie ihre Namen. Mir wurde jedoch auf meinen Reisen von mehreren Leuten beigestanden, deren Rolle ich nicht beschrieben habe, entweder weil es von vornherein so abgemacht war oder weil sie dadurch in Schwierigkeiten gekommen wären, ohne daß der Geschichte Wesentliches hinzugefügt worden wäre. Ich danke ihnen zusammen mit der Hoffnung, eines Tages die Hilfe vergelten zu können.

In vieler Hinsicht handelt das Buch auch von der Familie,

und am Ende war es die Familie, die es mir ermöglichte, es zu erzählen. Meine Zeit in Ecuador wäre nicht annähernd so vergnüglich und so produktiv gewesen ohne die Liebe, Hilfe und Gesellschaft von Kirsten, Nancy und Curtis Axell. Mein größter Dank gilt meiner Frau Elyse Axell für ihre bedingungslose Unterstützung, trotz der offensichtlichen Beschwerden, die sie in Kauf nehmen mußte. Ihre Liebe und ihr Rat sind das Fundament für alles, was ich tue. Schließlich war es unsere Tochter Clare, die mittendrin auftauchte und mein bester Lehrer wurde. Dieses Buch ist für sie.

Hinweise

zu den Quellen in verschiedenen Kapiteln

Zum größten Teil beruht das Buch auf Reportagen aus erster Hand. Doch zuweilen mußte ich mich auf Sekundärquellen verlassen, was etwa historische Hintergründe, Statistiken und Hinweise angeht oder um Ereignisse zu bestätigen beziehungsweise zu interpretieren, die ich nicht richtig verstanden oder nicht miterlebt hatte. Die wichtigsten dieser Quellen sind für jedes einzelne Kapitel angegeben. Für den Zeitraum 1991 bis 1994 fand ich auch nützliche Informationen in Quitos besten Zeitungen »El Comercio« und der Konkurrenz »Hoy«.

Erstes Kapitel

Alejandro Labacas Abenteuer unter den Huaorani werden in »*Crónica Huaorani*« lebendig beschrieben, einer Sammlung seiner Tagebücher von 1980; im Anhang finden sich die Farbfotos seines Todes durch Speere 1987.

»*Through Gates of Splendour*«, geschrieben von der Frau eines Missionars von fünfen, die 1957 von den Huaorani getötet wurden, beschreibt die Ereignisse, die zu dem Massaker führten; unbewußt beschwört es auch den Geist der Naivität und Arroganz, der die Missionare in den Tod trieb. Nützliche Analysen über die Rolle des Summer Institute of Linguistics in den indigenen Angelegenheiten Ecuadors fand ich in Artikeln von James A. Yost, ein SIL-Anthropologe und Berater der Ölgesellschaften, und von William T. Vickers; beide Artikel stehen in »*Cultural Transformation and Ethnicity in Modern Ecuador*«. Eine genaue Chronik der SIL-Zusammenarbeit mit der Ölindustrie bei der Knebelung der indigenen Kulturen in ganz Lateinamerika findet sich in »*Thy Will Be Done: The Conquest of the Amazon: Nelson Rockefeller and Evangelism in the Age of Oil*« von Gerard Colby und Charlotte Dennett.

Eine ausführliche Analyse der verheerenden Auswirkung, die der Tourismus auf die Huaorani gehabt hat, ist in Randy Smiths »*Crisis Under the Canopy*« zu finden. (Jeder, der an einem Besuch des Orientes interessiert ist, wird wissen wollen, daß ONHAE im September 1992 fünf

Führer offiziell beauftragt hat, das Territorium zu betreten: Juan Enomenga, Expediciónes Jarrín, Sebastian Moya, Samuel Caento Padilla und Carlos Sevilla. Alle anderen Führer werden als illegal angesehen. Eine Kopie des ONHAE-Dokumentes ist in Smiths Buch zu lesen.)

Eine Bemerkung zu den Huaorani-Namen: Im ganzen Buch habe ich von den Huaorani nur die Geburtsnamen genannt, weil sie sich untereinander immer nur so nannten. Allerdings mußten die Huaorani, um die nationalen Ausweise zu erhalten, einen Nachnamen haben, und beinahe jeder Huao hat einen. In Dayuno und Quehueire Ono zum Beispiel heißen viele Leute Irumenga, was »flußaufwärts« bedeutet, oder Enomenga, was »flußabwärts« bedeutet. Zu Lebzeiten nehmen die Huaorani häufig auch zusätzliche Namen an, manchmal ein Dutzend oder mehr. Also: Moi Enomenga, Nanto Huamoni, Amo Quemperi und, aus Gründen, die ich nie begriff, Ehuenguime Enqueri.

Zweites Kapitel

Meine Beschreibung der Entstehung des Oriente und seines ungeheuren Artenreichtums basiert hauptsächlich auf Interviews mit Dr. David Neill, Kurator des Missouri Botanical Garden und ein Begründer der Jatun Sacha Biological Station, die nahe am Fluß Napo liegt.

Die Geschichte über Babae an der Vía Auca ist an verschiedenen Orten entstanden. Mein Bericht basiert auf Interviews mit Babae, Enqueri, Moi, José Miguel Goldáraz, Douglas Ferguson, Joe Karten und Rachel Saint und auf einem Aufsatz von Dr. Laura Rival: »Today I Am Going Back to My Father's Land ... but Now It Is Petro-Canada's«.

Drittes Kapitel

Bei dem historischen Hintergrund und den Angaben über den Gesundheitszustand der Huaorani in der Cononaco-Region stützte ich mich auf die Arbeit von James A. Yost, dem SIL-Anthropologen. Meine Diskussionen über das Töten mit Speeren und Todespraktiken sind hauptsächlich der Doktorarbeit von Dr. Laura Rival entnommen, ebenso die Übersetzungen für Huaorani-Wörter wie »Glück«, »Angst« und »töten«.

Es scheint verschiedene Versionen darüber zu geben, wie Toña getötet wurde. Die von mir erzählte Version unterscheidet sich im Detail, nicht im wesentlichen, von der Version, die von der evangelikalen Mission verbreitet wird. Sie ist mein Verständnis von dem, was Quemperi mir erzählt und Enqueri übersetzt hat.

Eine Anmerkung über *chicha*: Zur Zeit, als ich Cononaco besuchte, hieß es im größten Teil der Literatur, die es über die Huaorani gab, daß sie, im Gegensatz zu den Quichua, ihr Maniokgetränk nicht gären ließen. Aber jede *chicha*, die ich auf meinen Reisen mit den Huaorani trank, schmeckte vergoren. *Chicha* ist ein Quichua-Wort (eigentlich Quechua, wovon Quichua ein Dialekt ist), und sein allgemeiner Gebrauch bei den Huaorani, in deren Sprache das Maniokgetränk *tepe* heißt, könnte einen kulturellen Schwenk zu vergorenen Getränken andeuten.

Sechstes Kapitel

Wichtige Interviews, außer den genannten, für dieses Kapitel hatte ich mit folgenden Personen: Juan Aulestia, Alex Chapman, Marcela Enríquez, Gustavo González, Valerio Grefa, Theodore McDonald, Hernan Mertínez, Michael McCloskey, Evaristo Nugkuag, Byron Real, S. Jacob Scherr, Marijke Torfs, Leonardo Viteri und Angel Zamarenda.

Elftes Kapitel

Bei der Geschichte von Quehueire Ono und dem Hintergrund von Mengatohue verließ ich mich hauptsächlich auf die Dissertation von Dr. Laura Rival, die Augenzeuge der Entstehung des Dorfes war, und ich habe ihre Übersetzung von »ahuene« und »Quehueire Ono« verwendet (letzteres ist woanders mit »das Land, das viel gibt« übersetzt worden). Wie im Text angegeben ist Rivals Arbeit die Grundlage für die Diskussion über die Erziehung der Huaorani. Nützlich und aktueller war jedoch auch ein Bericht von Randy Smith: »Education in Huaorani Territory«.